民间借贷

法律规范与操作实务

（第三版）

江丁库　金永熙　郑小雄　著

INFORMAL FINANCE

LEGAL RULES AND PRACTICES

法律出版社　LAW PRESS·CHINA

再版说明

《民间借贷法律规范与操作实务》一书自2013年问世后，于2015年11月第一次修订再次出版，连续受到众多读者的青睐和好评，在此向读者和法律出版社表示衷心的感谢！

现因《民法典》出台，原民间借贷的法律依据《合同法》《物权法》《担保法》等法律随之被废止，又因《最高人民法院关于审理民间借贷案件适用法律若干问题的规定》等一批相关司法解释进行修订并开始施行，民间借贷的法律规范和诉讼实务发生了很大的变化，故作者对本书进行第二次修订成就第三版，希望继续得到读者的厚爱。

作者

2021年3月于温州

PREFACE

前 言

自改革开放以来，随着经济的不断发展，人们生活的日趋富裕，民间闲散资金越来越多，民间借贷越来越活跃，并由过去的生活型借贷大量向经营型借贷转变，且数量和规模越来越大。民间借贷的这种发展趋势，从正面来看，确实弥补了正规金融供给的不足，优化了资金资源的配置，解决了人们部分生活缺资和中小微企业融资难的问题，促进了社会经济的持续发展。但从反面来看，因民间借贷处于无序状态，故发生了大量债权债务纠纷，同时，一些不法分子利用民间借贷从事职业放贷、非法吸收公众存款、集资诈骗等违法犯罪活动，严重影响了民间资金的正常流转，严重破坏了金融秩序，进而造成一些影响社会稳定问题。

解决这些社会经济和社会稳定的问题，首先需要规范民间借贷行为，引导民间借贷走上合法轨道。那么，如何界定民间借贷行为的合法与非法，如何规范发展民间借贷并保护债权安全，如何防范和打击民间借贷违法犯罪行为，也就成了值得研究的一个重大课题。作者根据最新施行的法律及相关司法解释，结合民间借贷的现实情况，在第二版的基础上继续深入研究民间借贷问题，修订形成现在的第三版《民间借贷法律规范与操作实务》。

本书分 11 章、50 个要点，将民间借贷形成一个较为完整的法理与实务相结合的体系，并引编 59 个裁判案例阐明司法观点。本书对地方政府金融监管部门的工作人员对民间借贷进行引导和监管，企业法务工作人员、民营经济业主、律师、法律工作者以及当事人从事民间借贷活动和解决民间借贷纠纷，都具有较高的参考作用和实用价值。

CATALOG

目录

Chapter 1

第一章 民间借贷概述

要点1 民间借贷的概念和特征

要点2 民间借贷的利弊分析

要点3 民间借贷的法律适用

民间借贷,是指自然人、法人和非法人组织之间进行资金融通的行为。本章阐述民间借贷的概念、特征、主体、利弊关系和法律适用等问题。

ESSENTIAL

1

要点 1

民间借贷的概念和特征

自然人、法人和非法人组织之间及其相互之间发生借款是民间借贷，民间借贷主要表现为出借人将金钱出借给借款人，借款人到期返还本金并支付利息。这里先介绍和分析民间借贷的几个基本问题。

一、民间借贷的概念和特征

2020 年 8 月 18 日，最高人民法院审判委员会第 1809 次会议作出《最高人民法院关于修改〈关于审理民间借贷案件适用法律若干问题的规定〉的决定》，对 2015 年《最高人民法院关于审理民间借贷案件适用法律若干问题的规定》做了较大的修改，形成 2020 年《最高人民法院关于审理民间借贷案件适用法律若干问题的规定》（自 2020 年 8 月 20 日起施行，以下简称原《最高院民间借贷规定》）。为了配合《民法典》的实施，最高人民法院审判委员会第 1823 次会议于 2020 年 12 月 23 日通过《最高人民法院关于修改〈关于审理民间借贷案件适用法律若干问题的规定〉的决定》，形成新的《最高人民法院关于审理民间借贷案件适用法律若干问题的规定》（自 2021 年 1 月 1 日起施行，以下简称新《最高院民间借贷规定》）。这里根据《民法典》和新《最高院民间借贷规定》分析民间借贷的概念和特征。

二、民间借贷的概念

有人认为,民间借贷是老百姓之间的借钱与还钱,这是一种老传统的通俗说法,局限于自然人之间的借贷关系。新《最高院民间借贷规定》第1条第1款规定:“本规定所称的民间借贷,是指自然人、法人和非法人组织之间进行资金融通的行为。”这是民间借贷的定义规定,主要从民事主体上界定资金融通行为的性质——民间借贷。据此规定,自然人之间、法人之间、非法人组织之间以及三者相互之间的资金融通都属于民间借贷范畴,由此可见,民间借贷的主体范围非常广泛。

新《最高院民间借贷规定》第1条第2款又规定:“经金融监管部门批准设立的从事贷款业务的金融机构及其分支机构,因发放贷款等相关金融业务引发的纠纷,不适用本规定。”这里的“金融机构”是指从事金融业的有关机构,其中包括政策性银行、商业银行、村镇银行,农村信用合作社、城市信用合作社等。依法设立的金融机构发放贷款在性质上属于金融贷款(为了方便阐述,以下简称银行贷款)。银行贷款与民间借贷是两大不兼容的社会融资方式,故银行贷款不适用新《最高院民间借贷规定》。

三、民间借贷的主要特征

民间借贷与银行贷款的共同特征是标的物都为金钱,但两者的出借人主体和借贷行为方式完全不同。银行贷款有严格的法律制约和政策导向,因而发放和收回贷款的行为比较规范。我国法律虽然对民间借贷有所规定,但没有像银行贷款那样有严格的要求,行政机关也很少进行监管,因此民间借贷很自由,直至发生纠纷诉至法院时,才由法院依法作出裁判。民间借贷与金融贷款比较,民间借贷的主要特征是自由性。

1. 借款用途自由

民间借贷的用途由借款人与出借人自行约定,也可以不约定而由借款人自由使用,只要双方自愿且借款不用于违法犯罪活动,政府不予干涉,法院也予以认可。我国法律虽然禁止民间借贷用于违法犯罪活动,但由于缺乏监管,借款人将借款用于违法犯罪活动,在通常情形下出借人也无从知晓,只有诉至法院时才做无效处理,或者构成犯罪时才追究刑事责任,而这些情况在实践中只是凤毛麟角。前几年,个别地方发生民间借贷危机,当地政府曾经实行大额民间借贷登记备案制度，但由于民间借贷面广量大，且当事人习惯自由借贷，这个制度也就中途夭折，可见民间借贷自由性的根深蒂固。而银行贷款不一样，必须有明确的用途，且放贷后借款人应当按照约定用途使用贷款，贷款人对借款人是否按照约定用途使用贷款还有法定的监管权利。

2. 借款期限自由

我国法律、法规、规章、司法解释和政策都没有对民间借贷期限作出限制性规定，因此，民间借贷期限长短完全由双方当事人自行约定，可以约定借贷一两天，也可以约定借贷一两年，甚至可以约定借贷二十年，还可以不约定借贷期限，因此，民间借贷期限完全处于自由状态。民间借贷期限虽然与诉讼时效期间有一定的关系，当民间借贷超过诉讼时效期间时，法律对此类债权不予保护而成为自然债权，但绝大多数出借人在出借资金时没有考虑这个问题，结果造成债权损失不可挽回，可见借款期限自由具有一定的法律风险。而银行贷款则不同，必须有明确的借款使用期间，且借款期间受有关规定的制约。

3. 借贷数额自由

银行贷款数额往往受相关规定和贷款项目的限制，即使提供抵押，贷款数额也不得超出抵押物评估价值的70%。而国家不限制民间借贷的具体数额，借贷数额完全由双方当事人根据自己的经济能力和实际需要来协商确定。从实际情况来看，生活型民间借贷在量上通常为小额，而经营型民间借贷有小额也有大额，但无论借贷数额大小，只要双方当事人自愿约定就不受限制，也不影响民间借贷合同的效力，但大额借贷的风险是很大的，出借人在出借时应当自行把握债权届时能否实现。例如，贵州安顺一家房地产开发公司因开发三个项目资金严重不足，在向银行抵押贷款后，再向民间借款5亿多，后因项目开发不顺，民间借贷利息付出过大，最终导致破产清算，虽然破产管理人经审查认定各笔民间借贷合同均为有效，但企业进行破产清算，其财产由其他债权优先受偿后，民间借贷作为普通债权受偿率就会很低，有的甚至分文不得。由此可见，出借人在出借前，应当自行充分考察借款人的偿还能力再决定出借数额，而不能因为借贷数额自由而盲目出借大额资金，以防债权风险发生。

4. 利息相对自由

银行贷款的利率必须按照人民银行的规定标准执行,而民间借贷的利率相对自由。这里的"相对自由",是指双方当事人约定的利率,只要不超过司法解释的上限规定就可自行约定,甚至可以无息借贷。

5. 还款方式自由

民间借贷的还款方式,法律和政策不予干涉,完全由双方当事人约定,既可以约定一次性还款,也可以约定分期还款,还可以约定到期如无金钱偿还,可用实物、劳务等方式抵偿债务。而银行贷款不可能约定用实物、劳务等方式抵偿债务,除非在执行中贷款人愿意接受以物抵债。

当然,民间借贷的自由并非一方当事人的权利,而应由双方当事人自愿约定,如出借人出借资金时要求借款人支付利息,借款人如不愿支付利息,双方就不能达成借贷协议。

ESSENTIAL

2

要点2

民间借贷的利弊分析

民间借贷与任何事物一样有正反两方面的作用，我们在肯定其对社会经济发展具有一定积极作用的同时，也应当看到其违法行为频发，法律风险难以控制，甚至造成影响社会稳定的问题。

一、民间借贷的正面作用

我国在改革开放前，人们生活贫困，剩余闲散资金极少，民间借贷没有多大的经济基础，因而虽有发生，但面不广、量不人，加之当时资本逐利的观念不强，体现互帮互助精神的无息和低息的生活型借贷占主导地位。改革开放四十多年后，民间借贷与过去相比发生了翻天覆地的变化，一方面，人们在富裕后有闲散资金可以出借，企业获得盈利后有剩余资本可以利用，这为民借贷发展和繁荣提供了基础条件，并为民间借贷的发展提供了广阔的空间；另一方面，随着我国改革开放的不断深入和市场经济的不断发展，人们越来越多地创办和发展中小民营企业，这需要大量资本投资，而银行贷款难以满足这种需求，人们便把目光集中到民间借贷上来。民间借贷作为正规金融的合理补充，因具有手续简单、方法灵活、及时便捷、条件宽松、无须担保等优势，适合中小民营企业、个体工商户、农业经营户临时调剂资金的需求。于是，中小民营企业和个人的资金需求与富裕的民间闲散资金自然地对接起来,民间借贷便呈现前所未有的频繁和活跃,同时还呈现多元化发展趋势,由过去的以生活型借贷为主,转变为以生产经营型借贷为主;过去的民间借贷以自然人为主,现在企业借贷猛增,据有关机构调查结果显示,70%以上的中小民营企业的部分资金来源于民间借贷,可见,我国民间借贷对推进市场经济发展的巨大作用。

二、民间借贷的负面影响

民间借贷的自由性特征是一把"双刃剑",在为当事人融资提供便利的同时,必然带来无序性和盲目性,无序地、盲目地进行民间借贷活动必然会出现混乱现象,甚至造成社会稳定问题。

一是借贷纠纷增多。由于资本逐利的使然,一些出借人为了获取高额利息,不顾借款人有无偿还能力和资金投向就盲目出借,而一些借款人也不顾借款成本和投资风险,盲目借入和使用资金,结果到期不能偿还造成纠纷。随着市场经济环境影响和民间借贷日趋活跃,债权债务纠纷便呈现增加趋势,2018 年全国法院审结民间借贷纠纷案件达 223.6 万件。

二是高利借贷普遍。民间借贷合理月利率一般在 10‰左右,但由于民间资金需求旺盛,不少出借人乘机追求高利,有些借款人在困境中急需用钱,不顾高利负担而借款。因法律不支持高利贷,不少出借人便采取隐蔽手段应对,有的将利息计入本金计算复利、预先将利息在交付本金中扣除,或者约定高额罚息;有的用合法的借据掩盖非法高利贷;有的则表现为投资入股、委托理财等形式,将正常的商业交易与民间借贷相混同。还有一些人非法操作民间借贷,以高利为诱饵吸收资金,结果使民间借贷利率节节攀升。

三是利用民间借贷犯罪突出。由于民间借贷活动自由,吸收民间资金容易,且地下操作信息隐蔽,民间资金便成为非法集资、吸收公众存款等犯罪行为的主要对象,导致民间借贷犯罪行为高发。一些民营企业、担保公司、寄售公司和个人看中存贷利差,高进高出,从事职业借贷活动,破坏了国家金融管理秩序,有的构成非法吸收公众存款罪,有的构成集资诈骗罪,有的构成非法经营罪。

四是中小民营企业依赖民间借贷频发危机。中小民营企业由于缺乏担保财产和资信条件难以取得银行贷款,便寻求民间借贷解决融资困难,但因利用民间借款所产生的利润不够偿付高额利息,于是一些依赖民间借贷的中小企业陷入高利陷阱不能自拔,债务雪球越滚越大,最后不堪重负陷入困境,甚至关停倒闭。企业主“跑路”等事件,造成债权人大量资金损失,并引发了一些社会稳定问题。

民间借贷对社会经济发展的主流作用应当肯定,但仍需加强对民间借贷的监管,加大对非法借贷活动的打击力度,以维护正常的民间融资秩序,保障社会主义市场经济稳定持续发展。

ESSENTIAL

3

要点 3

民间借贷的法律适用

民间借贷的法律适用，通常是指国家司法机关根据法定职权和法定程序，运用法律处理民间借贷案件、解决民间借贷纠纷的活动。

下面分析民间借贷适用《民法典》和司法解释的几个主要问题。

一、《民法典》的适用

民间借贷原来适用《合同法》第 12 章“借款合同”和 2015 年的原《最高院民间借贷规定》的规定。《民法典》于 2021 年 1 月 1 日开始施行，同时废止了《民法通则》《物权法》《担保法》《合同法》等法律，故《民法典》施行后，民间借贷应当适用《民法典》的有关规定。《民法典》基本吸收了原《合同法》有关民间借贷的规定，在借款合同章中做了 14 条规定，具体条文为第 667 条至第 680 条，规定了以调整金融贷款和民间借贷的借款合同关系，并对借款合同的概念、形式及内容、贷款人和借款人双方的权利义务以及当事人违反合同的责任等内容作出了规定。

二、司法解释的适用

民间借贷的司法解释主要是《最高院民间借贷规定》，近几年来，《最高院民间借贷规定》做了三次修订，变化较大，但 2021 年 1 月 1 日起应当执行新《最高院民间借贷规定》。

原《最高院民间借贷规定》自 2020 年 8 月 20 日起施行,当时,因《民法通则》《物权法》《担保法》《合同法》尚未废止,故原《最高院民间借贷规定》仍根据这些法律的有关规定制定该规定。现新《最高院民间借贷规定》已与《民法典》有关民间借贷的规定相衔接,故在《民法典》施行后,民间借贷应当执行《民法典》的有关规定和新《最高院民间借贷规定》。

三、关于利息计算的司法解释适用问题

1. 关于利率上限

2015 年《最高院民间借贷规定》第 26 条第 1 款规定:“借贷双方约定的利率未超过年利率 24%,出借人请求借款人按照约定的利率支付利息的,人民法院应予支持。”第 2 款规定:“借贷双方约定的利率超过年利率 36%,超过部分的利息约定无效。借款人请求出借人返还已支付的超过年利率 36% 部分的利息的,人民法院应予支持。”原《最高院民间借贷规定》第 26 条修正为“双方约定的利率超过合同成立时一年期贷款市场报价利率四倍”。新《最高院民间借贷规定》第 25 条坚持“双方约定的利率超过合同成立时一年期贷款市场报价利率四倍”不变。

2. 关于利率溯及力

原《最高院民间借贷规定》第 32 条第 2 款规定:“借贷行为发生在 2019 年 8 月 20 日之前的,可参照原告起诉时一年期贷款市场报价利率四倍确定受保护的利率上限。”新《最高院民间借贷规定》第 31 条第 2 款修正为:“2020 年 8 月 20 日之后新受理的一审民间借贷案件,借贷合同成立于 2020 年 8 月 20 日之前,当事人请求适用当时的司法解释计算自合同成立到 2020 年 8 月 19 日的利息部分的,人民法院应予支持;对于自 2020 年 8 月 20 日到借款返还之日的利息部分,适用起诉时本规定的利率保护标准计算。”

根据新《最高院民间借贷规定》的上述规定,民间借贷利息应视借贷合同的成立时间和起诉及受理的时间以下三种情况进行处理:一是民间借贷合同成立于 2020 年 8 月 20 日之前,而法院在 2020 年 8 月 20 日之后受理的一审民间借贷案件,当事人请求适用当时 2015 年《最高院民间借贷规定》计算到 2020 年 8 月 19 日的利息部分的,法院应予支持。二是民间借贷合同成立于 2020 年 8 月 20 日之前,自 2020 年 8 月 20 日到借款返还之日的利息部分,适用起诉时《最高院民间借贷规定》的利率保护标准计算。三是2020年8月20日之后成立民间借贷合同,出借人提起诉讼的,一律适用新《最高院民间借贷规定》的利率规定标准计算。

至于按照“贷款市场报价利率四倍”确定保护利率上限的理由是,中国人民银行自2019年8月20日起取消贷款基准利率,而实行贷款市场报价利率,2015年《最高院民间借贷规定》按照贷款基准利率便失去了计算民间借贷利率上限的根据,故民间借贷行为发生在2019年8月20日之后的利率,应“参照原告起诉时一年期贷款市场报价利率四倍确定受保护的利率上限”。

Chapter 2

第二章 民间借贷的双方主体

要点1　自然人与自然人之间的民间借贷

要点2　自然人与法人之间的民间借贷

要点3　法人与法人之间的民间借贷

要点4　网络借贷

要点5　民间借贷的关联人

根据新《最高院民间借贷规定》第1条第1款的规定，我国民间借贷在主体上大致可分为三大类：一是自然人与自然人之间借贷；二是自然人与法人（包括非法人组织）之间借贷；三是法人与法人之间借贷。我们在这里从主体角度将民间借贷分为三大类，原因在于不同主体之间所订立的民间借贷合同的效力有所区别，这个问题，我们将在后面作专题分析。这里先介绍民间借贷三大主体的基本内容。

自然人，是在自然状态下出生的人，是与法人相对的称谓。自然人可以作为民间借贷的出借人或者借款人，但因自然人有一个民事行为能力问题，故并非所有自然人都具有民间借贷的主体资格。

法人，是具有民事权利能力和民事行为能力，依法独立享有民事权利和承担民事义务的组织。法人是社会组织在法律上的人格化，而不是实实在在的生命体。法人自依法登记时设立，自被依法撤销、宣告破产或者自行解散并进行清算后消灭。法人包括企业法人、机关法人、事业单位法人、社会团体法人。其中，企业法人可为民间借贷主体，而机关法人、事业单位法人、社会团体法人一般不能作为出借人从事民间借贷活动。

非法人组织，是指依法成立能够以自己的名义从事民事活动但又不具备法人资格的组织。非法人组织原称"其他组织"。根据《最高人民法院关于适用〈中华人民共和国民事诉讼法〉的解释》第52条的规定，其他组织包括：(1)依法登记领取营业执照的个人独资企业；(2)依法登记领取营业执照的合伙企业；(3)依法登记领取我国营业执照的中外合作经营企业、外资企业；(4)依法成立的社会团体的分支机构、代表机构；(5)依法设立并领取营业执照的法人的分支机构；(6)依法设立并领取营业执照的商业银行、政策性银行和非银行金融机构的分支机构；(7)经依法登记领取营业执照的乡镇企业、街道企业；(8)其他符合该条规定条件的组织。其中，可为民间借贷主体的其他组织是个人独资企业、合伙企业、中外合作经营企业、外资企业、乡镇企业、街道企业等。

关于自然人、法人、非法人组织作为民间借贷的出借人或借款人的主体资格问题，下面再作具体分析。

ESSENTIAL

1

要点1

自然人与自然人之间的民间借贷

自然人与自然人之间的借贷是原始的民间借贷，也是最为普遍的民间借贷。自然人与自然人之间进行民间借贷活动，如无违反法律、行政法规的强制性规定均为合法，合法的民间借贷受法律保护，但自然人的民间借贷不一定都是合法行为，自然人参与民间借贷活动有一个民事行为能力问题。根据我国《民法典》的规定，我国自然人的民事行为能力分为完全民事行为能力、限制民事行为能力和无民事行为能力三种情况。

一、完全民事行为能力人是民间借贷的合格主体

根据《民法典》第17条、第18条的规定，18周岁以上的自然人是成年人，具有完全民事行为能力；16周岁以上的未成年人，以自己的劳动收入为主要生活来源的，视为完全民事行为能力人。

16周岁以上的未成年人虽未成年，但已就业参加劳动，有自己的独立收入，并能认识自己行为的后果的，若不允许他们独立地进行民事活动，就会给其劳动和生活带来许多不便，因而这些人被视为完全民事行为能力人。具有完全民事行为能力的自然人可以独立与他人进行民间借贷活动。在实践中，有些人认为自己的子女虽已满18周岁，但在读高中、读大学期间，没有劳动收入，依靠父母供养，将钱出借是无效的；也有些人认为，这些成年人将

钱借入,其父母仍是法定代理人,可要求其父母偿还。这些认识都否定了成年人的完全民事行为能力。完全民事行为能力人有资格参加民间借贷活动,独立地享有出借或者借入资金的权利,并独立地享有收回本息的权利或者独立地承担还款付息的义务。

二、限制民事行为能力人是相应有限的民间借贷主体

根据《民法典》第19条、第22条的规定,限制民事行为能力人有两种情况:一是8周岁以上的未成年人;二是不能完全辨认自己行为的成年人。

限制民事行为能力人与他人发生的民间借贷行为是否有效,关键看行为与他的年龄、智力、精神健康状况是否相适应。在民间借贷中掌握这条标准,应当从两个重点内容上去把握:一是借款用途;二是借款数额。如8周岁以上未成年的小学生、初中生因购买书本、学习用品缺钱,向同学或者成年人借取几元、几十元,数额小,用途正当,与其年龄、身份、智力相适应,因而,不必得到其法定代理人的同意或者追认就可认定借贷行为有效,其法定代理人应当负有偿还义务;如果未成年的初中生借款数额大,借款几万元、几十万元与他人合伙做生意,或者将借取的现金转借他人收取利息等,这些行为就与其年龄、智力不相适应,应当认定借贷行为无效。

关于限制民事行为能力人的年龄问题。限制民事行为能力的自然人已经取得居民身份证的,应当以其居民身份证上记载的出生年月进行确认,未取得居民身份证或者对居民身份证载明的出生年月有异议的,应当采取以下三种方式进行确认:一是以户籍证明为准;二是没有户籍证明的以医院出具的出生证明为准;三是没有医院证明的参照其他有关证明认定。

关于限制民事行为能力的成年人认定问题。限制民事行为能力的成年人与他人发生民间借贷行为,关键也看与其智力、精神健康状况是否相适应,然后判断民间借贷合同是否有效。限制民事行为能力的成年人主要是间歇性精神病人,但间歇性精神病人是否属于限制民事行为能力人往往难以确定,他们在精神病发作时往往完全不能辨认、控制自己的行为,这时是无民事行为能力人;在精神病未发作时能够辨认、控制自己的行为,这时是完全民事行为能力人;在精神病半发作时,则是限制民事行为能力人;有的经治疗精神状态恢复健康,能够支配和控制自己的行为的,则为完全民事行为能力人。

那么,如何判断间歇性精神病人的民事行为能力？首先,应当根据司法精神病学鉴定或者参照医院的诊断、鉴定确认。其次,在不具备诊断、鉴定条件的情况下,也可以参照群众公认的当事人的精神状态认定,但应以利害关系人没有异议为限。最后,在不具备诊断、鉴定条件的情况下,也可以采取以下两种方法进行判断:一是间歇性精神病人作为借款人在借款发生时,借款意思表示明确,出具的借条、借据文字基本清楚,应当认定其精神处于正常状态;二是要求出借人或者间歇性精神病人的法定代理人举证,如请有关的介绍人、担保人、在场人等作证,证明间歇性精神病人在借款发生时的精神状况。

不能完全辨认自己行为的成年人被确定为限制民事行为能力人后,根据《民法典》第 22 条的规定,除可以独立实施纯获利益的民事法律行为或者与其智力、精神健康状况相适应的民事法律行为外,其实施民事法律行为由其法定代理人代理或者经其法定代理人同意、追认才为有效,否则无效。

三、无民事行为能力人实施民间借贷行为应由其法定代理人代理

根据《民法典》第 20 条、第 21 条的规定,无民事行为能力人有三种,一是不满 8 周岁的未成年人,二是不能辨认自己行为的成年人,三是不能辨认自己行为的 8 周岁以上的未成年人。无民事行为能力人不具备辨别和控制自己的行为的能力,其实施民事法律行为,包括作为出借人或者出借人进行民间借贷活动,不存在"经其法定代理人同意、追认"和"可以独立实施纯获利益的民事法律行为或者与其年龄、智力相适应的民事法律行为"的问题,而应由其监护人(法定代理人)全权代理,否则,其亲自实施的民事法律行为包括民间借贷行为均为无效,由此造成他人损害的,从其本人财产中支付赔偿费用,不足部分由监护人赔偿。就民间借贷而言,无民事行为能力人出借资金被确认无效后,由其监护人收回;借入资金未偿还而被确认无效后,由其本人财产清偿,不足部分由监护人清偿。

借贷风险提示

自然人与自然人之间借贷的主要法律风险有:

1. 2009 年《民法通则》第 12 条第 1 款中规定 10 周岁以上的未成年人是限制民事行为能力人。后因考虑生活水平的提高,未成年人身体发育包括生理和心智等都比较快,8 岁的未成年人一般已经上小学两年,对事物的认知度和自己行为的认识度等都已经有了基本概念和标准,故 2017 年《民法总则》第 19 条规定改为 8 周岁以上,《民法典》延续这一规定没有改变。如果不知 10 周岁改变为 8 周岁,就容易混淆限制民事行为能力人与无民事行为能力人的区别,结果会造成行为人的民间借贷行为有效与无效纠纷。

2. 限制民事行为能力人在与其年龄、智力、精神状况不相适应的情况下与成年人发生民间借贷关系(包括订立借款合同),出借人事先必须征得其法定代理人的同意,或者事后经其法定代理人追认,该借贷关系才具有法律效力;未经法定代理人的同意,借款行为及合同效力可以处于待定状态,相对方可以催告其法定代理人予以追认。法定代理人予以追认的,民间借贷合同有效;法定代理人不予追认或者未做表示的,民间借贷合同无效出借人要求返还借款的,由其法定代理人清偿债务,但其法定代理人不承担违约责任。

3. 不满 8 周岁的未成年人和不能辨认自己行为的精神病人是无民事行为能力人。无民事行为能力人由于缺乏社会生活经验或者因精神健康问题,不能认识自己行为的后果,不具有以自己的行为参与民事法律关系并取得权利和设定义务的主体资格。因而,有完全民事行为能力的成年人与其订立的借款合同为无效合同,但已发生的借款债务应当由其法定代理人返还;但若出借的成年人明知无民事行为能力人借款用于违法活动的,无民事行为能力人的法定代理人可以拒绝返还。

4. 限制民事行为能力人和无民事行为能力人由于不能认识自己行为的后果,因此,其出具的借据、借条等债务凭证,其法定代理人不予认可,又无其他证据证实发生借贷关系的,这些债务凭证就不能作为有效证据,在此种情况下,出借人提起诉讼的,人民法院将驳回其诉讼请求。

案例2－1①

倪A与倪B是姐弟关系。祝某和倪B是朋友关系。倪A通过倪B和祝某的介绍向吴某某、李某出借资金。2015年12月24日和25日，借款人吴某某、李某向倪A出具借条两张，其中借款金额为3万元的，约定借期为3个月，利息是银行利率的4倍；借款金额为5万元的，约定借期为6个月，利息也是银行利率的4倍，祝某作为保证人在该两份借条上签名。借款到期后，原告倪A向吴某某、李某以及祝某催要无果。

2003年，祝某发生交通事故致头部外伤。2004年8月13日，祝某经法司鉴定为外伤后精神障碍，不能完全独立生活，为伤残三级。2018年10月9日，祝某经司法鉴定为患脑外伤所致精神障碍、继发性癫痫、限制民事行为能力。2018年12月28日，镇江经济开发区法院判决祝某为限制民事行为能力人。

2017年，倪A以祝某为被告，以倪B为第三人，向镇江经济开发区法院提起民间借贷纠纷诉讼，请求判令被告祝某归还借款8万元，并支付自借款日至实际还款日按年化利率24%计算的利息。

被告祝某委托诉讼代理人辩称：被告祝某已经法院认定为限制民事行为能力人，因此在未经其法定代理人追认的情况下，其所从事的民事法律行为与其限制行为能力不相适应，属于无效的民事行为，故本案被告祝某的担保行为无效。

第三人倪B未到庭发表意见。

镇江经济开发区法院经审理认为：《民法总则》第22条规定，不能完全辨认自己行为的成年人为限制民事行为能力人，实施民事法律行为由其法定代理人代理或者经其法定代理人同意、追认，但是可以独立实施纯获利益的民事法律行为或者与其智力、精神健康状况相适应的民事法律行为。本案中，被告祝某经法司鉴定为外伤后精神障碍，不能完全独立生活，为伤残三级；祝某目前不能完全独立生活，为终生护理依赖。本院于2018年12月28日作出民事判决，认定祝某为限制民事行为能力人。被告祝某存在精神

---

① 因适用《民法典》和新《最高院民间借贷规定》的案例尚少，故本书所编的案例都是适用原相关法律及司法解释的案例，但与《民法典》和新《最高院民间借贷规定》及有关司法解释的有关规定精神基本一致。

障碍和继发性癫痫，其为他人借款提供担保的行为与其智力、精神状况不符，原告未提交证据证明祝某法定代理人对担保予以同意或者事后追认，也未提交证据证明祝某从案涉借款担保中存在纯获益的情形，故原告倪A要求被告祝某承担担保责任，与在案证据相佐，本院不予支持。

镇江经济开发区法院依照《民法总则》第22条，《民事诉讼法》第64条、第142条、第144条之规定，判决驳回原告倪A的诉讼请求。

[根据镇江经济开发区人民法院(2018)苏1191民初2756号民事判决书编写]

☞ **作者说明：**

关于不能完全辨认自己行为的成年人实施民事法律行为的效力问题，原《民法总则》第22条与《民法典》第22条规定完全一致，故同类案件发生在《民法典》实施后亦应如此处理。

案例2-2

2017年2月12日，黄A(1999年6月20日出生)因资金需要，向黄B借款现金6000元，并出具借条一份交由黄B收执，约定借款期限为1个月，借款利息及逾期利息均按年利率24%计算。借款期限届满后，经黄B催讨，黄A未予偿还。

2019年9月，黄B向南安市法院提起民间借贷纠纷诉讼，请求法院判令被告黄A清偿所欠借款本金6000元，并按年利率24%支付该款项自2017年2月12日至实际还款之日的利息，利息暂计至起诉日为3360元。

被告黄A答辩称，被告借款的时候还是个在校生，未满18周岁，收到的借款金额仅现金人民币4800元，借款月息高达20%。

针对被告黄A的答辩，原告黄B补充陈述称，当时以现金方式交付了借款6000元，被告借款时称已退学，原告并不知道被告的学生身份，且本案借款金额仅为6000元，属于与借款时被告的年龄、智力相适应的民事行为，借款行为有效，且诉讼时被告已年满18周岁，亦应承担相应的还款责任。

南安市法院认为，被告黄A向原告黄B借款现金6000元，有被告黄A出具并交由原告收执的借条为证，事实清楚，证据充分，原、被告之间的借贷关系合法有效，应受法律保护。借款期限届满后，经原告催讨，被告未能履行还款义务，违背了诚实信用的原则，现原告要求被告偿还尚欠的借款本金

6000 元及双方约定的利息符合法律规定，应予支持。双方均认可借款以现金交付，现被告辩称实际交付的借款金额仅为 4800 元，原告对此予以否认，被告未能提供证据证实其主张，且借条上明确载明借款金额为 6000 元，故对被告的这一主张本院不予认可；被告提供部分转账记录证明其曾偿还本案部分款项，原告对此予以否认，并提供了其他转账记录证明双方之间确实存在其他经济往来，被告未能证实其所提供的该部分转账即为偿还本案款项，无法证明该转账与本案借款之间的关联性，本院不予认可。根据《民法总则》第 19 条之规定，借款时被告虽未成年，但已年满 15 周岁，借款金额仅为 6000 元，借款行为完全与其年龄、智力相适应，借款行为有效，且其现已年满 18 周岁，亦应独立承担还款责任；借款时被告虽为学生身份，但其未能证明原告存在向其他不特定在校生出借款项的行为，亦不能因被告为学生身份直接推定本案系校园贷行为，故对被告的上述主张，本院均不予认可。

南安市法院依照《民法总则》第 19 条，《合同法》第 206 条、第 207 条、第 211 条，《民事诉讼法》第 64 条，原《最高院民间借贷规定》第 26 条第 1 款，《最高人民法院关于民事诉讼证据的若干规定》（2008 年调整）第 2 条之规定，判决被告黄 A 应于本判决生效之日起 3 日内偿还原告黄 B 借款本金人民币 6000 元及利息（利息自 2017 年 2 月 12 日起计付至还款之日止，按年利率 24% 计算）。

［根据南安市人民法院（2019）闽 0583 民初 9275 号民事判决书编写］

☞ **作者说明：**

1 黄 A1999 年 6 月 20 日出生，借款发生于 2017 年 2 月 12 日，故法院适用当时有效的《民法总则》第 19 条规定，认定黄 A 属于未成年的限制民事行为能力人，但因借款金额仅为 6000 元，法院认为其借款行为完全与其年龄、智力相适应，借款行为有效，且本案诉讼时黄 A 已年满 18 周岁，故应独立承担还款责任，遂判决其偿还原告黄 B 借款。这一判决现也符合《民法典》的有关规定。

2. 本案借款发生在 2017 年 2 月，诉讼发生在 2019 年 9 月，新《最高院民间借贷规定》第 32 条第 2 款规定："借贷行为发生在 2019 年 8 月 20 日之前的，可参照原告起诉时一年期贷款市场报价利率四倍确定受保护的利率上限。"在本案审判中，法院未选择参照"原告起诉时一年期贷款市场报价利率四倍"，而仍适用原《最高院民间借贷规定》判决黄 A 按年利率 24% 支付利息。因上述规定中的“可”字表达为一种选择意思,在原《最高院民间借贷规定》施行之前,不参照“原告起诉时一年期贷款市场报价利率四倍”计付利息也为合法裁判。

案例2-3

2011年1月4日,某某煤焦公司、万A(该系该公司经理、法定代表人)与罗某签订借款合同,该合同约定:万A与煤焦公司向罗某借款400万元用于煤焦资金周转,约定月利率为2.5%,按月付息,金额为10万元,借款期间为2011年1月4日至2011年7月3日。万A在借款人处签字捺印,煤焦公司加盖公司公章。同日,万A与罗某订立房屋抵押合同,约定万A提供登记在自己名下的位于××小区的门面和住宅作抵押担保,提供登记在其儿子万B(1993年7月3日生)、万C(1995年11月6日生)名下的位于××小区的264.63平方米住宅作抵押担保。但上述房产抵押均未办理登记手续。上述合同订立后,罗某通过银行向煤焦公司打款共计386万元。后万A因涉嫌诈骗罪被判处有期徒刑13年,但罗某向万A、煤焦公司出借的386万元因不构成合同诈骗而未予刑事处罚。截至2012年4月7日,万A共计归还罗某本息235万元,其中偿还利息115.8万元、本金119.2万元,尚欠剩余借款本金及利息未偿还。

2016年8月23日,罗某以万A、煤焦公司、万B、万C为被告,向兴义市法院提起民间借贷纠纷诉讼,请求:(1)判令被告万A、煤焦公司连带清偿借款本金291.7326万元;(2)判令被告万A、煤焦公司自2011年12月27日起连带承担以借款本金为基数按月利率为1%计算支付利息至清偿之日止;(3)判令被告万B、万C承担连带偿还责任。

被告万A、万B、万C及委托代理人辩称:第一,本案原告与被告万A、煤焦公司的借款经过属实,但债权人先扣取了部分利息,依据《合同法》的规定,民间借贷预先扣取利息的,只能以实际支付金额作为借款金额,故本案借款本金为386万元。第二,原告诉状上所列登记在××小区264.63平方米系万A出资购买登记在两个儿子名下的起诉不符合客观事实,该房屋是万B、万C祖母出资购买赠与两个孙儿的,并非万A出资。第三,本案借款抵押合同未经依法登记,且抵押人万B、万C属限制民事行为能力人,借款抵押合同依法应当确认为无效。

兴义市法院经审理认定：本案借款本金应为386万元，截至2012年4月7日，被告尚欠原告的借款本金266.8万元，以此为基数按月利率1%从2012年4月8日起计算利息。

关于被告万B、万C的担保是否有效的问题，兴义市法院认为：被告万B出生于1993年7月3日，被告万C出生于1995年11月6日，原、被告双方抵押借款合同签订的时间为2011年1月4日，签订合同时，万B与万C均为未成年人，属限制民事行为能力人。我国《民法通则》第18条第1款规定："监护人应当履行监护职责，保护被监护人的人身、财产及其他合法利益，除为被监护人的利益外，不得处理被监护人的财产。"登记在子女名下的房子从法律上说属于未成年人的财产，如果要对其进行处置，首先应当征得全体监护人的一致同意，其次要经过严格的公正程序，证明该处置行为确实是为了被监护人的利益。《担保法》第41条规定："当事人以本法第四十二条规定的财产抵押的，应当办理抵押物登记，抵押合同自登记之日起生效。"原告与被告万B、万C之间的抵押合同，既没有征得全体监护人的一致同意，也没有经过严格的公正程序，且该处置行为已经明显侵害了被监护人的利益，且该房屋没有办理抵押登记，因此，原告与被告万B、万C之间的抵押担保合同无效，被告万B、万C在本案中无须承担担保责任。

兴义市法院依据《民法通则》第18条、第90条，《合同法》第60条、第206条、第207条，原《最高院民间借贷规定》第2条第1款、第26条、第27条、第29条、第30条，《担保法》第41条、第42条，《民事诉讼法》第64条，《最高人民法院关于民事诉讼证据的若干规定》(2008年调整)第2条的规定，判决如下：

第一，限被告万A、煤焦公司于本判决生效之日起10日内共同偿还尚欠原告罗某借款本金人民币266.8万元及利息，利息以借款本金人民币266.8万元为基数，按月利率1%从2012年4月8日起计算至本判决履行期限到期之日止；

第二，驳回原告罗某对被告万A、煤焦公司的其余诉讼请求；

第三，驳回原告罗某对被告万B、万C的诉讼请求。

[根据兴义市人民法院(2016)黔2301民初4224号民事判决书编写]

☞ **作者说明：**

本案借款发生2011年，诉讼发生在2016年，当时，《民法典》和原《最高院民间借贷规定》尚未出台,故适用当时有效的《民法通则》、《合同法》、《担保法》、原《最高院民间借贷规定》进行处理,但认定万B、万C属限制民事行为能力人,并因此认定原告罗某与被告万B、万C之间订立的抵押担保合同无效,与《民法典》有关规定一致。

案例2-4

2009年7月9日,龙A、龙B以经商需要资金为由,向黎某借款3万元,龙A自愿用工资作担保,就此,龙A、龙B向黎某出具了借条,龙A将工资存折交给黎某。但该借条未约定借款利息,也未约定还款时间。借款到期后,龙A、龙B未偿还本金,也未支付利息。

2009年11月23日,黎某向永顺县法院提起民间借贷纠纷诉讼,要求被告龙A、龙B偿还借条约定的借款并支利付息,永顺县法院裁定驳回黎某起诉,黎某上诉后,湘西土家族苗族自治州中级人民法院裁定撤销永顺县法院驳回黎某起诉的裁定,并指令永顺县法院对该案进行审理。2016年7月4日,永顺县法院立案受理该案。

黎某以龙A、龙B为被告向永顺县法院提起民间借贷纠纷诉讼,请求依法判决两被告偿还借款本金3万元及利息。

被告龙A的法定代理人辩称,被告龙A是无民事行为能力的精神病人,不应该承担还款责任,并提交了司法鉴定所鉴定被告龙A精神状况的结论,拟证明被告龙A是精神病人。

原告黎某质证称:"被告龙A借款时清清楚楚的,他当时还给我押了工资本,我认为他没有精神病;就算是精神病人,借钱也应该还钱;我多次要求他还钱,他都未还。"

被告龙B经法院公告传唤未到庭应诉。

永顺县法院经审理认定:被告龙A的法定代理人对原告黎某提交的借条的真实性无异议,该借条的形式要件完备,内容确实,载明的出借人、借款人地位明确,借款金额具体,为有效证据。原告黎某能够提供被告龙A的工资存折,证明其是保证偿还借款质押给原告的质押物。故借条及存折,能够证明原、被告之间存有借款法律关系,本院予以认定。

永顺县法院认为,当事人对反驳对方诉讼请求所依据的事实有责任提供证据加以证明。没有证据或者证据不足以证明当事人事实主张的,由负有举证责任的当事人承担不利后果。本案中,被告龙 A 的法定代理人提出被告龙 A 是精神病人,主张不承担还款责任。法律规定不能辨认自己行为的精神病人是无民事责任能力人,不能完全辨认自己行为的精神病人是限制民事责任能力人,间歇性精神病人未发病的时候是完全民事行为能力人,故精神病人并不等于无民事行为能力人。从查明的事实可知,被告龙 A 是精神病人,但并没有被认定为无民事行为能力人。被告的病情经住院治疗,其精神状态健康,无幻觉、妄想,自知力已大部分恢复,意志能够支配和控制行为。被告龙 A 出具借条时仅出院两个月,亦无证据显示此时为发病期,被告在这种精神状态下是能够辨认自己行为的。故被告龙 A 的法定代理人提交的证据只能证明被告龙 A 曾有过精神分裂症的病史,尚不足以证明被告龙 A 出具借条时无民事行为能力,故龙 A 应当承担举证不力的法律后果。综上,两被告出具借条向原告借款的行为,系真实意思的表示,原、被告之间存有债权债务关系,本院予以确认。借条未约定还款日期,则债权人可以随时催告借款人在合理期限内返还借款,故原告黎某要求两被告偿还借款,符合法律规定,本院予以支持。借条未注明两被告各自借款金额,则该借款为两被告的共同债务,应互负连带清偿责任。借条未约定利息,应为不支付利息。

永顺县法院依照《民法通则》第 90 条、第 108 条,《合同法》第 211 条,《最高人民法院关于民事诉讼证据的若干规定》(2008 年调整)第 2 条、第 5 条,原《最高院民间借贷规定》第 25 条,《民事诉讼法》第 144 条之规定,判决如下:

第一,被告龙 A、龙 B 于本判决生效后 10 日内共同偿还原告黎某的借款本金 3 万元;

第二,驳回原告黎某的其他诉讼请求。

[根据湖南省永顺县人民法院(2016)湘 3127 民初 816 号民事判决书编写]

ESSENTIAL

2

要点 2

自然人与法人之间的民间借贷

在自然人与法人之间的民间借贷中，一方主体是自然人，而另一方主体是法人（包括非法人组织，下同）。这种类型的民间借贷，在主体上的表现情形是较多的，下面分别予以分析。

一、关于法人向社会个人借款的问题

法人因自己生产经营需要，可以向社会不特定的个人借款，双方当事人只要意思表示真实，且不违反法律、行政法规禁止性规定的，就为合法的借贷行为，法律应当予以保护。但是，如果以民间借款名义故意向社会不特定个人吸收公众存款，如企业搞抬会、互助会、地下钱庄，那就属于非法吸收公众存款。吸收公众存款是商业银行的业务范围，而设立商业银行经营存贷业务，应当经国务院银行业监督管理机构审查批准；未经国务院银行业监督管理机构批准，任何单位和个人不得从事吸收公众存款进行转贷，因此，新《最高院民间借贷规定》第 13 条中规定，"以向公众非法吸收存款等方式取得的资金转贷的"，应当认定民间借贷合同无效。非金融企业向社会公众借款，筹集大量资金，如果达到刑事追诉标准，将会构成非法吸收公众存款罪；如果以非法占有为目的，使用诈骗方法的，就有可能构成集资诈骗罪。

二、关于法人向社会个人出借的问题

法人将自有资金、税后留利资金、企业财务报表中“所有者权益”项下的资金临时出借给特定的自然人使用，应当尊重企业的经济自主权，并许可其获取合法利息，但以营利为目的向社会公众即不特定对象发放贷款，则会违反《商业银行法》有关金融业务范围的规定，属于非法放贷行为。新《最高院民间借贷规定》第 13 条中规定“未依法取得放贷资格的出借人，以营利为目的向社会不特定对象提供借款的”，应当认定民间借贷合同无效。

三、关于法人向内部职工借款问题

新《最高院民间借贷规定》第 11 条规定：“法人或者非法人组织在本单位内部通过借款形式向职工筹集资金，用于本单位生产、经营，且不存在民法典第一百四十四条、第一百四十六条、第一百五十三条、第一百五十四条以及本规定第十三条规定的情形，当事人主张民间借贷合同有效的，人民法院应予支持。”法人与本企业职工属于一个组织内的内部关系，法人因本身生产经营缺资而向内部职工借款，内部职工便是特定对象而不是不特定对象。法人内部职工自愿将资金出借给企业，企业也自愿借入，双方借贷意思表示真实，借款目的和用途正当的，是合法的借贷行为，受法律保护。《最高人民法院关于审理非法集资刑事案件具体应用法律若干问题的解释》规定，在单位内部针对特定对象吸收资金的，不属于非法吸收或者变相吸收公众存款。但法人向内部职工借款应以“用于本企业生产、经营”为目的。违背这个目的和用途，则有非法之风险。《最高人民法院关于如何确认公民与企业之间借贷行为效力问题的批复》规定，“公民与非金融企业（以下简称企业）之间的借贷属于民间借贷。只要双方当事人意思表示真实即可认定有效”。企业对自有的流动资金拥有所有权，可以自行支配使用和处理，因而可以将自有的流动资金出借给自然人，自然人也可以将自有资金出借给企业。但该批复又规定，“具有下列情形之一的，应当认定无效：（一）企业以借贷名义向职工非法集资；（二）企业以借贷名义非法向社会集资；（三）企业以借贷名义向社会公众发放借款；（四）其他违反法律、行政法规的行为”。这个规定具有禁止性和强制性，违者不仅借贷无效，严重的还有可能构成非法集资、非法吸收公众存款等犯罪。如企业在严重亏损、无力偿还的情况下，故意编造业绩或项目向职工集资,届时不能清偿的,就有非法占有职工资金之嫌疑,甚至可能构成非法集资犯罪;又如,企业为了牟取非法收入,借企业生产经营名义,向职工借款后高利转贷出去的,根据新《最高院民间借贷规定》第13条的规定,应当认定民间借贷合同无效。

四、关于企业向内部员工出借问题

法人向企业内部员工出借资金,即企业内部员工向本企业借款。这种情况不可避免,几乎所有的企业或多或少都会遇到这种类型的借款,如职工生活遇到经济困难,或者遇到天灾人祸,企业予以借款支持,在这些正常情况下的借贷行为应当是合法的。但法人违反法律规定向职工出借资金是不被允许的,如《公司法》(2018年,下同)第115条规定:"公司不得直接或者通过子公司向董事、监事、高级管理人员提供借款。"这是一条禁止性规定,企业如果违反这条规定,向其董事、监事、高级管理人员提供借款的,当属无效借贷行为。又如,新《最高院民间借贷规定》第13条规定,向本单位职工集资转贷的,应当认定民间借贷合同无效。

借贷风险提示

自然人与法人之间借贷的主要法律风险有:

1. 法人以生产经营需要资金为借口向社会不特定个人借入资金或者向内部职工集资,实际不用于本企业的生产经营,而进行高利转贷,或者挪作他用,结果不能清偿的,很有可能构成非法吸收公众存款、集资诈骗或者非法放贷等的犯罪。但新《最高院民间借贷规定》第12条规定:"借款人或者出借人的借贷行为涉嫌犯罪,或者已经生效的裁判认定构成犯罪,当事人提起民事诉讼的,民间借贷合同并不当然无效。人民法院应当依据民法典第一百四十四条、第一百四十六条、第一百五十三条、第一百五十四条以及本规定第十三条之规定,认定民间借贷合同的效力。"据此,企业非法借款构成犯罪,出借人提起民事诉讼请求企业偿还的,民间借贷合同并不当然无效,人民法院应当对借贷关系依法作出判决。

2. 法人以营利为目的向社会不特定自然人出借自有资金,不论其是否收取高额利息,都是一种擅自从事放贷业务的行为,很有可能构成非法经营罪,但是,企业犯罪并不免除借款人的债务,借款企业仍应返还借款。

案例2－5

☞ 案情简介

廖某某(女)是B公司会计。2014年8月20日至9月10日,廖某某以资金周转需要为由向A公司(融资性担保公司)借款,双方先后订立三份借款合同,廖某某向A公司分别借款120万元、200万元、250万元,共计570万元,每笔借款期限均约定1个月,利率月息为30‰。2014年9月11日,廖B(廖某某的哥哥,系B公司等多家公司的法人代表)与A公司订立保证合同,愿为廖某某向A公司的借款本金570万元及利息提供连带责任保证。后廖某某陆续还款合计430万元,其中30万元为利息,剩余借款本金170万元及利息未偿还。

2015年2月17日,彭某某在廖B的要求下,在A公司的担保责任承诺书上签名,该担保责任承诺书内容为:彭某某自愿以本人资产为借款人廖某某向A公司借款170万元业务提供担保;在借款合同期内,借款人不能履行借款合同约定,按时向债权人支付月利息时,廖某某应支付的利息由彭某某代为支付;在借款合同到期,借款人不能履行合同约定,付清所借款的利息和归还本金时,廖某某未付利息和未还本金均由彭某某代为偿还。

2016年,A公司以廖某某、彭某某为被告向韶山市法院起诉,请求:(1)判令两被告连带偿还原告借款170万元;(2)判令两被告连带承担廖某某相关利息,利息按月息3%计算。

☞ 一审判决

关于原告A公司与被告廖某某所签订的借贷合同的效力问题,韶山市法院认为:依照《合同法》第52条的规定,"以合法形式掩盖非法目的""损害社会公共利益""违反法律、行政法规的强制性规定"的合同无效,又依照《最高人民法院关于适用〈中华人民共和国合同法〉若干问题的解释(一)》第4条"合同法实施以后,人民法院确认合同无效,应当以全国人大及其常委会制定的法律和国务院制定的行政法规为依据,不得以地方性法规、行政规章为依据"和第10条"当事人超越经营范围订立合同,人民法院不因此认定合同无效。但违反国家限制经营、特许经营以及法律、行政法规禁止经营规定的除外"的规定,原告A公司以公司自有的资金出借给被告廖某某,是以自有资金投资的行为。原告A公司出借自有的资金获取其利润,应属于民间借贷合同,不属于非法借贷,也不属于《合同法》规定的无效合同的情形,故应认定原告A公司与廖某某签订的借贷合同有效。但其合同约定月利率3%,超过了银行同期利率的4倍,超出部分依法不予保护,其月利率按2%支付。

关于被告彭某某出具的保证承诺书的法律效力及责任问题,韶山市法院认为:依照《担保法》第6条之规定,“本法所称保证,是指保证人和债权人约定,当债务人不履行债务时,保证人按照约定履行债务或者承担责任的行为”。经审查,该承诺书经保证人签字确认,为债权人所持有,其保证责任的法律行为已成立。从该承诺书的内容来看,可以证明被告彭某某为债务人廖某某所欠原告170万元本金及利息承担连带担保责任。因被告彭某某对主合同的债权设定担保符合担保法的规定,故认定该担保有效,被告彭某某应按约定履行债务。

关于第三人廖B、B公司在本案中的法律地位及责任问题,韶山市法院认为,第三人廖B是原告与被告廖某某借款合同的保证人,但原告A公司未主张廖B承担保证责任,本院不予处理。原告的债权设定两个担保人,原告只起诉其中一个担保人的责任,符合法律的规定。

韶山市法院作出(2016)湘0382民初275号民事判决书,判决如下:

第一,由被告廖某某偿还原告A公司借款本金170万元并支付至2015年4月17日止的利息141,466.67元,之后至偿还完毕之日止按月息2%计算利息。在本判决生效后30日内付清。

第二,由被告彭某某对上述债务承担连带责任。

第三,驳回原告某某担保公司的其他诉讼请求。

☞ **二审判决**

廖某某不服上述判决向湘潭市中级人民法院上诉称:A公司出借资金并收取利息的行为是典型的发放贷款行为,因A公司不得从事发放贷款的行为,故本案借款合同属于无效合同,而廖某某签订借款合同系履行职务行为,属于私贷公用,故廖某某不应承担还款责任,应判令本案借款的实际借款人B公司承担还款责任。请求二审改判廖某某不承担还款义务。

彭某某上诉称:(1)本案诉讼主体不适格,虽然A公司与廖某某签订了借款合同,但实际提供借款的是苏某等个人,与廖某某发生借贷关系的是苏某等个人,A公司不能在本案作为债权人来主张权利,其诉讼主体不适格。

(2)A公司不得从事发放贷款的行为,故本案借款合同属于无效合同,彭某某出具的担保责任承诺书系从合同,因主合同无效,担保合同也应认定无效。

被上诉人B公司和被上诉人廖B对廖某某的上诉答辩称:同意廖某某的上诉理由,本案实际借款人为B公司,应由B公司承担还款责任,彭某某和廖B可以不承担保证责任。

湘潭市中级人民法院经审理做如下评判和认定:

第一,本案所涉借款合同是否有效。本案中,A公司与廖某某签订了三份借款合同,上诉人廖某某及彭某某均上诉主张A公司不得发放贷款,A公司签订的借款合同均属无效合同。《最高人民法院关于适用〈中华人民共和国合同法〉若干问题的解释(一)》第4条规定:"合同法实施以后,人民法院确认合同无效,应当以全国人大及其常委会制定的法律和国务院制定的行政法规为依据,不得以地方性法规、行政规章为依据。"第10条规定:"当事人超越经营范围订立合同,人民法院不因此认定合同无效。但违反国家限制经营、特许经营以及法律、行政法规禁止经营规定的除外。"上述司法解释明确了只有违反法律、行政法规强制性规定的合同才认定无效。虽然A公司属于非金融机构法人,但现行法律和行政法规并没有对非金融机构法人与自然人之间借贷予以明确禁止。因A公司以其自有的资金与借款人进行资金融通的行为系借贷双方的真实意思表示,不存在《合同法》规定的无效合同情形,且未违反法律、行政法规强制性规定,故本院依法认定本案借款合同合法有效。

第二,上诉人彭某某是否应承担保证责任。A公司以彭某某向其出具的担保责任承诺书为依据诉请彭某某承担担保责任。根据彭某某本案担保责任承诺书的约定"在借款合同期内,借款人不能履行借款合同约定,按时向债权人支付月利息时,其应支付的利息由本人代为支付""在借款合同到期,借款人不能履行合同约定,付清所借款的利息和归还本金时,其未付利息和未还本金均由本人代为偿还"的约定和《担保法》第17条第1款的规定,彭某某承担保证责任是以借款人廖某某不能履行债务为前提条件,该约定也完全符合一般保证的法律特征,彭某某在本案中应当承担一般保证责任,且在承担保证责任后,有权向廖某某追偿。

湘潭市中级人民法院认定:一审判决认定本案的保证方式属于连带责

任保证,并判决彭某某对廖某某的债务承担连带保证责任,属于适用法律不当,依法应予纠正;上诉人廖某某的上诉理由不成立,对其上诉请求本院不予支持;一审判决认定事实清楚,但适用法律部分不当,且处理不当,依法应予纠正。

湘潭市中级人民法院作出(2017)湘03民终758号民事判决书,判决如下:

第一,维持韶山市法院一审民事判决第1项(由被告廖某某偿还A公司借款本金170万元并支付利息)。

第二,撤销韶山市法院一审判决的第2、3项(由被告彭某某对上述债务承担连带责任、驳回原告某某担保公司的其他诉讼请求)。

第三,彭某某在对廖某某的财产依法强制执行后仍不能履行上述第1项确认的债务时承担保证责任。若彭某某承担保证责任后,则有权向廖某某追偿。

第四,驳回某某担保公司的其他诉讼请求。

☞ **再审判决**

彭某某不服二审判决,向湖南省高级人民法院申请再审。湖南省高级人民法院民事裁定指令湘潭市中级人民法院再审。

湘潭市中级人民法院再审法院认为:

第一,本案廖B对廖某某的借款是否应当承担连带责任。廖某某向A公司的借款,有廖B签订保证合同,系连带保证责任,以及彭某某出具的担保责任承诺书,系一般保证。因法律并没有规定一笔债务存在连带保证和一般保证时,必须先由连带保证人承担责任后再由一般保证人承担责任,故A公司起诉时未要求连带责任人廖B承担保证责任,仅起诉一般保证人彭某某承担保证责任不违反法律规定,根据不告不理的原则,本案不应对廖B的保证责任作出判决。

第二,A公司与廖某某签订的借款合同是否为无效合同,彭某某是否应承担偿还责任。

1.《银行业监督管理法》第19条规定:"未经国务院银行业监督管理机构批准,任何单位或者个人不得设立银行业金融机构或者从事银行业金融机构的业务活动。"A公司属融资性担保公司,不是国务院银行业监督管理机构批准的公司,其经营范围未包括发放贷款,其对外发放贷款属于国务院

《非法金融机构和非法金融业务活动取缔办法》禁止的非法发放贷款行为，属于违反法律、行政法规的强制性规定。依据《合同法》第52条中“违反法律、行政法规的强制性规定”的合同无效的规定，故A公司与廖某某签订的借款合同属无效合同。

2.《合同法》第58条规定：“合同无效或者被撤销后，因该合同取得的财产，应当予以返还；不能返还或者没有必要返还的，应当折价补偿。有过错的一方应当赔偿对方因此所受到的损失，双方都有过错的，应当各自承担相应的责任。”A公司超越经营范围向外发放贷款，违反法律禁止性规定，对导致本案借款合同无效存在过错。廖某某明知A公司不能发放贷款而与其签订借款合同对导致合同无效亦存在过错。本院认为，对于本案廖某某资金占用期间给A公司造成的损失，应由A公司与廖某某各承担一半。2015年2月17日，彭某某出具担保责任承诺书时，对廖某某借款的本息进行了结算，算至2015年4月17日的本金为170万元，利息为212,200元(按月息3%计算)。因借款合同约定的月息3%超过了银行同期同类贷款利率的4倍，对超出部分不予支持。本院酌定廖某某资金占用期间造成的损失按月息2%计算，应为141,466.67元，廖某某承担70,733.34元，2015年4月18日起至清偿之日止资金占用期间的损失按月息2%计算，廖某某应承担的损失按月息1%计算。

3.《担保法》第5条第1款规定：“担保合同是主合同的从合同，主合同无效，担保合同无效。担保合同另有约定的，按照约定。”《最高人民法院关于适用〈中华人民共和国担保法〉若干问题的解释》第8条规定：“主合同无效而导致担保合同无效，担保人无过错的，担保人不承担民事责任；担保人有过错的，担保人承担民事责任的部分，不应超过债务人不能清偿部分的三分之一。”本案中，彭某某明知A公司违反法律规定从事放贷业务，仍为廖某某向A公司借款出具担保承诺书，对合同的履行存在过错，应对廖某某170万元借款本金及利息不能偿还部分的1/3承担清偿责任。依据《担保法》第31条的规定，彭某某承担保证责任后，有权向廖某某追偿。

湘潭市中级人民法院再审认定，原一审、二审判认定事实清楚，审判程序合法，但部分适用法律不当，应予改判，于是判决如下：

第一，撤销本院(2017)湘03民终758号民事判决和韶山市法院(2016)湘0382民初275号民事判决。

第二,被申请人廖某某在本判决生效后10日内偿还被申请人A公司借款本金170万元并支付至2015年4月17日止资金占用期间损失70,733.34元(不含已付的30万元),以及2015年4月18日起至借款本金偿还完毕之日止资金占用期间损失,该损失按月息1%计算。

第三,再审申请人彭某某对本判决第二项廖某某不能偿还部分承担1/3的清偿责任。

第四,驳回被申请人A公司的其他诉讼请求。

[根据湖南省湘潭市中级人民法院(2017)湘03民终758号民事判决书、(2018)湘03民再96号民事判决书编写]

☞ **作者说明:**

本案中,廖某某与A公司之间的借贷属于自然人与法人之间的民间借贷,法院作出裁判时适用当时有效的《合同法》《担保法》等法律规定认定涉案民间借贷无效是正确的。《民法典》实施后,同类案件虽然引用法律及条文不同,但认定法律效力和处理是相同的,只是利息的认定和处理应当执行原《最高院民间借贷规定》的规定。

案例2-6

☞ **案情简介**

A煤矿注册成立于1995年3月,属于国有企业。A煤矿在开采煤矿过程中,为进一步扩大生产,于1995年5月1日下发《关于集资加速A煤矿排水工程建设的决定》,该决定的部分内容为:我们兴建“A煤矿三号井排水巷道工程”,到目前为止已完成总工程量的1/3,在目前资金紧缺的情况下,矿领导研究决定,从内部干部职工集资的办法解决,具体集资办法决定如下:(1)集资总额40万元;(2)集资范围为在职的内部(含公司、乡、矿)干部职工,每人出资不低于5000元,最高限额为10,000元;(3)干部职工集资款项不能作为股份入股,不参与分红,作为该工程借款资金,矿里承付利息,年息为40%;(4)按年度计算利息,即从交款之日起,满1年结算付息1次;(5)利息来源:打入吨煤成本;(6)还本时间,从交款之日起至第3年,视该项目效益情况力争在第4年还清本息;(7)集资出于自愿,没有硬性指标,但上限不能超过1万元,如集资不够可扩大集资范围。

1995年5月12日,莫某某交纳集资款5000元,A煤矿财务人员出具收款收据第二联单原件交给莫某某，该件载明“财政所莫某某同志交来排水洞工程集资款项”，并盖有A煤矿的公章。1995年6月28日，B煤炭工业公司（A煤矿的主管单位）及C乡政府批准成立了A煤矿排水工程领导小组。该领导小组收取集资款后，组织修建A煤矿三号井的排水洞巷道工程。因没有按时给付集资款第一年利息，1997年3月30日，A煤矿出具《关于我矿排水洞集资款应付利息再延期的通知》，该通知的部分内容为：“因去年矿井正在投资建井及修建公路，收不抵支，故第一年应付利息没有兑现，经镇、矿领导与工程承包者协商后决定：集资款第一、二年付息将延期到1997年年底一并付给。”1999年11月30日，A煤矿又向各位集资户出具《关于我矿再延期应付排水洞集资款本息的通知》，该通知的部分内容为：“我矿三号井排水洞工程1998年、1999年因自然灾害造成了变压器严重损坏，无法进行正常作业，目前引进外地老板投资，对三号井进行巷道技术改造，并向上级主管单位申请延长矿山开采年限，落实生产许可手续，力争企业经济效益好转，有望逐年偿还集资本金及利息，请互相转告。”2002年，A煤矿发生矿难，所有矿井均停产整顿，包括三号井排水巷道工程也被停产整顿之中。

2005年5月26日，环江毛南族自治县（以下简称环江县）财政局受环江县政府委托作为甲方与D矿业公司签订《兼并A煤矿合同书》约定：甲方全面移交A煤矿的所有有形与无形资产给乙方，原A煤矿职工集资形成的固定资产投资和负债由乙方出面补偿和理顺好关系。A煤矿在改制重组过程中包含三号井排水洞巷道工程在内。

☞ **法院判决**

1997年6月24日，作为内部职工集资借款之一的梁某向环江县法院提起民事诉讼，环江县法院判决认定该集资借款合法有效。

2019年8月，莫某某以D矿业公司为被告，向环江县法院提起民间借贷纠纷诉讼，请求：(1)依法判令被告D矿业公司归还原告借款5000元；(2)判令被告支付原告借款利息以5000元为基数按照月息2%计算，直至还清本息为止。

环江县法院经审理认为：

第一，关于本案讼争款项的性质如何认定的问题。A煤矿作出《关于集资加速A煤矿排水工程建设的决定》中载明：干部职工集资款项不能作为股份入股，不参与分红，作为该工程借款资金，矿里承付利息，年利息为40%。

即已经明确职工集资款的性质为借款。本院作出已生效的(1997)环民初字第178号民事判决,亦已认定案涉职工筹款的性质为借款。原《最高院民间借贷规定》第12条规定:"法人或者其他组织在本单位内部通过借款形式向职工筹集资金,用于本单位生产、经营,且不存在合同法第五十二条、本规定第十四条规定的情形,当事人主张民间借贷合同有效的,人民法院应予支持。"本案中,原A煤矿通过集资形式向原告莫某某等人借款,有时任A煤矿财务人员出具收款收据第二联单原件证实,故本院认定本案讼争款项的性质为民间借贷。

第二,关于偿还本案债务主体问题。根据《最高人民法院关于审理与企业改制相关的民事纠纷若干问题的规定》第26条的规定,企业售出后,买受人将所购企业重新注册为新的企业法人,所购企业法人被注销的,所购企业出售前的债务,应当由新注册的企业法人承担。本案中,原A煤矿三号井排水巷道工程,系A煤矿通过自筹资金和向内部职工借款的方式兴建的附属设施,在A煤矿被兼并前,其产权归属于A煤矿,在A煤矿被兼并后,其产权归属于兼并A煤矿的企业所有,即该产权现归属于D矿业公司所有,故对A煤矿改制前的债务,应当由D矿业公司承担。

第三,本案是否超过诉讼时效的问题。根据《民法总则》第188条的规定,向人民法院请求保护民事权利的诉讼时效期间为3年,诉讼时效期间从知道或者应当知道权利被侵害时起计算。本案中,A煤矿通过集资形式向原告莫某某在内等集资户借款,其出具《关于集资加速A煤矿排水工程建设的决定》,虽然约定还本时间,即从交款之日起至第3年,视该项目效益情况力争在第4年还清本息,但没有约定明确还清本息具体期限,且A煤矿分别于1997年3月30日、1999年11月30日出具延期还款通知,重新承诺视企业经营状况,力争逐年偿还集资款本金及利息,均表明没有明确还款期限,故当事人可以随时主张自己的权利。原告于2019年8月13日向法院提起诉讼,故本案诉讼时效期间没有超过。

第四,原告的诉讼请求是否支持问题。本案中,A煤矿向内部职工集资借款时约定年利息为40%,但原告请求以5000元为基数从1995年5月12日至还清款项之日止按月2%计付利息,符合法律规定,本院予以支持。

环江县法院依照《合同法》第62条第1款第4项,《最高人民法院关于审理与企业改制相关民事纠纷若干问题的规定》第12条、第26条,原《最高

院民间借贷规定》第26条及《民事诉讼法》第144条之规定,判决如下:

被告D矿业公司应于本案判决生效之日起10日内偿还原告莫某某借款本金5000元及支付相应利息(计息方法:从1995年5月12日起至还清款项之日止以5000元为基数按月息2%计算)。

[根据环江毛南族自治县人民法院(2019)桂1226民初1072号民事判决书编写]

ESSENTIAL

3

要点3

法人与法人之间的民间借贷

我们这里所述的法人与法人之间的民间借贷，包括法人与法人之间、法人与非法人组织之间、非法人组织之间的资金借贷。法人之间的借贷与自然人之间的借贷有很大的区别：一是借贷主体不同，法人之间借贷的双方主体都是法人或者非法人组织，其中没有自然人；二是法人之间借贷不存在生活型借贷，而是经营型借贷。正因如此，法人之间的借贷有与自然人之间的借贷不同的特点，值得分析。

随着市场救济的不断发展，法人之间，特别是民营企业法人之间，相互借贷已经成为普遍现象。但长期以来，法人之间借贷被认为是一种违法行为，会造成企业资金脱离银行监控而进行“体外循环”，会造成资金市场失控和金融秩序混乱，因此在司法实践中都作无效处理，这种陈旧观念严重侵害了企业的自主经营权，现已否定。

一、金融法律法规有关禁止性规定

《商业银行法》第11条第2款规定，“未经国务院银行业监督管理机构批准，任何单位和个人不得从事吸收公众存款等商业银行业务”。《非法金融机构和非法金融业务活动取缔办法》第5条第1款规定，未经中国人民银行依法批准，任何单位和个人不得擅自从事金融业务活动。《贷款通则》第

61 条中规定，企业之间不得违反国家规定办理借贷或者变相借贷融资业务。根据这些禁止性规定分析，企业之间借贷是“违反法律、行政法规的强制性规定”的行为，其法律效力都被否定。企业之间借贷合同被确认无效后，借贷本金应当全额返还给出借方，而不适用损害赔偿进行替代；对出借方已经取得或者约定取得的利息不仅不予保护，而且适用《最高人民法院关于审理联营合同纠纷案件若干问题的解答》的规定予以收缴，对借款方处以相当于银行同期贷款利息的罚款。《最高人民法院关于对企业借贷合同借款方逾期不归还借款的应如何处理问题的批复》还指出，借款方逾期不归还本金，当事人起诉到人民法院的，人民法院除应按照《最高人民法院关于审理联营合同纠纷案件若干问题的解答》有关规定判决外，对自双方当事人约定的还款期限届满之日起，至人民法院判决确定借款人返还本金期满期间内的利息，应当收缴，该利息按借贷双方原约定的利率计算；如果双方当事人对借款利息未约定，则按同期银行贷款利率计算。

二、司法实践给企业之间借贷“松绑”

有关司法解释和规章将企业之间的借贷行为一律作无效处理，这对企业是不合理、不公平的。现代企业是市场经济主体，应当有充分的自主经营权，包括自主充分利用资金来发展生产经营的权利。特别是迅速发展中的中小微民营企业，对资金需求越来越迫切，但由于缺乏担保财产，难以得到金融机构的贷款支持，于是出现中小微企业对资金的渴求和现有资金供给体制制约的矛盾，这个矛盾在当前的经济领域日益突出，并阻碍着民营经济的发展。近些年来，这个问题引起人民法院的高度重视，开始采取措施给企业借贷适当“松绑”。

关于企业法人之间借贷行为是否有效的问题，2010 年 6 月 29 日，最高人民法院印发的《关于为加快经济发展方式转变提供司法保障和服务的若干意见》（法发〔2010〕18 号）提出：“妥善审理非金融借贷纠纷案件，正确认定非金融借贷合同效力，依法打击各种以合法形式掩盖的非法集资等违法犯罪活动，维护金融安全和社会稳定；依法保护合法的民间借贷和企业融资行为，维护债权人合法权益，拓宽企业融资渠道。”这里提出了依法保护“企业融资行为”，“拓宽企业融资渠道”，要求“正确认定非金融借贷合同效力”。此后，人民法院开始为企业融资“松绑”。法人之间借贷无效逐渐被审判实践适当修正。

2015 年《最高院民间借贷规定》第 11 条规定:“法人之间、其他组织之间以及它们相互之间为生产、经营需要订立的民间借贷合同,除存在合同法第五十二条、本规定第十四条规定的情形外,当事人主张民间借贷合同有效的,人民法院应予支持。”该条规定实施后,法人与法人之间出于生产、经营需要进行借贷,就被直接视为正常的民间借贷,应当做有效处理,至此,法人之间借贷从“灰色地带”走上了“阳光大道”,这对中小微民营企业的持续发展具有重要意义。新《最高院民间借贷规定》第 10 条延续了 2015 年《最高院民间借贷规定》第 11 条的规定没有变化,只是将其中的“合同法第五十二条、本规定第十四条规定”修改为“民法典第一百四十四条、第一百四十六条、第一百五十三条、第一百五十四条以及本规定第十三条规定”。

借贷风险提示

原《最高院民间借贷规定》虽然肯定法人与法人之间的借贷为民间借贷,但综合有关法律规定进行分析,法人与法人之间借贷除了以“生产、经营需要”为目的外,还必须具备“双方意思表示真实”“不违反法律、行政法规强制性规定”的条件方为有效,否则仍有以下几个法律风险:

1. 法人以“生产、经营需要”为由向其他法人或者非法人组织取得借款后,实际未用于自己的“生产、经营需要”,而将借取的资金转贷出去的,该转贷行为无效,出借人可以以借款人违反约定用途为由解除借贷合同,收回出借资金。

2. 法人之间借贷如果违反国家规定办理存贷、变相存贷业务,从事非法融资活动的,则为无效行为,且有可能构成非法经营罪。

案例 2-7

2017 年 10 月 12 日,某某科技文化公司(以下简称科技文化公司)与某某珠宝首饰公司(以下简称珠宝首饰公司)签订《借款合同》约定:珠宝首饰公司向科技文化公司借款人民币 300 万元,借款期限自 2017 年 10 月 12 日起至 2018 年 2 月 8 日止,借款利率为月息 1%。同日,科技文化公司向珠宝首饰公司出具《收款收据》载明“收到珠宝首饰公司借款300 万元”。自 2018

年3月19日起至2019年1月7日止，珠宝首饰公司陆续向科技文化公司进行还款。

2020年3月，出借人科技文化公司以借款人珠宝首饰公司、刘某为被告，向罗湖区法院提出确认合同无效诉讼，原告称：2017年10月12日，原告科技文化公司与被告珠宝首饰公司签订了《借款合同》，约定：被告珠宝首饰公司借给原告人民币300万元，月息1%，借款期限自2017年10月12日至2018年2月8日。原、被告之间的行为属于企业间的资金拆借，从现行法律制度的规定来看，一是最高人民法院1996年出台的关于企业资金拆借的司法解释，该解释规定，企业借贷合同违反有关金融法规，属无效合同。二是1998年中国人民银行出台的就企业借贷问题的答复，该答复规定，禁止非金融机构经营金融业务，借贷属于金融业务，因此非金融机构的企业之间不得相互借贷。故其行为违反法律强制性规定，涉案《借款合同》无效。因此，原告特向法院提起诉讼，请求确认《借款合同》无效（其中无效标的为人民币10,000元）。

被告珠宝首饰公司答辩称：原、被告签订的《借款合同》是合法有效的，并未违反法律规定，涉案借款合同为有效合同。

被告刘某未做答辩。

罗湖区法院认为：原《最高院民间借贷规定》第1条第1款规定：本规定所称的民间借贷，是指自然人、法人、其他组织之间及其相互之间进行资金融通的行为。第11条规定："法人之间、其他组织之间以及它们相互之间为生产、经营需要订立的民间借贷合同，除存在合同法第五十二条、本规定第十四条规定的情形外，当事人主张民间借贷合同有效的，人民法院应予支持。"第14条规定："具有下列情形之一，人民法院应当认定民间借贷合同无效：（一）套取金融机构信贷资金又高利转贷给借款人，且借款人事先知道或者应当知道的；（二）以向其他企业借贷或者向本单位职工集资取得的资金又转贷给借款人牟利，且借款人事先知道或者应当知道的；（三）出借人事先知道或者应当知道借款人借款用于违法犯罪活动仍然提供借款的；（四）违背社会公序良俗的；（五）其他违反法律、行政法规效力性强制性规定的。"本案中，原、被告签订的涉案《借款合同》系双方真实意思表示，内容并不违反法律、法规的强制性规定；原告未能举证证明涉案《借款合同》存在无效的情形，故原告请求确认《借款合同》无效的诉讼请求，无事实和法律依据，本院不予支持。

罗湖区法院判决:驳回原告科技文化公司的全部诉讼请求。

[根据深圳市罗湖区人民法院(2020)粤0303民初8861号民事判决书编写]

ESSENTIAL

4

要点 4

网络借贷

网络借贷是出借人与借款人利用互联网平台进行的借贷活动。网络借贷包括 P2P 网络借贷和网络小额贷款。

一、网络借贷属于民间借贷

2015 年 7 月，中国人民银行、工业和信息化部等 10 个国家部门经党中央、国务院同意联合印发了《关于促进互联网金融健康发展的指导意见》(银发〔2015〕221 号)。该指导意见第 2 条第 8 项指出："网络借贷包括个体网络借贷(即 P2P 网络借贷)和网络小额贷款。个体网络借贷是指个体和个体之间通过互联网平台实现的直接借贷。在个体网络借贷平台上发生的直接借贷行为属于民间借贷范畴，受合同法、民法通则等法律法规以及最高人民法院相关司法解释规范。个体网络借贷要坚持平台功能，为投资方和融资方提供信息交互、撮合、资信评估等中介服务。个体网络借贷机构要明确信息中介性质，主要为借贷双方的直接借贷提供信息服务，不得提供增信服务，不得非法集资。网络小额贷款是指互联网企业通过其控制的小额贷款公司，利用互联网向客户提供的小额贷款。网络小额贷款应遵守现有小额贷款公司监管规定，发挥网络贷款优势，努力降低客户融资成本。网络借贷业务由银监会[①]负责监管。”

网络借贷是“互联网+民间借贷”的一种融资方式,与传统民间借贷方式一样适用相关民事法律和有关司法解释的规定。

鉴于网络借贷属于民间借贷的范畴,新《最高院民间借贷规定》第21条规定:“借贷双方通过网络贷款平台形成借贷关系,网络贷款平台的提供者仅提供媒介服务,当事人请求其承担担保责任的,人民法院不予支持。网络贷款平台的提供者通过网页、广告或者其他媒介明示或者有其他证据证明其为借贷提供担保,出借人请求网络贷款平台的提供者承担担保责任的,人民法院应予支持。”

网络借贷与传统民间借贷的主要区别在于媒介不同:传统民间借贷通常基于人缘关系、地域因素面对面进行,而网络借贷利用现代化的互联网平台,由网络信贷公司提供网络平台,出借人提供资金,获取利息收益,并承担风险,借款人到期偿还本金并支付利息。于是足不出户在计算机前就能发生借贷关系。

二、网络借贷的经营模式

我国自2007年从国外引入网络借贷模式后,在P2P概念的基础上衍生了多种网络借贷模式,但从经营业务上看主要有以下三种模式:

一是信息中介平台。即利用互联网平台的功能,为借贷双方提供信息流通交互、信息价值认定和其他促成交易完成的中介服务,网络平台自己不吸收存款,不发放贷款,不提供信用担保,而由借贷双方通过网络平台直接发生债权债务关系,网络平台仅依靠向借贷双方收取一定的手续费维持运营。这是传统的P2P模式,纯属民间借贷中介人角色。

二是担保交易平台。此类网络平台作为信息中介机构的同时,与大型担保机构合作并提供双重担保,具有担保人性质。此种模式能够保证投资人(出借人)的债权实现,是最安全的P2P模式。

三是放贷业务机构。即网贷平台自行直接发放贷款。网络小额贷款是互联网企业通过其控制的小额贷款公司,利用网络平台向客户提供小额贷款,目前,最为典型的是浙江阿里巴巴小额贷款。阿里巴巴集团联合复星集

① 2018年3月,银监会被撤销,银保监会设立。为行文方便,本书不再详细区分。

团、银泰集团和万向集团于2010年6月8日在杭州成立浙江阿里巴巴小额贷款股份有限公司,面向网络客户发放贷款,首次将小额贷款业务拓展到电子商务领域,成立了我国首家电子商务领域的小额贷款公司,在互联网上经营小额贷款业务。阿里小额贷款是以借款人的信誉发放的网络贷款,无须借款人提供担保。其操作方式为:在放贷前,根据企业电子商务经营数据和第三方认证数据,评析企业经营状况,反映企业偿还债务的能力;在贷款过程中,通过支付宝及阿里云平台实时监控商户的交易状况和现金流,为风险预警提供信息输入;在发放贷款后,通过互联网监控企业经营动态和行为,若有影响正常履约的行为将被预警,并实行监控和网络店铺(账号)关停机制,提高客户违约成本,以控制贷款风险。阿里小额贷款的程序是:借款人提出贷款申请—审核借款申请人的数据—视频远程沟通—客户资信评估—发放贷款,整个流程实行系统化、无纸化,最快当天即可取得贷款。

三、网络借贷的当前趋势

我国自2007年从国外引入网络借贷模式后,网络借贷曾经蓬勃发展,给民间融资带来了便捷化服务和高效的资金匹配,在一定程度上解决了部分人群生活临时缺资困难,对促进个体工商户、小微民营企业的发展和扩大就业发挥了现有金融机构难以替代的积极作用。但是,网络借贷开始不久就出现混乱状态,不少借款人恶意逃废债,致使不少借贷债权落空,而出借方核心风控外包,暴力催收借款,滥用用户隐私信息等问题突出,于是恶化了网贷行业的经营环境,引起一些社会稳定问题。

在此情况下,监管部门多次表示整治网贷平台。2019年9月2日,互联网金融风险专项整治工作领导小组、网贷风险专项整治工作领导小组联合发布的《关于加强P2P网贷领域征信体系建设的通知》指出,支持在营P2P网贷机构接入征信系统,持续开展对已退出经营的P2P网贷机构相关恶意逃废债行为的打击,加大对网贷领域失信人的惩戒力度。2019年12月30日,中国银行保险监督管理委员会印发的《关于推动银行业和保险业高质量发展的指导意见》指出,深化金融供给侧结构性改革,健全普惠性的现代金融体系,强调有效防范和化解金融风险,同时提出"深入开展互联网金融风险专项整治,推动不合规网络借贷机构良性退出"。

2020年1月7日,网贷之家发布《2019年中国网络借贷行业年报(完整版)》报告显示,截至 2019 年 12 月底,网贷行业正常运营平台数量下降至 343 家,相比 2018 年年底减少了 732 家,其中停业及转型平台 510 家,问题平台 222 家;2019 年全年网贷行业成交量 9649.11 亿元,相比 2018 年全年网贷成交量 17,948.01 亿元减少了 46.24%。随着成交量逐步下降,网贷行业贷款余额也同步走低,截至 2019 年年底,网贷行业总体贷款余额下降至 4915.91 亿元,同比 2018 年下降了 37.69%。

当前,网络借贷机构仍处于专项整治期间,不合规网络借贷机构将陆续退出网络平台,网络借贷将趋向规范化方向发展。

借贷风险提示

《关于促进互联网金融健康发展的指导意见》虽然为网络借贷确定了基调,有关部门也正在整治和规范,但在国家层面,目前尚未对其进行法律定位,也未规定市场准入资格,更无业务规则、监管框架、风险处置等法律规范,法律约束力和行政监管严重不足,网络借贷行业处于"无门槛、无监管、无标准"状态,所以法律风险非常大。

1. 风险控制薄弱。信息中介类的 P2P 网络平台,只是进行"点对点"的交易撮合,不能充当信用中介,投资者签订借款合同的对象不能是平台本身。网络借贷是向陌生人出借资金,出借人需要具备相应的风险意识、投资管理能力和风险承受能力,但许多出借人不具备这些风险控制能力,因而债权很容易被侵害。

2. 容易发生违法行为。网络借贷不仅容易发生债权债务纠纷,而且很容易被不法分子利用而实施违法犯罪行为。近几年,在互联网金融中,非法集资、恶意骗贷、黑客套款等问题屡屡发生,导致网络借贷企业倒闭,如淘金贷、优易网、安泰卓越等网贷平台先后曝出"跑路"事件。同时,在网络借贷机构数量成倍增长的情况下,市场主体鱼龙混杂,非法集资案件大量爆发,风险迅速蔓延。

防范上述网络借贷风险,一方面需要整治,另一方面需要制定网络借贷行业的法律规范和经营规则,将 P2P 网络借贷纳入行政监管范围,确定市场准入资格,明确参与者的权利和责任,同时,需要建立网络借贷信用评价体系和征信体系,将不法行为人纳入"黑名单"公布于众,在打击非法借贷行为的同时提高当事人防止网贷风险意识,确保 P2P 网络借贷健康稳定发展。

案例2－8

☞ 案情简介

2016年5月23日，袁某某在A公司经营的平台上签订《借款协议》，约定借款总金额83,730.64元，等额本息还款，还款期数为36期。同日，袁某某与B公司签订了《小微金融服务合同》，约定袁某某应向B公司支付贷前咨询服务费17,032.19元、贷后信用管理费6698.45元。袁某某并C公司签订了《专用账户协议》，同意通过注册的专用账户与银行账户绑定。C公司有权依据袁某某及其授权的第三方指令从银行账户中向该专用账户进行扣款充值。

上述协议签订后，平台依据袁某某签订的《借款协议》自动匹配了多名出借人，C公司根据平台指令将出借人银行账户内的款项划款至袁某某的支付账号内，金额共计83,730.64元，因直接扣划贷前咨询服务费17,032.19元及贷后信用管理费6698.45元，进入袁某某银行账户内的金额为60,000元。

A公司台账显示，截至2017年7月25日，袁某某共偿还借款本息共计24,291.36元，后未再偿还借款本息。但袁某某提交其中国建设银行流水单，证明其收到借款60,000元及还款情况；流水单显示截至2017年11月1日袁某某的还款金额共计37,376.36元。

☞ 双方诉辩

2018年，A公司向朝阳区法院提起民间借贷纠纷诉讼，请求：判令被告袁某某偿还A公司借款本金67,453.39元、利息13,615.37元。

被告袁某某辩称，不同意A公司的全部诉讼请求："我与A公司之间不存在借贷关系，原告主体不适格。我是与C公司签订的借款合同，没有约定过服务费。我实际收到的借款金额为60,000元，截至2017年11月1日我已经偿还了37,026.95元。"

☞ 一审判决

朝阳区法院经审理认为：本案系互联网金融借款平台引发的纠纷。根据《网络借贷中介机构业务活动管理暂行办法》，网络借贷信息中介机构不得从事或接受委托从事包括为自身或变相为自身融资、直接或间接接受、归集出借人的资金、直接或变相向出借人提供担保或者承诺保本保息等13类活动，网贷机构应当自2016年8月24日后不再违反前述规定。考虑到本案借贷事实发生于2016年8月24日之前，对于平台在实施本次借贷过程中可能存在的网贷风险及不规范之处属于整改范畴，对整改期间的纠纷，应在民间借贷的基础上予以调整。具体而言：A公司经营的平台应贯彻平台功能，为投资方和融资方提供信息交互、撮合、资信评估等中介服务，可以收取适当的中介服务费用，对借款行为的生效时间及息费的收取标准按《合同法》及原《最高院民间借贷规定》的相关规定处理，即借款关系应自资金到达借款人资金账户时生效，借款本金亦应按照借款人实际收到的款项为准。本案中，到达袁某某资金账户内的款项为60,000元，故本案应以60,000元作为借款本金。参照原《最高院民间借贷规定》第30条的规定，出借人与借款人既约定了逾期利息，又约定了违约金或者其他费用，出借人可以选择主张逾期利息、违约金或者其他费用，也可以一并主张，但总计超过年利率24%的部分，人民法院不予支持。对于借款人应当支付的息费，一审法院在认定A公司作为服务中介可以收取部分服务费的基础上，确定服务费用及贷款利息的收取总额不应超过年利率24%。而在本案中对借款人设定的应当支付的服务费及利息数额，核定在借款期限内后，其应当支付的息费总额超过了年利率24%，故一审法院对此予以调整。

根据袁某某提交的银行流水单，可以证明袁某某已经偿还借款37,376.36元，一审法院对此予以确认。

按照《最高人民法院关于适用〈中华人民共和国合同法〉若干问题的解释（二）》第21条的规定，在借款人的给付不足以清偿全部债务时，按先抵扣息费后支付本金的顺序予以抵充。据此，截至袁某某最后一次还款后，其尚欠借款本金39,333.83元。

就债权转让问题。债权人可以将合同的权利全部或者部分转让给第三人。A公司依据《投资咨询及管理服务协议》《借款协议》等文件取得对袁某某的债权，A公司作为债权受让人，以提起诉讼的方式向袁某某主张偿还借款，不违反法律规定。

朝阳区法院判决：第一，袁某某于判决书生效之日起10日内偿还A公司借款本金39,333.83元；第二，驳回A公司的其他诉讼请求。

☞ **上诉理由**

袁某某不服上述一审判决，向北京市第三中级人民法院提起上诉称：本案出借人作为企业法人未经中国人民银行许可非法经营贷款业务，其行为不受法律保护,出借人与我方签订的贷款协议属无效合同。出借人凭无效合同支付中介公司的高额服务费应自行追讨,我方无须担责。出借人以经营贷款活力为目的,不属于民间互助性质的民间借贷范畴。我方实际收到借款本金为60,000元,已经偿还37,376.36元,尚欠借款22,623.64元。请求二审:(1)依法裁定我方与A公司不存在借贷关系,裁定一审认定的高额手续费和民间贷款利率标准无效;(2)判决我方仅需偿还实际欠款22,623.64元;(3)按国家规定的银行贷款利率计算我方应支付的利息上缴国库。

A公司答辩称:我方通过债权转让的方式获得了合法的债权人地位,不存在袁某某所说的未经中国人民银行许可非法经营贷款业务的行为。另外,袁某某实际在借款平台的借款总额应为83,730.64元,并非60,000元。

☞ **二审判决**

北京市第三中级人民法院认为,根据二审双方的诉辩意见,本案二审的争议焦点为:一是案涉《借款协议》的效力;二是案涉借款本金的数额;三是案涉债权转让问题。

关于争议焦点一,袁某某主张本案出借人作为企业法人未经中国人民银行许可非法经营贷款业务,其行为不受法律保护,案涉《借款协议》属无效合同。对此本院认为,本案是一起出借人与借款人因在互联网平台实现借贷而引发的民间借贷纠纷,即个体网络借贷(P2P网络借贷)纠纷。本案中,针对《借款协议》的形成,A公司基于授权,在其设定的平台上引导借款人签订《借款协议》,在借款人作出意思表示后,A公司设定的平台自动进行系统匹配,形成多名出借人。匹配后的出借人与借款人呈现多对多的态势。A公司的上述行为存在使用平台将融资项目的期限进行拆分归集出借人资金的可能。而A公司根据《借款协议》自行或其通过关联第三方B公司向借款人收取贷前咨询服务费和贷后信用管理费的行为,也使A公司存在使用平台提供信用管理和委托第三方进行线下营销、推介融资项目的可能。

互联网金融是传统金融机构与互联网企业利用互联网技术和信息通信技术实现资金融通、支付、投资和信息中介服务的新型金融业务模式。互联网与金融深度融合对促进小微企业发展和扩大就业发挥了现有金融机构难以替代的积极作用。但互联网金融仍属于金融,存在金融风险的隐蔽性、传染性、广泛性和突发性。互联网金融应落实监管责任。为此,中国银行业监督管理委员会(已撤销)、工业和信息化部、公安部、国家互联网信息办公室联合发布《网络借贷信息中介机构业务活动管理暂行办法》(以下简称《办法》),确定网络借贷中的个体网络借贷(P2P网络借贷)属于民间借贷范畴,个体网络借贷机构系信息中介性质,主要为借贷双方的直接借贷提供信息服务,但明确个体网络借贷机构不得提供增信服务,不得非法集资。同时,《办法》还限定了单一借款人的借款上限,并列举了网络借贷信息中介机构不得从事或接受委托从事的13类活动:为自身或变相为自身融资;直接或间接接受、归集出借人的资金;直接或变相向出借人提供担保或者承诺保本保息;自行或委托、授权第三方在互联网、固定电话、移动电话等电子渠道以外的物理场所进行宣传或推介融资项目;发放贷款,但法律法规另有规定的除外;将融资项目的期限进行拆分;自行发售理财等金融产品募集资金,代销银行理财、券商资管、基金、保险或信托产品等金融产品;开展类资产证券化业务或实现以打包资产、证券化资产、信托资产、基金份额等形式的债权转让行为;除法律法规和网络借贷有关监管规定允许外,与其他机构投资、代理销售、经纪等业务进行任何形式的混合、捆绑、代理;虚构、夸大融资项目的真实性、收益前景,隐瞒融资项目的瑕疵及风险,以歧义性语言或其他欺骗性手段等进行虚假片面宣传或促销等,捏造、散布虚假信息或不完整信息损害他人商业信誉,误导出借人或借款人;向借款用途为投资股票、场外配资、期货合约、结构化产品及其他衍生品等高风险的融资提供信息中介服务;从事股权众筹等业务;法律法规、网络借贷有关监管规定禁止的其他活动。对于单一借款人的借款上限及上述13项禁止性行为的整改期限,网贷机构应当自2016年8月24日后不再违反。

基于上述整改方案的出台及对本案借贷行为的分析,本院综合考量后认为,本案是一起发生于2016年8月24日之前的,在互联网借贷平台上的直接借贷行为,对于网贷机构在实施本次借贷过程中可能存在的网贷风险属于整改范畴。对整改期间产生的此类纠纷,法院可设定在民间借贷的基础上予以调整。即个体网络借贷平台应坚持平台功能,为投资方和融资方提供信息交互、撮合、资信评估等中介服务,可以收取适当的中介服务费用,但对借款行为的生效时间及息费的收取标准按《合同法》及原《最高院民间借贷规定》的相关规定处理。即个体网络借贷平台撮合、匹配出借人,在出借人与借款人之间形成的网络借款合同关系,由于该借款关系系以银行转账、网上电子汇款或通过网络贷款平台等形式支付的借款,借款关系应自资金到达借款人资金账户时生效，借款的本金亦应按照借款人实际收到的款项为准。综上，涉案《借款协议》合法有效，袁某某有关涉案合同无效的上诉主张，没有事实和法律依据，本院不予采信。

关于争议焦点二，一审法院认定C公司向袁某某的银行账户实际划拨了60,000元，本院予以确认。根据前述分析，A公司经营的平台应贯彻平台功能，为投资方和融资方提供信息交互、撮合、资信评估等中介服务，可以收取适当的中介服务费用，对借款行为的生效时间及息费的收取标准按《合同法》及《最高院民间借贷规定》的相关规定处理，但因借期内的息费总额超过了年利率24%，一审法院对此予以调整并无不当，袁某某主张不应计算利息以及应当将利息上缴国家的主张缺乏事实和法律依据，本院不采纳。据此，一审法院在袁某某已偿还37,376.36元的基础上，经核算认定袁某某尚欠A公司借款本金39,333.83元并判决偿还该数额本金，并无不当，本院予以维持。

关于争议焦点三，袁某某主张其与A公司之间不存在借贷关系，实际是对A公司本案债权主体资格有异议。对此本院认为，本案案涉《借款协议》明确约定出借人不可撤销地授权B公司决定对借款人提起诉讼/仲裁，同时，出借人同意在诉讼/仲裁前将债权无偿转让给A公司，由A公司统一向借款人追索。基于此，本院确认A公司在本案中享有因《借款协议》形成且经法院依法调整后确定的合法债权。A公司以提起诉讼的方式向袁某某主张偿还借款，不违反法律规定，故袁某某本项主张缺乏事实和法律依据，本院不予采信。

北京市第三中级人民法院认定，袁某某的上诉请求及理由不能成立，一审法院判决认定事实清楚，适用法律正确，应予维持。于是判决：驳回上诉，维持原判。

[根据北京市朝阳区人民法院(2018)京0105民初95664号民事判决书和北京市第三中级人民法院(2019)京03民终11948号民事判决书编写]

ESSENTIAL

5

要点5

民间借贷的关联人

民间借贷的主体主要是出借人和借款人，但许多情况下还有其他关联人参与，如居间人、介绍人、见证人，这些关联人因行为性质和法律地位不同，权利义务也各不相同。

一、民间借贷居间人

这里的居间人（包括中介人、介绍人）是在借款人与出借人之间介绍情况、说合借贷的人。居间人的作用是使借贷当事人了解情况，劝说有钱人将金钱借给特定的缺钱人，或者劝说缺钱人向特定的有钱人借款。有的居间人还就借贷数额、利息、期限等在双方当事人之间说合，如借贷数额多少、利率高低、期间长短等，向一方提出建议性意见又征得另一方同意，对双方的分歧进行劝说，从而使双方当事人就有关借贷事项达成一致意见，促进借贷关系成立。

有些地方设立的“民间借贷登记服务中心”等中介机构也具有居间性质，有人想借钱没有找到出借人，有人想把钱出借没有找到借款人，都可以到这些中介机构进行登记，这些中介机构通过网络平台发布信息，帮助寻找资金配对，安排借贷双方面谈，协助确定借贷数额、利率、期限等，促成借贷交易。居间人尽管有此媒介作用，但毕竟不是借贷关系中的当事人，借贷关系是否成立，仍由借款人与出借人自己决定，因而，居间人在民间借贷关系中不享有任何实体权利，也不承担任何实体义务。

在现实生活中，有个别居间人进行恶意活动，如明知借款人借款后无力偿还或根本就不会偿还，而与借款人串通，向出借人谎称借款人信用好，履行能力强，帮助借款人骗取出借人的资金，结果造成出借人到期不能收回借款。这种居间人恶意造成出借人到期不能收回借款，构成欺诈的，根据《民法典》第149条“第三人实施欺诈行为，使一方在违背真实意思的情况下实施的民事法律行为，对方知道或者应当知道该欺诈行为的，受欺诈方有权请求人民法院或者仲裁机构予以撤销”的规定，借款人知道或者应当知道居间人实施欺诈行为的，出借人可以行使撤销权，请求人民法院或者仲裁机构撤销民间借贷合同追回出借资金，由此造成出借人损失的，居间人应当承担相应的民事责任，即向出借人赔偿相应的资金损失。

二、民间借贷见证人

见证人是指当场目睹可以作证的人。在民间借贷发生时，出借人对借款人不放心，为防止日后借款人赖账，或者借款人为了让出借人放心，说明自己不会赖账，邀请第三者出面见证。民间借贷的见证大致有两种情况：一是双方当事人交接借款时请见证人亲眼见证，二是请见证人在借据上签名。

有些见证人不是居间人，也不是介绍人，不进行说合、牵引等民事行为，但居间人、介绍人因了解当事人的借贷情况，也可以是见证人。

见证人与居间人、介绍人一样是第三者，不是借贷关系的当事人，因而，既不享有实体上的权利，也不承担实体上的义务。但是，当借款人与出借人发生纠纷时，见证人负有作证义务。

在实践中，有些人名为见证人，实则没有“当场目睹”的，其见证效力就值得怀疑。譬如，借款人写好借据，让第三者在该借据上签字为见证人，但该第三人并不知道出借人是否已将借款交付借款人，在这种情况下，该第三人只能证明借款人写了这么一张借据，而不能证明是否提供借款。又如，双方当事人在交接借款时，第三人不在场，事后听某一方当事人说发生了借贷关系，该第三人只能作为间接见证人，而不是直接见证人。

三、民间借贷保证人

这里的保证人，是指与出借人（债权人）约定，为借款人（债务人）提供债务担保，当借款人不能履行债务时，由其按照约定代偿债务的一方当事人。保证人有可能兼居间人、介绍人、见证人，但主要的身份是担保人，他不是民间借贷的当事人，而是保证担保关系中的当事人，主要义务是在借款人不能履行债务时，由其按照约定履行代偿债务义务。

在实践中，第三人在借款人出具的借据、借条上签字或者盖章的，容易出现这样一种纠纷：出借人认为该第三人是保证人，要求其承担保证责任，而该第三人认为自己是介绍人、见证人，拒绝承担保证责任。对此，新《最高院民间借贷规定》第20条规定："他人在借据、收据、欠条等债权凭证或者借款合同上签名或者盖章，但是未表明其保证人身份或者承担保证责任，或者通过其他事实不能推定其为保证人，出借人请求其承担保证责任的，人民法院不予支持。"

借贷风险提示

由于民间借贷的自由性、随意性等特征的影响，加之当事人欠缺法律知识，民间借贷关联人在主体上存在以下三种法律风险：

1. 行为人本来是居间人或介绍人或见证人，但在借据、借条等合同文书上未写明自己是居间人或介绍人或见证人，却在借款人署名位置上签字或者盖章，结果在书面上被确认为共同借款人。

2. 行为人本来是居间人或介绍人或见证人，却在借据、借条等合同文书上保证人署名位置上签字，结果在书面上被确认为保证人。

3. 行为人本来是保证人，但在借款合同上签字或者盖章时未表明保证人身份，也未表明承担保证责任，结果被认定为介绍人或见证人而不承担保证责任。

为了防范这些阴差阳错情况的发生，关联人在借据、借条等合同文书上应当写明自己的真实身份，如"介绍人：某某""见证人：某某""保证人：某某"，以免遭受不幸或者逃避责任。

案例2-9

☞ 案情简介

施某某通过丁某某介绍认识樊某。2014年4月9日，施某某向樊某借款，双方签订借款合同约定：借款30万元，借款期限为自2014年4月9日至2015年4月8日，如需提前归还，樊某提早5天通知施某某，借款用途为流动资金周转，借款期限内约定月利息为2分，每3个月付一次。施某某借款后未按时支付利息。2015年4月2日，施某某预见不能按时归还借款，便给樊某出具一张借条，该借条写明："由于我暂时有难，连本带利2015年5月底归还。"丁某某在该借条上施某某签名下方签名。2015年8月5日，樊某父亲以樊某名义向丁某某丈夫应某某出具委托书，委托应某某向施某某要回樊某的借款。

此前的2014年8月5日，应某某向樊某转账18,000元。2014年8月7日，应某某向樊某借款20万元；2014年9月13日，应某某归还樊某借款本息20.4万元。

☞ 双方诉辩

2016年1月，樊某以丁某某为被告，向婺城区法院提起民间借贷纠纷诉讼，诉称：2014年4月9日，施某某因流动资金周转需要向原告借款30万元，被告丁某某承诺为施某某的借款承担连带保证责任。借款合同约定：被告丁某某为施某某的借款本息和债权人实现债权的费用（包括案件受理费、律师费等）提供连带保证，担保期限至乙方清偿全部债务后2年止；如本协议产生纠纷，协商不成的，由法院裁决等内容。达成协议后，原告将款项支付给了借款人施某某。借款到期后，原告曾经多次向被告丁某某和施某某催讨相应的款项，可是至今没有归还。现原告请求法院判令被告丁某某对施某某向原告的借款本金300,000元、利息以及原告实现债权的律师代理费用19,000元承担连带保证责任。

被告丁某某答辩称：本案所涉借款发生于2014年4月9日，被告与该笔借款没有任何关系，被告也从未以担保人的身份在借款合同上签字捺印。2015年4月2日，该笔借款到期前几天，施某某因暂时资金周转困难，要求出借人即本案原告樊某给予还款宽限期至2015年5月底。当时施某某具备一定还款能力，并提出以房屋进行抵押偿还，然而原告拒绝以该方式进行偿还,施某某只能提出延期的请求,原告答应后为给施某某施加压力,提出让当时也在场的被告丁某某对此事做个见证,以监督施某某及时还款。之所以原告会提起诉讼,是因为施某某涉嫌刑事犯罪被公安拘留,原告担心自己的借款得不到偿还,所以将被告诉上法庭。

☞ **法院判决**

婺城区法院经审理认为:本案的争议焦点为被告丁某某是否为保证人。施某某在与原告樊某签订借款合同时,丙方(担保人)一栏为空白,原告称借款时丁某某已作出口头承诺为借款提供保证担保,丁某某丈夫应某某向原告支付了3个月利息。根据《担保法》第13条的规定,保证人与债权人应当以书面形式订立保证合同。原被告间并无书面约定,且被告丁某某对口头保证予以否认。被告丈夫应某某给付原告的款项即便是支付施某某借款的利息,也不能以此推定丁某某对借款提供保证担保。故原告主张丁某某在借款时已作口头保证不成立。2015年4月2日,被告丁某某虽然在借条上签名,但其签名的位置并非在丙方(担保人)所应签名的位置,而是位于丙方所应签名的下方,丁某某是作为保证人的意思表示并不清晰。丁某某在借条上签名后,其也未向原告支付任何款项。《最高院民间借贷规定》第21条规定:他人在借据、收据、欠条等债权凭证或者借款合同上签字或者盖章,但未表明其保证人身份或者承担保证责任,或者通过其他事实不能推定其为保证人,出借人请求其承担保证责任的,人民法院不予支持。据此,本案不能推断被告丁某某为保证人。

婺城区法院判决:驳回原告樊某的诉讼请求。

[根据金华市婺城区人民法院(2016)浙0702民初00752号民事判决书编写]

Chapter 3

第三章 民间借贷合同

民间借贷合同是自然人、法人、非法人组织之间及其相互之间进行资金融通所订立的合同。本章介绍和分析民间借贷合同的形式和内容、成立和生效以及无效责任承担等问题。

ESSENTIAL

1

要点1

民间借贷合同的形式

《民法典》第469条第1款规定："当事人订立合同，可以采用书面形式、口头形式或者其他形式。"第668条第1款规定："借款合同应当采用书面形式，但是自然人之间借款另有约定的除外。"由此可见，民间借贷合同有书面、口头和其他三种形式。书面形式合同是以文字为表现形式形成的合同，包括合同书、信件、电报、电传、传真等可以有形地表现所载内容的合同，以电子数据交换、电子邮件等方式能够有形地表现所载内容，并可以随时调取查用的数据电文，视为书面形式。口头合同是当事人只用语言为意思表示订立的合同。其他形式，是指根据当事人的行为或者特定情形推定成立的合同，也称为默示合同，这类合同是指当事人未用语言明确表示成立，而是根据当事人的行为推定合同成立。

民间借贷合同主要是书面合同和口头合同，默示合同并不多见。

一、借据、借条

民间借贷合同的表现形式主要是借款人出具给出借人的借据或借条。借据、借条虽然由借款人单方出具，但也是一种以书面形式记载借贷数额、期限、利率等权利义务内容的民间借贷合同。当双方当事人就借贷问题发生纠纷时，借据、借条便是书面证据。借据、借条是民间借贷最为常见的书面合同,在民间借贷活动中占据十分重要的位置,借款人不可随意书写,出借人也不可不看内容随意接收。

有的借款人在立据时,将借据或者借条写成"欠条"。严格地讲,欠条与借据、借条是有区别的。欠条虽然也表明双方当事人的债权债务关系,但"欠"不一定是"借"。"欠",往往被认为是交易留下来未还的款项;"借",是暂时使用别人金钱的行为。当然,根据案情分析和判断,涉案证据能够证明"欠条"是借款合同的,亦应认定为借贷关系。

出借人与借款人订立民间借贷合同,应当在合同上签字或者盖章,但在实践中,不少借款人在出具借据或者借条时,没有在借据、借条上签字或者盖章,只是摁手印。对此,《最高人民法院关于适用〈中华人民共和国合同法〉若干问题的解释(二)》(已废止)第5条值得借鉴,即当事人在合同书上摁手印的,人民法院应当认定其具有与签字或者盖章同等的法律效力。当事人如果为手印是否为借款人所摁而发生争议,则可通过鉴定来解决。

二、借款协议和借款合同

有些民间借贷当事人,为了防止发生纠纷,双方订立书面的"借款协议"或者"借款合同",这相对借据、借条而言,在形式上是比较规范的,内容也相对比较完整。

我们在实践中经常看到一些以格式条款形式出现的借款合同。格式借款合同通常是出借人为了多次重复使用而预先拟制的,在发生借贷时,填上借款数额、期限、利率等内容,交由借款人签字后,便成立了借贷关系。

金融机构贷款通常采用格式型的借款合同,主要理由是金融机构以存贷为日常业务,贷款使用格式型合同能够简化缔约程序,提高贷款工作效率。但民间借贷与银行贷款不一样,民间借贷的出借人不是金融机构,也不经常出借资金,故正常合法的民间借贷没有必要事先拟制格式型的借贷合同供多次重复使用。我们在实践中发现,事先拟制格式型借贷合同的个人或企业,多数是职业贷款人,大多采用格式借款合同,但其背后往往存在非法存贷活动。

鉴于实践中的这一表现形式,最高人民法院在《全国法院民商事审判工作会议纪要》(法〔2019〕254号)中指出:"同一出借人在一定期间内多次反复从事有偿民间借贷行为的,一般可以认定为是职业放贷人。"浙江省高级人民法院、浙江省人民检察院等印发《关于依法严厉打击与民间借贷相关的刑事犯罪强化民间借贷协同治理的会议纪要》(浙高法〔2018〕192 号)中指出,将“借条为统一格式的”作为认定职业放贷人的条件之一。

三、数据电文

随着科学技术的进步,合同的书面形式越来越多,不少当事人利用电报、电传、传真、电子数据交换等进行民间借贷活动。近些年,随着互联网的不断发展,人们越来越多地利用电子数据进行民间借贷活动。

电子数据(electronic data),是指基于计算机应用、通信和现代管理技术等电子化技术手段形成包括文字、图形符号、数字、字母等的客观资料,如手机短信、电子邮件、微信。在民间借贷过程中形成的,以数字化形式存储、处理、传输的,能够证明案件事实的电子数据是证据材料,其中记载当事人借贷的要约、承诺和权利、义务等内容时,就成为民间借贷的书面合同。例如,借款人通过微信发送出借人要求借款,出借人向借款人也采用微信回复同意借款,双方达成一致意见的,借贷协议也就成立。

四、口头借款合同

根据《民法典》第 469 条第 1 款的规定,民间借贷当事人可以采取口头形式形成借贷合同。当事人在民间借贷活动中采取口头合同形式是由一定客观的合理的因素促成的,如民间借贷通常是基于人情关系、地域关系等特定的社会关系而发生的,双方当事人有一定的信用关系,再说,采取口头形式订立合同,简易方便,缔约成本低,

所以,实践中不少民间借贷采用口头形式。

但是,当事人一旦发生民间借贷纠纷诉讼,出借人要求借款人还本付息,根据“谁主张,谁举证”原则,出借人首先要举证证明债权债务关系的存在和借贷合同的内容,然而,口头合同往往给出借人带来举证困难。

在司法实践中,我们经常遇到这样一种情况:出借人与借款人发生口头借款,借款人实际已经从出借人处取得借款,但借款人对出借人主张的债权矢口否认,出借人又无其他证据予以证实,结果,出借人的诉讼请求因证据不足被驳回,不仅债权不能实现,反而承担败诉责任,失去金钱还丢了声誉。由此可见,我们应当大力提倡民间借贷采用书面形式,以避免口头借贷带来

的证据不足问题。

借贷风险提示

在民间借贷的合同形式上,除了上述口头借款带来证据不足带来的风险外,还有可能存在以下几个法律风险:

1. 把“借条”写成“欠条”

借款人与出借人曾经发生过买卖关系,在后来发生借贷关系时,借款人在出具债务凭证时将“借条”写成“欠条”,这容易造成欠货款还是欠借款的纠纷,并有可能出现这样的结果:当“欠条”被认定为欠货款时,债务人只负清偿货款责任而不负偿还借款责任;当“欠条”被认定为欠借款时,债务人除了偿还借款外还需清偿货款债务。

2. 把“借条”误写成“收条”

借款人在出具债权债务凭证时将“借条”写成“收条”,该“收条”如果没有载明收到的款项性质,一方认为收到的款项是对方欠其的货款而不是借款,主张不存在借款债务;另一方则认为交付的款项是借款而不是货款,主张借款应当偿还,货款则可另行结算,结果会造成纠纷。

3. 资金往来采取默示方式

譬如,甲与乙系朋友关系,甲生病住院缺乏治疗费用,乙去医院探望时送上2000元,没说借款也没说赠送,甲恢复健康后,乙说是借款要甲偿还,乙说是赠送(人情往来)不予偿还。因这种默示方式的资金往来没有任何证据证明是借贷关系,乙主张借款往往以败诉告终。

上述法律风险告诉我们,出借人应当慎重对待借款合同形式,尽可能采用书面合同,且书面合同应当规范,出借人发现借款人出具的债务凭证有瑕疵的,就应要求借款人修正或重新书写,以防发生纠纷带来不利。

案例3-1

☞ 案情简介

黄A与黄B系姐弟关系,黄B与李某某系夫妻关系。2010年左右,黄B和李某某向黄A借款30,000元用于购买比亚迪轿车。该借款系口头约定,没有约定利息及还款期限,也没有在借款提供时写下借条等债权凭证。

由于李某某与黄B多次闹离婚，黄A担心所借款项不能追回，遂将李某某和黄B诉至麒麟区法院，请求法院判令二被告连带偿还借款50,000元。

☞一审判决

麒麟区法院认为，原被告之间所形成的借贷关系合法有效，受法律保护。原被告双方所达成的口头借款合同没有约定利息及还款期限，原告黄A作为债权人，有权随时要求债务人履行还款义务。被告李某某和黄B系夫妻关系，借款用途为夫妻共同生活需要，其二人作为债务人，负有共同向原告黄A偿还借款的民事责任，故原告黄A请求二被告承担返还30,000元借款的理由符合法律规定，本院予以支持。

原告黄A在案件审理中陈述，其向二被告另借款20,000元系当面把所借款项提供给被告李某某，但没有要求被告李某某写下借条，虽符合情理，但由此增大了交易风险。《最高人民法院关于民事诉讼证据的若干规定》(2008年)第2条规定：当事人对自己提出的诉讼请求所依据的事实或反驳对方诉讼请求所依据的事实有责任提供证据加以证明。没有证据或者证据不足以证明当事人的事实主张的，由负有举证责任的当事人承担不利后果。因此，本案中原告黄A对于二被告享有的20,000元债权承担举证责任，并应当提供相应的债权凭证，但在被告李某某不予认可、李某某与黄B夫妻关系存在矛盾、原告与被告黄B属姐弟关系的情况下，黄A不能提供证据证明二被告向其借款20,000元的事实主张，不利后果依法应由原告黄A自行承担，故黄A返还20,000元借款的诉讼请求，因事实不清、证据不足，本院不予支持。

麒麟区法院判决：由被告李某某、黄B于本判决生效后5日内连带返还原告黄A借款30,000元。

☞二审判决

李某某不服上述一审判决，向曲靖市中级人民法院上诉称：上诉人购买比亚迪轿车的30,000元并非向黄A所借而是向上诉人的姐姐李某梅借的，并由其父亲李某德代为偿还；李某某对于向黄A的借款并不知情，因此，被上诉人黄B所借30,000元与李某某无关，更不应存在是其债务人之说，一审法院并未查清楚被上诉人黄A是否实际支付过借款给上诉人。一审法院对于民间借贷并未查清楚双方借贷关系、交付凭证、支付能力、交易习惯、借贷金额的大小、当事人关系以及当事人陈述的交易细节、经过等细节，就得出结论,未免太草率。请求二审依法撤销一审判决,依法改判或者发回重审。

曲靖市中级法院认为,根据本案证据、当事人陈述及本案事实,可以确认本案借款30,000元的事实成立。被上诉人黄A要求还款的主张应予支持。因本案借贷发生在上诉人李某某与被上诉人黄B夫妻关系存续期间,且借款用于夫妻共同生活,故上诉人李某某与被上诉人黄B应负共同偿还责任。上诉人所主张的买车30,000元系向其姐姐所借,无证据证实,本院不予支持。

曲靖市中级人民法院判决:驳回上诉,维持原判。

[根据云南省曲靖市中级人民法院(2016)云03民终993号民事判决书编写]

案例3-2

☞ 双方诉辩

2014年1月23日,应某某向丁某某汇款20万元。2015年2月5日,应某某以丁某某尚欠其借款18万元为由,持汇款记录、公司注册证书、周年申报表、营业执照、银行流水打印件、香港银行出具的银行流水打印件等证据,向柯桥区法院提起民间借贷纠纷诉讼称:原告应某某与被告丁某某系做生意认识的熟人,后被告向原告口头借款20万元。2014年1月23日,原告将20万元通过银行汇款的形式支付给被告。经原告多次催要欠款,被告仅归还2万元,剩余款项至今未还。请求法院判令被告丁某某归还原告借款本金18万元,并支付自起诉之日起至实际履行完毕之日止按银行同期贷款利率计算的利息。

被告丁某某当庭答辩称:被告从未与原告达成过借贷合意,双方之间没有借款往来,原告的诉讼请求没有事实和法律依据。此款为香港某某公司支付给浙江某某公司(法定代表人为被上诉人)的货款。请求驳回原告诉讼请求。

☞ 一审判决

柯桥区法院认为,根据《最高人民法院关于民事诉讼证据的若干规定》(2008年)第2条的规定,当事人对自己提出的诉讼请求所依据的事实有责任提供证据加以证明,没有证据或者证据不足以证明当事人的事实主张的,由负有举证责任的当事人承担不利后果。本案争议焦点首先在于原、被告之间是否存在口头借款合同关系。在本案中,原告据以起诉的证据为汇款凭证,其上未见被告的签字,原告仅凭原告在附言中单方记载的“借款”字样,本院对于双方有否达成借款合意的事实无法予以确认。在原告未能提供证据证明双方之间曾达成书面、口头或者其他形式的借款合同的前提下,本院对于原告要求被告返还借款的主张不予支持。

柯桥区法院判决:驳回原告应某某的诉讼请求。

☞ **上诉理由**

应某某不服上述判决,向绍兴市中院提起上诉称:

1. 上诉人于2014年1月23日给被上诉人应某某汇款20万元,被上诉人丁某某接受了汇款,汇款单上明确注明“借款”。在上诉人与被上诉人之间无其他经济往来的情形下,双方的实际行动已能表明双方存在民间借贷关系。

2.《浙江省高级人民法院关于审理民间借贷纠纷案件若干问题的指导意见》第15条第1款规定,债权人仅提供款项交付凭证,未提供借贷合意凭证,债务人提出双方不存在借贷关系或者以其他关系抗辩的,债权人应当就双方存在借贷合意提供进一步证据。本案中,款项交付凭证上面“借款”二字已经说明此款性质,结合被上诉人接受款项的行为,上诉人已经提供存在借款合意的证据。

3. 被上诉人在一审中辩称此款为香港某某公司支付给浙江某某公司(法定代表人为被上诉人)的货款,但双方提交的证据显示:香港某某公司和浙江某某公司之间的款项往来均通过公司账户,从未使用个人账户,故被上诉人的辩称没有依据,且这正好说明双方了解彼此的经济实力,才敢借钱。

4. 上诉人认为汇款是借款,被上诉人辩称汇款是货款,原审判决未对汇款性质这一关键问题作出认定。

5.《浙江省高级人民法院关于审理民间借贷纠纷案件若干问题的指导意见》第15条第2款中规定,对能够查明双方存在借贷关系的,按照民间借贷纠纷审理;查明债务属其他法律关系引起的,法院应当向当事人释明,由债权人变更诉讼请求和理由后,按其他法律关系审理,债权人坚持不予变更的,判决驳回诉讼请求。按照此意见,当事人要求法院查明双方之间的法律关系,法院在必要时应当行使释明权。但原审判决既未查明双方之间的法律关系，也未查明汇款的性质。

综上，请求撤销原审判决，改判支持上诉人的诉讼请求或发回重审。

☞ **二审判决**

绍兴市中级人民法院认为，民间借贷案件中，原告应当对借贷合意和款项交付事实进行举证，如没有证据或者证据不足以证明其事实主张，则依法应当承担不利后果。丁某某对收到应某某的20万元汇款没有异议，本案争议焦点在于双方之间是否存在借贷合意。应某某主张其与丁某某之间存在借贷合意，为此提交汇款记录、公司注册证明书、营业执照等证据，但其中公司注册证明书、营业执照等证据与本案没有关联性，不能作为认定本案事实的依据；汇款记录附言中虽有“借款”二字，但系应某某单方书写形成，为单方意思表示，在丁某某否认汇款是借款的情形下，单凭该汇款附言无法证明应某某与丁某某之间存在借贷合意。此外，丁某某在审理过程中辩称，涉案款项是通过个人账户支付的公司货款，并提交了相应的证据。根据双方提交的证据尚无法确认应某某汇款之性质，对此负有举证责任的应某某应承担不利后果。因现有证据不足以证明本案基础法律关系，原审不具备就法律关系向应某某行使释明权的条件，应某某关于原审法院未行使释明权的上诉理由不成立。综上，上诉人应某某的上诉主张，缺乏事实和法律依据，本院不予采纳。原审判决认定事实清楚，适用法律正确，应予维持。

绍兴市中级人民法院判决：驳回上诉，维持原判。

ESSENTIAL

2

要点2

民间借贷合同的内容

合同内容是为合同条款所固定和表现的双方当事人表示一致的内在意思。合同条款表明了合同内容,合同内容在法律文书上表现于条款。《民法典》第668条第2款规定:“借款合同的内容一般包括借款种类、币种、用途、数额、利率、期限和还款方式等条款。”在现实中,由于民间借贷具有自由性的特征,加之有些当事人订立合同行为(包括出具借据、借条)不够规范,许多民间借贷合同条款不具备该条规定的内容,即使具备这些内容也不一定合法。

一、绝对必要内容与相对必要内容

除了具备民事行为能力条件外,民间借贷合同应当记载借贷的主要内容才具有法律效力。根据《民法典》有关规定和民间借贷特点来分析,依民间借贷合同记载内容对效力的影响,可分为绝对必要内容与相对必要内容。

1. 绝对必要内容

绝对必要内容是民间借贷合同上必须记载的内容,如果缺一项则会使整个合同不能成立。民间借贷合同绝对必要内容主要是借贷数额和借款人名称,即合同上的标的额和借款主体,这是民间借贷合同成立的绝对要件。如果没有载明借贷数额,就无法确定标的额,该借贷合同就不能成立,这种情况极为少见,但由于当事人疏忽大意或偶然失误,实践中也出现过。民间借贷合同不仅要有明确、具体的货币数额,而且应当在合同上使用中文数字大写。从实践来看,借款人取款后,往往随手立借据交给出借人,自己很少留底。在这种情况下,如果不使用中文数字大写,而使用阿拉伯数字,因阿拉伯数字容易改动,且有时难以鉴定,就容易发生借贷数额纠纷。发生这类纠纷,借款人往往吃亏,原因是借据在出借人手中,出借人举证充足、有力,而借款人手中往往缺乏证据,容易出现举证不能,而法院审理案件是重证据的,只能依据证据作出判决。

民间借贷合同如果没有借款人签名或盖章,该借款合同因缺乏一方主体就不能成立,出借人持有这种借据,除非借款人承认,如果被指认的借款人不予认可,出借人又无其他证据证明的,该借据对出借人指认的借款人无效。当然,有其他证据证明被指认的借款人就是实际借款人,如通过笔迹鉴定,证明该借据确为被指认的借款人所书写的,可以认定书写人为借款人;书写人能够提供证据证明自己为他人代写,并得到实际借款人承认的,则由实际借款人承担偿还责任。

民间借贷合同上有借款人却无出借人的,一般认定借据持有人为出借人,但借款人或者实际出借人有证据证明借据持有人不是出借人的,该借据对持有人无效。

民间借贷合同缺乏必要内容并非当然无效,当事人双方一致承认并无异议,或者借款人自动履行义务的,则可追认该民间借贷合同自始有效。

2. 相对必要内容

相对必要内容是由当事人自由决定是否记载于借贷合同的内容,若记载便有约定效力,若不记载可依法处理而不影响民间借贷合同本身效力。民间借贷合同的相对必要内容主要有用途、利率、期限等。

二、借款用途

借款用途是借款方使用借款的范围和内容。金融机构为了有利保证国家产业政策的实施和国民经济的协调发展,以及保证贷款安全,严格规定了贷款用途,并有权监督借款人使用贷款的权利,所以,对银行贷款来说,贷款用途是必备条款。在民间借贷活动中,大多数借款人为了取得借款,往往主动向出借人说明借款用途,希望得到出借人的理解和支持;出借人在出借前,为了保证借款安全,也往往问清借款用途。借款用途是民间借贷当事人是否考虑出借资金的主要条件，但没有约定借贷用途，一般不影响合同的效力和合同规定的权利义务关系。如果已经明确约定借款用途，而借款人不按约定用途使用借款的，则构成违约，出借人可以根据《民法典》第673条的规定，提前收回借款或者解除合同。借款人虚构用途骗取借款，如借款人为了偿还赌债，却以生活困难为由向出借人借款，出借人可以按照《民法典》有关规定，主张民间借贷合同无效或者请求予以撤销，并要求立即返还借款。

三、借款利息

对银行贷款来说，利润是其生存发展之本，而利润主要来源于利息，所以，利率或利息不仅是金融借款合同的主要条款，而且是必备条款。但对民间借贷来说，利率或利息不是必备条款，有些出借人不要利息或者合同没有约定利息，这并不影响无息民间借贷合同的法律效力，如果对有无利息产生争议，则应按照《民法典》以及新《最高院民间借贷规定》的有关规定处理。

双方当事人已经约定利率或利息的，应当在民间借贷合同中作为条款记载下来，如果不记载在借款合同之中，借款人又予以否认的，往往被认为是无息借款。

四、还款方式

还款方式，是借款人归还借款的结算方式。民间借贷的还款方式由双方当事人自由约定，可以约定一次还款，也可以约定分多次还款，还可以约定其他还款方式。还款方式没有约定或者约定不明确的，不影响整个合同效力，双方当事人可以协议补充；不能达成补充协议的，应当认定一次性以金钱方式偿还。

五、借贷期限

民间借贷期限是指借款的使用时间。民间借贷合同明确约定借贷期限，有利于借款人有计划地使用借款和准备还款，对出借人来说有利于按时实现债权，但民间借贷使用期限不是民间借贷合同的必备条款，双方当事人没有约定或者约定不明确的，不影响合同效力。

没有约定期限有两种情况：一是明确不约定期限，如借款人向出借人借款时，询问出借人可以借用多少时间，出借人表示不用约定借用多长时间，需要归还时再告诉借款人,其意思是期限问题留在日后再确定,这是明确不约定期限;二是没有约定期限,双方当事人在发生民间借贷时,没有就期限问题进行协商,结果在合同中没有借款期限条款,在这种情况下,借款使用期限也处于待定状态。

民间借贷合同如果没有约定期限或者约定不明确,则有可能发生期限争议和如何确认还款期限问题。《民法典》第 675 条规定:“借款人应当按照约定的期限返还借款。对借款期限没有约定或者约定不明确,依据本法第五百一十条的规定仍不能确定的,借款人可以随时返还;贷款人可以催告借款人在合理期限内返还。”根据《民法典》第 510 条的规定,当事人对借贷期限没有约定或者约定不明确的,可以协议补充;不能达成补充协议的,按照合同有关条款或者交易习惯确定。出借人或者借款人如果不与对方就期限问题进行补充协议;或者无法与对方达成补充协议,不能认为借贷永远处于无期限状态,出借人可以根据《民法典》第 510 条的规定,催告借款人在合理期限内返还借款。

这里的合理期限,通常是指债权人给予债务人必要的准备履行义务的一段时间。在民间借贷合同未约定履行期限或约定不明的情况下,出借人给借款人合理期限主要表现为催告,至于催告中的“合理期限”是几天或几个月,法律没有量的规定,而应当以合理为原则,由出借人根据借款人的实际情况来决定,借款人不能认为出借人决定的期限不符合客观实际来对抗出借人决定的履行期限,而只能与出借人协商确定还款期限。有些借款人可能在一年两年,甚至更长的时间内没有还款能力,如果把合理期限与借款人有履行还款能力等同起来,则不利于对出借人合法权益的保护。出借人行使催告权时给予借款人的合理期限,能够产生四个法律效果:一是表明出借人已经主张债权,要求借款人偿还借款;二是将产生诉讼时效中断;三是给予合理期限后,借款使用期限就确定下来;四是还款付息履行期产生,借款人合理期限届满时未还款付息的,负有迟延履行责任。履行期限与借款期限不同,借款期限对借款人来说是指使用期限,履行期限是指债务人向债权人履行义务时间。

从司法实践来看,合理期限并非只有债权人才可以决定,当出借债权人在诉讼前未催告而未给合理期限时,民间借贷纠纷案件进入诉讼程序后,法院可以利用司法公权给债务人一个合理期限,如重庆市北碚区人民法院

(2020)渝0109民初1671号民事判决书中表述“对于还款的‘合理期限’,结合日常交易习惯,本院确定为本判决生效之日起十日内”。

此外,司法实践中还有一种观点认为,在认定合理期限的问题上,应将被告债务人收到法院起诉状之日视为债权人向债务人发出的最后一次催告日,并将法院开庭审理日视为宽限期届满日。主要理由是,在民事一审普通程序中,人民法院在立案之日起5日内将起诉状发送被告,被告在收到起诉状之日起15日内提出答辩状,此司法行为与债权人向债务人催告一样具有催告效力,且在15日的答辩期可视为合理期限,在民间借贷合同未约定履行期限或约定不明的情况下,出借人在此期限内履行义务的,亦应视为期内履行,因而不产生违约责任。

借贷风险提示

民间借贷合同在内容上有可能存在以下几个主要法律风险:

1. 民间借贷合同没有载明借贷数额,又无证据予以确定的,该合同不能成立,出借人如果提起诉讼,人民法院将驳回其诉讼请求。

2. 民间借贷合同中的借款数额只使用阿拉伯数字而未使用中文数字大写,阿拉伯数字如果被出借人改动,通过文迹鉴定也不能确定的,借款人将承担少借多还的不利后果。

3. 民间借贷合同没有借款人签名或盖章,又无其他证据确定借款人的,该合同对出借人指认的所谓借款人无效。

4. 借款人与出借人口头约定借款用途,但未在借款合同中载明,借款人违约使用借款危及债权安全的,出借人难以主张借款人违约而要求提前偿还借款。

5. 绝大多数出借人出借资金本意是为了取得利息,但在借款合同中没有载明利息或利率,借款人主张无息的,出借人就不能取得利息,由此造成的利息损失由出借人自行承受。

6. 民间借贷合同已经明确约定借款期限,借款人逾期偿还借款的,将按约承担支付逾期利息、违约金等责任。

7. 民间借贷合同没有约定借款期限的,出借人可以随时要求借款人偿还,这会使不少借款人措手不及,故出借人应当给借款人一个合理的偿还时间。

案例3－3

2018年3月10日,尤某给张某出具一份借条载明:尤某因经销白酒缺乏资金向张某借款50万元,3年内返还,张某在尤某需要资金时打款至尤某银行账户。2018年6月8日、8月14日,张某两次向尤某给付借款,金额分别为20万元、10万元,共计30万元。嗣后,张某发现尤某未将所借款项用于白酒经销,资金去向不明,遂停止向尤某借款,并向尤某索要借款,但催讨无果。

2018年9月张某向松滋市法院提起民间借贷纠纷诉讼,请求判令被告尤某立即偿还原告借款30万元,并自借款之日起按每月2%利率标准计付利息至清偿之日止。

被告尤某未答辩,也未提交证据。

松滋市法院认为,原告张某与被告尤某之间因提供借款建立民间借贷关系,合法有效,应予维护。原被告之间约定借款期限3年,借款用途为经销白酒,但被告尤某未按照约定的借款用途使用借款资金,资金去向不明,原告张某可以依照合同法规定停止给付借款并提前收回已给付的借款。故原告要求被告立即返还借款的诉讼请求合理合法,予以支持。原、被告之间的借款未约定支付利息,应视为不支付利息,原告主张按月利率2%支付从借款之日起至清偿之日止的利息,没有法律依据,但可按年利率6%的标准主张逾期利息,即被告应承担从起诉之日起至清偿之日止的利息。

松滋市法院判决:被告尤某于本判决生效后5日内返还原告张某借款30万元,并按年利率6%标准支付从2018年9月12日起至清偿之日止的利息。

[根据松滋市人民法院(2018)鄂1087民初1850号民事判决书编写]

案例3－4

向某某与罗某某原系所谓的姻亲关系。2015年4月,罗某某因资金需要向向某某借款20,000元,并出具借条一份,该借条上载明“今借到向某某现金(20,000)元整大写(贰万元整)。借款人:罗某某。2015年4月”。2016年3月4日,罗某某再次因资金需要向向某某借款10,000元,并出具借条,该借条上载明“今借到向某某现金(10,000)元整大写(壹万元整)。借款人:罗某某。2016年3月4日”。上述借款均以现金方式由向某某交付给罗某某之子罗B。罗某某一直尚未向向某某偿还。

2020年3月,向某某向北碚区法院提出民间借贷纠纷诉讼称:向某某与罗某某原系亲家关系,2015年4月至2016年3月罗某某以开办沙场需要资金为由向原告借款30,000元。现向某某要求罗某某还款遭到罗某某拒绝,请求法院判令被告罗某某立即偿还原告借款30,000元。

被告罗某某辩称:借款30,000元属实,现无力偿还,且该笔借款诉讼时效期间已经届满,要求驳回原告诉讼请求。

北碚区法院认为:本案的争议焦点在于双方之间借贷关系的诉讼时效是否已经届满。根据《合同法》第206条规定:“借款人应当按照约定的期限返还借款。对借款期限没有约定或者约定不明确,依照本法第六十一条的规定仍不能确定的,借款人可以随时返还;贷款人可以催告借款人在合理期限内返还。”第61条规定:“合同生效后,当事人就质量、价款或者报酬、履行地点等内容没有约定或者约定不明确的,可以协议补充;不能达成补充协议的,按照合同有关条款或者交易习惯确定。”本案中,罗某某分别于2015年4月及2016年3月4日向向某某出具借条,向某某按照约定以现金方式交付了借款共计30,000元。双方未在借款时约定还款期限,事后亦未制订补充协议。故向某某有权随时要求罗某某在合理期限内偿还借款,本案借款的诉讼时效期间并未届满,对罗某某的辩解理由,本院不予采纳。对于还款的“合理期限”,结合日常交易习惯,本院确定为本判决生效之日起10日内。综上所述,对向某某要求罗某某偿还借款30,000元的诉讼请求,本院予以支持。

北碚区法院判决:被告罗某某在本判决生效之日起10日内向原告向某某偿还借款30,000元。

[根据重庆市北碚区人民法院(2020)渝0109民初1671号民事判决书编写]

案例3-5

葛某(男)与任某(女)曾系男女朋友关系。2016年10月至2018年12月31日,葛某使用任某的信用卡、蚂蚁借呗等进行消费。2019年3月12日,葛某向出具《借条》一张交给任某,该借条载明:本人葛某刷任某信用卡本金12万元,利息以银行账单为准,债务人于2019年3月31日前将本金和利息全部还清,特立此据,借条为证。借款人葛某。

2019年12月10日,任某通过手机短信形式给葛某发送短信,明确截至2019年12月7日欠银行总金额为140,529.1元。葛某回复短信:"总数是140,530元,反正我还一笔就少一笔嘛;如果因为倒卡产生的费用,和之前差你的,都会转给你。"

2019年4月29日,任某向江北区法院提起民间借贷纠纷诉讼,称:2016年10月至2018年12月31日,葛某因缺钱,在任某不知情的情况下,私自使用任某的信用卡进行消费,后经双方结算后,葛某出具《借条》一张,确认了尚欠任某借款的金额,被告葛某在2019年12月10日之后归还借款本金7250元,剩余借款本金133,279.1元一直未还本付息。请求:(1)判令被告葛某向原告任某偿还借款本金133,279.1元;(2)判令被告葛某支付原告任某自2020年4月29日起至付清之日止的利息(按年利率6%计算,利随本清)。

在诉讼中,因葛某下落不明,江北区法院向其公告送达了起诉状副本等应诉材料,公告期届满,被告葛某未答辩。

江北区法院认为,葛某向任某出具的借条、葛某与任某的短信聊天记录明确了双方借贷关系、借款金额以及借款已实际支付的事实,双方借款合同关系成立并生效。双方未约定还款期限,任某以诉讼方式要求葛某还款,相关意思表示于本院公告期满之日视为到达葛某,至今已有一月有余,应当认定已满足法律"合理期限"之规定,故对任某要求葛某返还借款本金的诉讼请求,本院予以支持。双方未约定支付利息,应视为不支付利息,但任某要求葛某自2020年4月29日起支付逾期利息的诉讼请求,符合法律规定,本院予以支持。

江北区法院判决:被告葛某于本判决生效之日起10日内返还原告任某借款本金133,279.1元;被告葛某于本判决生效之日起10日内支付原告任某逾期利息(以133,279.1为基数,自2020年4月29日起至付清之日止,按年利率6%计算)。

[根据重庆市江北区人民法院(2019)渝0105民初26213号民事判决书编写]

ESSENTIAL

3

要点 3

民间借贷合同的成立和生效

合同成立与合同生效是两个不同的概念，但两者密切相关。合同成立是一个法律事实的判断问题，关系到合同的存在与否，主要体现当事人的意志和合同自由原则。合同生效是一个法律评价问题，关系到合同能否取得法律认可的效力，体现国家的价值判断，反映了国家对合同关系的干预。民间借贷合同成立并不一定就生效，但民间借贷合同生效是对民间借贷合同成立在法律上的进一步肯定。

一、民间借贷合同的成立

1. 合同成立的一般规则

合同成立是当事人就合同的条款协商一致，即就合意事项的意思表示达成一致。《民法典》第 483 条规定，“承诺生效时合同成立”。但由于订立合同的方式不同，法律规定的合同成立的时间也有区别，故该条中还规定“但是法律另有规定或者当事人另有约定的除外”。根据《民法典》第 490 条第 1 款、第 491 条第 1 款的规定，除法律另有规定或者当事人另有约定的外，承诺生效时合同成立；当事人采用合同书形式订立合同的，自当事人均签名、盖章或者按指印时合同成立；在签名、盖章或者按指印之前，当事人一方已经履行主要义务，对方接受时，该合同成立；当事人采用信件、数据电文等形式订立合同要求签订确认书的,签订确认书时合同成立。这是合同成立的一般规则。

2. 自然人之间民间借贷成立的具体情形

《民法典》第679条规定:"自然人之间的借款合同,自贷款人提供借款时成立。"据此,新《最高院民间借贷规定》第9条规定,自然人之间的借款合同具有下列情形之一的,可以视为合同成立:

(1)以现金支付的,自借款人收到借款时;

(2)以银行转账、网上电子汇款等形式支付的,自资金到达借款人账户时;

(3)以票据交付的,自借款人依法取得票据权利时;

(4)出借人将特定资金账户支配权授权给借款人的,自借款人取得对该账户实际支配权时;

(5)出借人以与借款人约定的其他方式提供借款并实际履行完成时。

3. 非自然人之间民间借贷合同成立的具体情形

非自然人之间是指法人之间、法人与非法人组织之间、非法人组织之间以及法人与自然人之间和非法人组织与自然人之间。这类民间借贷合同的成立,适用上述合同成立的一般规则,具体情形如下:

(1)借款人向出借人提出借款要求,出借人承诺借款,该民间借贷合同即时成立;

(2)借款人与出借人就借款事项已经协商一致,出借人口头答应后过一段时间才提供借款的,因出借人口头答应是一种承诺,所以该类民间借贷合同从出借人口头答应提供借款的时间届满时成立;

(3)借款人与出借人已经订立民间借贷合同的,自订立民间借贷合同时该合同成立;

(4)借款人出具借据、借条等交给出借人,出借人答应借款并收受借据、借条,该类合同从出借人收受借据之日起成立;

(5)出借人与借款人订立的附条件提供借款的民间借贷合同,此类合同自订立之日起成立。

民间借贷合同的成立旨在解决借贷关系是否存在的问题,是当事人之间产生借贷权利义务的基础,是认定民间借贷合同效力的前提条件。民间借贷合同成立时如无违法情况则即时生效,出借人应当遵守诚实信用原则,按照约定的时间、数额提供借款，借款人也应当按约收取借款，届时按约履行债务，否则，都有可能构成违约而承担民事责任。

二、民间借贷的实践合同与承诺合同

实践合同又称要物合同，是指除当事人意思表示一致外，还须交付标的物方能成立的合同。

原《最高院民间借贷规定》第10条规定："除自然人之间的借款合同外，当事人主张民间借贷合同自合同成立时生效的，人民法院应予支持，但当事人另有约定或者法律、行政法规另有规定的除外。"也就是说，借款人向出借人提出借款要求，出借人承诺给予借款，在此情形下，即使借款人给出借人出具了借据、借条或者双方已经订立借款合同，如果出借人未向借款人提供借款，该借款合同也不能成立。反之，自然人之间借贷虽未没订立书面合同，但出借人已经向借款人提供借款，借款人也已实际接收借款的，口头借贷合同也能成立。

新《最高院民间借贷规定》删除了原《最高院民间借贷规定》第10条规定，说明除有特别约定外，自然人之间的借款合同与所有民间借贷合同一样都是承诺合同。诺成合同不以一方交付标的物为合同成立的要件，只要当事人双方意思表示一致，且不违反法律、行政法规的强制性规定，合同一旦成立即具有法律效力。

三、民间借贷合同的生效

合同生效是指合同具备一定的要件后产生法律上的效力。合同只有符合法定生效要件，才受到法律的保护，并能够产生合同当事人所预期的法律效果。

《民法典》第502条第1款规定，"依法成立的合同，自成立时生效"。这里的"依法成立"，对已经成立的民间借贷合同是否生效而言，还要看双方的借贷行为有无违反法律、行政法规的强制性规定，如果有违法律、行政法规的强制性规定的，该民间借贷合同即使已经成立也不能生效。

借贷风险提示

在新《最高院民间借贷规定》施行后,当事人仍将自然人之间订立的借贷合同视为实践合同的,在出借人不按约交付借款的情况下,就会混淆缔约过失责任与违约责任的区别。缔约过失责任违反的是先合同义务,要求行为人主观上有过失,由此承担的责任仅适用赔偿损失,但若没有造成借款人损失的,借款人请求赔偿也不能成立。

违约责任违反的是合同约定义务,是一种无过错责任,只要有违约行为存在,除法律规定的少数免责事由外,违约方一般都要承担违约责任。违约责任的承担方式有继续履行、采取补救措施、支付违约金、赔偿损失。但在出借人不按约交付借款、借款人不按约接受借款的情形下,要求对方继续履行是没有必要的,因而只能依法要求对方支付违约金、赔偿损失。

案例3-6

☞ 案情简介

某某装饰公司(以下简称装饰公司)多次向邓甲借款,双方于2014年8月4日结算,装饰公司及其法定代表人杨某某及其股东邓乙、周某某以借款人身份向邓甲出具金额为15万元的借条。2014年9月4日,杨某某、邓乙又向邓甲借款2万元并出具了借条。2015年7月16日,杨某某、邓乙及装饰公司另一股东许某某向邓甲出具利息欠条载明:“今欠到邓甲息钱从6月4号至12月4号,为期7个月(息钱按每月1分算)壹万壹仟玖佰元。2016年2月7日、2018年2月15日,邓乙向邓甲共偿还2万元,邓甲向邓乙出具了收条。”

☞ 双方诉辩

2019年10月,邓甲以装饰公司、杨某某、邓乙、周某某为被告,向余庆县法院提起民间借贷纠纷诉讼,请求法院判令四被告偿还借款本金15万元,并从2015年6月4日起按年利率24%计算利息至还清之日止。

被告装饰公司、周某某、杨某某辩称:装饰公司、杨某某、周某某、邓乙因需资金欲向原告借款,共同向原告出具借条是事实,但装饰公司、杨某某、周某某未收到原告的借款,双方的民间借贷关系虽然成立但未生效,被告不承担还款责任。原告主张借款通过现金交付不实，借款金额巨大，现金交付不符合常理，也没有证据证明。

被告邓乙辩称：四被告向原告借款，原告通过现金方式交付，借款是四次，每次都是在收到原告借款后才出具借条。2014年8月4日将四张借条换成一张金额为15万元的借条，四被告应对该款承担偿还责任。

☞ **法院判决**

余庆县法院经审理认为，本案争议焦点是原、被告之间的民间借贷合同是否成立生效的问题。

余庆县法院认为，原告邓甲主张民间借贷合同成立并生效提供了2014年8月4日的借条1张、2014年9月4日的借条1张、2015年7月16日的欠条1张、收条2张加以证明；装饰公司、杨某某、周某某对共同向原告出具借条，在借条上签字、盖章的事实无异，但认为原告未实际提供借款，民间借贷合同成立未生效。邓乙对借款事实无异议，认为借条是在收回前四次借条后向原告出具，借贷合同成立并生效。通过原告提供的证据、原、被告的陈述进行综合分析，本院认为原、被告之间民间借贷合同成立并生效，借款金额为15万元；装饰公司、杨某某、周某某辩解出具借条后原告未实际提供贷款，民间借贷合同成立未生效理由不成立，依法不予采纳。理由是：

1. 从证据上进行分析，原告提供的借条2张、欠条1张。2张借条载明的借款金额合计17万元；欠条载明2015年7月16日经结算欠原告利息1.19万元的事实。根据欠条载明欠息金额、利率、欠息时间进行倒推计算，借款本金为17万元，与原告提供的2张借条载明的借款金额相印证，足以认定原告向被告实际提供了借款的事实。根据《最高法民间借贷规定》第27条“借据、收据、欠条等债权凭证载明的借款金额，一般认定为本金。预先在本金中扣除利息的，人民法院应当将实际出借的金额认定为本金”之规定，故认定双方之间的民间借贷合同成立并生效，本案的借款本金为15万元。

2. 从行为能力上进行分析。首先，杨某某、周某某、邓乙系装饰公司股东，杨某某是法定代表人，三人系完全民事行为能力人，又是经营公司的职业商人，其应知道出具借条的法律后果，杨某某、周某某与原告又通过邓乙介绍认识，没有特殊关系，杨某某、周某某不可能在未收到借款的情况下向不熟悉的人随意出具借条，出具借条后5年多的时间内又未向原告要求收回借条，其辩解理由明显不符合常理。其次，邓乙陈述公司向原告借款4次，在收回4张借条后统一出具1张金额为15万元的借条,虽然原告邓甲与邓乙系叔侄关系,其陈述与杨某某、周某某陈述相背,但综合全案分析,邓甲的陈述事实可信。

3. 从情理上分析,在民间借贷中,通常情况下借款人是在出借人提供借款后出具借款凭证,在出借人未实际提供借款的情况下,借款人不可能随意向出借人出具借款凭证;即使借款人在出借人未提供借款的情况下出具了借款凭证,借款人几乎不可能在近一年后向出借人出具欠利息的凭证,出具欠利息的凭证的情形只有一种,就是出借人向借款人实际提供了借款。本案中杨某某、邓乙、周某某、许某某是公司股东,公司及杨某某、邓乙、周某某共同向原告出具借条后,在近一年后杨某某、邓乙、许某某又向原告出具利息欠条,双方又无其他经济业务往来,只能说明原告实际提供了借款的事实。

4. 从公司财务凭证上分析,周某某系公司财务负责人,负有公司财务凭证保管之义务,邓乙称公司的财务凭证在周某某处,该财务凭证中有偿还原告利息的凭证。本院为查明案件事实,要求装饰公司及周某某提供公司的财务凭证,但周某某以财务凭证在股东许某某处为由,因许某某外出下落不明无法提供。本院认为,公司是财务凭证的所有人,周某某系公司的财务负责人,均负有提供公司财务凭证之义务,本院推定公司财务凭证在装饰公司和周某某处,装饰公司及周某某拒绝提供财务凭证应承担由此而产生的不利后果。

装饰公司、杨某某、周某某在答辩中称,因公司经营共同向原告出具借条,但借条中明确载明杨某某、周某某、邓乙为借款人,故应认定装饰公司、杨某某、周某某、邓乙为共同债务人。根据《民法总则》第176条"民事主体依照法律规定和当事人约定,履行民事义务,承担民事责任"之规定,以及《合同法》第206条"借款人应当按照约定的期限返还借款。对借款期限没有约定或者约定不明确,依照本法第六十一条的规定仍不能确定的,借款人可以随时返还;贷款人可以催告借款人在合理期限内返还"之规定,原告要求四被告偿还借款本金15万元的诉讼请求符合法律规定,依法予以支持。原告要求四被告从2015年6月4日按月利率2%计算利息至还清之日止的诉讼请求,虽然借条未载明利息,但在《欠条》载明"息钱按每月1分算",故应尊重双方的约定,按年利率12%计算,超过部分不符合双方约定,依法不予支持，支付时间从2015年6月4日起至清偿完毕之日止。

余庆县法院判决如下：

第一，被告装饰公司、杨某某、邓乙、周某某在本判决生效之日起10日内偿还原告邓甲借款本金15万元及利息，利息按年利率12%从2015年6月4日起计算至清偿完毕之日止。

第二，驳回原告邓甲的其余诉讼请求。

［根据余庆县人民法院（2019）黔0329民初2334号民事判决书编写］

ESSENTIAL

4

要点 4

民间借贷合同无效及责任

无效民间借贷合同,是指不符合法定条件和要求或者违反法律规定而成立的,不能发生出借人和借款人预期法律后果的合同。民间借贷合同无效是民间借贷活动的失败,也是当事人进行民间借贷活动的最为主要的法律风险之一。

一、无效民间借贷合同的特点

合同无效是相对合同有效而言的。合同有效是指已经成立的合同具备了法定生效要件,能够产生合同当事人预期的法律效果。根据《民法典》第143条的规定,民事法律行为只要行为人具有相应的民事行为能力,意思表示真实,不违反法律、行政法规的强制性规定,不违背公序良俗的法定要求就为有效。而无效合同则相反,是不符合法律规定要求或者违反法律规定、行政法规规定的合同。民间借贷合同无效与其他合同无效一样具有以下几个特点:

1. 行为违法

判断民间借贷合同是否有效,首先要看双方当事人的借贷行为是否合法。合法借贷行为所订立的合同为有效合同,而违法民间借贷行为所订立的合同为无效合同。有些民间借贷合同尽管是出借人与借款人意思表示一致而形成的合同,但若违反法律、行政法规的强制性规定或者违背公序良俗,就为无效合同。对无效合同不管当事人是否主张有效,因其不符合国家意志而不能发生法律效力。例如,出借人与借款人恶意串通、损害他人合法权益所订立的民间借贷合同,就属于《民法典》第 154 条规定的无效合同。

2. 不能发生预期的法律后果

民间借贷当事人的预期法律后果,对出借人来说是出借资金,到期收回本金取得利息;对借款人来说是取得借款,到期归还本金支付利息。民间借贷合同如果合法有效,则可发生上述的预期法律后果;如果借贷合同被依法确认无效,原已约定的权利义务关系不具有法律约束力,当事人不得实际履行,出借人不得按约向借款人提供借款。如果承认无效民间借贷合同可以实际履行,就等于允许当事人实施违法借贷行为。例如,出借人明知借款人借款用于赌博而与之订立借款合同,如果允许出借人向借款人提供赌资,等于支持了赌博行为。即使出借人已经向借款人提供了借款,借款人也不得继续使用,而应立即向出借人返还。

3. 自始无效

民间借贷合同是否符合法定条件和要求,是否违反法律规定,只有在合同已经成立的基础上进行确认,合同尚未成立,谈不上有效或者无效的问题。民间借贷行为违反了法律、法规的强制性规定或者违背公序良俗,属于本质上违法,本质上违法的合同自始无效,即自合同订立之时就处于无效状态。也有一部分民间借贷合同在订立后一段时间内其效力处于待定状态,如限制民事行为能力人、无代理权行为人所订立的民间借贷合同,可经法定代理人或者被代理人追认后生效,但民间借贷合同一旦被确认无效则溯及订立之时起无效。

二、民间借贷合同无效情形

根据现行的法律和司法解释的有关规定,认定民间借贷无效的法律依据有以下两类:

一类是通用于所有民事法律行为的法律规范,即《民法典》有关民事法律行为无效的规定,例如,《民法典》第 144 条规定的“无民事行为能力人实施的民事法律行为无效”;第 146 条第 1 款规定的“行为人与相对人以虚假的意思表示实施的民事法律行为无效”;第 153 条规定的“违反法律、行政法规的强制性规定的民事法律行为无效……违背公序良俗的民事法律行为无效”;第154条规定的“行为人与相对人恶意串通,损害他人合法权益的民事法律行为无效”;违反第680条第1款“禁止高利放贷,借款的利率不得违反国家有关规定”规定的高利贷部分无效。

另一类是最高人民法院根据法律规定结合民间借贷的特点专门为民间借贷无效情形而规定的司法解释。新《最高院民间借贷规定》第13条规定:具有下列情形之一,人民法院应当认定民间借贷合同无效:

1. 套取金融机构贷款转贷

行为人套取金融机构贷款转贷给他人是一种破坏金融管理秩序的违法行为。这里的套取是指通过虚假手段取得银行贷款并用于非法用途或者其他法律禁止的用途。例如,企业法人本身并不缺少资金却以转贷获利为目的,以生产经营缺资为由向银行贷款,结果将贷取的资金出借给他人获利,这就是套取金融机构贷款转贷的行为。

2. 以向其他营利法人借贷、向本单位职工集资,或者以向公众非法吸收存款等方式取得的资金转贷

关于向其他营利法人借贷再转贷的问题。例如,企业法人作为营利法人因生产经营需要可以向其他营利法人调剂资金,也可以以民间借贷名义向其他营利法人适当融资,但向其他营利法人借款并非出于自身生产经营需要而是为了转贷的,因企业法人不具有金融经营资格,且转贷行为会扰乱国家金融管理秩序,故不论企业法人是否获利,都应认定其中的民间借贷合同无效。

关于向本单位职工集资再转贷的问题。企业法人因自身生产经营缺资需要,在内部职工自愿的基础上,可以采取民间借贷等方式向本单位职工集资,从而解决本单位的资金短缺问题,但若非本单位生产经营需要而向本单位职工通过借贷方式集资,后又将集资取得的资金转贷的,实际上在从事金融经营活动,故其中的集资行为及民间借贷合同均应作无效处理。

关于向公众非法吸收存款再转贷的问题。向公众非法吸收存款即非法吸收公众存款,是指未经中国人民银行批准,向社会不特定对象吸收资金,出具凭证,承诺在一定期限内还本付息的行为。这里的“非法”主要是未经中国人民银行批准而向不特定对象吸收资金。行为人向公众非法吸收存款,有的直接以存款名义进行,如出具存款凭证、签订借款合同等,有的以入

股、合伙等名义出具凭证,实际上是还本付息的民间借贷。采取民间借贷方式向公众非法吸收存款并将取得资金转贷的行为,既扰乱了金融秩序又破坏了正常的民间借贷秩序,故应无论行为人有无获利和借款人事先是否知道,由此成立的民间借贷合同均应无效。

企业法人若看准民间借贷的自由、隐蔽以及利差大等特点,以企业自身的声誉或者企业主个人的影响力,向公众非法吸收存款从事存贷业务,从利差中谋取巨额非法盈利,不仅民间借贷合同无效,而且容易构成《刑法》第176 条规定的“非法吸收公众存款罪”。

3. 未依法取得放贷资格的出借人,以营利为目的向社会不特定对象提供借款

根据新《最高院民间借贷规定》第 1 条第 1 款的规定,民间借贷的主体范围是相当广泛的,除金融机构贷款、政府政策性贷款外,自然人、法人、非法人组织相互之间资金融通都归类于民间借贷。但是,有些个人和单位不一定都具有放贷的主体资格,有些民间借贷行为不一定都具有合法性。在此情况下,当事人“未依法取得放贷资格的出借人,以营利为目的向社会不特定对象提供借款”被视为违法行为,对相关民间借贷合同将作无效处理。

(1)“未依法取得放贷资格”

在正常情况下,出借人依法出借自有资金应受法律保护,故无须“依法取得放贷资格”,但出借人成为“职业放贷人”时,则须“依法取得放贷资格”,如小额贷款公司经营放贷业务就必须经依法批准。

我国法律尚无“职业放贷人”的规定,但在司法解释和有关规范性文件中已有这个名词。2019 年 11 月,《全国法院民商事审判工作会议纪要》(法〔2019〕254 号)第 53 条中规定:“未依法取得放贷资格的以民间借贷为业的法人,以及以民间借贷为业的非法人组织或者自然人从事的民间借贷行为,应当依法认定无效。同一出借人在一定期间内多次反复从事有偿民间借贷行为的,一般可以认定为是职业放贷人。”这里将“多次反复”作为“为业”的表象特性,并以此判断出借人是否属于“职业放贷人”。据此并结合新《最高院民间借贷规定》第 13 条第 3 项规定,我们认为,职业放贷人是指未依法取得放贷资格却以民间借贷为业、以营利为目的向社会不特定对象多次提供借款的法人、非法人组织或者自然人。

2018 年 4 月中国银行保险监督管理委员会、公安部、国家市场监督管理

总局、中国人民银行联合下发的《关于规范民间借贷行为维护经济金融秩序有关事项的通知》明确指出:“未经有权机关依法批准,任何单位和个人不得设立从事或者主要从事发放贷款业务的机构或以发放贷款为日常经营活动。”职业放贷人的放贷行为,违反了该通知精神,属于从事非法金融业务活动,危害了正常金融管理秩序。

(2)“以营利为目的”提供借款

这里的“以营利为目的”主要是指获得利息收益。出借人出借资金依法收取利息是正常的市场融资利益,所以民间借贷的合法利息应受法律保护,但“职业放贷人”以民间借贷为业、以营利为目的收取利息及其他费用,则具有经营贷款业务性质,当其未经有权机关依法批准从事非法金融业务活动时,所获的这种利益则为非法利益。出借人(即使是职业放贷人)向借款人提供无息借款,该笔借款不存在经营金融业务和“以营利为目的”问题,故不能作无效处理。

(3)“向社会不特定对象提供借款”

“不特定对象”是相对“特定对象”而言的。不特定对象是指平时不存在明确关系的“社会公众”,出借人向社会不特定对象提供借款也就与商业银行一样向“社会公众”发放贷款。特定对象是指平时存在明确关系的个人和单位。如企业法人向内部职工、外部客户提供借款收取利息,因这些借款人是特定对象,如无其他原因,则为有效借贷行为。

关于“职业放贷人”的具体认定标准,各地规定不一。如浙江省高级人民法院、浙江省人民检察院、浙江省公安厅等印发的《关于依法严厉打击与民间借贷相关的刑事犯罪强化民间借贷协同治理的会议纪要》中规定,将出借人纳入“职业放贷人名录”的,一般应当符合以下条件:

其一,以连续3年收结案数为标准,同一或关联原告在同一基层法院民事诉讼中涉及20件以上民间借贷案件(含诉前调解,以下各项同),或者在同一中级法院及辖区各基层法院民事诉讼中涉及30件以上民间借贷案件。

其二,在同一年度内,同一或关联原告在同一基层法院民事诉讼中涉及10件以上民间借贷案件,或者在同一中级法院及辖区各基层法院民事诉讼中涉及15件以上民间借贷案件。

其三,在同一年度内,同一或关联原告在同一中级法院及辖区各基层法院涉及民间借贷案件5件以上且累计金额达100万元以上,或者涉及民间借贷案件 3 件以上且累计金额达 1000 万元以上。

其四,符合下列条件两项以上,案件数达到第 1、2 项规定一半以上的,也可认定为职业放贷人:一是借条为统一格式的;二是被告抗辩原告并非实际出借人或者原告要求将本金、利息支付给第三人的;三是借款本金诉称以现金方式交付又无其他证据佐证的;四是交付本金时预扣借款利息或者被告实际支付的利息明显高于约定的利息的;五是原告本人无正当理由拒不到庭应诉或到庭应诉时对案件事实进行虚假陈述的。

4. 出借人事先知道或者应当知道借款人借款用于违法犯罪活动仍然提供借款

出借人为借款人实施违法犯罪活动提供借款是对借款人实施违法犯罪活动的支持和提供方便,故由此订立的民间借贷合同应作无效认定,但前提条件是“事先知道或者应当知道”,也就是说,出借人事先在主观具有故意。譬如,A 与 B 是兄弟关系,B 是有名的“赌徒”,A 是公司的法定代表人,B 因偿还赌债向其兄 A 提出向公司借款,A 利用职权让公司借款给 B,B 利用这笔借款偿还赌债,因 B 作为赌徒,A 在通常情况下应当是知道的,同时,A 为法定代表人表示同意向 B 提供借款应视为公司行为,故这笔借款应视出借人公司“事先知道或者应当知道”B 借款用于违法犯罪的赌博活动。但若事先不知道或者不应当知道借款人借款用于违法犯罪活动即主观上无过错的,则不能作无效认定。如上例,B 以买车为由向公司经理提出向公司借款,经理不知 B 是赌徒,也不知道 B 的借款用于偿还赌债,只是看在 B 是 A 的弟弟的份上,同意公司给予借款,因该经理及其公司不存在“事先知道或者应当知道”的事实,故因此订立的民间借贷合同应做有效认定。

5. 违反法律、行政法规强制性规定

《民法典》第 153 条第 1 款规定,违反法律、行政法规的强制性规定的民事法律行为无效。这里的“违反法律、行政法规强制性规定”是指违反全国人大及其常委会制定的法律和国务院制定的行政法规,不包括违反地方性法规、行政规章的规定。在适用《民法典》有关规定认定民间借贷行为“违反法律、行政法规强制性规定”作为无效处理的,需要注意以下三个问题:

一是确认这类合同无效不以故意为条件。当事人违反法律、行政法规的强制性规定而订立的民间借贷合同,在通常情况下都具有主观故意,如出借人和借款人订立以提供赌资为内容的民间借贷合同,因人人皆知赌博是违法行为的,故为故意行为。但是,当事人应当知道而不知道违反法律、行政法规的强制性规定,也不能认为因此订立的合同有效。当事人在订立民间借贷合同时不知道合同的内容为法律、行政法规所禁止,属于应当知道而不知道的情形,但也不能因当事人不懂法而放纵违法行为。例如,企业法人与出借人在订立民间借贷合同时不知道利率上限规定,结果约定利率超过法定最高限度而出现高利贷,对此不能因当事人约定知道而不知道认定高利贷有效,该利率条款超过法定最高限度的部分仍应做无效认定。

二是无效合同仅限于法律、行政法规的强制性规定,而不包括地方性法规和行政规章。譬如,企业法人与其他企业法人之间发生借贷关系,如果以违反《贷款通则》第73条中关于“企业之间擅自办理借贷或者变相借贷”的规定为由认为无效,就会出现适用法律错误,因为,《贷款通则》是中国人民银行发布的规章,不属于法律、行政法规的范畴,故不能作为认定法人之间借款合同无效的法律依据。

三是民间借贷合同无效不一定整个合同全部无效,其中没有“违反法律、行政法规的强制性规定”的内容仍为有效,如民间借贷中的高利贷,只是超出司法解释规定的最高利率上限的部分无效,而其他合法内容仍应有效。

6. 违背公序良俗

公序良俗是指民事主体的行为应当遵守公共秩序,符合善良风俗。违背公序良俗是违反国家的公共秩序和社会一般道德的行为。譬如,公司女职工向总经理提出向公司借款购买房子,总经理明知该女职工是董事长的情妇,也明知该女职工买房子是为了方便与董事长厮混,也同意公司向其提供借款,因这种借款的动机和目的违背了公序良俗,故应作无效处理。

三、民间借贷合同被确认无效后的法律后果

民间借贷合同无效所要承担的法律责任与违约的法律责任不同。根据《民法典》第676条“借款人未按照约定的期限返还借款的,应当按照约定或者国家有关规定支付逾期利息”之规定,民间借贷违约责任的承担方式是借款人返还借款和支付逾期利息。而根据《民法典》第157条的规定,民间借贷合同被依法确认无效后,借款人应当返还借款,有过错的一方应当赔偿对方由此所受到的损失;各方都有过错的,应当各自承担相应的责任。

1. 返还借款

民间借贷合同无效只涉及借款问题，故只能返还借款，不存在返还其他财产问题。民间借贷只是出借人向借款人提供借款，故返还借款的责任只能由借款人承担，不存在出借人向借款人返还借款问题。这里的返还借款与到期偿还借款，虽然都是金钱归还方式，但法律责任性质不同，前者是合同无效的返还责任，而后者是有效合同的履行责任。

2. 赔偿损失

无效民间借贷合同的订立和履行给当事人带来的损失主要是本金和利息，所以除返还借款本金外，借款人还应当承担资金占用的赔偿损失责任；出借人未提供借款，但合同无效是借款人过错造成的，则由借款人向出借人承担赔偿损失责任，此种责任通常以新《最高院民间借贷规定》第25条第1款中规定的“合同成立时一年期贷款市场报价利率四倍”为标准赔偿损失，即赔偿规定的利息。如果合同无效是由双方当事人共同过错造成的，则由双方当事人按照各自的过错承担赔偿责任。

出借人明知借款人借款用于违法行为而提供借款，后提起民间借贷合同纠纷诉讼，请求法院判令借款人偿还借款的，法院在确认借贷合同无效的同时，应当驳回出借人的诉讼请求。

案例3－7

☞ 双方诉辩

2019年11月，原告邓某某向常宁市法院提出民间借贷纠纷诉讼称：原告与被告曹某某系初中同学。2017年8月，曹某某以扩大企业规模为由向原告借款，原告于2017年8月12日以转账的方式借出10万元，2017年10月7日以转账的方式借出10万元，2018年5月以转账的方式借出5万元，其间还陆续小额出借了1万余元。曹某某口头承诺借款利息2%，随时偿还本金。但借款后，被告曹某某仅偿还了6000元利息。2018年6月27日，经原被告双方口头结算，被告认可下欠原告借款本金26万元，并以微信聊天的信息确认了以上借款的金额。被告曹某某与褚某某系夫妻关系，该借款依法应属夫妻共同债务，理应双方共同偿还。请求判决二被告曹某某、褚某某共同偿还原告借款26万元及利息（利息从出借之日起按月息2%计算至借款还清之日止）。

被告曹某某、褚某某辩称:本案的借款金额为205,680元,并不是原告诉称的26万元,曹某某已偿还43,350元,下欠金额为162,330元。邓某某出借给曹某某的20万元借款来源于邓某某向金融机构借款,金融机构借款利率12%,出借给曹某某要求利率24%,从中赚取利息差价。根据原《最高院民间借贷规定》第14条第1项之规定,双方的借贷合同无效,原告诉称的利息不能支持。请求法院驳回原告的诉讼请求。

☞一审判决

在庭审中,双方对两次借款共计20万元无异议。对双方争议的事实,常宁市法院做如下认定:

1.原、被告之间20万元的借款合同是否有效。2017年8月12日,原告邓某某向宁波银行贷款10万元,同日将这笔10万元贷款分两笔(每笔5万元)转入曹某某的银行账户。2017年10月6日,原告向宁波银行又贷款10万元,次日转账95,000元借给被告曹某某,另外5000元通过其他方式补齐。根据原《最高院民间借贷规定》第14条第1项"套取金融机构信贷资金又高利转贷给借款人,且借款人事先知道或者应当知道的"人民法院应当认定民间借贷合同无效之规定,原告邓某某与被告约定借款20万元,并口头承诺月息2分的民间借贷合同无效。

2.原、被告借款的金额认定。经庭审核查和双方结算,确认被告曹某某尚欠原告邓某某20万元借款未还。根据《合同法》第58条之规定,合同无效或者被撤销后,因该合同取得的财产,应当予以返还;不能返还或者没有必要返还的,应当折价补偿。有过错的一方应当赔偿对方因此受到的损失,双方都有过错的,应当各自承担相应的责任。被告曹某某明知原告邓某某向其出借的款项系从宁波银行融资贷款而来,依然与其订立该借款合同,其本身亦存在过错。故被告曹某某对原告邓某某在宁波银行融资贷款产生的利息损失共计14,133.34元应承担相应的责任。被告曹某某已还18,000元中的5680元系偿还给原告的本金,剩余的12,320元视作其赔偿给原告的利息损失,其余损失由原告自行承担。

常宁市法院认为:原告将其从金融机构获取的信贷资金高利转借给被告,违反法律、行政法规的强制性规定,应当认定合同无效,故双方口头约定月息2分,本院不予支持。合同无效或者被撤销后,因该合同取得的财产,应当予以返还。故被告曹某某应当返还其因该合同而取得的借款20万元。被告褚某某与被告曹某某系夫妻关系，该笔借款应当认定为夫妻共同债务，被告褚某某应承担对该笔借款的连带偿还责任。

常宁市人民法院判决如下：限被告曹某某、褚某某在本判决生效后15日内偿还原告邓某某借款200,000元；驳回原告邓某某的其他诉讼请求。

☞ **上诉理由**

邓某某不服上述判决，向衡阳市中级法院提起上诉称：上诉人基于与被上诉人曹某某同学关系，经被上诉人多次要求借款，上诉人手头无资金，才利用信用卡套现借款，借款合同合法有效，依法应当支持，一审法院认定为套取金融机构信贷资金又高息转贷，与事实不符。案涉借款本金为26万元，上诉人提交的微信聊天记录、录音光碟及核账账单足以证明上述事实。请求查明事实，撤销一审判决，改判二被上诉人连带偿还上诉人借款26万元及利息（利息从出借之日起按月息2%计算至借款还清之日止）。

曹某某、褚某某辩称：本案案涉款项来源于宁波银行贷款，而不是信用卡套现，上诉人借款给被上诉人的目的是赚取利息。请求驳回上诉，维持原判。

☞ **二审判决**

衡阳市中级人民法院认为：

第一，本案讼争的借款本金是20万元，还是26万元的问题。2018年10月3日，经双方结算，曹某某、褚某某夫妻出具一张证明给邓某某，该证明显示，截至2018年10月8日，确认曹某某尚欠邓某某20万元未归还。故上诉人主张借款本金为26万元依据不足，本院不予支持。

第二，一审法院适用法律是否正确，涉及被上诉人是否应支付利息。经查，2017年8月12日，邓某某向宁波银行贷款10万元，同日转入曹某某的银行账户。2017年10月6日，邓某某又向宁波银行贷款10万元，10月7日转入95,000元至曹某某账户，且邓某某未偿还银行上述贷款。本院认为，邓某某套取金融贷款资金又高利贷转给借款人曹某某、褚某某，以谋取利差，依照原《最高院民间借贷规定》第14条第1项规定，本案讼争的民间借贷合同无效。鉴于双方均存在过错，双方应承担相应的民事责任。故上诉人的该上诉请求缺乏事实和法律依据，本院亦不予支持。

衡阳市中级人民法院认定，邓某某的上诉请求不能成立，应予驳回；一审判决认定事实清楚，适用法律正确，应予维持。于是判决：驳回上诉，维持原判。

[根据常宁市人民法院(2019)湘0482民初2410号民事判决书和衡阳市中级人民法院(2020)湘04民终888号民事判决书编写]

案例3-8

☞案情简介

2017年8月24日,李某以支付一定的利息为由借用杨某信用卡透支使用,杨某将其中国银行信用卡交给李某,李某又交给寸某某使用,当时该卡欠款3375元,寸某某转款3600元给李某,李某将其中的3375元转到杨某卡上,替杨某归还了上述欠款。2017年9月29日,杨某又办了一张民生银行信用卡交给李某,李某又交给寸某某使用。两张信用卡的密码都是杨某告诉李某,又由李某告诉寸某某。2017年11月13日,寸某某下落不明,李某通知杨某将两张信用卡挂失。至杨某挂失时,杨某中国银行信用卡欠款76,000.82元未还,杨某支付了挂失费40元;民生银行信用卡欠款8950元未还,杨某支付了挂失费50元。2017年12月1日,李某支付了杨某40,000元,杨某于同日将中国银行信用卡欠款办理了分期,支付手续费5400元。2017年12月3日,杨某归还了民生银行信用卡欠款9000元。

☞双方诉辩

杨某以李某为被告,向红塔区法院提起民间借贷纠纷诉讼称:李某以支付原告一定的利息为由借用原告信用卡透支使用,至2017年11月13日,被告李某通知原告将该卡挂失时,原告中国银行信用卡欠透支款76,000.82元未还,原告因办理逾期分期还款产生了5400元的手续费。2017年9月29日,被告李某以同样理由向原告借用民生银行信用卡透支使用,至2017年11月13日,被告李某通知原告将该卡挂失时,该信用卡欠透支款9000元未还。被告李某不仅不按约定支付原告利息,而且未按照约定使用并及时归还银行透支款,造成信用卡逾期,被告李某应当承担其透支的款项及产生的利息和因逾期造成的损失费用。在原告多次催要后,被告偿还了40,000元,尚欠50,400元(包括原告办理逾期分期还款时银行收取的5400元),被告李某明确拒绝赔偿。原告认为,被告持有并使用原告的信用卡,被告对发卡行负有债务,致使原告应向发卡行清偿债务,原被告之间的借贷关系受法律保护,被告理应及时归还原告信用卡透支款及利息、分期手续费等费用。请求法院:判令被告李某支付原告因借用信用卡给原告造成的直接经济损失 50,400 元。

被告李某辩称:"2017 年 8 月 24 日,原告杨某知道我将信用卡拿给寸某某'养卡''提卡'可以有一定回报,就跟我说她的信用卡透支了,她也想将卡借给寸某某,我就打电话给寸某某说了情况,寸某某就打了 3600 元给我,由我帮原告还了信用卡的欠款 3375 元。原告就把卡拿给我,再由我拿给寸某某使用。后来原告又办了一张信用卡由我拿给寸某某使用。2017 年 11 月 13 日寸某某跑了,我就打电话给原告问她的信用卡欠着多少钱,原告说欠 49,700 元。后来我才知道原告的信用卡提高了信用额度。我因被寸某某骗了 60 多万元急得早产,原告还安慰我说她是自愿参与这个事情,她很感激我,她愿意承担 1 万元。因为是我介绍原告加入,原告才被寸某某骗了钱,我很内疚,就让我哥凑了 4 万元钱拿给她还信用卡。"

李某的委托诉讼代理人辩称:(1)原告起诉状陈述的事实不实,双方并非民间借贷关系,而是被告李某作为居间介绍人,在原告主动要求的情况下将原告的信用卡拿给寸某某使用,原告收取一定好处费,原告对该情况明知且故意。(2)原告违反信用卡管理规定,为牟取利益将信用卡违法出租,具有重大过错。(3)被告出于对原告的同情对原告承担了一定的还款责任,被告将保留要求原告返还该款项的权利。请法庭驳回原告全部诉讼请求。

☞ 法院判决

本案审理期间,因民生银行信用卡的欠款 9000 元,原告已用被告支付的 40,000 元中的一部分还清。原告用被告支付的剩余部分赔还了中国银行信用卡 31,000 元,原告对剩余款项办理了分期手续。

红塔区法院认为:信用卡具有消费支付、信用贷款、取现等融资功能。原告将信用卡出借给被告,让被告通过信用卡进行融资消费,原告则对发卡行负有债务,双方具有民间借贷的性质,民间借贷关系成立。

中国银行保险监督管理委员会、公安部、国家市场监督管理总局、中国人民银行联合发布的《关于规范民间借贷行为维护经济金融秩序有关事项的通知》规定:民间借贷中,出借人的资金必须是其合法收入的自有资金。严厉打击套取金融机构信贷资金,再高利转贷。原《最高院民间借贷规定》第 14 条规定:"具有下列情形之一,人民法院应当认定民间借贷合同无效:(一)套取金融机构信贷资金又高利转贷给借款人,且借款人事先知道或者应当知道的……”信用卡持卡人虽然在信用额度范围内可以消费或者取现,但信用卡额度范围内的资金不是持卡人的自有资金,出借信用卡不能等同于出借资金。民间借贷出借人出借的资金必须是其合法收入的自有资金,出借信用卡给他人使用赚取利息或者好处费属于套取金融机构资金转借谋取高利的行为,扰乱了社会主义市场经济秩序,损害了社会公共利益。本案中,原告杨某将信用卡拿给被告李某,被告又拿给寸某某透支银行资金使用,原告从中获取一定好处费,违反了相关法律法规的规定。根据《合同法》第52条第4项的规定,双方的民间借贷关系属于损害社会公共利益的行为,不具有法律效力。故持卡人要求借用人赔还信用卡透支款本息的,法院不予支持。

《合同法》第58条规定:合同无效或者被撤销后,因该合同取得的财产,应当予以返还;不能返还或者没有必要返还的,应当折价补偿。有过错的一方应当赔偿对方因此所受到的损失,双方都有过错的,应当各自承担相应的责任。在信用卡借用关系中,借用人(实际用卡人)透支信用卡未按期归还发卡行的情况下,出借人(持卡人)向发卡行负有债务,且借用人的违约行为还可能给出借人造成挂失手续费、违约金等其他经济损失。对借用人透支信用卡未按期归还发卡行给出借人造成的损失费用,如果出借人向发卡行偿还了欠款,出借人要求借用人返还财产并赔偿因此造成的损失的,人民法院应根据当事人的损失及过错责任予以处理。或者出借人和借用人对出借人代为偿还的透支款项经协商同意转为民间借款关系,借用人后又未按期归还出借人,出借人要求借用人归还的,人民法院应当根据相关情况予以处理。但本案争议涉及的两张原告信用卡,民生银行的透支款及挂失费9000元,原告已用被告支付的款项还清。中国银行的信用卡原告用被告支付的款项归还了31,000元,剩余部分原告办理了分期,现归还了多少,还欠多少,经释明原告未提供证据。故原告现就信用卡挂失时被告未还的透支款、原告的挂失手续费及分期费用以民间借贷为由要求被告赔偿的诉讼请求无事实依据,不予支持。

红塔区法院判决:驳回原告杨某的诉讼请求。

杨某不服原审判决提起上诉,本案后经玉溪市中级法院调解结案。

[根据云南省玉溪市红塔区人民法院(2018)云0402民初1092号民事判决书编写]

☞ **作者说明：**

上述两个案件均发生在2017年，故法院适用原《最高院民间借贷规定》第14条中“具有下列情形之一，人民法院应当认定民间借贷合同无效：(一)套取金融机构信贷资金又高利转贷给借款人，且借款人事先知道或者应当知道的……”规定，认定民间借贷合同无效。而新《最高院民间借贷规定》第13条第1项规定没有“高利转贷”和“借款人事先知道或者应当知道”的规定。也就是说，新《最高院民间借贷规定》施行后，只要出借人实施“套取金融机构贷款转贷”行为，不再以“高利转贷”和“借款人事先知道或者应当知道”作为认定民间借贷合同无效的条件，这类民间借贷合同都应作无效处理。

案例3－9

☞ **案情简介**

2015年3月至2016年6月14日，何某某收受曾某某投注的“六合彩”码金共计110,900元，上述赌资曾某某通过银行转账方式已支付给何某某；曾某某因多次投注“六合彩”尚欠何某某赌资142,500元，何某某已提供四张由曾某某出具的“借条”，金额共计142,500元，曾某某分别于2015年6月10日写下两张各30,000元的借条，于2015年10月16日写下一张32,500元的借条，于2015年6月21日写下一张50,000元的借条。2014年12月1日，何某某向曾某某写下一张借款50,000元的借条，该款系曾某某投注“六合彩”中奖后，何某某无钱支付写下的借条。

2016年11月18日，何某某因收受“六合彩”码金聚众赌博犯赌博罪，被汝城县法院判处有期徒刑6个月，并处罚金1万元。在公安机关对当事人的讯问(询问)笔录中，何某某、曾某某陈述：“2015年3月至2016年1月15日期间，何某某与曾某某之间只存在投注收受‘六合彩’非法赌博关系，无其他正常的生意往来及经济往来。”

☞ **双方诉辩**

2017年3月，何某某向汝城县法院提起民间借贷纠纷诉讼称：被告曾某某自建砖厂，以要跟员工发工资周转困难为由，向原告陆续借款本金共计142,500元，后经原告催讨，被告曾某某于2015年6月10日分别写下两张30,000元的借条，2015年10月16日写下一张32,500元的借条，2015年6月21日写下一张50,000元的借条。经原告多次催讨，被告均以种种理由拒绝偿还原告借款现金。请求判令被告曾某某偿还原告借款本金 142,500 元。

被告曾某某辩称：原告何某某所诉情况与实际情况根本不符，被告从未向原告何某某借过款，被告向原告出具的借条，都是因为被告向原告投注“六合彩”后，因未及时付账造成欠款而写下的借条。事实上，被告向原告投注“六合彩”的码单及欠款基本都通过银行转账付清了，但借条未收回（事实上被告投注中奖后因原告无钱支付也写有借条给被告），具体转账共计 19 笔，合计 110,900 元，该事实有建设银行汝城支行的交易记录为凭，原告收受“六合彩”投注的行为构成赌博罪，已被司法机关追究刑事责任。被告与原告因投注及收受“六合彩”的违法行为而形成的债权债务关系不受法律保护，请求法院驳回原告的诉讼请求。

☞ **法院判决**

汝城县法院认为：本案中，原告何某某与被告曾某某之间因存在收受、投注非法“六合彩”的违法犯罪即赌博行为，并不存在正常的生意往来或经济往来。原告虽然提交了被告具写的“借条”债权凭证拟证明借贷关系的发生，但被告提出抗辩并提交了相应证据予以反驳。根据查明的事实表明双方之间的借款因投注、收受“六合彩”非法赌博活动而产生，双方之间形成所谓“民间借贷关系”是违法行为不受法律保护，是无效的，无效的民事行为从行为开始起就没有法律效力，因此，对于原告何某某主张要求被告曾某某偿还借款的请求，本院不予支持，依法应予驳回。

汝城县法院判决：驳回原告何某某的诉讼请求。

［根据汝城县人民法院（2017）湘 1026 民初 251 号民事判决书编写］

Chapter 4

第四章 民间借贷利息

要点1 民间借贷利息及其规范

要点2 民间借贷几个利息问题的处理

民间借贷的利息是出借人出借金钱而从借款人处获得的报酬，也是借款人使用货币资金必须支付的代价。本章介绍和分析民间借贷利息的法定标准以及如何处理高利贷、预先扣除利息、复利等一系列问题。

ESSENTIAL

1

要点1

民间借贷利息及其规范

利率是一定时期内利息额与借贷资金额的比率,利率是计算利息的标准,如月利率1%、年利率1.2%。按照民间借贷合同约定的利率计收利息,是出借人享有的实体权利,支付利息是借款人应当履行的实体义务。利息在民间借贷的实体权利义务中仅次于本金,在民间借贷中具有重要的作用,但民间借贷利率的上限规定在近30年来变化较大。

一、民间借贷利率上限的改变

《民法典》第674条规定,“借款人应当按照约定的期限支付利息”;第680条第1款规定,“借款的利率不得违反国家有关规定”。对民间借贷而言,这里的“国家有关规定”是指最高人民法院有关司法解释的规定。

1991年《最高人民法院关于人民法院审理民间借贷案件的若干意见》第6条规定:“民间借贷的利率可以适当高于银行的利率,各地人民法院可根据本地区的实际情况具体掌握,但最高不得超过银行同类贷款利率的四倍(包含利率本数)。超出此限度的,超出部分的利息不予保护。”这里的“银行同类贷款利率的四倍”是当时民间借贷的上限利率。

2015年《最高院民间借贷规定》第26条第1款规定:“借贷双方约定的利率未超过年利率24%,出借人请求借款人按照约定的利率支付利息的,人民法院应予支持。”第2款规定:“借贷双方约定的利率超过年利率36%,超过部分的利息约定无效。借款人请求出借人返还已支付的超过年利率36%部分的利息的,人民法院应予支持。”这里有两个年利率上限规定,即24%和36%。年利率在24%~36%为“自然债务区”。在“自然债务区”内,借款人自愿支付的,不得要求出借人返还,但超过36%的部分应当予以核减利息数额。这个规定实施5年来,社会普遍反映其利率上限过高,民间融资成本过大,不符合市场经济的一般交易规则,特别是“自然债务区”存在两个问题,即不一定能够体现“当事人意思自治原则”又违背市场经济规律。譬如,借款人借款100万元,按年利率36%计算,年利息高达36万元,任何市场经营活动在正常情况下都不可能获取如此之高的利润。借款人对此并非不知,也并非能够承受得了,因此,即使签约同意如此之高的利率,也非其内心的自愿,而是出于解困资金的无奈而饮鸩止渴,如果长期使用此类高利借款,势必负债累累难以偿还,这将会产生负面的社会效应。所以,部分全国人大代表、政协委员、企业家代表以及法学专家多次提议对民间借贷的利率上限进行修改完善。

最高人民法院采纳下降民间借贷利率上限的意见,原《最高院民间借贷规定》第26条第1款修改为“出借人请求借款人按照合同约定利率支付利息的,人民法院应予支持,但是双方约定的利率超过合同成立时一年期贷款市场报价利率四倍的除外”。也就是说,民间借贷的利率上限是合同成立时一年期贷款市场报价利率的四倍。这里的“四倍”实际上是重新回到了1991年《最高人民法院关于人民法院审理民间借贷案件的若干意见》第6条规定的“四倍”,只是“四倍”的计算依据不同而已。原因是,中国人民银行自2019年8月20日起实行贷款市场报价利率(Loan Prime Rate,LPR),取消贷款基准利率,并授权全国银行间同业拆借中心于每月20日9时30分公布贷款市场报价利率。新《最高院民间借贷规定》第26条第2款又作出解释性规定:“前款所称‘一年期贷款市场报价利率’,是指中国人民银行授权全国银行间同业拆借中心自2019年8月20日起每月发布的一年期贷款市场报价利率。”据此,1991年规定的“四倍”失去了“银行同类贷款”的依据,取而代之的是“合同成立时一年期贷款市场报价利率”。

二、适用新利率上限需要注意的几个问题

在适用原《最高院民间借贷规定》第 26 条规定的利率上限时需要注意以下三个事情：

一是借贷行为发生在 2019 年 8 月 20 日之前的利率，在此后提起诉讼的，可以参照原告起诉时一年期贷款市场报价利率四倍确定受保护的利率上限。这里借贷行为发生时与原告起诉时是不同的，借贷行为发生时在先且在 2019 年 8 月 20 日之前，而原告起诉时在 2019 年 8 月 20 日之后，才适用上述方式进行认定利率。

二是借贷行为发生在 2019 年 8 月 20 日之后的利率，在原《最高院民间借贷规定》未施行前（2020 年 8 月 20 日前），也应参照执行原《最高院民间借贷规定》第 26 条“合同成立时一年期贷款市场报价利率四倍”的规定。

三是“双方约定的利率超过合同成立时一年期贷款市场报价利率四倍”的，超过部分属于高利贷，根据《民法典》第 680 条第 1 款“禁止高利放贷”的规定，双方约定高利贷的，超过“合同成立时一年期贷款市场报价利率四倍”的部分无效，法律不予支持。

三、民间借贷的利息约定

当事人在民间借贷合同中可以直接约定具体的利息数额，也可以现行约定利率，届时再按照约定利率计付利息。

利息虽然是民间借贷中一项重要的内容，但是否收取利息或者支付利息，完全由双方当事人自行约定。从实践来看，民间借贷有无利息主要取决于出借人的态度，出借人考虑借款人的困难，出于友情和帮助，明确表示不要利息，那么，这笔借款就是无息借款。出借人要求支付利息，明确提出利率或者利息数额，借款人表示接受的，这笔借款就是有息借款。出借人要求支付利息，而借款人表示不接受的，双方就不能成立民间借贷合同，借贷关系也就不会产生。

民间借贷合同生效后，利息问题有时也会发生变更。在约定借贷时，有些出借人出于善意不要求利息，而借款人坚持要支付利息，事后，出借人实际上接受借款人支付的利息的，无息借贷也就转化为有息借贷。无息民间借贷合同在借款使用期间，出借人提出支付利息要求，如果借款人接受，无

息借款也变更为有息借款;借款人不接受的,仍为无息借款,出借人不能单方将无息借款变更为有息借款。原来约定是有息借款,后来出借人表示放弃全部利息的,有息民间借贷也就变更为无息民间借贷;如果放弃部分利息,收取部分利息,只是利率高低问题,而不是无息借款。

案例4-1

赵某某与高某某系朋友关系。2018年1月28日,高某某以资金紧张为由向赵某某借款75,000元,高某某于当日给赵某某出具了借条一份,约定于2019年12月25日归还,借款年利率为24%;签订本借条之日已收到全部借款。借款到期后,赵某某多次向高某某催要,但高某某未偿还该借款及支付利息。

2020年7月,赵某某向曹妃甸区法院提出民间借贷纠纷诉讼,请求判令被告高某某偿还借款本金75,000元及约定利息。

被告高某某辩称,原告所诉属实,对原告陈述的利息没有异议。

曹妃甸区法院认为,原告赵某某提供的证据证实原、被告之间存在债权债务纠纷,且被告高某某亦认可,故对原告诉请要求被告偿还借款75,000元的诉讼请求,本院予以支持。虽然原、被告双方约定的年利率为24%,但是按照2020年8月20日施行的《最高院民间借贷规定》第26条第1款"出借人请求借款人按照合同约定利率支付利息的,人民法院应予支持,但是双方约定的利率超过合同成立时一年期贷款市场报价利率四倍的除外",以及第32条第2款"借贷行为发生在2019年8月20日之前的,可参照原告起诉时一年期贷款市场报价利率四倍确定受保护的利率上限"之规定,本案应当于2018年1月18日起按照2020年7月27日(起诉日)公布的一年期贷款市场报价利率四倍计付利息为宜。原告诉请超出部分,理据不足,本院不予支持。

曹妃甸区法院依照《民法通则》第5条、第108条,《最高院民间借贷规定》第26条、第32条之规定,判决如下:被告高某某于本判决生效后5日内偿还原告赵某某借款75,000元并支付利息,自2018年1月18日起以2020年7月27日公布的一年期贷款市场报价利率四倍计算利息至本判决确立的履行期间内实际履行之日止。

[根据唐山市曹妃甸区人民法院(2020)冀0209民初1587号民事判决书编写]

☞ **作者说明**

本案借款发生在2018年，当时双方当事人约定年利率为24%为合法，但原告于2020年7月向法院起诉，根据新《最高院民间借贷规定》第32条第2款“借贷行为发生在2019年8月20日之前的，可参照原告起诉时一年期贷款市场报价利率四倍确定受保护的利率上限”的规定，故法院适用新《最高院民间借贷规定》第26条第1款中“合同成立时一年期贷款市场报价利率四倍”的规定判决被告向原告支付利息。法院据此判定利率是对本案的利率进行调整，而不是对高利贷进行处理。

案例4－2

☞ **案情简介**

程某某与李某某系朋友关系。2018年2月14日，程某某现金出借给曲别某某、李某某3万元，曲别某某和李某某向程某某出具《借条》约定：月息为3%，定于2019年2月14日归还。2018年3月1日，程某某又将现金出借给曲别某某和李某某共2万元，约定2018年6月1日还款，月息600元于每月20日存入程某某账户。2018年3月20日、2018年6月16日、2018年7月20日，曲别某某三次通过微信转账方式付给程某某利息6000元。2018年7月20日，曲别某某、李某某重新向程某某出具借条，该借条载明：借款金额为5万元，约定于2019年4月20日还款，借期内的利息为月息3%。2019年11月11日，曲别某某通过微信转账方式转给程某某1.7万元，之前还给了程某某3000元现金。庭审中，程某某称这2万元系利息，曲别某某和李某某称是归还的借款本金。

☞ **双方诉辩**

2020年7月，程某某向马边彝族自治县法院提出诉讼，请求判令被告曲别某某和李某某归还借款本金5万元并支付约定利息。

被告曲别某某和被告李某某辩称：原告程某某与我妻子李某某是朋友。2018年，我朋友做工程需要钱，经我牵线搭桥找原告程某某借了5万元给我朋友蒋某。我于2018年3月20日、2018年6月16日、2018年7月20日三次通过微信转账方式付给原告程某某利息6000元，于2019年11月前后通过微信转账方式还了原告2万元本金。2020年3月，原告与我朋友蒋某达成口头协议，余下的3万元本金由蒋某于2020年5月31日前支付给程某某。虽然借条是我出具的,但本案借款人和用款人系蒋某,且原告程某某与蒋某已经达成了协议,所欠的本金3万元由蒋某归还,债务已经转移给了蒋某,故我们不承担还款责任。

☞ **法院判决**

马边彝族自治县法院认为:原告程某某与被告曲别某某、李某某之间的借贷关系有被告二人先后三次出具的《借条》及其当庭陈述予以证明,真实、合法、有效。二被告称其并非实际借款人和用款人、本金只欠3万元,及债务经原告与案外人蒋某协商已经转移给蒋某的辩解意见,因其提供的证据不足以证明该主张,故其应当承担举证不能的不利的法律后果。被告曲别某某、李某某未按时偿还借款本金5万元和利息,应承担归还借款和支付利息的责任。

关于利息的认定。《最高院民间借贷规定》第26条第1款规定"出借人请求借款人按照合同约定利率支付利息的,人民法院应予支持。但是双方约定的利率超过合同成立时一年期贷款市场报价利率四倍的除外";第29条第2款第2项规定"约定了借期内利率但是未约定逾期利率,出借人主张借款人自逾期还款之日起按照借期内利率支付资金占用期间利息的,人民法院应予支持";第32条第2款规定"借贷行为发生在2019年8月20日之前的,可参照原告起诉时一年期贷款市场报价利率四倍确定受保护的利率上限"。本案中,原告程某某主张按约定的利率3%计算利息,其中违反了我国法律法规关于民间借贷利率的禁止性规定,故本院依法确认为年利率15.4%。

马边彝族自治县法院判决如下:

第一,被告曲别某某、李某某于本判决生效后15日内偿还原告程某某借款本金5万元及利息(以借款本金5万元为计算基数,从2018年7月20日起按年利率15.4%的标准计算至本金付清之日止;归还借款本金的,以实际欠款金额为基数按前述标准计算利息)。

第二,驳回原告程某某的其他诉讼请求。

[根据马边彝族自治县人民法院(2020)川1133民初432号民事判决书编写]

☞ **作者说明:**

本案发生在2018年,双方约定月息3%(年利率36%)在"自然债务区"

内,按照原《最高院民间借贷规定》第26条规定应当有效。但因本案原告2020年7月起诉,根据新《最高院民间借贷规定》第32条第2款“借贷行为发生在2019年8月20日之前的,可参照原告起诉时一年期贷款市场报价利率四倍确立受保护的利率上限”的规定,故法院适用新《最高院民间借贷规定》第26条第1款“合同成立时一年期贷款市场报价利率四倍”的规定判决被告向原告支付利息,这也是法院对约定利率进行调整。但若此类案件发生在2019年8月20日以后,利率约定超过“合同成立时一年期贷款市场报价利率四倍”的部分,则应作为高利贷处理。

ESSENTIAL

2

要点 2

民间借贷几个利息问题的处理

在民间借贷纠纷案件中，利息问题往往比本金复杂，有的因违法需要处理，有的因有争议需要解决，等等。下面我们根据《民法典》和新《最高院民间借贷规定》的有关规定，对几个常见的利息问题及其处理进行分析。

一、提前还款的利息支付问题

《民法典》第 677 条规定："借款人提前返还借款的，除当事人另有约定外，应当按照实际借款的期间计算利息。"新《最高院民间借贷规定》第 30 条第 1 款规定："借款人可以提前偿还借款，但是当事人另有约定的除外。"第 2 款规定："借款人提前偿还借款并主张按照实际借款期限计算利息的，人民法院应予支持。"借款人提前还款的利息问题适用上述规定处理。

在民间借贷合同中，当事人对提前还款的利息问题有约定的，应当按照约定处理利息问题。例如，民间借贷合同约定，借款人提前偿还借款，利息则应按照约定借贷的期限计付的，应当尊重当事人的约定，而不能按照实际使用期间计付利息。但是，按照约定借贷期限支付利息在某些情况下是极不合理的。譬如，乙向甲借款 100 万元，约定借款期限 3 年、年利率 15%，同时约定，不论借款人何时提前偿还借款均应支付 3 年利息。据此约定，借款人共需支付 45 万元利息。借款人如果只使用借款 1 年时间就全部偿还借款，按照实际使用期限计算，只需支付15万元利息，如果按照约定3年期限计付45万元利息，两者之间差距30万元。我们认为，在此情况下，让借款人另行支付30万元利息，虽然有合同约定为依据，但是不合理的，也是不公平的，且有不当得利之嫌疑。对此，我们认为，可以根据《民法典》第6条规定的公平原则和合理原则进行调整。

在依据《民法典》第677条规定处理提前还款的利息时，还应注意《民法典》第530条"债权人可以拒绝债务人提前履行债务，但是提前履行不损害债权人利益的除外。债务人提前履行债务给债权人增加的费用，由债务人负担"的规定。借款人提前偿还借款，通常不损害出借人的利益，因此，出借人在通常情况下不得拒绝借款人提前偿还借款。民间借贷合同没有约定应当按照实际借款的期间计算利息，借款人可以不经出借人的同意提前偿还借款，且利息应当按照借款实际使用时间计付。借款人提前偿还借款，若有损出借人利益的，也只是给出借人增加的费用承担责任。

二、逾期还款的利息计付问题

《民法典》第676条（原《合同法》第207条）规定："借款人未按照约定的期限返还借款的，应当按照约定或者国家有关规定支付逾期利息。"这里的逾期利息是借款人超过借款合同约定的期限所需支付的利息，自借款到期的次日起计付。这里的"国家有关规定"主要是指最高人民法院的司法解释。

根据新《最高院民间借贷规定》第28条、第29条的规定，逾期利息的认定和处理有以下几种情况：

1. 出借人与借款人在民间借贷合同中对逾期利息有明确约定，且该约定合法的，借款人根据约定支付逾期利息。这里"合法"是指"合同成立时一年期贷款市场报价利率四倍"，这与民间借贷利率法定上限一致，因此，民间借贷合同如果已经约定期内"不超过合同成立时一年期贷款市场报价利率四倍"利率的，借款人逾期后应当延续执行约定利率，在此基础上再按"合同成立时一年期贷款市场报价利率四倍"约定逾期利息也就没有意义了。如果约定期内利率不到"合同成立时一年期贷款市场报价利率四倍"，再约定逾期利率"合同成立时一年期贷款市场报价利率四倍"，逾期后应当执行"合同成立时一年期贷款市场报价利率四倍"。逾期利息约定如果超过"四倍"，超过部分无效。

2. 出借人与借款人在民间借贷合同中对逾期利息未约定或者约定不明的,可以区分不同情况做如下处理:

(1)既未约定借期内利率,也未约定逾期利率,出借人可以主张借款人自逾期还款之日起,在“合同成立时一年期贷款市场报价利率四倍”内承担逾期还款违约责任;

(2)约定了借期内利率但是未约定逾期利率,出借人可以主张借款人自逾期还款之日起,按照借期内利率支付资金占用期间的利息。

3. 出借人与借款人在民间借贷合同中既约定了逾期利率,又约定了违约金或者其他费用,出借人可以选择主张逾期利息、违约金或者其他费用,也可以一并主张,但是总计不能超过“合同成立时一年期贷款市场报价利率四倍”,法院对超过部分不予支持。

逾期偿还借款是以借款期限届满为界限的,但不少民间借贷合同对借贷期限没有约定,也有的约定不明确,在这些情况下,借款人承担支付逾期利息的时间从何时开始就成了问题。就此,根据《民法典》第510条和第511条的规定,出借人与借款人对此可以协议补充,不能达成补充协议的,借款人可以随时偿还借款,出借人也可以随时要求借款人偿还,但出借人应当给借款人必要的准备时间。从实践来看,出借人在这种情况下催讨收回借款,通常都会给借款人一定的准备时间。出借人给借款人准备偿还借款时间届满,借款人仍未偿还借款的,就可以认定借款人逾期,借款人自此时起应当支付逾期利息。

三、预先扣除利息的处理

预先扣除利息,俗称“抽头”,是出借人在向借款人交付本金时就从中扣除利息的行为。这里的“预先”,通常是指交付本金前。

在通常情况下,民间借贷都是借款人求助于出借人而发生的,在借款人处于被动、弱势的情况下,一些出借人往往利用借款人急于用钱的困境,在同意出借的同时,提出预先扣除利息。虽然预先扣除利息只有在借款人也表示同意的情况下才能实现,但这是不公平、不合理的。首先,借款人原本急于用钱而借款,当然不会自愿在本金中先予扣除利息,即使表面上同意预先扣除利息,意思表示也不真实。其次,按照合同约定数额向借款人交付借款是出借人的主要义务，如果预先扣除利息，实际交付借款数额就小于合同约定的借款数额，这是对民间借贷合同的违约。

《民法典》第670条规定："借款的利息不得预先在本金中扣除。利息预先在本金中扣除的，应当按照实际借款数额返还借款并计算利息。"新《最高院民间借贷规定》第26条也规定，"预先在本金中扣除利息的，人民法院应当将实际出借的金额认定为本金"。由此可见，借款人预先扣除利息是违反禁止性规定的，无论借款人是否愿意都为无效行为，对此应按照"实际借款数额返还借款并计算利息"进行处理。例如，双方当事人约定借款100万元，借款人出具了100万元的借据给出借人，而出借人预先扣除利息10万元，实际交付给借款人只有90万元，在此情形下，法院就只判决借款人偿还90万元实际借款本金，并以90万元实际借款本金计付利息。

四、复利及其处理

民间借贷的利息有两种计算方法，即单利和复利。单利是以"本金×利率×使用时间"来计算利息的，所得利息不加入本金重复计算利息。复利是另一种计算方法，是出借人将应得的利息加入本金再计算利息，俗称"息加息""利滚利"。

下面以同一例子，用单利与复利两种不同方法计算利息，以便看出两者结果的差别。

假设：双方当事人约定借款10,000元，月利率10‰，使用期限2个月。

单利计算：10,000×10‰×2=200元(利息)。

复利计算(假设每一个月计算复利一次)：10,000×(1+10‰)×2=10,220元(本加息)，减去本金10,000元，利息220元。

两种计算方法对照比较，复利显然高于单利。如果反复多次计算复利，利息将大幅度增加，甚至出现利息大于本金的现象，最终造成借款人不堪重负。

但是，复利的存在具有一定的合理性，在一定范围内也是符合市场融资规律的，主要理由是：借款人逾期不支付利息将导致出借人不能按时取得合法的利息收益；出借人到期取得利息可以另行利用增加收入，如果借款人不能支付，出借人这部分的利益将受到损害；借款人逾期不支付利息，出借人有权提前收回借款，出借人主张将应得利息计入本金再计收利息，在挽回损失的同时也免除借款人的上述法律责任。

新《最高院民间借贷规定》第 27 条第 1 款规定:“借贷双方对前期借款本息结算后将利息计入后期借款本金并重新出具债权凭证,如果前期利率没有超过合同成立时一年期贷款市场报价利率四倍,重新出具的债权凭证载明的金额可认定为后期借款本金。超过部分的利息,不应认定为后期借款本金。”第 2 款规定:“按前款计算,借款人在借款期间届满后应当支付的本息之和,超过以最初借款本金与以最初借款本金为基数、以合同成立时一年期贷款市场报价利率四倍计算的整个借款期间的利息之和的,人民法院不予支持。”由此可见,在法定最高利率限度的“合同成立时一年期贷款市场报价利率四倍”内,出借人收取复利为合法,年利率超过“合同成立时一年期贷款市场报价利率四倍”的部分不能得到法院的支持。

五、高利贷及其处理

高利贷是超过国家法定最高借款利率限度的违法借款活动。《民法典》第 680 条第 1 款规定:“禁止高利放贷,借款的利率不得违反国家有关规定。”新《最高院民间借贷规定》第 25 条规定:“出借人请求借款人按照合同约定利率支付利息的,人民法院应予支持,但是双方约定的利率超过合同成立时一年期贷款市场报价利率四倍的除外。”民间借贷利率上限为“合同成立时一年期贷款市场报价利率四倍”,这个“四倍”是合法利息与非法高利贷的界限,超过“四倍”的部分属于高利贷。高利贷属于《民法典》第 680 条规定的强制性禁止行为,故应无效,法律不予保护。

六、没有约定纠纷如何处理

民间借款没有约定利息,但出借人要求借款人支付利息,借款人拒绝支付利息,对此纠纷如何认定和处理?

没有约定利息,是指民间借贷当事人无支付利息(利率)约定,包括民间借贷合同没有约定利息,也无口头约定利息和借款人实际没有支付利息。双方虽在民间借贷合同中没有约定利息,但已口头有约定利息,且借款人有规律地向出借人支付利息,出借人也已实际收取利息的,就不能认为“没有约定利息”。

自然人之间的借贷没有约定利息的,应当按照无息借贷处理,借款人可以拒绝支付利息。但是,这条规定仅对自然人之间借贷而言,而没有明确法人之间、非法人组织之间、自然人与法人及非法人组织之间的借贷合同在利息没有约定的情况下是否支付利息问题。

《民法典》吸收了原《最高院民间借贷规定》第 25 条第 1 款"借贷双方没有约定利息,出借人主张支付利息的,人民法院不予支持"的规定(新《最高院民间借贷规定》第 24 条第 1 款现与其一致),在第 680 条第 2 款规定:"借款合同对支付利息没有约定的,视为没有利息。"从此,不分自然人之间借贷、法人之间借贷、非法人组织之间借贷、自然人与法人及非法人组织之间借贷,只要双方当事人没有约定利息,无论出借人是否主张支付借期内利息都应按无息处理。但是,根据当事人意思自治原则,借款人自愿支付利息的,法律并不反对;借款人自愿支付利息后反悔,要求出借人返还利息的,法院不予支持。

七、利息约定不明纠纷如何处理

利息约定不明,不是没有利息约定,而是有利息约定,但其约定用通常的合同解释方法已无法解释明白的情形。例如,出借人在借据上书写"年利率%",这一表述的瑕疵是有分号但无分数,说无息却有"年利率%",说有息却因无分数而无法计算利息。

就此,《民法典》第 680 条第 3 款规定:"借款合同对支付利息约定不明确,当事人不能达成补充协议的,按照当地或者当事人的交易方式、交易习惯、市场利率等因素确定利息;自然人之间借款的,视为没有利息。"新《最高院民间借贷规定》第 24 条第 2 款也规定:"自然人之间借贷对利息约定不明,出借人主张支付利息的,人民法院不予支持。除自然人之间借贷的外,借贷双方对借贷利息约定不明,出借人主张利息的,人民法院应当结合民间借贷合同的内容,并根据当地或者当事人的交易方式、交易习惯、市场报价利率等因素确定利息。"根据上述规定,对利息约定不明的纠纷分以下两种情况进行处理:

一是自然人之间借贷对利息约定不明,应当视为无息借款,出借人主张支付利息的,法院不予支持。

二是法人之间、非法人组织之间、自然人与法人及非法人组织之间借款,利息约定不明,出借人主张利息的,不能视为无息借款,而应按有息处理，并结合民间借贷合同的内容，并根据当地或者当事人的交易方式、交易习惯、市场报价利率等因素确定利息。

八、利率约定争议如何解决

利率（包括利息）约定争议不是没有约定利息，也不是利率约定不明，而是双方都有依据对约定的利率进行解释，且其解释存在争议。从实践来看，利率约定争议主要有两种情况：

一是没有标示计算利率的时间单位。例如，出借人与借款人在借款合同中约定“借款 50 万元，期限 1 年，利息 1 分”。出借人认为“利息 1 分”是指月利率 10‰，按年计算则为 12%，借款人应当支付年利息 6 万元；借款人认为是指年利率 10%，只能支付年利息 5 万元。对此争议，双方当事人都不能证明各自主张的，因借款人自认年利率 10%，故应按年利率 10% 计息；但若借款人已经按月利率 10‰支付部分利息的，说明借款人以行为方式承认了月利率 10‰，就不属于“不能证明”的情形，故应认定为年利率为 12%。

这里还需说明的是，民间借贷利率的习惯表述中的“分”和“角”是相对“元”而言的，如上例的“利息 1 分”是指一元的利息为 1 分，而不是一角的利息 1 分。再者，按照民间借贷习惯，“1 分息”通常是指月利率 10‰，而不是年利率 10%，据此，双方争执不下，又无任何证据的，法院可以根据“1 分息”为月利率 10‰的惯例下判。

二是利率分数标示错误。民间借贷利率的规范表述为，年利率用百分比表示，月利率用千分比表示，日利率用万分比表示。在实践中，由于当事人对此不了解，混淆了上述比例的区别，就容易出现利率约定不明确的争议。例如，自然人之间借贷，原本约定年利率为 10%，却写成年利率 10‰。年利率 10‰虽然太低，但自然人之间可以低息借贷，甚至无息借贷，因此，如无证据证明年利率 10‰系笔误，法院以借贷合同上书写的年利率 10‰判决给付利息并无不当和错误。但是，法人之间借贷，如原本约定月利率为 15‰却写成了月利率 15%（年利率达 180%），借款人主张月利率 15% 系笔误的，这一笔误是明显的，因为正常借贷的月利率不可能高达 15%，故法院可以考虑市场报价利率因素认定为月利率为 15‰。

九、利息支付期限纠纷的处理

民间借贷合同明确约定支付利息期限的，借款人应当按照约定的期限和数额支付利息，借款人逾期不支付利息，亦属违约行为，出借人可以行使催讨权，请求借款人支付。在现实中，不少民间借贷当事人在借贷发生时没有约定支付利息的期限或者约定不明确，并为此发生争议。无支付利息期限，不是永远无期限支付，更不能视为不支付利息。双方当事人如果为此发生纠纷，应当适用《民法典》有关规定进行处理。

1. 补充协议期限

《民法典》第 510 条规定："合同生效后，当事人就质量、价款或者报酬、履行地点等内容没有约定或者约定不明确的，可以协议补充；不能达成补充协议的，按照合同相关条款或者交易习惯确定。"据此，民间借贷合同对支付利息的期限没有约定或者约定不明确的，双方当事人可以通过协议补充，确定支付期限，使无支付利息期限变为有支付利息期限，然后执行补充协议的期限支付利息。

补充协议是当事人自愿协商的事情，而不是民间借贷纠纷诉讼中的必经程序，所以，这类民间借贷纠纷案件已经进入诉讼程序的，法院无须依照上述规定要求当事人进行补充协议。

2. 按照法定期限支付

双方当事人对支付利息期限发生争议，不愿协议处理或者协议处理不成的，可以按照《民法典》第 674 条的规定进行处理。该条规定："借款人应当按照约定的期限支付利息。对支付利息的期限没有约定或者约定不明确，依据本法第五百一十条的规定仍不能确定，借款期间不满一年的，应当在返还借款时一并支付；借款期间一年以上的，应当在每届满一年时支付，剩余期间不满一年的，应当在返还借款时一并支付。"据此规定，双方当事人对支付利息期限发生争议的，可以分以下几种情况进行处理。例如，借款 5 万元，借款期间为 3 年 6 个月，当事人未约定支付利息期限，按照《民法典》这条规定，借款人应当分四次支付利息，前三次每一年届满时支付，剩余 6 个月在借款期间届满时和本金一起结清。

3. 按照习惯期限支付

在解决这种纠纷时，也可以按照当地的借贷习惯进行处理。有的地方习惯按月付息,有的地方习惯按季付息,也有的地方半年付息一次。只要这些习惯具有合理性,且不会侵害当事人权益,都可以作为解决支付利息期限纠纷的依据。

案例4-3

☞ 案情简介

周某与赵某某系夫妻关系。2010年7月22日,经中间人李某介绍,周某向王某某借款30,000元,并出具借条一份,该借条载明,"今借到王某某现金叁万元(30,000)整,借款人周某"。该借条中未约定借款利率,也未约定借款期限。后王某某多次向周某催要,周某未偿还借款。

☞ 双方诉辩

2020年6月,王某某以周某、赵某某夫妇为共同被告,向宁阳县法院提起民间借贷纠纷诉讼称:涉案借款为两被告共同债务,两被告应共同偿还。请求法院判令被告周某、赵某某偿还原告借款30,000元并支付利息(自借款之日起至实际给付之日止,按月利率3%计算)。

被告周某、赵某某辩称:原、被告之间的借贷系高利贷,月利率为15%,且借款时原告曾预扣利息4500元,实际给付被告本金25,500元,该借款不受法律保护;双方口头约定借款期限为1个月,被告曾按月利率15%给付过原告3个月利息共计18,000元;原告起诉已超过3年的诉讼时效。自2010年7月,被告支付3个月利息后至今,原告从未向被告主张过权利,且该借款被告赵某某也不知情,请求法院驳回原告诉讼请求。

庭审中,周某认可该借条系其本人向原告出具,但主张原告在出借款项时预先按月利率15%扣除了1个月的利息4500元,实际交付借款25,500元,后被告又连续支付原告3个月的利息共计18,000元。原告对被告周某的该项主张不认可,被告周某也未递交充分有效的证据予以证实,法院对被告周某的该主张不予确认。

庭审中,原告王某某已明确放弃要求担保人林某承担责任,仅要求两被告承担责任。原告申请证人刘某出庭作证,证人刘某陈述,被告周某在接到法院通知后,曾找原告王某某协商还款事宜,双方是在证人住处的大门下协商的,协商时被告周某说因生活困难,要求原告对利息作出一些让步,被告说本息共计偿还原告60,000元,原告说如果按照当时的约定利息就多多了,要求被告偿还本息共计70,000元,被告说回家与家属商量商量,双方未能协商一致。经当庭询问被告周某,被告周某认可曾找过原告协商还款事宜,因双方意见不同未能协商。被告周某不认可原告按照月利率3%计算利息,只同意偿还原告借款30,000元,不同意支付利息。

☞ **法院判决**

宁阳县法院认为,被告周某向原告王某某借款30,000元,并向原告出具了借据,双方之间形成的借贷关系事实清楚,证据充分,合法有效,本院依法确认。原告王某某要求被告周某偿还借款本金30,000元的诉讼请求,本院予以支持。原告要求被告自借款之日即2010年7月22日起至实际给付之日止,按照月利率3%计算支付利息,因本案借据中原、被告未约定借款利息和还款时间,被告周某也不认可原告主张的利息,原告虽申请证人出庭作证,因原、被告并未达成一致意见,原告也未递交向被告催要还款和被告明确不履行债务的证据,因此原告要求被告自2010年10月22日起按月利率3%计算支付利息的主张,本院不予支持。原告主张的利息应自起诉之日即2020年6月15日起至被告实际给付之日止,按照全国银行间同业拆借中心公布的贷款市场报价利率计算为宜。被告周某主张原告的起诉已超过3年诉讼时效,因本案借据中未约定还款期限,根据法律规定原告随时可以向被告主张偿还借款。因此,被告关于原告起诉超过诉讼时效的主张,本院不予支持。原告主张该借款属于被告周某与被告赵某某夫妻共同债务,应共同偿还。两被告对此虽不认可,但被告周某主张借款系用于家人看病支出,属于家庭日常生活需要所负债务,应为夫妻共同债务,两被告应当共同偿还。

宁阳县法院判决:被告周某、赵某某于本判决生效后5日内偿还原告王某某借款本金30,000元及利息(以30,000元为基数,自2020年6月15日起至实际给付之日止,按全国银行间同业拆借中心公布的贷款市场报价利率计算)。

[根据宁阳县人民法院(2020)鲁0921民初2043号民事判决书编写]

案例4-4

☞ **案情简介**

2016年10月17日,唐某与某某小额贷款公司(以下简称小额贷款公司)签订贷款合同约定:小额贷款公司向唐某提供贷款33,000元,期限36个月；贷款利息按月收取，月息为1.88%；唐某应按到期应还未还总金额的0.20%乘以逾期天数向小额贷款公司支付逾期罚息，每30日累进计算，罚息最低按人民币50元计算。2016年10月21日，小额贷款公司向唐某转账支付33,000元，同时唐某向小额贷款公司支付贷款审批手续费620元。

☞ **法院判决**

2020年2月，小额贷款公司向锦江区法院提出诉讼请求：判令唐某归还借款本金22,701.86元，并支付利息、提前还款违约金、逾期罚息（上述费用的计算方式为：以未还本金22,701.86元为基数，自实际违约之日2018年2月3日起，按年利率24%的标准计算至借款实际付清之日止）、律师费3000元。

被告唐某未做答辩，也未提交证据材料。

锦江区法院经审理认为，小额贷款公司与唐某签订的贷款合同系各方当事人真实意思表示，内容不违反法律、行政法规的强制性规定，合法有效，各方应按约定全面履行各自的义务。小额贷款公司在交付借款的同时收取的贷款审批手续费为预先扣除利息性质，应当在本金中扣除。根据小额贷款公司陈述的还款情况及小额贷款公司提交的对账单载明的还款情况，本案借款逾期未还，小额贷款公司主张清偿全部借款债务符合约定，本院予以支持。本院确认唐某尚欠借款本金为22,081.86元（33,000元－10,298.14元－620元）。关于小额贷款公司主张的利息、逾期罚息，贷款合同所约定的上述费用计算标准超过原《最高院民间借贷规定》第30条的规定，现小额贷款公司自愿调减并按年利率24%的标准，主张自2018年2月3日起的利息、逾期罚息，符合合同约定及法律规定，本院予以支持。小额贷款公司主张的提前还款违约金，因贷款合同约定的贷款期限已到期，本院对该项主张不予支持。

锦江区法院判决如下：

第一，被告唐某应于本判决生效之日起10日内向原告小额贷款返还借款本金22,081.86元，并支付利息、逾期罚息（以尚欠借款本金为基数，按年利率24%的标准自2018年2月3日起计算至实际付清之日止）。

第二，驳回原告小额贷款公司其他诉讼请求。

［根据成都市锦江区人民法院（2020）川0104民初1890号民事判决书编写］

案例4－5

☞ 案情简介

2016年5月21日，丁B因资金周转，经被告陈某介绍，向丁A借款20,000元，双方口头约定月利率7%。2016年6月24日，丁B再向丁A借款20,000元，月利率7%。丁A如数向丁B支付了40,000万元本金。关于还款情况，双方均认可：丁B于2016年6月30日、7月30日、8月30日、9月30日，分四次每次向丁A还款2800元，2016年10月30日还款800元，2016年12月30日还款2000元。2018年6月30日，丁B向丁A出具借条，写明："今借到丁A人民币伍万伍仟元整(55,000)利息以2分计算(每月1100)。"陈某在借条上写明"担保人陈某"。之后，丁B再未向原告偿还本金及利息。

☞ 双方诉辩

2018年9月，丁A向修水县法院提起民间借贷纠纷诉讼，诉称：2018年6月30日，被告丁B以做生意需资金周转为由，向原告丁A借款55,000元，并向原告出具借条，约定每月利息1100元；被告陈某为该借款提供担保。后原告多次催付，被告丁B至今未还借款本金和利息。请求判令被告立即偿还55,000元，并支付利息(自2018年6月30日至2018年8月29日止)，且从2018年8月30日起以每月利息1100元计算至还清之日止。

被告丁B辩称：我欠原告是40,000元本金，原告向我收取高利贷，月利率7%。我从2016年起共归还了5个月的利息，每个月2800元。2018年的条据是原告胁迫我写的，当时是原告写好让我抄的。我只同意归还原告本金40,000元。

被告陈某辩称：我与原、被告都是朋友。被告丁B向我借钱，我没有。经我介绍被告丁B向原告丁A借钱。2018年6月丁B出具借条时，我也在场，我在借条上先写的是证明人。后原告不同意，我又改成了保证人。我认为我不需要承担担保责任。

☞ 一审判决

修水县法院认为，2016年，被告丁B因资金周转向原告丁A借款，双方系民间借贷关系。约定的月利率7%，利率过高应予核减。原、被告于2018年6月30日对前期本息结算后将利息计后期借款本金并重新出具债权凭证。根据原《最高院民间借贷规定》第28条第2款,借款人在借款期间届满后应当支付的本息之和,不能超过最初借款本金与以最初借款本金为基数,以年利率24%计算的整个借款期间的利息之和。故一审法院对原、被告的借款本金及利息核定如下:双方约定的利率过高,对已支付的利息,支持按年利率36%计算,对于未支付的利息,按年利率24%计算。被告每月向原告支付的利息超出年利率36%的部分,应予抵扣本金。

至起诉时止,被告尚欠原告本金32,980.22元,该借款本金,被告应予归还。被告还应以该本金为基数,向原告支付自2016年12月31日起至清偿日止,按年利率24%计算的利息。被告陈某在借条上签字担保,没有约定担保方式,根据《担保法》第19条,当事人对保证方式没约定的,按照连带责任保证承担保证责任。

修水县法院根据《合同法》第196条、第211条,《担保法》第19条、第31条,《最高院民间借贷规定》第26条、第28条,一审法院判决如下:

第一,被告丁B在本判决书生效之日起30日内偿还原告丁A借款本金32,980.22元,并以尚欠本金为基数,支付自2016年12月31日起至清偿日止,按年利率24%计算的利息。

第二,被告陈某对上述义务承担连带清偿责任。被告陈某承担保证责任后,有权向被告丁B追偿。

☞ **上诉理由**

丁B不服上述判决,向九江市中级法院上诉称:上诉人因急需资金周转于2016年向被上诉人借款4万元,被迫答应以月息7分计算利息,2018年6月30日,被上诉人逼迫上诉人将借条改为5.5万元,并逼迫陈某作为担保人,被上诉人的行为属非法放高利贷行为,违反了公平、平等原则,本案借条是无效的。请求:撤销一审法院判决,改判驳回被上诉人的诉讼请求。

被上诉人丁A辩称:5.5万元的借条是上诉人自己出具的,也签了字,利息是按照月息2分计算的,担保人陈某也签了字,请求维持原判。

原审被告陈某述称:写5.5万元借条时,我先是以证明人的身份签字,被上诉人说不行,要我以担保人身份签字,是被上诉人诱骗我写的担保人,虽然我没有上诉,但我对债务不认可。

☞ **二审判决**

九江市中级法院认为,《最高院民间借贷规定》第26条规定:借贷双方约定的利率未超过年利率 24%，出借人请求借款人按照约定的利率支付利息的，人民法院应予支持，借贷双方约定的利率超过年利率 36%，超过部分的利息约定无效。本案中，上诉人与被上诉人口头约定利率为月息 7 分，上诉人已按月息 7 分支付部分利息，但一审法院对已支付的利息按年利率 36% 计算，对未支付的利息按年利率 24% 计算，一审判决符合上述法律规定。上诉人借款不还，应承担归还借款及支付利息的责任。上诉人称系逼迫出具借条无证据证实。原审被告陈某在借条上以担保人身份签字，未明确担保方式，根据《担保法》第 19 条（现为《民法典》第 686 条）之规定，应承担连带清偿责任。

九江市中级法院判决：驳回上诉，维持原判。

［根据江西省九江市中级人民法院（2019）赣 04 民终 246 号民事判决书编写］

☞ **作者说明：**

本案借贷行为发生在 2016 年，诉讼发生在 2018 年，故适用 2015 年《最高院民间借贷规定》进行处理，其中，2016 年约定的月利率 7% 显然属于高利贷，2018 年约定的月利息 2 分（月利率 2%）符合 2015 年《最高院民间借贷规定》的规定。法院根据 2015 年《最高院民间借贷规定》第 26 条规定处理本案高利贷的问题，在当时是正确的。但类似案件如果发生在新《最高院民间借贷规定》施行后，当事人约定“月利率 7%”和“利率 2%”超过“合同成立时一年期贷款市场报价利率四倍”的部分属于非法的高利贷，法院不予支持。但若本案发生在 2020 年 8 月 20 日之后，则应根据新《最高院民间借贷规定》第 31 条第 2 款规定进行处理。

Chapter 5

第五章 民间借贷的委托代理

民间借贷当事人不能亲自参加借贷活动,可以委托他人代为出借或借入,但委托代理借贷必须符合法律规定的要求,否则容易发生效力纠纷问题。本章介绍和分析民间借贷的委托代理问题,同时分析与此相关的表见代理和代表行为。

ESSENTIAL

1

要点1

民间借贷的委托代理

民事法律行为的代理包括委托代理和法定代理,这里分析的是委托代理。

在通常情况下,民间借贷活动都由出借人与借款人亲自完成,但也可以委托他人代理进行,这叫委托代理借贷。委托代理借贷,是指代理人接受出借人或者借款人的委托,以委托人的名义向出借人表示借入意思或者向借款人表示出借意思,其法律后果由委托人承受的一种民事法律行为。

一、委托代理借贷当事人

这里的代理人是指民间借贷委托代理关系中的受托人,委托人是被代理人即民间借贷合同中的出借人或借款人。在民间借贷活动中,出借人和借款人都可以作为委托人。出借人委托他人出借金钱的,出借人便是出借委托人,如甲某把10万元钱存放在乙某处,委托乙某将这笔钱出借给他人,其中,甲某是出借委托人,乙某是出借代理人。借款人委托他人借入金钱的,借款人是借入委托人,如丙某需要20万元钱委托丁某去借,其中,丙某是借入委托人,丁某是借入代理人。

二、委托代理借贷的条件

委托代理借贷是具有法律意义和法律效力的民事行为,通常要具备以下四个条件才能有效进行:

1. 委托人与代理人必须有明确的委托代理关系的自愿约定

委托代理是一种民事法律行为,同时也是一种合同关系,既然是一种合同关系,就必须坚持自愿约定原则,任何一方都不能强迫对方委托或者接受委托,任何一方都不能凭单方意志决定委托代理关系的成立。民间借贷的委托代理绝大多数是出于亲缘、友情、互帮互助等原因而为的,因而常见的是无偿的,但无偿代理并不否定委托代理合同的效力,也不排除因委托代理所产生的法律责任。有偿委托代理借贷活动,只要不违反法律规定,也应当予以准许。

2. 代理人必须以委托人的名义进行借贷代理活动

在委托代理借贷活动中,代理人必须以委托人的名义进行。代理人如果以自己的名义出借或者借入的,就会给委托代理借贷造成问题,可能会使所产生的法律效果归属于其本人。如委托借入资金,不论是代理人有意或者过失,如果以其名义借入,后来主张自己的借贷行为是委托代理行为,但无充分的证据证明存在委托代理关系,或者委托人和出借人不予追认的,代理借贷行为所产生的法律后果只能由其自己承受。例如,甲某确受乙某的委托向丙某借款10万元,但在出具的借据上签上自己为借款人的名字,未说明委托代理关系,委托人和出借人又不予认可,出借人提起诉讼的,人民法院只能以借据为证,裁判甲某承担还款责任。

3. 代理人必须向相对人表示代理借入或者借出的意思

由于委托人没有亲自参加借贷活动,而由代理人出面与出借人或者借款人协商,因而代理人必须向出借人或者借款人表示代理借贷关系的意思。当受托人为借款人的代理人时,必须向出借人表示代理借入的意思,并在委托权限范围内向出借人表示借款数额、利率、期限等意思;当受托人为出借人的代理人时,必须向借款人表示代理出借的意思,同样在委托权限范围内向借款人表示代理出借的数额、利率、期限等意思。如果代理人不向出借人或借款人表示代理借贷意思,对方当事人就会认为是其自己借入或者借出。

4. 代理人必须在代理权限内进行代理活动

代理权限是指代理权的范围。代理人只有接受委托才能产生代理权，而代理权限又受到委托人的意志和利益的制约，所以，代理人以委托人名义表示出借或者借入的各个事项由委托人决定，委托人决定的委托事项构成代理范围，代理人不得超越代理范围进行代理活动。如果代理人超越代理范围进行借贷活动，事后又不能得到委托人追认的，超越部分被视为代理人自己的行为，由此产生的法律后果由代理人承担。例如，甲将 2 万元钱存放在乙处，委托乙出借 1.5 万元，月利率 15‰，期限 6 个月，另 0.5 万元有其他用处不出借，而乙受托后将 2 万元按月息 15‰全部出借，事后，甲对未委托出借的 0.5 万元予以追认，乙代表甲与借款人成立的民间借贷合同仍然有效，乙无权要求借款人立即返还 0.5 万元借款；如果甲又不予追认的，甲就有权向乙讨回 0.5 万元，借款到期，借款人未能偿还全部借款，乙负有向甲赔偿 0.5 万元的责任，至于借款人到期未能偿还 1.5 万元的问题，代理人不承担责任，仍由甲向借款人主张权利。

三、委托代理人的代理效果归属

《民法典》第 162 条规定："代理人在代理权限内，以被代理人名义实施的民事法律行为，对被代理人发生效力。"据此，委托代理效果实质上是委托代理行为所产生的委托人与相对人的权利和义务。委托代理借贷虽然由代理人作出，但代理人是接受委托且以委托人的名义进行的，代理人与出借人或者借款人订立的民间借贷合同一旦生效，就在委托人与出借人或者借款人之间形成民间借贷法律关系，因而，民间借贷合同所享有的权利和所负有的义务都归属于委托人，而代理人对代理效果既不享有实体权利，也不承担实体义务，也就是说，代理人代理借入的资金由委托的借款人偿还，代理人代理出借的资金所产生的债权归委托的出借人所有，代理人不负债务也不享有债权。

四、委托代理借贷授权形式

授权行为是委托代理发生的依据，委托代理产生于授权行为，只有本人依法委托授权，受托人才有代理权。那么，民间借贷当事人采取何种形式授权他人代理?

原《民法通则》第 65 条第 1 款规定:“民事法律行为的委托代理,可以用书面形式,也可以用口头形式。法律规定用书面形式的,应当用书面形式。”这条规定体现了委托授权形式自由选择原则,如民间借贷的当事人可以口头委托授权他人借入或者借出,也可以书面委托授权他人借入或者借出。《民法典》第 165 条规定:“委托代理授权采用书面形式的,授权委托书应当载明代理人的姓名或者名称、代理事项、权限和期限,并由被代理人签名或者盖章。”这是书面授权的法律规范。但根据《民法典》第 469 条第 1 款的规定,委托代理也可以采用口头形式或者其他形式。

借贷风险提示

1. 委托内容不规范不完整

因民间借贷自由性带来的影响,委托代理借贷的内容大多不规范也不很完整。例如,有的借款人在外寄信给家乡朋友、亲戚,只写明委托借款数额,而未写明借款利息、期限等,有的甚至只写明委托借款,连借款数额都未写明,让受托人借多少算多少,这很容易引起委托代理借贷纠纷,如造成借款债务和借款债权归属纠纷,又如代理人是否承担赔偿责任纠纷等。

2. 口头委托证据不足

从实践情况来看,委托代理借贷采取口头形式的比较多,原因是民间借贷活动中的出借人或者借款人与委托代理人之间往往有血缘关系,或者邻里关系,或者友情关系,互相之间比较信赖,有互帮互助精神,这使口头委托授权借贷成为民间借贷的一种习惯。口头委托授权借贷虽然便捷,有利于当事人及时实现借贷目的,但容易产生委托代理纠纷,且难以提供证据予以证实,其后果是给委托人或代理人带来不利。

委托代理借贷还涉及无权代理、超越代理权、代理人占有、使用借款等的法律风险,下面再作具体分析。

ESSENTIAL

2

要点 2

民间借贷无权代理效力及责任归属

无权代理,是指行为人没有代理权、超越代理权或者代理权终止后以被代理人名义实施的代理行为。在民间借贷中,行为人没有取得出借人或者借款人的同意,就代替借款人借入资金或者代替出借人出借资金,这是无权代理行为;代理人虽然取得代理权,但超越代理权或者代理权终止后仍以被代理人名义借入资金或者出借资金的,也属于无权代理行为。这些无权代理行为所订立的民间借贷合同都是无权代理合同。

一、无代理权行为的情形

根据《民法典》第 171 条第 1 款"行为人没有代理权、超越代理权或者代理权终止后,仍然实施代理行为,未经被代理人追认的,对被代理人不发生效力"的规定,民间借贷无代理权行为有以下三种情形:

1. 没有取得本人的委托授权

代理权来自本人的委托授权,行为人根本没有本人的委托授权,与本人根本没有发生委托代理关系,行为人却以本人(民间借贷中的出借人或者借款人)的名义与相对人订立民间借贷合同,是一种根本没有代理权的合同。

2. 代理人超越代理权

行为人与本人存在代理关系,但行为人超越了本人的委托授权范围而以本人的名义与他人订立合同,属于超越代理权行为。在民间借贷活动中,出借人的代理人或者借款人的代理人有可能超越代理权而与他人发生代为借贷关系。超越代理权行为主要表现在借贷数额、利率、期限、币种等内容上。

3. 借贷代理权已经终止

行为人与本人之间原来有委托代理关系,但后来委托代理权已经终止,原代理人(行为人)仍以原被代理人(本人)的名义与他人签订借款合同,亦属无代理权行为。代理权终止的原因主要有代理期限届满、代理事务完成和被代理人取消委托等情形。

二、无权代理合同效力可处于待定状态

根据《民法典》第171条第2款"相对人可以催告被代理人自收到通知之日起三十日内予以追认。被代理人未作表示的,视为拒绝追认。行为人实施的行为被追认前,善意相对人有撤销的权利。撤销应当以通知的方式作出"的规定,没有代理权、超越代理权或者代理权终止后,行为人以被代理人的名义与他人订立民间借贷合同的,该合同的效力可以处于待定状态,既不直接认定有效,也不直接认定无效,可以等待当事人后来的意思表示来确定。当事人可以通过行使催告权、追认权、撤销权,再确定该种合同的效力。

为什么不直接认定该种民间借贷合同无效?原因是无权代理人签订的民间借贷合同可能存在对被代理的出借人或者借款人有利的因素,特别是善意的无权代理行为,如借款人生病住院急需用钱,其朋友为其所急,在没有受托的情况下向出借人说明为借款人代借,借款人很可能予以认可。这种无权代理得到被代理人承认,事后成立的代理关系则可追认前面代理行为有效。

三、无权代理责任的归属

行为人没有法律承认的正当理由,擅自以被代理人的名义借出或者借入资金,相对人已经对代理行为认可的,还要视被代理人是否追认而分以下三种情况确定责任归属:

一是被代理人追认无权代理行为的,代为借入或者借出的法律责任归属于被代理人,即提供借款的责任归属于出借人,还本付息的责任归属于借

款人,这种责任归属实际上是有效民间借贷合同的责任归属。

二是根据《民法典》第171条第1款的规定,被代理人对无权代理人实施代理行为不予追认的,无权代理人实施的代理行为对被代理人不发生效力,由此产生的法律后果由无权代理人自己承担责任。行为人无权代理行为如果给出借人或者借款人造成损失的,应当承担赔偿责任。例如,无权代理人将出借人的资金出借给借款人,出借人不予追认,该无权代理人就负有向出借人返还资金和赔偿利息的责任。又如,无权代理人为借款人借入资金,借款人拒绝接收借款的,表明借款人不予追认,该借款由无权代理人返还给出借人,并承担支付利息的责任;借款人如果收受借款,则表明其以行为方式予以追认,借款人是该笔借款的实际使用人,应当由借款人偿还。

三是出借人或者借款人与无代理权人承担连带责任。《民法典》第167条规定:"代理人知道或者应当知道代理事项违法仍然实施代理行为,或者被代理人知道或者应当知道代理人的代理行为违法未作反对表示的,被代理人和代理人应当承担连带责任。"由此可见,出借人或者借款人明知行为人无权代理还与其订立民间借贷合同的,属恶意行为,那么出借人或者借款人与无权代理人应负连带责任。

四、相对人行使催告权

《民法典》第171条第2款规定:"相对人可以催告被代理人自收到通知之日起三十日内予以追认。被代理人未作表示的,视为拒绝追认。行为人实施的行为被追认前,善意相对人有撤销的权利。撤销应当以通知的方式作出。"这里的"催告权",是指合同的相对人催促被代理人在一定时间内明确答复是否承认无权代理合同的权利。在民间借贷合同中,无论是出借人作为相对人,还是借款人作为相对人,都可以在法定期限内行使催告权,要求被代理人明确答复是否追认无权代理人所订立的民间借贷合同。但对相对人行使催告权应当符合以下三个要求:

一是在法定期限内催告。即按照《民法典》上述"相对人可以催告被代理人自收到通知之日起三十日内予以追认"的规定,如相对人为出借人,该出借人知道行为人无代理权而为借款人借款的,可以向借款人催告是否追认借款,借款人自收到通知之日起30日内应当作出是否予以追认的意思表示。

二是催告方式通常以书面形式作出并到达被代理人。如果采用口头形式催告的,则须留下其他证据证明已经催告的事实。

三是相对人催告的对象是被代理人,而不是无权代理人,相对人只向无权代理人催告的,不产生催告的法律效力。

五、被代理人行使追认权

这里的追认,是指在无权代理行为发生后,被代理人单方向相对人表示确认无代理权行为有效的一种法律行为。追认是无权代理的补救措施,追认权是被代理人的权利。

无论出借人作为被代理人,还是借款人作为被代理人,只要无权代理人以其名义与他人发生代理借贷关系,被代理人都有追认权。被代理人在行使追认权时,应当向特定的相对人表明认可无代理权人的代理行为。在民间借贷的无权代理活动中,具体的特定相对人是:当出借人是被代理人时,只能向借款人表示追认;当借款人是被代理人时,只能向出借人表示追认。

被代理人的追认是单方的法律行为,只要被代理人作出追认意思表示,且追认意思表示到达对方,即可产生法律效力。在民间借贷活动中,出借人或者借款人的无权代理人,虽未受托而代理,但其代理行为已被相对人所接受,且就借贷内容达成一致意见,但只要被代理人加以追认,该代理行为所生产的民间借贷合同就产生法律效力。

这种追认是非要式行为,既可采取口头答应形式追认,也可以采取书面形式追认。从民间借贷的特点来看,大多数采取口头形式追认,如被代理人为出借人,出借人亲自找到借款人,询问是否认可无权代理行为,对无权代理人与其约定的借款数额、利率、期限是否同意等,借款人口头答应同意,追认也就成立。书面追认在实践中也存在,如被代理人在外地接到相对人催告追认微信后,相对人也通过微信予以追认。

《民法典》虽然赋予相对人催告权,但相对人的催告权并不排除被代理人的追认权。在无权代理行为未被撤销前,相对人不行使催告权或者未行使催告权,被代理人主动向其追认的,该追认行为亦应有效。例如,借款人为被代理人时,其无权代理人以他的名义向出借人借款,在出借人未向借款人催告前,借款人主动向出借人认可代借行为,这时的追认应当有效。

在民间借贷活动中，被代理人一旦向相对人明确表示追认无权代理行为，就会产生下列法律后果：

1. 借贷代理关系成立

事先，因行为人没有出借人或者借款人的授权委托而擅自以本人的名义与相对人协议借贷，但一经被代理人追认，代理关系便告成立，无权代理行为获得确定的法律效力，即无权代借行为就转化为有权代借行为，相对人不得再行使撤销权。

2. 无权代理行为自始有效

被代理人一旦追认无权代理行为，不仅使代理关系成立，而且使无权代理行为的效力溯及发生时，即无权代理行为经追认后，自始具有法律效力。例如，无权代理行为发生在 1 月 5 日，被代理人于 2 月 3 日追认，追认后的代理行为生效时间为 1 月 5 日而不是 2 月 3 日。

3. 民间借贷合同成立或者生效

无权代理行为形成的民间借贷合同，经被代理人追认后，效力待定状态结束，该合同自无权代理人与相对人订立之日起成立，借贷权利义务归属于出借人和借款人。

此外需要注意的是，《民法典》第 503 条规定："无权代理人以被代理人的名义订立合同，被代理人已经开始履行合同义务或者接受相对人履行的，视为对合同的追认。"譬如，无权代理人以借款人的名义向出借人借款，出借人已经向借款人提供借款，借款人也已接受借款的，出借人无须催告借款人追认，借款人也无须再表示追认，法律上就直接视为借款人已经追认，无权代理行为转换为有效代理，由借款人向出借人履行还本付息义务。

六、被代理人行使否认权

这里的"否认"，是指被代理人向无权代理人或者相对人表示拒绝承认无权代理行为意思的一种法律行为。否认权是被代理人的权利。

无权代理借贷行为，对被代理人可能有利也可能不利，而有利与不利的判断权属于被代理人，被代理人认为有利的可以追认，认为不利的可以否认。被代理人认为不利而否认无权代理行为，即使后来证实无权代理行为对被代理人有利，被代理人的否认也有效，只是后来事实上出现的不利后果由被代理人自己承受而已。被代理人行使否认权作出拒绝承认，也是一种单方法律行为,一经作出就能产生法律效力,无须无权代理人或者相对人的同意。

根据《民法典》第171条第2款中"被代理人未作表示的,视为拒绝追认"之规定,不论本人是否知道他人以本人名义实施无代理权行为,如果被代理人未作表示的,就都以否认处理。被代理人一旦作出否认表示或者未做表示,无权代理行为自发生之日起对被代理人不产生法律效力,由无权代理行为产生的法律责任由无权代理人和相对人承担。借款人已经收受借款的,说明其以行为方式追认了无权代理行为,所以不得再行使否认权。

七、相对人行使撤销权

《民法典》在赋予被代理人追认权的同时,还赋予善意相对人的撤销权,使双方当事人在确定无权代理合同效力上有平等的权利,使相对人不至于被动地依赖被代理人的追认或者否认。这里的撤销,是善意相对人在无权代理合同被追认前,撤回自己对无权代理人已经作出的意思表示的一种法律行为。撤销权是善意相对人的一项权利。

根据《民法典》第171条第2款"行为人实施的行为被追认前,善意相对人有撤销的权利。撤销应当以通知的方式作出"之规定,相对人撤销权应当在无权代理人与相对人订立民间借贷合同未为被代理人(本人)追认之前行使,如果被代理人已经追认,因追认已发生法律效力,相对人也就丧失了撤销权,此后不得再行撤销。

相对人行使撤销权有一个法定条件,即在与无权代理人订立民间借贷合同时是善意的,方可行使撤销权。这里的善意排除两种恶意:一是以损害被代理人利益为目的而与无权代理人订立民间借贷合同的恶意;二是明知对方无代理权而与之订立民间借贷合同的恶意。如果相对人具有这两种恶意,就不得行使撤销权,因此,撤销权是善意相对人的权利。

相对人撤销自己向无权代理人表示借出或者借入的意思,应当以通知的方式作出,即采用明示方式。相对人的撤销行为也是单方行为,一经向无权代理人和被代理人作出,民间借贷合同就不产生法律效力。

案例5-1

☞ 案情简介

马某某与向A系夫妻关系,向B系马某某和向A之女。2014年9月21

日,向B以资金周转困难为由,向向某某借款5万元,借款期限为12个月,利息每月1500元,按月结清,并出具借条。向B在借条上签署向B、马某某名字。向B出具借条后,马某某依约向向某某每月支付利息1500元,利息支付到2015年年底。借款到期后,向B等没有偿还借款本金5万元及2016年后的利息,向某某经多次催要未果。

2016年10月,向某某以向B、马某某、向A为被告,向吉首市法院起诉,请求法院判令三被告偿还借款本金5万元及利息(按约定计算至还清之日)。

☞ **一审判决**

吉首市法院认为,原、被告于2014年9月21日所具借条系双方真实意思表示,合法有效,本院予以认可。原告向某某诉请偿还借款本金的请求,本院予以支持。被告马某某、向A辩称该借款系被告向B个人行为,被告马某某、向A并不知情,不应承担偿还责任。但因该债务发生后,被告马某某每月支付原告向某某利息至2015年年底,且知道其女向B以自己的名义实施民事行为而不作否认表示,视为同意,故该辩解理由本院不予采信。被告马某某、向A系夫妻关系,应承担共同债务。原告向某某要求按约定支付利息的请求,因其利息约定超出法律规定,超出部分,本院不予支持。

吉首市法院判决:被告向B、马某某、向A于本判决生效后5日内偿还原告向某某借款本金人民币5万元及利息(利息按年利率24%计算,从2016年1月22日起至还清之日止)。

☞ **上诉理由**

马某某、向A夫妇不服一审上述判决,向湘西土家族苗族自治州中级法院上诉称:借条上“马某某”三个字并非马某某本人所写,而是向B未得到马某某委托的情况下代为签字。向B代为签字系无权代理行为,同时借款也是交给了向B,马某某并未得到借款,故其妻向A也不存在夫妻共同债务。本案系民间借贷纠纷,本案的审理应当适用《合同法》第210条的规定,以及《最高院民间借贷规定》第9条的规定,同时结合《合同法》第48条和《民法通则》第66条第4款的规定,显然原审法院忽略了本案借款合同系实践性合同这一重要因素,从而导致错判。请求法院依法撤销一审判决,驳回向某某对上诉人的起诉。

被上诉人向某某口头答辩称:不存在上诉人所说的事实,是马某某亲自到我家向我老婆借钱,我和向B从来不认识,从来没有往来过。马某某也没有说是给女儿借,当时他们也是一家人,并没有分居。当时借钱并承诺会还钱,现在这么说太没有道理了。利息也是马某某送到我家里的,法律我是不怎么懂,但是都应该要实事求是。

原审被告向B没有答辩。

☞ **二审判决**

湘西土家族苗族自治州中级法院认为,本案的争议焦点是:马某某是否是本案的借款人。

因被上诉人向某某与上诉人马某某之女向B并不熟悉,也没有经济上的往来,故借条上由向B在借款人栏署上了马某某和向B。而在该借款行为发生后,上诉人马某某每月向被上诉人向某某支付利息的行为,应视为其知道向B以自己的名义实施民事行为而不作否认表示。根据《民法通则》第66条第1款之规定,上诉人马某某的行为应视为对原审被告向B代理行为的追认,故上诉人马某某应认定为本案的借款人,并应承担偿还借款的义务。而上诉人向A与上诉人马某某系夫妻关系,故上诉人向A应对上诉人马某某所负债务承担连带偿还责任。

湘西土家族苗族自治州中级法院判决:驳回上诉,维持原判。

[根据湖南省湘西土家族苗族自治州中级人民法院(2016)湘31民终1023号民事判决书编写]

☞ **作者说明:**

1. 本案中,涉案借条上"马某某"三个字并非马某某本人所写而是马某某女儿向B未得到马某某委托的情况下代为签字,故向B代马某某签字系无权代理借款行为,同时,向某某也将借款交给了向B而未交给马某某,在此情况下,马某某本不是借款人,不承担偿还借款责任,但该债务发生后,马某某每月支付向某某利息至2015年年底,也就知道其女向B以自己的名义共同向向某某借款,而马某某不仅不作否认表示,反而向向某某支付利息,由此产生以行为方式的追认,所以,法院认定马某某付息行为应视为对向B代理行为的追认,于是判决向B、马某某、向A共同偿还借款。

2. 本案虽然发生在《民法典》施行之前,适用当时的《民法通则》第66条第1款"没有代理权、超越代理权或者代理权终止后的行为,只有经过被代理人的追认,被代理人才承担民事责任。未经追认的行为,由行为人承担民事责任。本人知道他人以本人名义实施民事行为而不作否认表示的，视为同意”的规定，但此类案件若发生在《民法典》施行后，亦应作为被代理人追认进行处理。

ESSENTIAL

3

要点3

民间借贷中的表见代理

《民法典》第172条规定："行为人没有代理权、超越代理权或者代理权终止后，仍然实施代理行为，相对人有理由相信行为人有代理权的，代理行为有效。"这条规定与原《合同法》第49条规定虽然有一些文字修改，但基本内容并未发生改变。这是一条表见代理的规定，民间借贷行为构成表见代理的，也适用这一规定确认其效力。

一、对表见代理的理解

合同法理论上的表见代理，是指对于行为人的无权代理行为，善意相对人有理由相信其有代理权，可使被代理人承担有效代理后果的一种特殊代理形式。表见代理本身因未得到授权而属无权代理，但这是一种特殊的无权代理。这个"特殊"性的作用是使无权代理被认定为有效代理，从而保护善意相对人的合法权益。

在表见代理的民间借贷合同中，借入资金的表见代理行为人是代理人，借款人是被代理人，相对人则是出借人；出借资金的表见代理行为人是代理人，出借人是被代理人，相对人则是借款人。按照《民法典》的有关规定，要使无权代理行为成为有效代理，只有两条途径：一是被代理人追认，二是符合表见代理条件。民间借贷行为如果构成表见代理，不经被代理人追认也为有效代理，借贷合同所约定的权利义务都归属于被代理人，因此，认定某一无权代理的借贷行为能否构成表见代理，必须有严格的条件限制。

二、表见代理的构成条件

根据《民法典》第 172 条的规定和法理的基本要求，无权代理的民间借贷行为，只有同时具备以下四个条件才能构成表见代理：

1. 行为人无权代理而代为实施借贷行为

行为人没有得到出借人或者借款人的委托授权，或者超越代理权，或者代理权终止后，仍以被代理人的名义与相对人订立民间借贷合同，这是表见代理的前提条件，也就是说，表见代理是在无权代理的基础上进行确认的。如果代理人已经依法取得代理权，且在委托授权范围内实施代理行为的，就不存在表见代理问题。

2. 相对人有理由相信行为人有代理权

这是表见代理的实质要件。这个条件中"理由"是关键问题，且"理由"要达到足以使相对人相信的程度。在民间借贷活动中，可使相对人相信行为人有权代理的理由比较多，如行为人虽无权代理，但与被代理人有血缘、亲属、夫妻等密切关系，行为人向相对人表示代理意思，就会使相对人有理由相信行为人是为了被代理人的利益进行借贷活动。

3. 借贷内容和代理行为表面形式合法

除无权代理这一缺陷外，表见代理要求，行为人与相对人实施的借出或者借入的行为，应当符合法律规定，如意思表示真实、借款用途正当。如果民间借贷合同内容本身无效，表见代理也就无法成立。此外，代理表面形式具备一般条件，如以被代理人名义进行、代理人有民事行为能力。如果代理行为本身连表面形式条件都不具备，就不能对被代理人有效，表见代理无从谈起。

4. 相对人在主观上必须善意且无过错

表见代理对相对人的善意有两点要求：一是不知道或者不应当知道行为人无权代理；二是没有故意损害被代理人的利益。两个要求结合起来的基本含义是：相对人不知道或者不应当知道行为人无代理权又不以损害被代理人的利益为目的而与行为人订立民间借贷合同。如果相对人明知或者理应知道行为人无代理权仍与其订立借款合同，属于无权代理，而不构成表见代理。表见代理不仅要求相对人善意,而且要求无过错,也就是说,相对人在不知道或者应当不知道行为人无权代理问题上没有过错,而有充分的理由相信行为人有代理权。

三、民间借贷适用表见代理的几种情况

根据《民法典》上述规定和司法实践,民间借贷适用表见代理主要有以下几种情况:

1. 本人曾表示委托他人借入或者借出的意思。

本人事实上未委托,但曾表示过委托他人借入或者借出的意思。例如,甲乙丙三人系战友关系,在一次战友会上喝酒时,丙对全桌战友(包括甲乙在内)说,自己想盖房子,但缺一部分钱,要求在桌的战友今后借给自己钱,也可以为自己代借一些钱。过一段时间,丙开始盖房子,乙误认为丙在酒桌上已经委托自己代借,便到甲处说代丙借一笔盖房子的钱,甲当场同意并提供了借款,乙代替丙给甲出具了借据。在这里,丙在酒桌上对不特定人说为其代借是曾经有过的委托的意思表示,且有丙已开始盖房子的事实,此时,甲确有理由相信乙是为丙代借的,故能构成表见代理。如果丙在酒桌上直接对乙说,托其为自己代借,则是事实上的直接委托,而不适用表见代理处理。

2. 被代理人将有表达代理意义的信件、印章交给行为人,行为人据此与相对人发生借贷关系。

被代理人虽然没有委托行为人代为借出或者借入的明确意思表示,但将有代理意义的信件、个人印章、单位公章交付给行为人,善意的行为人据此推断可以代理,为了被代理人的利益,实施了无权代理行为,为被代理人借出或者借入资金,也能构成民间借贷的表见代理。例如,甲在外经商,写信给好友乙,叙说有生意能挣钱,但缺周转资金,如果能够借到一笔钱,就能挣到更多的钱。这封信本来是甲向乙介绍在外经商情况,并没有委托乙代其借款。乙出于好心,分析认为,甲此信有请自己代其借款的意思,于是向丙借了一笔钱给甲。这封信虽无明确的委托借款话语,但流露出委托借款之愿,故可认定乙的代借行为构成表见代理。

3. 被代理人允许行为人以自己的名义借款又明知由行为人使用而不反对。

例如,乙自己缺钱需要借款但无人愿意借给他,而甲名声较好,以甲名

义能借到钱，乙向甲请求，以甲名义借款，甲虽未委托，但允许乙使用其名义借款，然后乙以甲名义借取金钱后归自己使用。对这种行为，出借人向名义借款人催告追认，名义借款人追认的，构成有效代理。如果不予追认或者未作追认表示的，我们认为，不能作否认处理，而应当认定构成表见代理，但行为人与名义借款人应当承担连带责任。

4. 在被代理人有过失的情况下，行为人超越代理权限借款。

被代理人与代理人明确约定代理权限，但未告知相对人，使善意且无过错的相对人不知代理权限，这是被代理人的过错。在这种情况下，代理人超越代理权限实施代理借贷行为，对超越部分，也不宜适用追认规定，而应当适用《民法典》第 172 条表见代理的规定。例如，借款人委托代理人向出借人借款 10 万元，而借款人只告知出借人自己已委托代理人去代借，未告知仅借 10 万元，结果代理人代借款人借了 15 万元，超出代理权限 5 万元，对这 5 万元适用表见代理。

5. 常为被代理人代借的代理人代理权终止后未告知相对人，原代理人继续以被代理人名义借款。

代理权终止，代理人丧失代理权，在这种情况下，原代理人仍与相对人发生民事行为，应当适用追认规定。但是，经常为被代理人向相对人代理借款的代理人，代理权终止后，被代理人未将代理终止的情况告知相对人，致使相对人相信原代理人仍有代理权的，构成表见代理。例如，借款人委托代理人经常到出借人处借款，代理人先后借了五笔款，此后，借款人告知代理人今后不再向该出借人借款，但未告知出借人，当原代理人向善意且无过错的出借人代借第六笔款时，就可认定第六笔借款是表见代理行为。

四、表见代理的法律效果

表见代理被依法确认后，行为人的代理行为按照有效代理来处理，所以借贷代理关系成立，由此订立的借款合同有效，相对人不得行使撤销权。此时，表见代理在法律上产生的后果同有权代理一样，即由被代理人对代理人实施的代理行为承担民事责任，如被代理人是借款人，应当由被代理人承担偿还借款义务，而代理人不承担偿还借款义务。代理人自己占用借款的，因表见代理成立，故应由被代理人承担民事责任，被代理人偿还借款后，可以向代理人追偿。

表见代理的法律后果使被代理人受益的,代理人有权要求被代理人支付因实施代理行为而支出的相关费用。

借贷风险提示

在民间借贷活动中,若有以下几种情形,借款人不予追认的,出借人主张表见代理将会失败:

1. 出借人相信代理人有代理权的理由不足,如无权代理人与借款人并不认识,又如无权代理人与借款人毫无关系,出借人也相信代借人有代理权就没有事实根据和充足理由,出借人主张表见代理不能成立。

2. 出借人知道或应当知道代理人无权代理,但仍与无权代理人订立借款合同。例如,出借人明知甲是个赌徒,当甲以父亲生病没有医疗费为由向出借人提出代替父亲借款时,出借人应当知道其父不可能委托其借款,如果出借人也相信其代借理由而提供借款,甲后将借款用于赌博的,出借人主张表见代理不能成立。

3. 出借人有理由相信代理人有代理权,但明知代理人将会占用借款,仍将借款直接交付给无权代理人,结果被无权代理人占用的,出借人有明显过错,故主张表见代理不能成立。

4. 在依法构成表见代理的情况下,出借人向代理人主张债权,要求代理人偿还的,代理人有权予以拒绝。

表见代理依法不能成立的,所谓的借款人不承担偿还借款责任,而应由无权代理人清偿债务或承担赔偿责任。

案例5-2

☞ 案情简介

曹A与孙某某系夫妻关系,曹B系曹A和孙某某之子。曹B持有某公证处出具的第608号公证书,该公证书所附委托书载明:委托人曹A、孙某某因无法亲自办理房屋的相关事宜,现全权委托受托人曹B代为办理,代办事项包括代为房产向金融机构或自然人办理抵押贷款等。2016年3月4日,曹B持该公证书与翁某某签订抵押借款合同约定:曹B、曹A、孙某某向翁某某借款50万元,借款期限自2016年3月4日起至2016年9月3日止,月利率 1.5%，月利息 7500 元，曹 A、孙某某以其共同共有的房屋为借款提供抵押担保。曹 B 代父母曹 A、孙某某在该合同落款处签字。2016 年 3 月 14 日，翁某某在曹 A、孙某某的房屋上设立了抵押登记。次日，翁某某通过银行转账方式向曹 B 交付借款 50 万元。2016 年 5 月 18 日，某公证处作出复查处理决定书载明：第 608 号公证书系当事人冒用曹 A、孙某某的身份到公证处骗取所得，公证书基本内容与事实不符，决定对该公证书予以撤销。

2016 年 5 月 16 日，翁某某向杭州仲裁委员会申请仲裁。2016 年 9 月 20 日，杭州仲裁委员会作出第 112 号裁决书，裁决：第一，曹 B 于裁决书送达之日起 10 日内向翁某某返还借款 50 万元，利息及违约金 1000 元，合计 50.1 万元（利息及违约金暂计至 2016 年 5 月 17 日，自 2016 年 5 月 18 日起以本金 50 万元为基数，按年利率 18% 计算的利息以及按年利率 6% 计算的违约金计算至实际清偿之日止）；第二，曹 B 于裁决书送达之日起 10 日内向翁某某支付律师费 1 万元；第三，驳回翁某某的其余仲裁请求。

☞ 一审判决

2017 年 2 月 27 日，翁某某以曹 A、孙某某为被告诉至上城区法院，请求判令：(1) 曹 A、孙某某归还翁某某借款 50 万元，支付利息及违约金 1.1 万元（以本金 50 万元为基数，按照月利率 1.5% 的标准自 2016 年 4 月 4 日暂计算至 2017 年 3 月 3 日，并继续按此标准计算至借款还清之日止）；(2) 曹 A、孙某某支付翁某某律师费 1.2 万元；(3) 翁某某对曹 A、孙某某所有的房屋拍卖、变卖折价款享有优先受偿权。

关于曹 A、孙某某是否应作为借款人承担还款义务。上城区法院认为，《合同法》第 48 条第 1 款规定："行为人没有代理权、超越代理权或者代理权终止后以被代理人名义订立的合同，未经被代理人追认，对被代理人不发生效力，由行为人承担责任。"本案中，曹 B 在没有代理权的情况下代理曹 A、孙某某与翁某某签订涉案的抵押借款合同，曹 A、孙某某对该合同亦不予追认，故该合同对曹 A、孙某某不发生效力。

翁某某在庭审中提出：其有理由相信曹 B 具有代理权，曹 B 的代理行为有效，该合同对曹 A、孙某某仍发生效力。对此，上城区法院认为，首先，被告据以签订涉案抵押借款合同的公证书已被撤销。其次，根据该公证委托书的通篇文意，之所以办理公证委托，原因系"曹 A、孙某某无法亲自办理涉案房产的相关事宜"，故委托事项系委托曹 B 办理涉案房屋的相关事宜，并无委托曹B代曹A、孙某某借款的意思表示。该委托书的代办事项中亦载明“代为以上述房产向金融机构或自然人办理抵押贷款的相关事宜”,而非代为向金融机构或自然人借款并以涉案房屋进行抵押。因此,涉案委托书的委托事项系基于房产,而非基于借款,翁某某对于曹B是否具有代曹A、孙某某借款的代理权限审查不足,上城区法院对翁某某的上述主张不予采信。

上城区法院认为,涉案抵押借款合同无效,翁某某基于该合同要求曹A、孙某某还本付息并支付律师费的诉讼请求没有事实与法律依据,原审法院不予支持。

关于翁某某是否善意取得涉案房屋的抵押权。上城区法院认为,《物权法》第106条规定:“无处分权人将不动产或者动产转让给受让人的,所有权人有权追回;除法律另有规定外,符合下列情形的,受让人取得该不动产或者动产的所有权:(一)受让人受让该不动产或者动产时是善意的;(二)以合理的价格转让;(三)转让的不动产或者动产依照法律规定应当登记的已经登记,不需要登记的已经交付给受让人。受让人依照前款规定取得不动产或者动产的所有权的,原所有权人有权向无处分权人请求赔偿损失。当事人善意取得其他物权的,参照前两款规定。”本案中,翁某某在涉案房屋上设立了债权数额为50万元的抵押登记,并于2016年3月15日向曹B交付了涉案抵押借款合同项下的借款50万元,没有证据证明翁某某抵押登记过程中存在恶意,故翁某某已按法律规定取得了涉案房屋的抵押权。对于曹A、孙某某认为,翁某某未向曹A、孙某某核实相关情况,没有尽到审查义务,涉案借款亦未交付给曹A、孙某某,故翁某某未善意取得涉案房屋的抵押权的抗辩意见,上城区法院认为,曹B系曹A、孙某某之子,其在房屋抵押过程中,提供了曹A、孙某某的身份证、房产证等原件,以及以曹A、孙某某名义出具的公证委托书,翁某某已经尽到了一般人所应审查之义务。曹B系涉案抵押借款合同的借款人之一,且由其出面签订合同、办理抵押登记的相关事宜,翁某某将借款交付给曹B并无不妥。故上城区法院对曹A、孙某某的上述抗辩意见不予采纳。杭州仲裁委会作出第112号裁决书已发生法律效力,该裁决书中对曹B基于涉案抵押借款合同应承担的付款义务作出相应裁决。翁某某已取得涉案房屋的抵押权,故应对该房屋变价后所得款项在该裁决书裁决曹B应承担的第一项付款义务(曹B应付借款本息及违约金)范围内享有优先受偿权。

上城区法院判决如下：

第一，如案外人曹B未按时足额履行第112号裁决书中裁决的第一项付款义务，翁某某对曹A、孙某某名下的房屋折价、拍卖、变卖所得款项享有优先受偿权。

第二，驳回翁某某的其他诉讼请求。

☞ **二审判决**

曹A、孙某某不服上述一审判决，向杭州市中级法院提出上诉称：一审程序违法，认定事实错误，适用法律不当，致使无辜的曹A、孙某某丧失赖以栖身的唯一房屋，请求撤销原审判决，依法改判驳回翁某某的一审诉讼请求或发回重审。

杭州市中级法院认为：本案《抵押借款合同》载明，曹B、曹A、孙某某向翁某某借款50万元，曹A、孙某某以其共同所有的房屋为该借款提供抵押担保。该《抵押借款合同》落款处曹A、孙某某的签名虽系曹B代签，但曹B系曹A、孙某某的儿子，在签订合同时曹B持有曹A、孙某某的身份证、房产证等原件，并持有某公证处出具的第608号公证书，该公证书载明“代为以上述房产向金融机构或自然人办理抵押贷款的相关事宜”，且该公证书在签订《抵押借款合同》时尚未被撤销，因此，翁某某有理由相信曹B有权代表曹A、孙某某签订《抵押借款合同》，曹B的行为构成表见代理。

在案涉《抵押借款合同》签订后，翁某某于2016年3月14日在曹A、孙某某的案涉房屋上设立了抵押登记并取得房屋他项权利证书，又于次日通过银行转账方式向曹B交付借款50万元，因此，翁某某已按法律规定取得了涉案房屋的抵押权。在借款人拒不归还借款的情况下，翁某某有权就案涉房屋行使优先受偿权，原审对其该诉讼请求予以支持正确，本院予以维持。原审认定抵押借款合同无效不当，应当予以纠正。

杭州市中级法院认定，曹A、孙某某的上诉理由不能成立，本院对其上诉请求不予支持。杭州市中级法院判决：驳回上诉，维持原判。

［根据浙江省杭州市中级人民法院(2017)浙01民终5207号民事判决书编写］

ESSENTIAL

4

要点 4

民间借贷中的代表行为

《民法典》第 61 条第 2 款和第 105 条规定，法定代表人以法人名义从事的民事活动的法律后果由法人承受，非法人组织确定的负责人代表非法人组织从事民事活动，但又限制法定代表人、非法人组织负责人在章程授权范围内从事民事活动，然而，法人章程或者法人权力机构对法定代表人代表权的限制不得对抗善意相对人。那么，法人的法定代表人或者非法人组织的负责人（以下简称代表人）超越权限从事民事活动又如何处理？

《民法典》第 504 条规定："法人的法定代表人或者非法人组织的负责人超越权限订立的合同，除相对人知道或者应当知道其超越权限外，该代表行为有效，订立的合同对法人或者非法人组织发生效力。"这条规定解决了代表人超越权限的代表行为的合同效力问题。

这里的"代表"，是指一个自然人的行为在法律上被直接视为一个法人行为或者其他组织行为的现象。这里的"相对人"，是指合同关系中法人或者非法人组织的对方当事人。

在代表行为中，代表人与本法人或者本非法人组织（以下简称本单位）之间的内部关系，两者在行使职务时可视为同一主体，所以，代表人的行为为本单位所吸收，也就是说，代表人的行为实质上是本单位的行为。

一、民间借贷代表行为的构成条件

本单位的经济活动是由代表人进行的,如代表人与他人订立民间借贷合同就会存在代表行为。代表行为在民间借贷活动中的出现和存在,应当具备以下三个特定条件:

一是必须有一方当事人是法人或者非法人组织。如果民间借贷的双方当事人都是自然人,则不存在代表行为的问题。

二是代表人只能是法人的法定代表人或者非法人组织的负责人。代表行为是一种职务行为,法定代表人或者非法人组织的负责人是一种职务,因而其履职行为是代表行为。代表人以本单位名义与相对人订立民间借贷合同是代表本单位与相对人发生借出或者借入关系,相关的权利义务归属于本单位。本单位中的其他成员未得到授权,而与他人发生民间借贷关系,不是代表行为。

三是代表人必须以本单位名义借出或者借入资金。如果行为人以自己的名义或者以他人的名义与相对人订立民间借贷合同,是个人行为而不是代表行为。

二、民间借贷代表行为的法律效力

代表人在符合上述条件的情况下,以本单位的名义与他人订立民间借贷合同,该合同的法律效果应当归属于本单位,因而代表人不是实体权利义务的主体。如果代表人是出借人,就应当由本单位承担提供借款的义务,在出借资金到期时,本单位享有收回借款的权利。如果本单位是借款人,应由本单位享有取得借款的权利,在借款到期时,则由本单位承担偿还借款的义务。

三、代表行为超越权限借贷问题

代表人超越权限进行民间借贷,除相对人知道或者应当知道代表行为人超越权限外,不需要本单位的追认就对本单位发生效力。《民法典》规定的超越权限的代表行为为有效行为,目的是考虑相对人在不知道也没有义务知道代表人内部规定的权限的情况下,保护交易安全和相对人的利益。在订立民间借贷合同的过程中,如果相对人知道或者应当知道代表人超越权限而仍与之订立民间借贷合同的,主观上就具有恶意,该合同对本单位就不具有法律效力。例如,本单位已经向出借人提供章程和股东会决议,该章程和股东会决议已经明确规定法定代表人借款权限为 50 万元,出借人却与法定代表人签订 60 万元的借款合同,因出借人明知其超越权限,在主观上具有恶意,那么超出的 10 万元对本单位无效。

但是,代表行为超越权限借贷不一定都为无效,其效力认定和法律责任归属,还应当根据借贷主体不同和是否追认等情况做适当处理:

1. 本单位作为借款人的,代表行为超越权限借贷可做如下处理;如上例,出借人已经知道本单位借款人的借款数额超越章程和股东会决议的权限而提供借款,借款人实际上也已接收借款,并不提出异议的,应当认定其已经追认,那么,超越权限部分的借款对本单位有效;本单位拒绝接收借款,并提出异议不予追认的,超越权限对本单位无效,应由代表人个人以及出借人按照各自过错情况承担责任。

2. 本单位作为出借人,其代表人超越权限出借资金的,可做如下处理:

(1)借款人不知道或者不应知道代表人超越权限,但已收取借款的,应当认定借贷合同有效,由此造成本单位损失的,由本单位追究其代表人的责任。

(2)借款人知道或者应当知道代表人超越权限出借,且已收取借款,本单位又不予追认的,可以认定借贷合同无效。

(3)借款人不知道或不应知道代表人超越权限出借,但未收取借款,本单位又不予追认的,可以解除民间借贷合同,由此造成借款人损失的,应由代表人个人承担民事责任。

四、代表人以本单位名义借款但由其个人使用的处理

代表人自己个人需要资金,但以本单位名义向出借人借款,且借款合同上标明的借款人为本单位,包括加盖本单位印章、代表人印章等,代表人取得借款后由其个人使用,届时,出借人请求偿还借款的,该借款由代表人个人偿还,还是由本单位偿还?

新《最高院民间借贷规定》第 22 条第 1 款规定:"法人的法定代表人或者非法人组织的负责人以单位名义与出借人签订民间借贷合同,有证据证明所借款项系法定代表人或者负责人个人使用,出借人请求将法定代表人

或者负责人列为共同被告或者第三人的，人民法院应予准许。”据此规定，代表人以本单位名义与出借人签订民间借贷合同，本单位能够证明所借款项用于代表人个人使用的，因企业是实际借款人，代表人是实际使用人，故应由代表人个人与单位连带共同偿还借款债务，但若不能证明的，则由单位偿还。但代表人超越权限借贷又为其个人使用的，则由其个人偿还。

五、代表人以个人名义借款但用于企业的处理

代表人以个人名义向出借人借款，但将借款用于本单位生产经营的，也会出现借款人不是实际使用人，实际使用人不是借款人的情况。对此，新《最高院民间借贷规定》第 22 条第 2 款规定：“法人的法定代表人或者非法人组织的负责人以个人名义与出借人订立民间借贷合同，所借款项用于单位生产经营，出借人请求单位与个人共同承担责任的，人民法院应予支持。”据此规定，代表人以个人名义借款但用于本单位生产经营的，出借人有权请求代表人的单位与代表人个人共同承担偿还责任。但是，出借人只请求代表人个人偿还的，法院不能依职权追加代表人的单位为共同被告，代表人个人偿还后有权向本单位追索。此外，代表人个人借款与本单位生产经营无关的，如将借款用于个人开支、清偿个人债务等，出借人明知的，则不能请求代表人的单位共同偿还。

六、借贷合同有代表人签名而没盖上本单位印章的处理

实践中如果出现这种情形，通常以谁取得借款来确定实际借款人：出借人已经将借款打入代表人单位账户，本单位也已予以入账并不提出异议的，即使代表人个人后来挪用了这笔借款，也属代表行为；出借人按照代表人的指示将借款打入他人账户用以偿还本单位债务的，也属代表行为。出借人将借款交付给代表人个人，代表人个人占用了这笔借款的，这是代表人借用本单位名义为其个人借款的行为，而不是代表行为，这笔借款应当由代表人个人偿还，本单位如果明显存在过错的，应当承担连带责任。

案例 5 -3

☞ 案情简介

2014 年 8 月 27 日，某某电力工程公司（以下简称电力工程公司）法定代

表人白某某给张某出具借条载明"今借到张某人民币肆拾伍万元整属实,月息3%。借款人:白某某"。白某某在该借条上加盖了电力工程公司的印章。借条出具当日,张某将借款45万元转入白某某个人账户。借款后,白某某共计向张某偿还借款本息28.75万元。2015年6月10日,张某与白某某对借还款情况进行结算,结算结果为:尚欠本金20万元,利息付至2015年6月10日。

☞ **双方诉辩**

2019年8月,张某以白某某、电力工程公司为被告,向黔江区法院提起民间借贷纠纷诉讼,请求判令白某某、电力工程公司立即清偿借款20万元及利息(以20万元为基数,从2015年6月11日起按年利率24%计算至借款清偿完毕之日止)。

被告白某某辩称:白某某向原告张某借款45万元属实,但该笔借款与电力工程公司无关,属于白某某个人借款,具体还款情况以法院审查为准。

被告电力工程公司辩称:(1)原告的陈述不属实,电力工程公司未向原告借款,也未收到原告的任何款项,案涉借款属于白某某个人的借款。(2)电力工程公司未向原告出具过借条,借条上的印章不是电力工程公司的印章,双方也未达成过借款合意。(3)借款后,原告未曾向电力工程公司主张过权利,被告公司不应承担还款责任。(4)白某某向原告借款时,电力工程公司有三个股东,按照《公司法》规定,未经公司股东会决议,仅由法定代表人代表公司对外举债是无效的。

☞ **一审判决**

黔江区法院认为,白某某向张某借款,并给张某出具了借条,张某已向白某某交付了借款,张某与白某某之间的借贷关系成立并生效,张某的合法债权受法律保护。现张某根据其与白某某达成的结算合意,请求白某某偿还借款本金20万元及利息,于法有据,予以支持。

电力工程公司主张:借条上加盖的印章不是电力工程公司的印章,但经释明后,电力工程公司却不申请鉴定,依法推定该印章为电力工程公司的印章。张某以电力工程公司在借条上加盖印章,主张电力工程公司与白某某是共同借款人,要求电力工程公司与白某某共同承担还款责任。张某举示的借条上虽然加盖有电力工程公司的印章,但借条中并未具体列明电力工程公司是借款人,且电力工程公司在借条中加盖印章有共同借款人、保证人、见证人等各种可能性，张某与电力工程公司是否达成借款合意不明，张某举示的借条尚不足以认定电力工程公司是共同借款人。结合张某将借款打入白某某个人账户，白某某自认借款系用于个人支出，并一直由其个人还款的事实，本院认定本案借款为白某某个人借款，故对张某要求电力工程公司还款的诉求不予支持。

黔江区法院判决：第一，被告白某某自判决生效之日起10日内清偿原告张某借款本金20万元及利息（以20万元为基数，按年利率24%从2015年6月11日起计算至借款清偿完毕之日止）；第二，驳回原告张某的其他诉讼请求。

☞ **上诉理由**

张某不服一审上述判决向重庆市第四中级法院提起上诉称：

1.一审判决认定事实错误。2014年8月，时任电力工程公司的法定代表人白某某请求上诉人向其及电力工程公司提供借款50万元，承诺按月利率3%支付利息。2014年8月27日，上诉人和蔡某某一起到电力工程公司，告知白某某能出借资金45万元，并要求白某某在借条上签字，承担共同借款责任，白某某明确表示同意。于是白某某安排工作人员书写借条，并在"借款人"后签字，同时在"借款人"处加盖电力工程公司公章。上诉人按白某某的指示将45万元借款转入白某某账户。

2.一审判决适用法律错误。其一，电力工程公司公章直接加盖在"借款人"处，表明电力工程公司就是借款人。其二，白某某既是共同借款人，又是电力工程公司法定代表人，上诉人将借款汇入白某某账户十分正常，且系白某某本人要求。至于借款人将借款如何分配使用，是共同借款人内部事务，白某某作为电力工程公司法定代表人，将以企业名义所借的款项用于个人事务，上诉人无权干涉。其三，现实生活中，企业法定代表人甚至股东，将企业财产视为个人的财产进行处分、支配的情况十分普遍，上诉人完全有理由相信白某某作为电力工程公司的法定代表人将电力工程公司的资金以个人名义偿还借款人。其四，借款打入白某某个人账户是因为白某某表示用款较急，打入个人账户速度更快。由于一审错误认定电力工程公司不是共同借款人，直接导致该判决错误适用法律。

张某上诉请求：(1)撤销一审判决书；(2)判令二被上诉人连带清偿上诉人借款本金20万元及利息。

二审诉讼中,证人蔡某某出庭作证:本案借款是白某某安排工作人员写好借条后,白某某签字并加盖电力工程公司公章,本案借款是白某某与电力工程公司共同借款。

☞ **二审判决**

重庆市第四中级法院认为,本案二审争议的焦点是:电力工程公司与白某某是否为共同借款人,应否共同承担还款责任。

首先,《民法总则》第61条第2款规定,法定代表人以法人名义从事的民事活动,其法律后果由法人承受。《合同法》第50条规定,法人的法定代表人超越权限订立的合同,除相对人知道或者应当知道其超越权限的以外,该代表行为有效。本案中,白某某在借款时系电力工程公司法定代表人,其以公司名义而为的行为一般应由公司承担责任。白某某在案涉借条"借款人"后签字,并在"借款人"处加盖了电力工程公司公章,结合张某及证人蔡某某关于案涉借条系白某某安排电力工程公司财务人员书写的陈述,应当认定案涉借款是电力工程公司所借,电力工程公司应当承担还款责任。即使白某某超越权限订立借款合同,但白某某及电力工程公司提供的证据不足证明合同相对人张某知道或者应当知道白某某超越权限的事实,白某某代表电力工程公司的行为应当有效,电力工程公司抗辩不属借款人的理由不成立,本院不予支持。

其次,参照原《最高院民间借贷规定》第23条第1款的规定,企业法定代表人或负责人以企业名义与出借人签订民间借贷合同,出借人、企业或者其股东能够证明所借款项用于企业法定代表人或负责人个人使用,出借人请求将企业法定代表人或负责人列为共同被告或者第三人的,人民法院应予准许。即法定代表人以公司名义签订的借款合同通常认定是履行的职务行为,公司法定代表人以公司名义与出借人签订民间借贷合同,若所借款项系法定代表人个人使用的,出借人有权请求将公司与法定代表人个人列为借款合同的当事人。该条中实际使用借款的法定代表人个人,即使是事后公司变更了法定代表人,出借时实际使用的原法定代表人个人仍有可能对公司的借款共同向出借人承担清偿责任。本案中,白某某在借款时是电力工程公司法定代表人,其以电力工程公司名义向张某借款,张某将案涉借款直接转入白某某个人账户,且白某某亦自认案涉借款系其个人使用。白某某虽不再履行电力工程公司法定代表人职务,但该款项实际使用人是白某某，且白某某在本案中明确表示愿意承担清偿责任，故白某某仍应与电力工程公司对于涉案借款本息承担共同还款责任。

综上，张某的上诉请求成立，本院予以支持。因二审中张某提供的新证据导致一审判决认定事实错误，应予改判。

重庆市第四中级法院判决：撤销一审判决；被上诉人白某某、电力工程公司自本判决生效之日起10日内共同偿还上诉人张某借款本金20万元及利息（以20万元为基数，按年利率24%从2015年6月15日起计算至借款清偿完毕之日止）；驳回上诉人张某的其余诉讼请求。

［根据重庆市黔江区人民法院（2019）渝0114民初6067号民事判决书和重庆市第四中级人民法院（2020）渝04民终248号民事判决书编写］

案例5-4

☞ 案情简介

2016年9月27日，陈某某（B幼儿园法定代表人、校长，原C幼儿园法定代表人，后变更为陈B）、葛某某（D幼儿园法定代表人、校长）作为"经借人"，以D幼儿园、C幼儿园、B幼儿园名义向A幼儿园借款30万元，约定利息按月1.5%计算，每月4500元，还款期限2017年3月27日。D幼儿园、C幼儿园、B幼儿园在该借条上加盖印章，并附葛某某银行账号。后A幼儿园将借款30万元汇入葛某某账户。截至2017年3月27日，借款利息已经偿还，后又归还4万元，余款至今未还。

☞ 双方诉辩

2019年1月，A幼儿园以B幼儿园、C幼儿园、D幼儿园为被告，向泗阳县法院提出民间借贷纠纷诉讼，请求法院判令三被告连带偿还借款30万元及利息。

被告C幼儿园辩称：第一，C幼儿园最初由陈B、陈B妻子、葛某某、陈某某共同投资，2014年陈某某退出部分股份，陈B成为大股东。2016年陈某某、葛某某完全退出，并在民政部门和教育部门先后做了变更登记。现在C幼儿园和葛某某、陈某某毫无关系。第二，借条时间是2016年，是原告A幼儿园法定代表人的哥哥借钱给陈某某，他知道当时C幼儿园内部情况，知道C幼儿园不是葛某某、陈某某所有，知道当时葛某某、陈某某股份占比小。但原告A幼儿园没有打电话给我园核实，未尽审核义务。第三，借条上所盖的印章不是C幼儿园印章。第四,葛某某、陈某某是真正的借款人,借条上的账户是葛某某个人账户,借款是葛某某、陈某某个人行为,借款没有用于C幼儿园建设,而且C幼儿园也不需要借款。第五,葛某某、陈某某在幼儿园的股份有变化,以前的借款不能让股份变化后的幼儿园承担。第六,原告起诉时,C幼儿园法定代表人已经变更。所以C幼儿园不同意承担责任。

被告D幼儿园、B幼儿园(合称两幼儿园)辩称:第一,借款没有打入两幼儿园账户,没有经过两幼儿园财务。第二,两幼儿园一学年有两期收费,不需要额外借款。第三,借款是葛某某、陈某某个人行为,他们在借条上加盖印章是对幼儿园的捆绑。第四,原告提起本案诉讼以前,葛某某、陈某某转让了股份,已经不是大股东。所以两幼儿园不同意承担还款责任。

☞ **法院判决**

泗阳县法院认为,本案借款发生时,葛某某作为D幼儿园法定代表人、陈某某作为C幼儿园、B幼儿园的法定代表人,在借条上写明自己是"经借人",并加盖D幼儿园、C幼儿园、B幼儿园印章,应当认定是代表三幼儿园借款,而非葛某某、陈某某个人借款。当时,葛某某、陈某某作为三幼儿园法定代表人,代表幼儿园向原告借款,三幼儿园没有证据证明原告当时知道葛某某、陈某某超越代表权限或者没有相关代表权限,代表行为应当有效。因为是共同借款,所以,借款后果应由三幼儿园承担连带还款责任。

C幼儿园主张陈某某当时已经不能代表C幼儿园,借条上所盖的印章不是C幼儿园现有印章。对此,本院认为,根据社会组织登记档案,C幼儿园当时登记的法定代表人是陈某某,登记具有公示公信效力,如果陈某某实际上没有相关代表权限,C幼儿园应当提供证据证明当时原告对此知道或应当知道,但是C幼儿园并未能提供相关证据,所以只能认定陈某某代表行为有效。陈某某作为C幼儿园的法定代表人,以C幼儿园名义实施民事行为就是代表C幼儿园的行为,借条上加盖C幼儿园印章是表示以C幼儿园名义借款,该印章与C幼儿园现有印章是否相同,并不妨碍认定是以C幼儿园名义借款。所以,C幼儿园此项抗辩主张,不能得到支持。

三幼儿园主张借款没有汇入三幼儿园账户,没有用于三幼儿园建设。对此,本院认为,陈某某、葛某某代表三幼儿园向原告借款,三幼儿园和原告是借款合同的当事人,三幼儿园是借款方,原告是出借方,约定借款汇入葛某某账户,而非汇入幼儿园账户,并不违反法律规定,但借款合同的借款方当事人仍然是三幼儿园，借款方当事人合同义务仍应由三幼儿园承担。至于借款是否是三幼儿园自己的需要，是否用于三幼儿园建设，只是借款人如何使用借款问题，不能因此减轻或免除借款人对出借人的合同责任。所以，三幼儿园此项抗辩主张，不能得到支持。

三幼儿园主张陈某某、葛某某在三幼儿园的股份有变化，而且，法定代表人变更登记和股份变化都发生在原告本案起诉之前。对此，本院认为，陈某某、葛某某代表三幼儿园向原告借款，三幼儿园作为借款人的法律主体身份当时即已确定，法定代表人、出资人、举办人发生变化，但三幼儿园借款人法律主体并未变化，因而不能影响原告向三幼儿园主张权利。所以，三幼儿园此项抗辩主张，不能得到支持。

根据原告提供的借条原件记载，2017 年 3 月 27 日前的利息已经偿还，原告陈述以后又获还款 4 万元。对此，本院认为，借款是否偿还，举证责任在借款人，但三幼儿园未能提供证据证明，所以，应当认定除 2017 年 3 月 27 日前的利息及以后 4 万元外，没有其他还款。对于 4 万元还款，原告主张是利息，依据法律规定，当事人没有约定支付利息的，相对于借款本金，还款应当优先抵充利息，三幼儿园又没有提供证据予以反驳。所以，本院认定此 4 万元偿还的是利息。原告本要求三幼儿园偿还本金 30 万元及其剩余利息，应当得到支持。

泗阳县法院判决：被告 B 幼儿园、C 幼儿园、D 幼儿园于判决生效后 10 日内连带偿还原告 A 幼儿园尚欠借款本金 30 万元及利息（以 30 万元为基数，按月利率 1.5%，自 2017 年 3 月 28 日起计算至借款偿还之日止。已还 4 万元予以扣除）。

2019 年 11 月 29 日，双方达成执行和解协议，后三幼儿园全部履行完毕。

［根据泗阳县人民法院（2019）苏 1323 民初 1019 号民事判决书编写］

Chapter 6

第六章 民间借贷之债的协议转让

要点1 民间借贷债权协议转让

要点2 民间借贷债务协议转移

要点3 民间借贷的债务加入

民间借贷发生后，当事人可以协议转移债权债务，但协议债权债务转移必须符合法律规定的要求，否则其效力就成问题。本章介绍和分析出借人与借款人协议转移债权债务的法律问题。

ESSENTIAL

1

要点1

民间借贷债权协议转让

民法上的债的转移又称债之转让，是指债权人或者债务人将债权或者债务全部或者部分转让给第三人的行为。民事之债的转移分为法定转移与协议转移两类。这里分析协议转让民间借贷债权的法律问题。

一、民间借贷债权转让的主体

转让债权，是指债权人与第三人协商一致，将其债权全部或者部分让与第三人的法律行为。债权人将自己的债权转让给第三人，产生债权转让法律关系，在这种法律关系中，将发生债的主体变更，由新的债权人代替原来的债权人承受债权，但债的权利义务内容不发生改变。

在民间借贷债权转让中，债权人是出借人，出借人是债权让与人，第三人接受债权转让是受让人即新的债权人。例如，甲将钱借给乙后，甲将自己的债权转让给丙，丙取代了甲的地位成为新的债权人。这里的甲是出借人即债权让与人，丙是债权受让人，当甲与丙的债权转让协议生效后，甲与乙的债权债务关系消灭，而丙与乙的债权债务关系产生。

二、民间借贷债权转让的内容

根据《民法典》的有关规定，民间借贷合同中的债权转让涉及主债权、从债权和从权利等方面的内容。

1. 主债权转让

《民法典》第545条规定,“债权人可以将债权的全部或者部分转让给第三人”。据此,在民间借贷活动中,出借人可以将自己的本金债权(主债权)全部转让给第三人,也可以将部分本金转让给第三人。如果借款本金债权已经全部转让出去,出借人与借款人的债权债务关系就全部消灭;如果借款本金债权部分转让,那么,已转让部分的债权债务关系对出借人与借款人来说已经消灭,而未转让部分的债权债务关系仍然存在。

2. 从权利转让

《民法典》第547条第1款规定:“债权人转让债权的,受让人取得与债权有关的从权利,但是该从权利专属于债权人自身的除外。”这里的“从权利”,对民间借贷来说,主要是以利息为内容的从债权和因担保所产生的从权利。从权利依附于主权利而存在,主权利转移,从权利随之转移。

(1)关于利息转让的问题。民间借贷本金债权转让时,未付利息在一般情况下应当随本金债权一并转让给新的债权人。利息虽然依赖于本金产生,但利息作为从债权是可以独立存在的,因此,债权转让合同明确约定利息债权不转让的,该利息不发生转让。例如,出借人在转让本金债权时与受让人明确约定不转让债务人未付利息的,未付利息不随本金债权一并转移;又如,双方明确约定,出借人在转让本金债权后至新的债权人未实现债权前的一定时间内不转让利息的,该利息也不发生转让。利息债权未转让的,借款人仍应向出借人继续支付。但是,在转让本金债权时,债权转让合同如果没有约定转让利息或者约定不明确的,应当认定债权转让后的利息随本金一般转让。

(2)关于担保物权转移的问题。根据《民法典》第547条第1款“债权人转让债权的,受让人取得与债权有关的从权利”和第407条“抵押权不得与债权分离而单独转让或者作为其他债权的担保。债权转让的,担保该债权的抵押权一并转让,但是法律另有规定或者当事人另有约定的除外”的规定,为保障新的债权人的受让债权得以实现,担保物权作为从债权在借款本金债权转让时应当随之转移为新的债权人,《民法典》第547条第2款还规定:“受让人取得从权利不因该从权利未办理转移登记手续或者未转移占有而受到影响。”但是,借贷担保合同明确约定第三人提供的物权担保不随主债权转移的,该担保物权不得随主债权转移,否则,债权人将对担保人违约。债权人与受让人在债权转让合同明确约定只转让债权不转移担保物权,说明受让人自行放弃担保物权的接受,在债权转让时担保物权不得发生转移。

(3)关于保证担保的问题。

《民法典》第696条第1款规定:“债权人转让全部或者部分债权,未通知保证人的,该转让对保证人不发生效力。”据此,债权人的债权设有第三人提供的保证担保的,该债权人与受让人订立债权转让合同后,应当依法通知保证人对新的债权人承担保证责任;债权人依法未通知保证人的,该债权转让对保证人不发生效力,保证人对新的债权人不承担保证责任。

《民法典》第696条第2款规定:“保证人与债权人约定禁止债权转让,债权人未经保证人书面同意转让债权的,保证人对受让人不再承担保证责任。”债权人的债权设有第三人提供的保证担保,保证人与债权人在原保证担保合同中明确约定禁止债权转让,或者明确约定保证人对债权转让不再担保保证责任的,债权人未经保证人书面同意转让债权的,保证人对受让人不再承担保证责任;保证人书面同意转让债权的,等于同意向新的债权人再行提供保证担保,该保证人则应对新的债权人承担保证责任。

三、不得转让的民间借贷债权

根据《民法典》第545条的规定,有下列情形之一的债权不得转让:(1)根据债权性质不得转让;(2)按照当事人约定不得转让;(3)依照法律规定不得转让。当事人约定金钱债权不得转让的,不得对抗第三人。

从民间借贷的特点和实践情况来看,“根据债权性质不得转让”(如无效债权)和“依照法律规定不得转让”(如赌债)这两种情形不多见,若有这两种不得转让情形而转让债权的,债权转让合同通常应作无效处理。“按照当事人约定不得转让”则有所不同,借款人与出借人在民间借贷合同中明确约定出借人不得转让债权,而出借人违约将债权转让给他人,并不导致债权转让合同无效,只是债权人转让债权对借款人不发生效力,借款人对原债权人仍负还债义务,而对新的债务人不承担还债义务。

此外,在民间借贷活动中有这样一种情况:债权人虽对其债务人享有债权,但其同时对他人负有大量债务未能清偿或者不能清偿,在此情况下转让债权逃避债务的,其债权人可以通过法定程序主张其债权转让无效。

四、民间借贷债权转让的方式

民间借贷债权转让,既可以采取书面合同方式进行,也可以采取口头形式进行,但从证据角度来看,订立书面转让合同较为可靠。民间借贷债权转让合同是基于民间借贷合同而产生的,但债权转让合同与基础合同应当分离而成为一个独立的合同。

有些出借人在借款人出具给其的借据或者借条上,写明债权转让给第三人的内容,并签名或者盖章,然后将该借据或者借条交付给第三人,让新的债权人向债务人讨债。这种债权转让方式,只要内容完整并不违法,也具有债权转让效力。

五、民间借贷债权转让的通知

民间借贷债权转让合同虽独立于民间借贷合同,但是,债权转让会出现新的债权人,借款人须向新的债权人履行债务,这就遇到债权转让是否需要借款人同意的问题。

原《合同法》第 80 条第 1 款规定:“债权人转让权利的,应当通知债务人。未经通知,该转让对债务人不发生效力。”现《民法典》第 546 条第 1 款规定:“债权人转让债权,未通知债务人的,该转让对债务人不发生效力。”第 2 款规定:“债权转让的通知不得撤销,但是经受让人同意的除外。”上述规定未将债务人同意作为债权转让有效的条件,而是将“通知”作为债权转让对债务人有效的条件。上述规定的意义在于,把债权转让的主动权、决定权交给了债权人,充分尊重债权人处分债权的自由。

将通知债务人作为债权转让对债务人有效的条件,目的是使债务人知道债权转让的事实,知道向谁履行债务,以免因不知情而在履行过程中造成不必要的损失。但债权人通知债务人的内容应当清晰和全面,如转让借款本金数额、时间、利息、担保权随同转让、受让人姓名(名称)、地点等都必须明确,并将通知到达债务人。如果因通知不明确造成债务人履行债务不当或者损失的,则由债权人承担责任。至于通知的形式,可口头,也可书面。债权人及时通知债务人,债权转让即可对债务人发生效力。如果债权人未通知债务人,债权转让对债务人不发生效力,债务人无须向新的债权人履行义务,但原借贷合同不因此而失效。

六、借款人对债权转让的抗辩

《民法典》第 548 条规定："债务人接到债权转让通知后，债务人对让与人的抗辩，可以向受让人主张。"这是债务人对债权转让的抗辩规定，目的在于保护债务人的利益不因债权转让而受损害。

对民间借贷而言，这里的抗辩权，是指借款人对出借人转让债权损害自己利益，持有合法事由，对抗出借人和受让人的权利。借款人行使抗辩权应当具备以下三个条件：

1. 已经接到债权转让通知

出借人与受让人达成债权转让协议，然后将通知到达借款人才对借款人生效。借款人接到通知时，认为债权转让损害自己利益，且有抗辩事由的，应当及时行使抗辩权，以保护自己的利益不受侵害。借款人未接到通知，不知道出借人与受让人实施债权转让行为，就无法行使抗辩权；即使从其他途径知道债权转让，但未接到出借人的通知，因该债权转让对其尚未生效，则无抗辩的必要。

2. 对受让人抗辩时先须有对出借人的抗辩权

出借人作为债权的让与人，在转让债权时损害借款人利益，借款人有抗辩权。只有先对出借人有抗辩权，才能对受让人行使抗辩权。

3. 须有合法事由

借款人行使抗辩权要有事由，且所抗辩的事由是合法的事由，否则抗辩不能成立。从实践来看，借款人抗辩的合法事由主要有以下几种：

(1)债务已经部分或者全部消灭。借款人已经偿还部分或全部借款，或债务已经部分或全部抵销，或有其他原因已使借贷关系消灭，而出借人仍与受让人达成债权转让协议，让借款人又向受让人履行不应履行的债务，这显然侵害借款人的利益，故借款人可就此提出抗辩。

(2)没有发生借款关系。例如，甲与乙从未发生过借款关系，而甲与丙协议转让债权，让乙向丙履行债务，此事属无中生有，当可抗辩。

(3)误将有关人认定为借款人。例如，将借款介绍人、代理人、经手人认为是借款人，在债权转让中通知这些人向受让人履行债务，而这些人不是民间借贷合同的当事人，根本不承担还款义务。

(4)债权无效。债权转让必须以有效为条件，无效债权不得转让。出借人转让无效债权,借款人可以提出抗辩。

(5)债权违法。例如,高利贷的利息债权,因高利部分属于违法,借款人就高利部分可以提出抗辩。

此外,时效完成、债务抵销、期限提前等都可以成为抗辩事由。

七、借贷债权转让的法律效力

民间借贷债权依法转让后,受让人取得原出借人的地位,成为新的债权人,而原出借人的债权消灭。出借人将债权转让通知到达借款人,使债权转让合同生效,借款人应当向新债权人履行债务。

借贷风险提示

在民间借贷活动中,出借人转让债权和受让人接受债权有以下几个主要法律风险:

1. 出借人转让有瑕疵或违法的债权,如出借人与借款人就债权债务关系存在争议尚未解决,又如出借人对借款人享有的债权是非法债权,出借人将这些债权转让给第三人,债权转让无效,由此造成受让人损失的,出让的出借人应当承担赔偿责任。

2. 出借人将债权转让给他人未通知借款人的,其债权转让对借款人不发生法律效力,受让人无权要求借款人向其清偿债务,借款人有权拒绝受让人向其提出清偿债务的要求。

3. 借款人接到债权转让通知后,出借人转让债权对其产生法律效力,借款人仍向原出借人清偿债务的,属于履行主体错误,借款人对新的债权人仍然负有全部清偿债务的责任;原出借人也收受的,属于不当得利,应当予以返还。

4. 受让人受让出借人的债权后,借款人如无清偿能力的,受让人将难以实现债权。受让人以借款人无力清偿债务为由,认为债权转让合同无效的主张不能成立,由此造成的损失由其自行承受。

案例6－1

☞ 案情简介

2015年9月17日，王某某、吴某夫妇以家庭需要为由，以王某某名义向凌某借款100万元。凌某因无钱出借，便向陈某某借款100万元，然后转借给王某某。王某某向凌某出具借条约定，月息3.5%，但未约定还款期限。凌某每月将从王某某收到的利息均支付给陈某某，至2016年3月，王某某未再向凌某支付利息，也未偿还本金。

2018年2月5日，凌某之夫李某某与某某房开公司签订三份《商品房买卖合同(预售)》购买三处营业房，并办理了商品房预售备案登记。次日，王某某、吴某与凌某、李某某之间签订《还款协议书》约定：(1)王某某、吴某提供以李某某名义签订商品房买卖合同的三套营业房作为向凌某借款100万元的担保；(2)双方寻找购房人出售上述营业房，或者王某某、吴某回购房屋，然后以实际售房款或房屋回购款偿还凌某的借款本息；(3)王某某、吴某尽快向凌某偿还借款本息，本息偿还后，房屋返还给王某某与吴某处置。

2018年2月13日，凌某向王某某、吴某出具一张收条载明：今收到营业用房三处合同，用于抵偿王某某借款(备注：以再次销售实价金额抵偿)，不足部分由王某某向凌某补齐。

2018年3月6日，凌某与陈某某签订《债权转让协议书》载明：让与人凌某因王某某、吴某于2015年9月17日向让与人凌某借款100万元，并约定月息3.5%，因让与人凌某无资金可借，便向受让人陈某某借款，受让人陈某某当日向让与人凌某指定账户转入100万元，让与人凌某向受让人陈某某出具借条1张，约定月息3.5%。让与人凌某同日将100万元转入王某某指定账户；自2018年3月6日起，让与人凌某将享有的王某某、吴某夫妇的全部债权(含主债权100万元与从债权)转让给受让人陈某某，由受让人陈某某向王某某、吴某夫妇追偿全部债务。也就是说，凌某借陈某某100万元后转借给王某某、吴某后，又将对王某某、吴某享有的债权转让给了陈某某，从而消灭了与陈某某的债权债务关系。

2019年2月8日，凌某向吴某发送手机短信，通知王某某、吴某已将王某某、吴某夫妻两人所欠凌某100万元借款的全部主债权及从债权全部转让给了陈某某。

陈某某受让全部债权后,多次要求王某某、吴某偿还借款本息未果。

2019年6月,陈某某向雁江区法院提起债权转让合同纠纷诉讼,请求判令吴某、王某某共同偿还陈某某借款本金100万元及利息。

☞**一审判决**

雁江区法院认为,本案首先须厘清陈某某诉称的债权转让前,凌某与王某某、吴某之间是否存在合法有效的债权。

陈某某据以向王某某、吴某主张权利的基础法律关系是债权转让。债权转让是合同债权人将其债权全部或者部分转让给第三人,其性质仍然是一种合同,具有合同成立及生效的构成要件。债权转让的前提是必须首先存在合法有效的债权,其次是转让债权不得改变债权的主要内容,再是债权的转让人与受让人必须达成债权转让协议且转让的债权须具有可转让性。上述条件缺一不可。从查明的事实来看,王某某对其于2015年9月17日向凌某借款100万元并出具借条,约定月息3.5%,但未约定还款期限,不持异议,可以认定凌某对王某某享有100万元本金及利息的债权。

王某某向凌某偿还部分利息后,与凌某及其夫李某某共同签订《还款协议书》约定:李某某就三处营业房与某某房开公司分别签订《商品房买卖合同(预售)》,并于2018年2月12日办理了预售备案登记;三处营业房预售合同均载明已于合同签订前各自全额支付房款,共计1,143,130元。雁江区法院认为,商品房预售备案登记属于一种特殊的不动产登记,即为保全以将来发生不动产物权变动为目的的请求权而为的登记,使买受人的请求权具有了对抗第三人的效力。若开发商未经预售买受人的同意擅自出卖该房屋的,不能产生物权效力。因案涉三处营业房尚未办理所有权登记,王某某、吴某辩称系以房抵债,缺乏事实和法律依据,对该辩称意见不予采纳。

从还款协议书载明内容来看,对凌某、李某某因还款协议书约定而享有对案涉三处营业房已全额支付总价款1,143,130元的债权之事实足以认定,凌某对王某某、吴某原享有的100万元本金及利息之债权因此还款协议书而发生重大变化;从还款协议书约定的"无论房屋出售或回购,均以实际收取的房款用于偿还凌某的借款本息"和凌某出具的收条所载明的预售备案登记在李某某名下的三处营业房"用于抵偿王某某借款,不足部分由王某某向凌某补齐"来看,凌某在陈某某诉称的债权转让前是否仍对王某某、吴某享有债权,若享有债权,本息尚差额多少等,从现有证据均不能确定。陈某某与凌某签订的债权转让协议，即便具有真实性，亦因凌某夫妇与王某某夫妇的债权债务关系不明确而失去债权转让的前提条件，何况其真实性尚且存疑。

雁江区法院认定，陈某某基于债权转让之诉请缺乏必要的事实基础和前提条件，难以支持，故陈某某的诉请，缺乏事实和法律依据，不予支持。雁江区法院判决：驳回原告陈某某的诉讼请求。

☞ **上诉理由**

陈某某不服上述判决，向资阳市中级法院上诉称：

凌某对吴某、王某某原享有的100万元本金及利息之债权不因还款协议书及凌某出具的收条而发生任何变化。一审判决认为：凌某对吴某、王某某原享有的100万元本金及利息之债权因还款协议书而发生重大变化，吴某、王某某提供案涉三处营业房的总价款至少已达1,143,130元。这是模糊的认定，一审判决没有说明，凌某对吴某、王某某原享有的债权发生重大变化，是增加了，还是减少了，或者是消灭了？1,143,130元总价款是谁收取了？为什么总价款至少已达1,143,130元就能导致凌某对吴某、王某某原享有的之债权发生重大变化？而事实上，凌某对吴某、王某某原享有的债权至今未发生任何变化，理由是该协议的核心目的是还款，而不是以房抵债，因此，双方在《还款协议书》第4条约定：无论房屋出售或回购，均以实际收取的房款用于偿还凌某的借款本息；如实际收取的房款不能清偿完凌某的借款本息，王某某与吴某仍应承担继续偿还凌某借款本息的责任。这说明1,143,130元总价款与凌某所享有的债权毫无关系。《还款协议书》第5条还约定：王某某与吴某应继续尽快向凌某偿还借款本息，本息偿还完后，以上房屋返还王某某与吴某，由王某某、吴某自行处置，故一审判决对还款协议书的真实意思认定错误。

陈某某上诉请求：(1)撤销一审判决；(2)改判吴某、王某某共同偿还陈某某借款本金100万元及资金利息（以100万元本金为基数，按月利率2%，从2016年3月13日起计算至偿还完本金时止）。

☞ **二审判决**

资阳市中级法院认为，王某某、吴某夫妻于2015年9月17日以王某某名义向凌某借款100万元，双方形成民间借贷关系。凌某向陈某某借款100万元，双方亦形成民间借贷关系。

2018年2月6日，王某某、吴某夫妇与凌某、李某某夫妇之间签订《还款协议书》约定:李某某名以三处营业房作为100万元借款的担保,商品房买卖合同签订后,双方寻找购房人出售房屋或者王某某与吴某回购房屋,以凌某实际收取的售房款或房屋回购款偿还凌某的借款本息;王某某与吴某尽快向凌某偿还借款本息,本息偿还后,房屋返还给王某某与吴某处置。从中可以看出,王某某、吴某夫妇与凌某、李某某夫妇双方在该协议书中并没有约定王某某、吴某以上述三处营业房抵偿凌某借款100万元本息。

商品房买卖预售合同网签备案后,凌某于2018年2月13日向王某某、吴某出具收条,从收条的内容看:一是房屋至今未竣工验收交付,凌某不可能收到以上三处营业房,而只是收到以李某某名义签订的三处营业房的买卖合同;二是从括号备注“以再次销售实价金额抵偿”和“不足部分由王某某向凌某补齐”看,抵偿借款的金额是以房屋再次销售的实价来确认,与《还款协议》第4条的约定一致,但房屋至今未再次销售,若双方存在以房屋抵偿借款的情形,应有相关证据,但因王某某、吴某未提供双方以房屋抵偿借款的结算依据,故王某某、吴某关于其以三处营业房抵偿了凌某借款100万元本息的主张不成立,本院不予采纳。

王某某、吴某与凌某、李某某签订的《还款协议书》,其真实意思是签订商品房买卖合同为借款100万元本息设定担保。依照原《最高院民间借贷规定》第24条“当事人以签订买卖合同作为民间借贷合同的担保,借款到期后借款人不能还款,出借人请求履行买卖合同的,人民法院应当按照民间借贷法律关系审理,并向当事人释明变更诉讼请求。当事人拒绝变更的,人民法院裁定驳回起诉。按照民间借贷法律关系审理作出的判决生效后,借款人不履行生效判决确定的金钱债务,出借人可以申请拍卖买卖合同标的物,以偿还债务。就拍卖所得的价款与应偿还借款本息之间的差额,借款人或者出借人有权主张返还或补偿”之规定,双方间的担保系让与担保,因陈某某对让与担保所涉及的房屋未主张权利,因此,王某某、吴某就网签在李某某名下的房屋可另行向凌某、李某某主张权利。

陈某某认可收取了凌某所偿还的部分利息,王某某、吴某未提交证据证明其偿还了凌某的借款,因此各方间的债权债务是明确的,一审判决认定凌某夫妇与王某某、吴某债权债务关系不明确而失去债权转让的前提条件不当,本院予以纠正。

陈某某与凌某之间存在有效借贷关系,凌某与王某某、吴某之间亦存在有效借贷关系，而各方的借贷关系，依据法律规定和合同约定不存在不得转让的情形；陈某某与凌某之间就债权转让达成了协议，且通知了王某某、吴某，依照《合同法》第80条第1款“债权人转让权利的，应当通知债务人。未经通知，该转让对债务人不发生效力”的规定，本案债权转让合同有效，对各方当事人均具有法律约束力。

王某某、吴某与凌某以及凌某、陈某某各方在借款时均约定借款利息按月利率3.5%计算，依照原《最高院民间借贷规定》第26条规定，本院确认王某某、吴某已给付2015年9月17日至2016年2月17日的借款月利率按3%计算利息，2016年2月18日后的借款年利率按24%计算利息。王某某、吴某在一审中提出其偿还的超过月利率3%的部分利息应当扣抵本金的答辩理由成立，本院予以支持。王某某、吴某虽认可偿还了凌某部分借款利息，陈某某认可其收到凌某借款利息17.5万元，本院予以确认。各方偿还的利息超过了月利率3%的上限，对超过上限部分的利息作为偿还的部分本金予以抵扣，经扣抵本金后，本案债权转让的金额为973,454.33元。

《物权法》第20条规定了商品房买卖合同的预告登记，办理了商品房买卖合同预告登记才系不动产登记，具有物权的效力，并没有规定商品房预售备案登记具有物权的效力。因此一审判决认为商品房预售备案登记属于一种特殊的不动产登记不当，本院予以纠正。

资阳市中级法院认定，陈某某的上诉请求成立，判决：

第一，撤销雁江区法院一审判决；

第二，由被上诉人吴某、王某某共同偿还上诉人陈某某973,454.33元及利息（以973,454.33元本金为基数，按年利率24%，从2016年2月18日起计算至偿还完本金时止）。

［根据四川省资阳市中级人民法院（2020）川20民终34号民事判决书编写］

☞ **作者说明**

本案借贷行为发生在2015年，债权转让发生在2018年，诉讼发生在2019年6月，故法院适用当时有效的《合同法》第80条和原《最高院民间借贷规定》第26条规定进行处理。类似案件若发生在《民法典》实行后，则应适用《民法典》和新《最高院民间借贷规定》进行处理，但本案适用原法律和司法解释的处理结果与《民法典》和新《最高院民间借贷规定》并不矛盾。

ESSENTIAL

2

要点2

民间借贷债务协议转移

债务转移与债权转让一样分为法定转移与协议转移两类。这里专题分析民间借贷债务的协议转移的问题。民间借贷债务协议转移,是指借款人与第三人协商一致并经出借人同意,将偿还借款以及支付利息义务全部或者部分转移给第三人履行的行为。民间借贷债务转移即借款人将借款债务转移给第三人履行,第三人取代借款人成为新的债务人,而出借人作为债权人不变。

一、借款人转移债务须经债权人同意

借款人将民间借贷债务转移至第三人承受和履行,其成因是很多的,且在某些特定情况下对借款人和第三人往往有利而无弊,如A借B现金10万元,C欠A20万元货款,C与A商议决定,A欠B的10万元债务由C偿还,然后在20万元货款中扣减,这就是A的债务转移,有效地减少履行环节、履行成本和债权债务总额。

但债务转移并非债务人与第三人说了算,而要视债权人是否同意。

《民法典》第551条第1款规定:“债务人将债务的全部或者部分转移给第三人的,应当经债权人同意。”据此,债务转移与债权转让有一个非常重要的区别:债权转让只需债权人通知债务人即可生效,而债务转移必须以取得

债权人的同意为生效条件。

民间借贷债权转让只是变更了债权人，而不影响借款人履行还款义务及其利益，但债务转让却有所不同。如果借款人有足够还款能力，而第三人无还款能力，在这种情况下，不取得出借人同意而以通知出借人为债务转移生效条件，势必使出借人的债权难以实现，甚至会给借款人逃避债务提供便利。因此，《民法典》规定债务转移必须取得债权人的同意，把债务转移协议是否生效的决定权交给债权人。如果债权人已经同意，且意思表示真实，那么，以后债权能否实现的风险就由债权人自己承担。在借款人有还款能力而第三人无还款能力的情况下，出借人通常不会同意转移，如果同意转移，届时不能实现债权，不能主张债务转移合同无效，不得再向借款人主张债权。

二、借款人、第三人向出借人催告同意

在民间借贷活动中，借款人与第三人已经商定债务转移，然后告知出借人，希望得到出借人的同意，但出借人出于某种原因，如对债务受让人的偿还能力不了解而迟迟未能表态，对此，根据《民法典》第 551 条第 2 款“债务人或者第三人可以催告债权人在合理期限内予以同意，债权人未作表示的，视为不同意”的规定，借款人或者第三人可以催告出借人在合理期限内予以同意。至于这种“合理期限”的具体时间，有待司法解释作出规定。但是，这种催告只有催促债权人表明态度的效力，是否同意债务转移仍由债权人决定，债权人同意债务人转移债务的，债务人与第三人订立的债务转移合同对三方当事人都产生法律效力；债权人不同意债务人转移债务的，债务人与第三人订立的债务转移合同对债权人无效；债权人在债务人或者第三人给予合理期限内未作表示的，视为债权人不同意债务转移。

三、新债务人行使抗辩权

债务转移经债权人同意生效后，为保护新债务人的合法权益，《民法典》第 553 条规定，债务人转移债务的，新债务人可以主张原债务人对债权人的抗辩。新债务人基于原债务人对债权人的抗辩而行使抗辩权的抗辩事由是比较多的，例如，出借人超过借款人的借款本金数额或者超过债务转移本金数额向新债务人主张债权的，新债务人对超出部分可以行使抗辩权；又如，

出借人主张的利率超过司法解释规定的上限,新债务人可以行使抗辩权,主张高利贷部分无效。

四、民间借贷债务转移的担保责任

1. 民间借贷债务转移的保证担保责任

《民法典》第697条第1款规定:“债权人未经保证人书面同意,允许债务人转移全部或者部分债务,保证人对未经其同意转移的债务不再承担保证责任,但是债权人和保证人另有约定的除外。”据此规定,民间借贷债务转移所涉的保证担保责任有三种情况:一是债权人同意债务转移,并取得保证人书面同意的,保证人应当对新债务人履行债务承担保证责任;二是债权人未经保证人书面同意允许债务人转移债务的,保证人对未经其同意转移的债务不再承担保证责任;三是债权人和保证人另有约定的,债务转移无须经保证人同意,按照双方的约定,认定保证人是否继续承担保证责任。

2. 民间借贷债务转移的物权担保责任

物权担保有两种担保人,即债务人提供自己的财产设定担保和第三人提供财产设定担保。在债务人提供自己的财产设定担保的情况下,债务人转移债务为第三人承受的,除债权人放弃物权担保外,债务人对承受债务的第三人和债权人仍应承担担保责任,但债务转移后,原债务人的物权担保成为第三人(非债务承受人的第三人)提供的物权担保。现在的问题是,在第三人提供财产设定担保的情况下发生债务转移,该担保人是否继续承担担保责任?

《民法典》第391条规定:“第三人提供担保,未经其书面同意,债权人允许债务人转移全部或者部分债务的,担保人不再承担相应的担保责任。”据此规定,债务转移后,要使第三人继续承担物权担保责任,就得取得该担保人的书面同意;债权人允许债务人转移债务,但未经该担保人书面同意的,该担保人不再承担相应的物权担保责任。

五、民间借贷债务转移的法律效力

借款人与第三人达成的债务转移协议,经出借人同意后,便产生如下几个法律效力:

1. 出借人同意借款人将债务转移给第三人承受和履行,债务转移协议生效,新的债务人代替借款人(原债务人)按照债务转移协议履行还款付息等义务,出借人与借款人的债权债务就已转移部分脱离关系,出借人只能向新债务人要求履行还债义务,而不能再要求借款人偿还借款、支付利息。

2. 新债务人承担有关的从债务。《民法典》第554条规定:"债务人转移债务的,新债务人应当承担与主债务有关的从债务,但是该从债务专属于原债务人自身的除外。"从这条规定中可以看出,除双方当事人有特别约定和从债务专属于借款人外,从债务应当同时转移。例如,借款利息,当借贷债务转移至新债务人后,除非另有明确约定,新债务人应当向出借人支付而后发生的利息。

借贷风险提示

1. 借款人未经出借人同意转移债务无效,借款人对出借人仍负债务,但受让人向出借人清偿债务,出借人予以接受的,说明出借人以行为方式表达了同意债务转移,此后,再以未经其同意为由主张债务转移无效的理由不能成立。

2. 出借人同意借款人将借款债务转移给第三人,但若第三人没有清偿能力,造成债权不能实现的,由出借人自行承受。但借款人与第三人故意串通坑害出借人的,出借人可以以第三人欺诈或者借款人与第三人恶意串通损害其利益为由,主张自己曾同意债务转移的行为无效,然后重新要求借款人偿还借款。

案情6-2

☞ 案情简介

2016年4月,张某某欲购买某某村土地进行房地产开发建设,其向任某某借款600万元,约定年息24%。张某某给任某某出具借条后,预扣了利息24万元,实际提供给张某某借款本金576万元。

2016年5月12日,某某村委会与某某房开公司(以下简称房开公司)签订开发某某村新民居工程征地协议书。2016年5月16日,张某某将从任某某处借取的576万元汇到房开公司。同年6月16日,房开公司作为甲方与张某某作为乙方签订开发某某村住宅楼、商业楼工程协议。

后因张某某未能及时偿还任某某的借款本息,经结算,截至2018年2月2日,张某某共欠任某某借款本息为830万元。后经任某某、胡某某、张某某共同协商达成三方协议:由胡某某负责偿还任某某借款本息830万元整,张某某以房开公司的名义所购买的某某村二期土地约50余亩所享有的开发利用权同时转让给胡某某。

2018年2月2日,胡某某给付任某某现金100万元,同时为任某某出具借条和抵押协议书各一份。借条内容为:"今借到任某某现金柒佰叁拾万元整,用于购买某某村新居二期用地,2018年3月30日前还叁佰伍拾万元,2018年4月30日前还叁佰捌拾万元,此借款2018年4月30日前不计付利息,如违约从4月30日后按月息4分计付利息,按月结息。"抵押协议书内容为:"今有胡某某于2018年2月2日向任某某借款柒佰叁拾万元,我用房开公司名下某某村新居二期土地提供担保,抵押期间不得变卖及转让,如违约用此抵押物抵顶此借款。"2018年4月3日,胡某某又偿还任某某30万元。

☞ **一审判决**

任某某以胡某某、房开公司为被告,以张某某为第三人,向丰宁县法院提起债务转移合同纠纷诉讼,请求判令胡某某、房开公司连带偿还原告借款本金730万元,并自2018年5月1日起至还清之日止按月息2分支付利息。

丰宁县法院认为,债务转移合同是指在不改变债的内容的情况下,债权人或债务人与第三人达成的将自己承担的债务全部或部分转移给第三人承担的协议。本案中,第三人张某某向原告任某某借款后,因无力偿还拖欠原告任某某的借款本息,后经各方协商,均同意将第三人张某某拖欠原告任某某的借款本息计830万元转移由被告胡某某负责偿还,被告胡某某同时受让第三人张某某享有的对某某村二期土地的开发利用权。该协议系双方当事人的真实意思表示,已部分履行,且又不违反法律、行政法规的强制性规定,应确认合法有效,各方当事人均应按协议约定全面履行各自的义务。

关于被告房开公司是否应当承担担保责任问题。本院认为,被告房开公司用所谓其名下的土地为被告胡某某的债务提供担保,但被告房开公司是在未完全取得该土地使用权的情况下为他人提供抵押担保,且又未办理抵押登记手续,因此该抵押协议应属无效,而事实上被告房开公司自愿用所谓其名下的土地提供担保,其本意是对被告胡某某所负的债务承担保证还款责任,同时被告房开公司对抵押协议无效的后果存有过错,因此并不能以此而免除被告房开公司的担保责任。

被告胡某某辩称，借条出具后，原告任某某并未实际借款给被告胡某某，不应承担还款责任。本案中，原、被告之间不是民间借贷法律关系，被告胡某某向原告任某某出具的借条是对第三人张某某债务承担的一种方式，是将第三人张某某的债务转移给被告胡某某，故本院对被告胡某某的该项辩称不予采信。对被告胡某某于2018年4月3日偿还原告任某某30万元，原告任某某认为该笔还款是被告胡某某给付的利息，但根据2018年2月2日被告胡某某为原告任某某出具借条的约定，即"此借款2018年4月30日前不计付利息，如违约从4月30日后按月息4分计付利息，按月结息"，所以，原告以此笔还款为利息的主张本院不予采信，故该30万元应从730万元欠款中扣除。

丰宁县法院认定，原告任某某要求被告给付欠款700万元及相应利息的请求，符合法律规定，本院依法予以支持，于是判决如下：

第一，被告胡某某于本判决生效后10日内给付原告任某某借款700万元，并自2018年5月1日起按年息24%支付利息至给付完毕止；

第二，被告房开公司对上述款项承担一般保证责任；

第三，驳回原告任某某其他诉讼请求。

☞ **二审判决**

胡某某不服上述一审判决，向承德市中级法院上诉，请求撤销原审判决，依法改判驳回被上诉人的一审诉讼请求。

承德市中级法院认为：本案为债务转移合同纠纷，虽然被上诉人张某某将拖欠被上诉人任某某的借款本息830万元转让给上诉人胡某某，但实际借款本息应依据法律规定予以认定。依据《最高院民间借贷规定》第27条规定："借据、收据、欠条等债权凭证载明的借款金额，一般认定为本金。预先在本金中扣除利息的，人民法院应当将实际出借的金额认定为本金。"本案借贷发生时，任某某预扣了利息24万元，故涉案借款本金应为实际出借金额576万元。任某某与张某某对借款真实性均无异议，胡某某在接受转让的债务后为任某某出具了借条，说明其对原债务的真实性没有异议，原审法院认定涉案借款真实有效事实清楚，证据充分。

2018年2月2日，张某某与任某某对2016年5月16日至2018年2月2日的借款本息进行了核算，并将核算后的借款本息转让给胡某某，同日，胡某某偿还了借款利息100万元,对双方核算后剩余的借款本息为任某某出具了借条。经本院核算,该借条中的数额与实际数额不符,应以借款本金576万元为基数按照双方约定的年利率24%计算本息。胡某某于2018年2月2日偿还了借款利息100万元。胡某某通过银行账户分别于2018年4月3日、2018年5月16日向任某某转账42万元、16万元,任某某认可收到42万元中的30万元,本院对胡某某主张其后还款58万元予以支持。因在2018年2月2日,胡某某出具的借条中载明“此借款2018年4月30日前不计利息,如违约从4月30日后按月息4分计收利息,按月结息”,故4月3日还款42万元应认定为偿还借款本金,任某某主张此笔还款为利息与约定不符。至2018年4月3日,上诉人胡某某尚欠借款本金为534万元(576-42万元),利息为136.7174万元(以本金576万元,利率为年利率24%,从2016年5月16日计算至2018年2月2日,扣除已还利息100万元)。因胡某某未能按照借条中的约定偿还借款,故2018年5月16日还款16万元应认定为偿还利息。借条中约定后期借款利息按月息4分计算不符合法律规定,从2018年5月1日后的借款利息应按年利率24%计算。涉案债务转移系各方当事人真实意思表示,胡某某主张债务转移行为违反法律强制性规定没有事实和法律依据,本院对其主张不予支持。

一审法院判决原审被告房开公司对涉案款项承担一般保证责任没有法律依据,原审被告房开公司用某某村新居二期土地为涉案借款提供抵押担保,因其并未取得某某村新居二期土地使用权,该抵押无效,任某某无过错,依据《最高人民法院关于适用〈中华人民共和国担保法〉若干问题的解释》第7条中的规定,“主合同有效而担保合同无效,债权人无过错的,担保人与债务人对主合同债权人的经济损失,承担连带赔偿责任”,原审被告房开公司对涉案借款本息应当与胡某某承担连带偿还责任。虽然原审被告房开公司并未提起上诉,但因该判项不符合法律规定,本院予以纠正。

承德市中级法院判决如下:

第一,撤销丰宁县法院一审判决;

第二,上诉人胡某某于本判决生效后10日内偿还被上诉人任某某借款本金534万元及利息136.7174万元及其他利息(以借款本金534万元计算,按照年息24%,从2018年5月1日计算至借款还清之日止,扣除已偿还利息16万元);

第三,原审被告房开公司对上述借款本息承担连带偿还责任;

第四,驳回任某某的其他诉讼请求。

[根据河北省承德市中级人民法院(2020)冀08民终881号民事判决书编写]

ESSENTIAL

3

要点 3

民间借贷的债务加入

在 2020 年之前,我国成文法没有债务加入的规定,但司法实践有不少债务加入的判例。《民法典》吸收了司法实践的成功做法,首次将债务加入入典。该法典第 552 条规定:“第三人与债务人约定加入债务并通知债权人,或者第三人向债权人表示愿意加入债务,债权人未在合理期限内明确拒绝的,债权人可以请求第三人在其愿意承担的债务范围内和债务人承担连带债务。”在民间借贷活动中,可以说债务加入是一种常见现象,但因债务加入的原因比较复杂,故债务加入及其加入债务的承担和清偿的纠纷较多。

一、民间借贷债务加入的概念和特点

债务加入是指第三人自愿加入债权债务关系并在加入债务范围内与债务人共同向债权人承担连带清偿责任的法律行为。民间借贷的债务加入,是第三人自愿加入借贷债权债务关系在加入债务范围内与借款人共同向出借人承担连带清偿责任的法律行为。

根据《民法典》第 552 条的规定,民间借贷的债务加入有以下几个特点:

1. 民间借贷关系已经合法存在

民间借贷关系已经合法存在是第三人债务加入的前提条件,这一条件由以下四个内容组成:

(1)民间借贷关系已经成立,若未成立,出借人与借款人尚未发生借款关系,就不存在债务加入问题;

(2)民间借贷合同合法,民间借贷合同若违法而无效,即使债务加入也为无效,第三人不承担连带清偿债务责任;

(3)出借人已经向借款人提供借款,若未提供借款,因债权债务尚未实际形成,故也不存在第三人债务加入问题;

(4)借款人未清偿债务或者债务未清偿完毕,借贷债务若已清偿完毕,债权债务关系消灭,此后也就不存在第三人债务加入问题。

2. 债务加入必须是完全自愿行为

依据合同当事人是否互负对等给付义务,合同可以分为双务合同和单务合同。第三人原本不是民间借贷关系中的当事人,原本与出借人、借款人形成的借贷合同无关,只是其债务加入才成为连带债务人,因此,债务加入属于单务合同,即第三人加入民间借贷债权债务关系后,只负按照约定向债权人清偿债务的义务,而对债权人不享有任何实体上的权利。在此情况下,第三人加入债务必须完全出于自愿并意思表示真实,否则债务加入无效或者可撤销。

3. 债务加入人和债务人承担连带债务

法律规定的连带债务的情形较多,第三人加入民间借贷债务所要承担的连带债务是其中之一。连带债务是有两个或两个以上债务人之间存在连带关系,各债务人都负有全部清偿债务义务,但债务人中的一人或数人完全履行清偿义务的,就对全体债务人生效,因而导致全部债权债务关系消灭。

根据《民法典》第552条债务加入人“和债务人承担连带债务”的规定,第三人加入民间借贷债权债务关系后,并不消灭借款人的债务,借款人仍对出借人负有还本付息义务,当借款人履行还本付息的全部义务后,第三人加入的债务也随之消灭,债务加入不再承担清偿债务的责任,同样,债务加入人向出借人完全履行加入债务范围的债务后,就不再和债务人承担连带债务。

二、债务加入与连带保证、债务转移的区别

债务加入与连带保证、债务转移有一些相似之处,但有明显的区别而不可混淆。

1. 债务加入与连带保证的主要区别

债务加入和连带保证都具有为债权人实现债权提供保障的性质和功能,法律效果都是承担连带债务责任,但两者有以下两个明显区别:

一是连带保证责任是基于第三人提供保证担保而产生的,债务加入对债权人而言可不问原因,只要第三人愿意即可,但应排除保证担保。第三人因提供保证担保而产生的连带债务不是加入债务,而应当适用担保法律的规定进行处理。

二是保证债务与主债务具有主从关系,保证债务是从属性债务。加入债务如无特别约定,与借贷债务不分主从关系,应当适用《民法典》第552条规定承担连带清偿责任。

2. 债务加入与债务转移的主要区别

一是产生效力的条件不同。债务转移须经债权人同意才能对债权人产生效力,债权人不同意的,债务转移对债权人不发生效力。债务加入则不同,因债务加入在正常情况下对债权人有利而无弊,故《民法典》第552条规定,第三人与债务人约定加入债务只要通知债权人或者第三人向债权人表示愿意加入债务,即对第三人产生约束力,债权人若不明确拒绝的,则产生法律效力,且债权人在正常情况下不宜拒绝第三人债务加入;债权人若有理由拒绝的,则应在合理期限内明确表示拒绝,未在合理期限内明确拒绝的,债务加入对债权人产生效力。

二是债务承担的结果不同。如民间借贷债务转移,其结果能使原借款人脱离借款债务,由新的债务人向出借人履行债务,而债务加入不同,借款人应当继续承担偿还借款债务的责任,债务加入人与借款人不分先后顺序(如无特别约定)承担连带清偿责任。

借贷风险提示

1. 债务加入的关键在于第三人对债权人有明确的债务加入的真实意思表示,且明确同意和债务人承担连带责任。实践中,有些第三人与借款人有某种特殊关系,在出借人向借款人讨债时,随口承诺加入债务,出借人对此不必当真,要是该第三人真心实意加入债务,则应请其立下字据,以免今后为是否债务加入发生纠纷。

2. 债务加入在总体上看对出借人实现债权有利，但在实践中不免个别借款人故意让毫无偿债能力的第三人加入债务，为自己转移财产、逃避债务争取时间。债权人如果不能识破其中的“奥妙”也接受债务加入，结果有可能难以实现债权。因此，在第三人债务加入时，出借人应当对第三人的偿债能力进行适当考察，若发现第三人无力连带清偿债务，则应明确予以拒绝，并通过法律途径及时向借款人追索。

案例 6-3

☞ 案情简介

2011 年 2 月，孙 A 独资成立某某米厂，并为法定代表人。2013 年 10 月 29 日，孙 B(孙 A 父亲)向张某某出具借条载明，“今借到张某某壹拾万元整，年息 15%”。2014 年，张某某与孙 B(抬头写明某某米厂)签订还款协议载明：“某某米厂因受大环境的影响造成严重亏损，现无能力还清借款。现某某米厂、张某某双方通过协商，特订立如下还款计划：一、借款壹拾万元整一律不计利息；二、从 2015 年起至 2020 年还清借条上的本金：2015 年还总额的 10%，2016 年还总额的 10%，2017 年还总额的 10%，2018 年还总额的 10%，2019 年还总额的 15%，2020 年全部还清余额的 45%。本协议经公证生效。”上述还款协议签订后未办理公证。

2014 年 12 月 6 日，张某某要求孙 B、孙 A 还款未果产生纠纷。同年 12 月 7 日，在永丰派出所解决纠纷时，孙 A 陈述：“我和我父亲找张某某借的 10 万元。就是去年借了他 10 万元，他就找我要钱，因为我确实没钱，就和他签了一个还款协议，前四年每年还款 10%，第五年还 15%，第六年还 45%，协议刚签了 1 个月左右。”

2016 年 3 月 28 日，张某某向某某法庭调解工作室申请调解，但调解未果。张某某诉至亭湖区法院，孙 B 在亭湖区法院××民初(2311)号案件审理过程中陈述：“我借钱是用来还账的。钱是借给我的，之前没有还过本息。我没对张某某说过不还钱，但是要等我有钱时再还。”后张某某撤诉。

后张某某再次向亭湖区法院提起民间借贷纠纷诉讼，请求判令孙 B、孙 A、某某米厂立即归还借款 10 万元，并按年息 15% 承担自 2013 年 10 月 29

日起至实际还款之日止的利息。

☞一审判决

亭湖区法院认为:孙B向张某某借款10万元,有其向张某某出具的借款凭证为证,应予认定。孙B未能及时还款,应承担相应的民事责任。

第一,关于张某某与孙B于2014年签订的还款协议效力及孙B应否履行还款义务。2014年,张某某与孙B签订还款协议一份,且该协议抬头写明“某某米厂”,孙A系个人独资企业某某米厂投资人,其在公安机关陈述“就和他签了一个还款协议,前四年每年还款10%”,孙A的该陈述表明其作为某某米厂投资人已追认了张某某与孙B于2014年签订还款协议对某某米厂具有约束力。

案涉还款协议在合同主体、内容、形式上都符合合同成立的一般要求,该协议虽然约定了需经公证生效,但是双方协议签订后,2014年12月6日,张某某要求孙B、孙A还款,并产生纠纷而未能公证。

《合同法》第108条规定,“当事人一方明确表示或者以自己的行为表明不履行合同义务的,对方可以在履行期限届满之前要求其承担违约责任”。本案中。某某米厂及孙B均未按协议的承诺于2015年向张某某偿还上述借款总额的10%,且孙B在亭湖区法院××民初(2311)号案件审理过程中已明确表示“要等我有钱时再还”,即孙B以自己的行为表明不按约履行合同义务。

债务加入是指第三人与债权人、债务人达成三方协议或第三人与债权人达成双方协议或第三人向债权人单方承诺由第三人履行债务人的债务,但同时不免除债务人履行义务的债务承担方式。本案中,张某某与某某米厂于2014年签订还款协议,且经孙A追认,某某米厂已作债务加入,但该协议并不能免除债务人即孙B履行还款的义务,故关于张某某要求孙B偿还10万元借款的诉讼请求,予以支持。

第二,关于张某某要求孙A、某某米厂共同偿还案涉10万元借款的诉讼请求。张某某与某某米厂于2014年签订还款协议(孙B以某某米厂名义签订)系由某某米厂债务加入,某某米厂亦应共同偿还案涉10万元借款。

孙A作为某某米厂投资人,应按《个人独资企业法》第二条“投资人以其个人财产对企业债务承担无限责任”的规定对其经营该个人独资企业期间的债务承担无限偿还责任,张某某要求孙A偿还借款但其未能偿还,孙A应在某某米厂财产不足以清偿上述债务时承担还款的民事责任。因此,张某某在履行期限届满之前要求孙A偿还借款的诉讼请求,依法予以支持。

第三,关于张某某要求孙B、孙A、某某米厂承担利息的诉讼请求。

借条虽有年息15%的约定,但张某某与某某米厂于2014年签订还款协议约定"订立如下还款计划:一、借款壹拾万元整一律不计利息……2015年还总额的10%",故逾期利息可按双方约定从被告第一期逾期还款次日至实际给付之日止按年利率6%予以支持。

孙A辩称其没有授权孙B向张某某借款,其不是适格的诉讼主体,孙A的该抗辩意见与法院查明的事实不符,不予采信。

亭湖区法院判决如下:

第一,孙B于判决发生法律效力之日起10日内向张某某偿还借款10万元及资金占用期间利息(自2016年1月1日至实际还款给付之日止,按年息6%计付);

第二,某某米厂以其财产清偿上述债务,孙A在某某米厂财产不足清偿上述债务时以其个人的其他财产清偿上述债务;

第三,驳回张某某其他诉讼请求。

☞ **上诉理由**

孙A、某某米厂不服上述一审判决,向盐城市中级法院上诉称:

1. 张某某与孙B在2014年签订的还款协议约定为自公证之日起生效,后该还款计划未进行公证,故协议不生效。在双方对此均无异议的情况下,一审判决却认定上述协议有效并对上诉人具有约束力,明显错误。孙A在公安机关仅是对相关事实进行陈述,未明确表示其委托孙B与被上诉人签订还款协议,或明示愿意由自己或某某米厂按照还款协议的约定承担还款责任。根据法律规定,债务加入应明示并出具书面承诺,而本案中两上诉人无任何书面承诺,故在还款协议无效的情况下,一审判决确认协议有效并认定上诉人加入债务不符合法律规定。

2. 张某某在诉讼中主张孙B和孙A共同归还因经营需要形成的借款本息,但一审法院却判决由孙B、孙A、某某米厂承担债务,严重不当。

3. 一审判决确认案涉还款协议为有效协议,但在判决时未要求债务人按照还款协议约定的时间、比例、利率履行。

请求撤销一审判决第1项中资金占用期间利息部分的判决及第2项判

决,依法改判上诉人孙A、某某米厂不承担借款本息的偿还责任。

张某某辩称:案涉2014年的还款协议条件已经成就,因孙B明确表示有钱就还,不履行义务而导致张某某提起诉讼。该协议是以某某米厂为抬头所签,孙A作为该厂负责人在公安机关也承认了该事实,故张某某要求孙A、某某米厂、孙B偿还10万元的诉讼请求有事实和法律依据。张某某在一审过程中主张的利率标准即为年息15%,一审判决未超诉讼请求。请求二审法院驳回上诉,维持原判。

盐城市中级法院在二审中另查明:张某某在其起诉状及亭湖区法院于2016年11月29日的庭审笔录中,均明确其诉讼请求为"请求法院依法判决三被告立即归还借款10万元,并按年利率15%承担自2013年10月29日起至实际还款日止的利息"。

盐城市中级法院认为,本案争议焦点为:(1)案涉还款协议的效力如何认定;(2)上诉人应否偿还案涉借款;(3)一审法院有无超诉讼请求判决。

其一,关于案涉还款协议的效力如何认定的问题。从案涉还款协议的签订背景、过程、协议内容来看,并结合孙A在公安机关的陈述、孙B的职业等,可以认定案涉10万元系孙B、孙A在经营某某米厂过程中所产生。虽然孙B、张某某在案涉还款协议中约定自公证之日起生效,但在双方发生矛盾后,孙A在公安机关的陈述以及孙B在亭湖区法院××民初(2311)号案件中的陈述内容可见,其二人均未否认案涉还款协议的效力,仅表示目前无力偿还,需延时归还。据此,可以认定孙B、孙A以后续行为放弃了对还款协议生效条件的限制性约定,案涉还款协议成立并生效。

其二,关于上诉人孙A、某某米厂应否偿还案涉借款的问题。本院认为,孙A系某某米厂的法定代表人,结合案涉还款协议的内容及其在公安机关的陈述,表明其愿意承担还款责任,即其以某某米厂法定代表人的身份追认了孙B以某某米厂名义与张某某签订的还款协议,故某某米厂应按照还款协议的约定履行还款义务。该厂系孙A个人独资经营,根据《个人独资企业法》第2条规定,孙A需以其个人财产对企业债务承担无限连带责任。据此,在某某米厂财产不足以清偿上述债务时,应由孙A承担还款责任。

其三,关于一审法院有无超诉讼请求判决的问题。本院经审查认为,张某某在其诉状及一审庭审中均明确向孙B、孙A、某某米厂主张权利,上诉人也对此进行了答辩,故一审法院未超诉讼请求判决。现因孙B、孙A、某某米厂未按还款协议约定的时间履行合同义务，且在张某某催要、申请调解、提起诉讼后仍拒不偿还，上诉人的行为已构成默示预期违约，故应就全部债务承担违约责任。

盐城市中级法院认定，孙A、某某米厂的上诉请求不能成立，应予驳回；一审判决认定事实清楚，适用法律正确，应予维持。于是判决：驳回上诉，维持原判。

［根据江苏省盐城市中级人民法院（2017）苏09民终2035号民事判决书编写］

Chapter 7

第七章 民间借贷之债的履行

出借人提供借款后，借款人按约还本付息就成为最主要问题，实践也证明，绝大多数民间借贷纠纷是借款人未能履行债务引起的。本章阐述各种形态的民间借贷债务履行的法律问题。

ESSENTIAL

1

要点1

借款人履行债务的基本要求

民间借贷之债的履行是指借款人按照民间借贷合同的约定向出借人清偿借款债务的行为。《民法典》第509条第1款(原《民法通则》第88条第1款、《合同法》第60条第1款)规定:“当事人应当按照约定全面履行自己的义务。”在民间借贷活动中,出借人的债权主要依靠借款人履行债务才能得以实现,因而,强调借款人按照法律规定和合同约定全面履行还本付息义务,对债权人实现债权、防止民间借贷纠纷发生以及民间资金有序融通都有重要的意义。

根据上述规定和民间借贷特点,借款人履行债务应当达到以下三个基本要求:

一、全部履行

借款人全部履行债务包含两个方面的内容:一是按照民间借贷合同约定数量全部履行;二是按照民间借贷合同约定或者法律规定的全部条件履行义务。民间借贷之债是金钱之债,债之标的是本金和利息。民间借贷按照合同约定数量全部履行即全部清偿本息。借款人全部清偿本金和利息,出借人的债权才能得以全部实现,民间借贷之债的法律关系才得以彻底消灭。

全部履行还应包括提前全部清偿和逾期后全部清偿。提前全部清偿和逾期后全部清偿,虽然都具有违约性质,但法律后果是一样的,即都能使债权债务关系归于消灭。

借款人按约向出借人清偿一定数额的本息,但仍有剩余数额的本息到期没有清偿的,属于部分履行。《民法典》第531条第1款规定:“债权人可以拒绝债务人部分履行债务,但是部分履行不损害债权人利益的除外。”借款人部分履行虽属于违约行为,但不论期内部分履行或者逾期部分履行,部分履行本身并不损害出借人利益,出借人应当接受部分履行。出借人接受部分履行后,借款人剩余未履行的债务应当继续履行,直至债务履行完毕以及违约责任处理完毕,民间借贷关系才得以彻底消灭。

二、正确履行

这里的正确履行主要是指履行的主体、期限、地点和方式等应当符合民间借贷合同的约定和法律规定的条件。

1. 应当向出借人履行

借款人是债务人,出借人是债权人,借款人要使债务有效消灭,应当向出借人履行义务。如果借款人未经出借人同意把钱交付给第三人,让第三人转交给出借人用于还款,而第三人占为己有而未转交给出借人,出借人对借款人的债权不会因此消灭,借款人对出借人仍负有还债义务,至于第三人恶意占有,借款人可另行追索。借款人可以委托第三人代为偿还债务,出借人也可以委托他人代为受领,但委托代理的意思表示必须明确,且有证据证实,不然就容易出现代为履行或者代为受领纠纷。

2. 按约定期限履行

民间借贷约定履行期限大致有两种情况:一种情况是借款到期之日为履行期,如双方当事人约定,2020年1月1日借款3万元,借款期限6个月,那么,2020年6月30日借款到期,此日为还款履行日;另一种情况是一段时间内的履行期限,如双方当事人约定“6个月内归还”,那么,从2020年1月1日起到同年6月30日止,这段时间都属于履行期,在这段时间内借款人随时可以归还借款。

民间借贷合同已经约定履行期限,借款人按期履行债务属期限上的正确履行,如果逾期履行或者提前履行则是违约行为。

提前履行是借款人在民间借贷合同约定的履行期到来之前，部分或者全部履行债务。在民间借贷实践中，借款人因生产经营或者家庭生活状况得到改善，已有足够还债能力，不再需要所借的资金，为了放下负债包袱或者减轻利息负担，可以在借款期限届满前向出借人偿还借款。借款人提前履行债务，如果损害出借人的利益的，出借人可以拒绝履行。但是，民间借贷设定期限，原本是为借款人的利益而约定的，借款人放弃部分使用期限这一利益而提前还款的，一般不会损害出借人的利益，因此，法律准许借款人提前履行债务，出借人亦应接受履行。借款人提前履行债务不损害出借人利益的，出借人不可追究借款人的期限违约责任，但给债权人增加的费用，则由债务人负担。至于提前履行的利息支付问题，前面已经阐述，这里不再重复。

3. 按照约定履行地或者出借人所在地履行

还款履行地点在何处，关系到履行费用和时间问题，那么，民间借贷如何确定履行地？这要视民间借贷合同有无约定履行地而定。民间借贷合同已经明确约定履行地的，依约定地点履行。没有约定履行地的，一是进行补充协议，确定还款履行地点；二是补充协议不成或者没有进行补充协议，在接受货币一方所在地履行，即出借人所在地为履行地，借款人应当送到或者汇到出借人所在地交付给出借人。新《最高院民间借贷规定》第 3 条也规定：“借贷双方就合同履行地未约定或者约定不明确，事后未达成补充协议，按照合同相关条款或者交易习惯仍不能确定的，以接受货币一方所在地为合同履行地。”

4. 还款方式正确、适当

民间借贷的还款方式，是指借款人还款和出借人收款的具体方法。民间借贷的还款方式主要涉及以下两个方面的内容：

一是一次性还款还是分期分批还款。如果已有约定的，借款人按约定方式还款，则为正确的还款方式；如果没有约定一次性还款还是分期分批还款的，双方当事人则可补充协议，补充协议不成或者未进行补充协议的，则应认定一次性全部还款。但在诉讼过程中，人民法院可以根据借款人的履行能力状况，判令借款人分期分批履行还款义务。

二是使用现金还是票据还款。民间借贷合同在订立时约定使用票据（如汇票、支票）还款的情况很少，当然，如有此约定亦应准许。如果没有约定,则以现金支付认定。合同约定使用票据还款,到履行时使用现金还款的,因这种履行方式的改变无损于出借人利益,故,出借人应当受领。合同约定使用现金还款,或者没有约定使用现金和票据还款,借款人使用票据还款的,只要用于履行还款义务的票据不妨害出借人兑现的,也应予准许,但出借人由于票据兑换现金所支付的费用应当由借款人承担。

三、对同一出借人多笔债务的清偿问题

《民法典》第561条规定:债务人在履行主债务外还应当支付利息和实现债权的有关费用,其给付不足以清偿全部债务的,除当事人另有约定外,应当按照下列顺序履行:(1)实现债权的有关费用;(2)利息;(3)主债务。这是单笔借款内的不同性质债务的清偿顺序的规定。

在借款人对同一出借人有多笔借款债务的情况下,借款人现有资金不足以清偿全部债务的,也有一个先清偿哪笔借款债务的问题。根据上述规定,除出借人与借款人对清偿的债务顺序有明确约定外,应当先支付实现债权的有关费用,然后支付利息,最后清偿主债务。

在清偿主债务时,除出借人与借款人对清偿的债务顺序有明确约定外,应当按照以下顺序进行清偿:

(1)优先清偿已到期的借款。在借款人对同一出借人有多笔借款的情况下,有的已经到期,有的尚未到期,当然要先清偿到期借款。对未到期的借款,在正常情况下,出借人不得要求借款人提前清偿,借款人也没必要提前清偿,何况借款人现有资金不足以清偿。

(2)多笔借款均到期的,优先清偿对出借人缺乏担保或者担保数额最少的借款。这是无担保、担保数额最少优先受偿的方式,充分考虑了对出借人的债权保障主要表现为,借款人现有资金不足以清偿,出借人认可就担保财产继续受偿。

(3)担保数额相同的,优先清偿债务负担较重的债务。在民间借贷及其担保中,“负担较重的债务”主要是指本金较大及其利率较高的借款。这种清偿方式有利于减轻借款人的债务负担。

(4)负担债务相同的,按照债务到期的先后顺序清偿;到期时间相同的,按比例清偿。

ESSENTIAL

2

要点 2

借款人按份与连带债务的履行

民间借贷债务并非都是单个出借人对单个借款人的单一债务，在许多情况下会出现按份债务与连带债务。那么，在实践中如何处理按份债务、连带债务的履行问题？

一、民间借贷的按份债务及其履行

《民法典》第 517 条第 1 款规定，“债务人为二人以上，标的可分，按照份额各自负担债务的，为按份债务”。据此，按份债务是指两个以上的债务人对可分标的债务各自按一定份额对债权人负有清偿义务的债务。民间借贷的标的物是金钱，而金钱数额是可分的。按份债务在民间借贷中表现为两个或者两个以上借款人各自按照确定的借款数额或者偿还份额来清偿债务。

民间借贷的按份债务有一个前提条件，即基于同一民间借贷合同而发生。例如，甲乙两人共同向丙借款 50 万元，两借款人共同出具一张借据给丙，其中明确约定，甲借 30 万元、乙借 20 万元，今后各自按此数额各自偿还，这是典型的按份债务。如果甲向丙单独借 30 万元出具一张借据，乙单独向丙借 20 万元出具一张借据，这是两个单一之债，不构成按份债务。

从有关法律规定和实践情况看，民间借贷按份债务的产生，除上述典型

的按份债务外,还以下三种情况:

一是两个以上借款人共同向同一出借人借款,经出借人同意,借款人之间约定各自按份偿还。例如,甲乙作为共同借款人向丙借款10万元,三方在借贷合同中明确约定,乙偿还4万元,甲偿还6万元。

二是借款人向出借人借款后,第三人表示债务加入,且该第三人与出借人明确约定清偿份额。例如,甲向丙借款10万元,乙向出借人表示,借款到期由其向丙偿还4万元,剩余6万元由甲偿还。

三是两个以上保证人为借款人借款向出借人提供按份保证担保,保证人之间明确约定保证责任份额,例如,甲向丙借款10万元,乙提供4万元保证担保,丁提供6万元保证担保,这是按份担保。

在按份债务中,各个借款人、各个保证人的债务份额是确定的,如果没有确定的债务份额,可分以下两种情况处理:

一是各个借款人一致承认是按份债务的,按照《民法典》第517条第2款"按份债权人或者按份债务人的份额难以确定的,视为份额相同"的规定进行处理。

二是各个借款人及出借人就按份债务还是连带债务意见不一致,又无其他证据证实是按份债务还是连带债务的,为了充分保障债权的实现,应当作连带债务认定。

在按份债务中,一个份额债务人就自己的份额全部履行义务的,他与出借人之间的债权债务关系就告消灭,不再为其他债务人履行债务。

二、民间借贷的连带债务及其履行

根据《民法典》第518条"债务人为二人以上,债权人可以请求部分或者全部债务人履行全部债务的,为连带债务……连带债务,由法律规定或者当事人约定"之规定,在民间借贷活动中,连带债务与按份债务比较,是指两个或者两个以上借款人相互不分份额对同一出借人负有清偿的债务。

1. 民间借贷约定连带债务

从民间借贷的实践情况来看,约定连带债务有以下三种情况:

(1)两个以上借款人共同向同一出借人借款,且不分份额。例如,甲乙共同向丙借款20万元,甲乙在共同出具的一张借据上签了名,且不分份额或者明确约定连带偿还的,两个借款人之间产生连带债务关系。

（2）第三人为借款人提供连带保证担保。第三人与出借人约定为借款人提供连带保证担保，当借款人到期未能履行债务时，借款人和保证人之间产生连带债务关系。

（3）第三人债务加入时与出借人明确约定承担连带责任。

2. 民间借贷的法定连带债务

法定连带债务，是指债务人之间或者债务人与债权人之间没有约定连带债务，但出现某些法律行为或者法律事实时，按照法律规定承担连带责任。在民间借贷中，常见的法定连带债务有以下几种情况：

（1）根据《合伙企业法》的有关规定，当合伙企业作为民间借贷的借款人时，合伙企业财产不足以清偿到期债务的，各合伙人对出借人承担无限连带清偿责任。

（2）在委托代理借贷中产生的连带债务，例如，借款代理人和第三人串通，损害被代理人利益的，代理人和第三人负连带责任；又如，第三人知道行为人无代理权还与行为人实施借款行为给他人造成损害的，第三人和行为人承担连带责任。

（3）当法人、非法人组织作为借款人分立的，除债权人和债务人另有约定外，分立后的新的法人或者其他组织对借款债务承担连带责任。

（4）借款人死亡，多个继承人不分份额继承了遗产，那么，各个继承人应当在总的继承财产范围内对借款人的债务承担连带责任。

连带债务的履行与按份债务的履行的根本区别在于：按份债务人只需在整个债务中清偿属于自己份额的债务即可，对其他债务人的债务份额无清偿义务；而连带债务人中的每个债务人都负有清偿全部借款债务的义务，其中一个或者部分债务人清偿了全部借款债务，债权债务关系就告消灭，其他连带债务人不再向出借人清偿债务。

3. 连带债务人的内部追偿问题

在连带债务中，一个或者一部分连带债务人全部履行债务，借贷法律关系消灭，但在连带债务人内部，并不免除其他未履行连带债务或者少履行连带债务的人的责任。《民法典》第 519 条第 2 款规定：“实际承担债务超过自己份额的连带债务人，有权就超出部分在其他连带债务人未履行的份额范围内向其追偿，并相应地享有债权人的权利，但是不得损害债权人的利益。其他连带债务人对债权人的抗辩，可以向该债务人主张。”据此，一个或者一部分连带债务人实际承担债务超过自己份额的,有权就超出部分在其他连带债务人未履行的份额范围内向其追偿,并在追偿过程中相应地享有债权人的权利。

在追偿过程中,追偿人与被追偿人之间分担多少债务数额如果存在争议,双方不能确定份额的,从司法实践来看,确定连带借款债务人的债务份额主要有以下两种方法:

一是按实际使用数额确定。各个借款人不分份额共同借款后分开使用的,便产生各自的实际使用数额。例如,甲乙不分份额共同借款 20 万元,甲实际使用 15 万元,乙实际使用 5 万元,这就是不等数的份额。甲向出借人偿还了 20 万元,就可以向乙追偿 5 万元。

二是按等额确定。如果各个借款人实际使用数额不明确,则可以等额为标准确定份额,然后向未清偿或者少于份额清偿的其他连带责任人追索。

借贷风险提示

1. 各借款人共同向出借人借款,借贷合同也约定共同借款、共同偿还,但未约定按份责任还是连带责任的,这容易引起债务履行方式纠纷。对此,应当适用《民法典》第 511 条中"履行方式不明确的,按照有利于实现合同目的的方式履行"的规定进行处理。出借人与借款人订立民间借贷合同的目的是借款人取得借款,出借人提供借款后,借款人的合同目的得以实现,此后出借人的合同目的是实现债权。在此种纠纷中,确认为连带责任对于出借人当然"有利于实现合同目的",即有利于出借人实现借款债权。

2. 民间借贷明确约定按份责任,但具体份额约定不明确,这也容易引起纠纷。这种不是履行方式纠纷,而是份额多少纠纷,因而不适用《民法典》第 511 条规定处理,而应适用《民法典》第 519 条第 1 款"连带债务人之间的份额难以确定的,视为份额相同"规定,由涉案各位连带债务人按相同份额承担债务。

3. 各借款人与出借人在借款合同中约定共同借款共同连带偿还,但取得借款后,各借款人为了分清各自对借款所负的责任,内部往往约定分份额使用和偿还。就此,出借人同意借款人分份额偿还的,连带债务就会变更为按份债务,出借人只能要求各债务人清偿份额内的债务,而不能再主张连带清偿。在此种情况下,一个或部分债务人无力偿还的,出借人的债权就不能全部实现。借款人内部按份分担借款债务未经出借人同意的,借款人不得以内部已分份额为由对抗出借人主张的连带债务。

案例7－1

☞ 案情简介

周某某与李某某系共同经营废旧物资公司的股东,因废旧物资公司经营资金需要向蒋某某借款。2019年5月12日,蒋某某向李某某账户转账20万元,周某某分别于2019年5月12日、5月13日向蒋某某共还款9万元。2019年9月27日,周某某、李某某向蒋某某补具借条,借条载明:今向蒋某某借款人民币11万元现金,所有借款于2019年10月10日一次性还完;此借条真实有效,所有借款由周某某和李某某共同承担。

2020年2月,蒋某某向嘉禾县法院起诉,请求判令周某某、李某某立即偿还蒋某某借款本金11万元及利息(利息计算自逾期之日起至实际还清之日止的利息,利率按照年利率6%计算)。

周某某答辩称:这笔资金是公司用于废铁购买,是转到李某某手上的,借条是借款之后2019年9月再出具的。原告没有与周某某的股东合伙人商量过还款的事宜,这笔钱是周某某本人的借款,与李某某没有关联。

李某某答辩称:这笔资金是周某某借款之后用于投资公司,公司再将这笔钱购买废铁。李某某没有向原告借过钱,之所以将钱转到李某某账户上是应周某某的要求,且李某某是该公司的法定代表人,借条是后来原告到公司逼迫两被告出具的。李某某不应当承担还款义务,因为这笔钱是周某某借款投资到公司的。即使法院要求李某某承担借款的偿还责任,也应当按照《民法总则》第177条的规定承担按份责任。

☞ 一审判决

嘉禾县法院认为:周某某、李某某向蒋某某出具借条,可见双方存在借款合同关系。周某某、李某某辩称本案借款系周某某个人向蒋某某的借款,李某某还辩称即使法院要求其承担借款的偿还责任,也应当按照《民法总则》第177条的规定承担按份责任。由于周某某、李某某共同向蒋某某出具借条,且在借条中明确约定"所有借款由周某某和李某某共同承担",可见周某某、李某某系共同借款人,对本案借款应当承担连带偿还责任。周某某、李某某的上述辩解意见均不符合法律规定,不予采纳。周某某、李某某向蒋某某出具借条,约定借款11万元应当在2019年10月10日前一次性还完,但周某某、李某某未依照借条约定履行,蒋某某要求周某某、李某某偿还借款并从逾期之日起按照年利率6%给付逾期利息至本金清偿之日的诉讼请求,符合法律规定,予以支持。

嘉禾县法院判决:由被告周某某、李某某连带偿还原告蒋某某借款本金11万元及利息(利息按照年利率6%从2019年10月11日计算至本金清偿完毕之日止)。上述款项限本判决生效后10日内付清。

☞ **上诉理由**

李某某不服上述判决,向郴州市中级法院上诉请求:撤销一审判决,改判李某某按50%的比例按份偿还蒋某某借款55,000元。事实和理由如下:

1. 李某某与周某某之间属投资人关系,双方共同出资设立了废旧物资公司。公司注册资本为500万元,李某某、周某某各出资50%。周某某向蒋某某所借的11万元系用于投入公司,依法应认定周某某的该借款行为为其个人借款行为,与废旧物资公司、李某某无关。

2. 李某某之所以愿意在涉案借条上作为共同借款人签字,系出于希望与周某某继续合作的考虑。李某某愿意与周某某承担的是共同偿还责任,而非连带偿还责任。根据《民法总则》第177条"二人以上依法承担按份责任,能够确定责任大小的,各自承担相应的责任;难以确定责任大小的,平均承担责任"的规定可知,在一般情况下,多数人债务是以按份责任为基本清偿原则,一审判决仅以涉案借条约定的"共同承担"就认定李某某与周某某对涉案借款应承担连带责任,缺乏事实和法律依据,对李某某不公平。

☞ **二审判决**

郴州市中级法院认为,本案二审的争议焦点为李某某是否应就涉案借款向蒋某某承担偿还责任,若需承担,应承担何种形式的责任。

第一,关于李某某是否应就涉案借款向蒋某某承担偿还责任的问题。《合同法》第60条第1款规定:"当事人应当按照约定全面履行自己的义务。"本案中,涉案借条约定,所有借款由周某某和李某某共同承担。李某某、周某某均以借款人身份在该借条上签了字。该借条系蒋某某与李某某、周某某的真实意思表示，且不违反法律、行政法规的强制性规定，依法应属有效，双方均应按照约定全面履行自己的义务。蒋某某已按约定出借涉案借款，李某某作为涉案借款的借款人之一和收款人，依约应向蒋某某承担偿还涉案借款的责任。李某某上诉称涉案借款系周某某的个人借款，缺乏证据证实，且与涉案借条的约定不符，本院不予采纳。退一步而言，即使涉案借款系周某某个人所借，李某某因债务加入（在涉案借条上作为借款人签字）依法也应承担偿还责任。

第二，关于李某某应承担何种形式的责任的问题。(1)《民法总则》第178条第3款规定："连带责任，由法律规定或者当事人约定。"《合同法》第62条规定："当事人就有关合同内容约定不明确，依照本法第六十一条的规定仍不能确定的，适用下列规定：……（五）履行方式不明确的，按照有利于实现合同目的的方式履行……"本案中，涉案借条对李某某如何履行偿还责任的方式约定不明确，但根据周某某的答辩意见可知，蒋某某要求李某某在涉案借条上签字的目的是为保障其借款能够得到清偿，而要求李某某承担连带偿还责任显然能够最大限度地保障蒋某某的借款得到清偿，即有利于实现蒋某某的合同目的。(2)李某某在向蒋某某出具涉案借条时，并未告知蒋某某或在涉案借条中约定其使用涉案借款的份额、承担偿还责任的比例等情况，对蒋某某而言，其责任大小无法确定，因此，其请求按50%的比例按份偿还涉案借款，缺乏相应的事实依据。(3)若按照李某某与周某某之间就偿还涉案借款的比例达成的约定，李某某实际承担的责任超过其责任份额，其有权向周某某追偿，但双方之间的约定对蒋某某没有拘束力。综上，李某某上诉主张按50%的比例按份偿还蒋某某借款5.5万元，缺乏事实和法律依据。

郴州市中级法院认定：一审判决认定周某某、李某某系共同借款人，对本案借款应当承担连带偿还责任并无不当。于是判决：驳回上诉，维持原判。

［根据湖南省嘉禾县人民法院(2020)湘1024民初277号民事判决书和郴州市中级人民法院(2020)湘10民终1415号民事判决书编写］

ESSENTIAL

3

要点3

合伙企业借贷之债的履行

合伙企业,是依法设立的由各合伙人订立合伙协议,共同出资、合伙经营、共享收益、共担风险的营利性组织。这里根据《合伙企业法》的有关规定,分析合伙企业及其合伙人履行民间借贷债务的问题。

一、普通合伙人与有限合伙人的不同债务责任

根据《合伙企业法》第2条的规定,我国合伙企业分为普通合伙企业和有限合伙企业。普通合伙企业的所有合伙人都是普通合伙人,除有特别规定外,普通合伙人对合伙企业发生的债务承担无限连带责任。有限合伙企业有两种合伙人,即普通合伙人和有限合伙人,其中,普通合伙人对有限合伙企业发生的债务承担无限连带责任,而有限合伙人以其认缴的出资额为限对合伙企业债务承担责任,即有限责任。

二、先以合伙企业全部财产清偿债务

《合伙企业法》第38条规定:"合伙企业对其债务,应先以其全部财产进行清偿。"据此规定,不论是普通合伙企业,还是有限合伙企业,如果负有民间借贷债务到期不能清偿,出借人不能直接要求合伙人承担偿还责任,首先应当要求以合伙企业的财产清偿。这样规定的理由是,合伙企业是借款人,

是民间借贷合同中的债务主体，当这个债务主体存在并有财产时，应当先以其财产清偿债务；合伙企业如有财产可供清偿，并不妨害出借人实现债权。合伙人不是民间借贷合同中的债务主体，在合伙企业存在并有财产的情况下，出借人如果向合伙人直接追索债务，合伙人就可以予以拒绝。合伙企业是由合伙人组成的依法成立的集合体，它有自己的主体资格，而合伙人相对合伙企业来说是个体成员，它另有自己的主体资格，两个相对独立的主体资格不得混同。

合伙企业的财产由各合伙人出资和合伙企业积累而形成，不属于集体财产，也不属于国家财产，实际上属于各个合伙人的财产，因而，只有合伙企业作为债务人出现财产不足清偿到期债务或者解散、分立、破产等主体资格丧失的情况，债的履行主体才发生变化，才会涉及合伙人履行合伙企业的债务问题。

合伙企业不仅应先以财产清偿债务，而且应先以全部财产清偿。合伙企业全部财产不足清偿债务，说明该合伙企业已经资不抵债，达到破产程度，此时，不足清偿到期债务的部分，才由各个普通合伙人承担连带清偿债务的义务。

三、普通合伙人连带清偿借款债务

合伙企业以全部财产清偿到期债务后，该合伙企业实际上不能存在，不再有清偿债务的能力，此时，剩余债务的承受者便是各个普通合伙人，因而，各个普通合伙人对债权人承担无限连带责任。

有些合伙企业虽然还有一些财产，但一时无法变现（如陈旧的机器设备），或长时间无法处理，或因法律问题不能处理（如未经批准所建的厂房）。在这些情况下，如果等到所有财产都处理完毕后再由普通合伙人清偿债务，明显不利于债权人实现债权。所以，合伙企业先以全部财产清偿债务，并不一定要求全部财产处理完毕后普通合伙人才开始履行连带债务。我们认为，只要合伙企业的财产基本处理完毕，各个普通合伙人就应当清偿连带债务。

合伙企业将全部财产处理后仍不足清偿债务的，除合伙人重新注入资金外，说明已经倒闭，此时，尚未清偿的债务，不论是否到期，普通合伙人都应开始承担连带偿还责任。

合伙企业在债务到期前,如果已将债务依法落实到普通合伙人且债权人也同意的,应当予以认可。

四、合伙人内部债务分担问题

普通合伙人对合伙企业的外债承担连带清偿责任后,内部必然要落实债务责任,这涉及各个普通合伙人内部按份债务问题。《合伙企业法》第33条规定:“合伙企业的利润分配、亏损分担,按照合伙协议的约定办理;合伙协议未约定或者约定不明确的,由合伙人协商决定;协商不成的,由合伙人按照实缴出资比例分配、分担;无法确定出资比例的,由合伙人平均分配、分担。合伙协议不得约定将全部利润分配给部分合伙人或者由部分合伙人承担全部亏损。”从这条规定中可以看出,普通合伙人内部承担按份责任的确定,有以下四种方法:

1. 按合伙协议约定分担

合伙企业在创办时,普通合伙人一般都在合伙协议中约定债务分担方法。合伙协议如果有此约定,就为普通合伙人内部按份承担债务的依据。合伙协议约定亏损债务分担比例,一般是以出资比例来确定的,但普通合伙人另有约定债务分担方法的,只要不违反法律、法规的强制性规定,也应当依其约定来分担债务。

2. 协商分担

合伙协议对债务分担未约定或者约定不明确的,普通合伙人可以协商分担债务。内部协商分担债务,只有各个普通合伙人达成一致意见才能有效。如果不愿协商或者协商不成,则需采取其他办法来解决债务分担问题。

3. 按照实缴出资比例分担

采取这种方法分担债务,以合伙协议未约定或者约定不明确,且不愿协商或者协商不成为前提。如果已有合伙协议约定,或者协商达成一致意见,就不需要采取这种方法分担债务。

按照实缴出资比例分担,是按债务总额除以实缴出资得出的比例来计算各个普通合伙人实际承担的债务。例如,甲、乙、丙三人合伙办一个企业,甲出资50万元,乙出资30万元,丙出资20万元,债务分担比例为:甲50%、乙30%、丙20%。如果该公司发生严重亏损,以公司全部财产清偿债务后,还负有200万元债务的,按照实缴出资比例分担,三个合伙人债务分担为:

甲、乙、丙各自的债务份额为100万元、60万元和40万元。

4. 由普通合伙人平均分担

这是最后采取的债务分担方法，也就是说，合伙协议未约定或者约定不明确，且不愿协商或者协商不成，又无法按照实缴出资比例分担的，才能由合伙人平均分担。这种平均分担是以人数为标准计算所负债务数额的，如10人合伙创办的企业，亏损债务100万元，每位普通合伙人承担10万元债务。

在适用《合伙企业法》第33条规定确定普通合伙人内部按份责任时，要注意以下两点：(1)合伙债务分担协议，不得约定将全部债务归一个普通合伙人或者部分合伙人承担，否则，不符合公平、合理处理债务的原则；(2)确定普通合伙人的债务份额，是落实普通合伙人内部债务责任问题，普通合伙人不能以内部按份债务来对抗债权人要求各合伙人承担无限连带责任的请求权。

五、普通合伙人之间的债务追偿

《合伙企业法》第40条规定，合伙人由于承担无限连带责任，清偿数额超过其亏损分担比例的，有权向其他合伙人追偿。也就是说，一个或部分合伙人清偿了合伙企业债务，可以向未清偿或少于份额清偿的普通合伙人追偿。

这种追偿是合伙人内部的债务求偿，追偿中的债权人是已经向合伙企业的债权人清偿超过自己应当承担份额的债务的合伙人；追偿中的债务人是未向合伙企业债权人清偿企业债务或者清偿了少于应当承担份额的债务的合伙人。

普通合伙人追偿的数额范围限于超过自己应当承担份额的那一部分。例如，某一普通合伙人承担份额为30万元，因承担无限连带责任而向合伙企业的债权人清偿了50万元，该合伙人只能向其他未清偿或者少清偿的合伙人追偿超出的20万元，而不是50万元。

普通合伙人在行使追偿权时，各个普通合伙人的债务份额应当已经确定。如果各个普通合伙人承担合伙企业债务的份额尚未确定，已清偿的合伙人是否超额清偿缺乏量上的标准，也就无法确定有无追偿权和追偿标的额。

六、新合伙人承担债务问题

合伙企业成立后可以吸收新合伙人。新合伙人被吸收后,合伙企业如果负有债务,就会涉及新合伙人是否承担债务和如何承担债务的问题。

《合伙企业法》第44条第2款规定:“新合伙人对入伙前合伙企业的债务承担无限连带责任。”合伙企业的新合伙人在订立书面入伙协议时,应当明确新合伙人对入伙前合伙企业所负的债务与其他普通合伙人承担连带责任。如果入伙协议不要求新合伙人对此前债务负责,需以不损害债权人实现债权为前提。新合伙人不得以入伙协议约定对入伙前合伙企业的债务不承担无限连带责任为由,对抗合伙企业的债权人。

七、退伙人承担债务问题

合伙人可以退出合伙企业。合伙企业在合伙人退出企业之前负有债务的,就会涉及退伙人是否承担债务和如何承担债务的问题。

《合伙企业法》第53条规定:“退伙人对基于其退伙前的原因发生的合伙企业债务,承担无限连带责任。”据此规定,合伙人按照合伙协议的约定和法律的规定以及经全体合伙人同意退出合伙企业的,应当对此前的合伙企业的债务与其他合伙人承担连带责任,但对退出后合伙企业发生的债务不承担责任。

合伙企业生产经营状况良好,合伙人之间关系融洽,合伙人一般不愿退伙。合伙人退伙大多数是在合伙企业生产经营不景气的情况下发生的,因此,大多数退伙与债务有一定的关系。

案例7-2

☞ 案情简介

某某企业是有限合伙企业,张某某和褚某某是合伙人,张某某认缴出资392万元承担无限责任,褚某某认缴出资408万元承担有限责任。

2016年10月14日,某某企业吸收陈某某为其生态园会员,双方签订《会员入会合同书1》约定:“(1)陈某某自愿向某某企业交纳会费5万元,会籍叁个月,成为某某企业的正式银星会员,月消费补贴333.33元;某某企业应在陈某某会籍届满时五个工作日内结算好陈某某的会费余额,并按时返款给陈某某。(2)某某企业承诺,陈某某会籍届满,会籍期间未消费或消费后尚有余额,某某企业按陈某某的余额结合会籍期分别给予三个月的8%,六个月的10%,一年的12%作未消费补贴,已消费部分扣除。(3)会籍期未满,陈某某要求提前退会的,某某企业应予以退会,但陈某某不再享受某某企业的未消费补贴,提前退会一个月以此类推;如果陈某某在籍期间无消费,按所缴会费全额90%退款。”在上述合同签订当日,褚某某通过POS机将5万元转至某某企业银行账户,某某企业向陈某某出具一张5万元的收据。

2016年10月27日,某某企业与陈某某签订《会员入会合同书2》,该合同内容的格式条款与2016年10月14日签订的合同书内容相同,只是双方约定:“陈某某自愿交纳会费7万元,会籍叁个月,月消费补贴466.67元。”同日,陈某某通过POS机将7万元转至某某企业银行账户,某某企业向原告出具一张7万元的收据。

随后,某某企业分三次将《会员入会合同书1》约定的月消费补贴三期共计999.99元转账至陈某某账户,并三次将《会员入会合同书2》约定的月消费补贴二期共计833.32元转账至陈某某账户。

2017年1月21日,张某某、褚某某共同出具一份《承诺书》给陈某某。该《承诺书》载明:张某某、褚某某承诺陈某某投资款于2017年3月21日到账,总计投资款12万元,在2017年3月21日退还投资款。

☞ **法院判决**

2018年4月,陈某某以某某企业、张某某、褚某某为被告,向普陀区法院提出民间借贷纠纷诉讼,请求:(1)被告某某企业返还原告会费人民币12万元;(2)被告某某企业支付原告逾期利息(以12万元为基数,自2017年1月22日起至实际清偿之日止,按年利率8%计算);(3)被告张某某对被告某某企业的上述债务承担无限连带责任;(4)被告褚某某以其在被告某某企业的出资额为限承担还款责任。

普陀区法院认为:原告陈某某与被告某某企业签订的两份会员入会合同书名为会员入会投资,实为民间借贷。理由为:从合同的内容来看,原告陈某某提供款项给被告某某企业,期限为3个月,期内每月有固定的消费补贴,期满后被告某某企业应退还未消费或消费后的余款,原告不需要承担本金损失的风险,符合民间借贷的法律构成要件;从合同的实际履行来看,原告并未实际消费,被告某某企业定期支付原告固定消费补贴。故原告与被告某某企业构成民间借贷关系,原告有权要求被告某某企业返还投资款。

关于逾期利息,合同约定期内利息为8%,没有约定逾期利息,按照法律规定,原告主张均以《会员入会合同书2》到期日的次日即2017年1月28日,按照年利率8%计算逾期利息,合法有据,本院予以支持。

根据法律规定,普通合伙人对合伙企业债务承担无限连带责任,有限合伙人以其认缴的出资额为限对合伙企业债务承担责任,故被告张某某作为被告某某企业的普通合伙人应对被告某某企业的债务承担连带清偿责任;被告褚某某作为有限合伙人应以其在被告某某企业认缴出资额为限承担还款责任。

普陀区法院判决如下:

第一,被告某某企业应于本判决生效之日起10日内返还原告陈某某借款本金人民币12万元;

第二,被告某某企业应于本判决生效之日起10日内支付原告陈某某逾期利息(以人民币12万元为基数,自2017年1月28日起至实际付清之日止,按年利率8%计算);

第三,被告张某某对上述判决主文第一至二项确定的被告某某企业所负的给付义务承担连带清偿责任;

第四,被告褚某某应以其认缴的出资额人民币408万元为限对上述判决主文第一至二项确定的某某企业所负的给付义务承担连带清偿责任。

[根据上海市普陀区人民法院(2018)沪0107民初8591号民事判决书编写]

ESSENTIAL

4

要点4

借款人向第三人履行债务

向第三人履行债务，是指债权人与债务人约定，由债务人向第三人履行债务，第三人因此对债务人直接取得债的请求权的一种履债方式。在民间借贷活动中，出借人也可以与借款人约定，由借款人向第三人履行债务。

一、向第三人履行债务的基本内容

根据合同相对性原理，民间借贷合同中的出借人提供借款后，借款债务的履行是借款人的义务，且借款人应当向出借人亲自履行。民间借贷合同以外的第三人不是出借人，因而不享有债权。由此可见，借款人向第三人履行对出借人是无效的，第三人如果无故接受，则属不当得利。但在民间借贷活动中，有些当事人为了节约履行成本，提高资金运转效率，或者有其他原因，特别约定由借款人向第三人履行还款义务。

《民法典》第522条第1款规定："当事人约定由债务人向第三人履行债务，债务人未向第三人履行债务或者履行债务不符合约定的，应当向债权人承担违约责任。"这是向第三人履行债务的规定。例如，甲借给乙10万元，因甲又欠丙20万元，甲乙双方约定，借款到期后，由乙直接将10万元借款交给丙，以抵偿甲欠丙的债务。

出借人与借款人订立民间借贷合同时，约定由借款人向第三人履行债务的,该合同对借款人产生法律效力,但第三人是否接受则由其自行决定,第三人接受履行的,该第三人为次债权人,上例中的丙就是次债权人。如果第三人接受履行的,借贷债权债务并非因此消灭,借款人仍应向出借人履行。

在向第三人履行债务的民间借贷合同中,借款人处于债务人的位置不变,而债权人有两个,即主债权人是出借人,次债权人是第三人。次债权人据此约定取得向借款人请求还债的权利,借款人据此约定,可以离开出借人直接向次债权人履行还债义务。在有此约定的情况下,出借人又向借款人主张清偿债权的,借款人有权予以拒绝,但借款人到期未向次债权人清偿债务的,出借人仍有权向借款人主张债权。

二、向第三人履行与债权转让的区别

向第三人履行债务与债权转让有相似之处,特别是在债权主体上,原债权人应当享有的债权在这两种情况下都转移于第三人享有,债务人都得向第三人履行债务。但二者有以下三个明显的区别:

一是债权转让在原民间借贷合同中没有约定,而是在民间借贷合同生效后发生的,而向第三人履行债务是民间借贷合同中明确约定的。

二是债权转让以通知债务人为生效条件,未通知债务人的债权转让对债务人不产生效力,而后者因出借人已与借款人协商一致,且为合同的内容,故不再需要通知借款人。

三是借款人未向第三人履行债务或者履行债务不符合约定的,出借人仍然有权向债务人主张债权,而债权转让后,出借人与借款人之间的债权债务关系消灭,出借人不得再向借款主张债权。

三、借款人违约向谁承担责任

民间借贷合同约定由借款人向第三人履行债务,而借款人未向次债权人履行债务或者履行债务不符合约定,是一种违约行为,应当承担违约责任。那么,在这种情况下借款人向谁承担违约责任?

根据《民法典》第522条第1款的规定,第三人明确表示拒绝接受履行,借款人也未向第三人履行债务的,应当向债权人承担违约责任。在民间借贷活动中,出借人与借款人约定向第三人履行债务,出借人向借款人按约提供借款后，第三人明确表示拒绝接受履行，借款人也未向第三人履行债务是对出借人的违约，故借款人应当向出借人承担违约责任。因第三人不是民间借贷合同的当事人，故第三人无权请求借款人承担违约责任。

向第三人履行债务仅是出借人与借款人的约定，而第三人不是借贷当事人，因此，当事人可以不拒绝借款人履行债务。根据《民法典》第 522 条第 2 款的规定，第三人明确表示接受履行，且直接请求借款人向其履行债务，借款人未向第三人履行债务或者履行债务不符合约定的，第三人请求借款人承担违约责任的，借款人应当向第三人承担违约责任。第三人的这种请求权是基于出借人的相应权利而产生的请求权。

借贷风险提示

民间借贷合同约定由借款人向第三人履行债务的主要法律风险有：

1. 将向第三人履行债务错误表述为债权转让

出借人与借款人本意约定由借款人向第三人履行债务，但借款合同中错误表述为债权转让。例如，“张三借李四 5 万元现金，借款到期时，张三不用还给李四，由张三直接还给王五，李四欠王五的账一笔勾销，王五同意”。这是债权转让协议，而不是向第三人履行债务。借款到期，张三未向王五清偿了债务，李四要求张三偿还借款并承担违约责任的主张就不能成立，王五将自行承受不能实现债权的损失。

2. 次债权人依赖借款人履行债务

次债权人（第三人）接受借款人向其履行债务，并依赖借款人向其履行债务而处理其他相关事务，当借款人无力向其履行债务时，就有可能造成损失。例如，次债权人与他人订立买卖合同，依赖借款人向其履行债务来支付货款，借款人无力向其履行债务，结果导致次债权人对出卖方承担违约责任的，借款人对此不负责任，只能由次债权人自行承受。

3. 借款人不行使抗辩权

《民法典》第 522 条第 2 款规定，“债务人对债权人的抗辩，可以向第三人主张”。如出借人与借款人在借贷合同中约定支付利息 9000 元，在借款人支付 3000 元利息后，双方又约定将全部利息向第三人履行，在此情况下，次债权人向借款人主张全部利息 9000 元的，借款人可以向次债权人提出已向出借人支付 3000 元利息的抗辩，主张只需继续支付剩余 6000 元利息。在民间借贷纠纷诉讼中,借款人不提出此项抗辩的,法院将会判决其支付全部利息9000元。此后,借款人就已支付的3000元利息损失只能向出借人主张返还。

案例7-3

☞ 案情简介

2015年9月22日,阮某某和徐某作为借款人与出借人黄某某签订《借款合同》约定:借款金额250万元,期限自2015年9月22日起至2016年9月21日止,年利率12%。唐某某作为保证人提供连带责任担保。2015年9月24日,黄某某向阮某某账户存现170万元,阮某某向黄某某出具借条一张,载明借到黄某某转账支付250万元。次日,黄某某向阮某某账户转账支付80万元。

2016年9月28日,阮某某与某某建筑公司、某某实业公司因其他纠纷签订调解协议,其中载明:阮某某与某某建筑公司一致同意,由某某建筑公司代阮某某向黄某某归还借款本金250万元,此款应当在某某建筑公司向阮某某支付6100万元工程价款时直接予以扣除。届时,阮某某与某某建筑公司应当相互配合与黄某某办理上述债务转让的文书。

2018年2月5日,某某建筑公司向黄某某支付100万元;2018年6月21日,某某建筑公司向黄某某支付50万元。黄某某两次均出具收条,备注栏均有黄某某书写“某某建筑公司(唐某某)代阮某某归还借款”字样。

2019年5月13日,黄某某出具收条,该收条单位栏载明“阮某某”,金额为226,781元,备注栏有黄某某书写“抵某某酒店2019年2月9日婚宴消费款,此款抵唐某某代阮某某归还借款”字样。

☞ 双方诉辩

黄某某向旌阳区法院提起民间借贷纠纷诉讼称:被告阮某某、徐某向原告借款250万元,借款到期后,原告多次催收,被告均以资金周转困难为由拒不支付借款本息。2016年9月28日,阮某某与某某建筑公司在未征得原告同意的情况下达成调解协议,由某某建筑公司向原告偿还借款250万元。原告认为,阮某某、徐某未按借款合同约定按时还本付息损害原告合法权益,保证人唐某某理应承担连带清偿责任，原告认可某某建筑公司作为债务人加入阮某某、徐某对原告欠款的清偿，故其应当承担约定范围内的还款责任。请求：(1)判令被告阮某某、徐某向原告偿还借款本金2,346,860.27元及利息和违约金共计2,599,996.13元，之后的利息按照年利率24%支付资金占用利息直到本息全部付清为止；(2)判令被告唐某某对上述借款本息、违约金承担连带清偿责任；(3)判令被告某某建筑公司在100万元范围内承担共同还款责任。

被告阮某某、徐某辩称：当事人之间已经达成协议同意由某某建筑公司将250万元还给原告，协议上原告签了字的，答辩人不应再承担还款责任；答辩人承担了225,000元的利息，是由某某建筑公司应当支付给答辩人的工程款抵扣了的，说好的由某某实业公司代付给原告。

被告唐某某、某某建筑公司辩称：某某建筑公司是代阮某某向原告付款，本身与原告之间并无债务，所以某某建筑公司归还的都是本金，其中150万元是由某某建筑公司直接支付给原告，226,781元是通过债务转移的方式由某某酒店冲抵原告的应付消费款，这些都是归还的本金。

☞ 法院判决

旌阳区法院认为：自然人之间的借款，自出借人提供借款时生效。原告足额支付借款后，被告阮某某、徐某作为借款人，应当按照约定归还借款本息，逾期未还构成违约，应当承担继续履行等违约责任。

关于阮某某与某某建筑公司之间的调解协议，原告并未参与其中，不能因原告接受了某某建筑公司的还款就认定原告受该调解协议约束，该调解协议有关内容的实质为阮某某作为债权人与其债务人某某建筑公司之间约定由债务人向第三人黄某某履行债务。依照《合同法》第64条“当事人约定由债务人向第三人履行债务的，债务人未向第三人履行债务或者履行债务不符合约定，应当向债权人承担违约责任”之规定，当某某建筑公司未按约定向黄某某履行债务时，某某建筑公司应当向阮某某承担违约责任，原告黄某某以债务加入为由要求某某建筑公司就债务未清偿部分承担共同还款责任于法无据，本院不予支持。同理，某某建筑公司归还的款项应当认定为其代阮某某、徐某向黄某某的还款，因阮某某、徐某与黄某某之间并未约定还款的抵充顺序，故应当根据《最高人民法院关于适用〈中华人民共和国合同法〉若干问题的解释(二)》第21条的规定对债务进行抵充，因此原告所主张的债务抵充顺序于法有据,本院予以支持。

经核算,至被告最后一次还款2019年5月13日止,尚欠本金2,346,860.27元、逾期利息及违约金276,282.96元未清偿。

旌阳区法院判决如下:

第一,被告阮某某、徐某于本判决生效之日起10日内归还原告黄某某借款本金2,346,860.27元及截至2019年5月13日的利息违约金276,282.96元;

第二,被告阮某某、徐某于本判决生效之日起10日内向原告黄某某支付2019年5月13日之后的逾期利息和违约金,逾期利息和违约金合并计算,计算方法:以未还本金为基数从2019年5月14日起按年利率24%计算至本判决确定的给付之日止;若未按本判决确定的给付之日给付本金,则上述逾期利息和违约金计算至本金付清之日止;

第三,被告唐某某对本判决第一、二、三项所确定的被告阮某某、徐某的债务承担连带清偿责任;

第四,驳回原告黄某某的其他诉讼请求。

[根据德阳市旌阳区人民法院(2019)川0603民初1790号民事判决书编写]

ESSENTIAL

5

要点5

借款人债务由第三人履行

民间借贷实行“谁举债,谁偿还”原则,但在现实生活中也存在我借钱你偿还的情况,这种情况在《民法典》上叫“由第三人履行债务”。

一、由第三人履行债务对出借人的有利因素

民间借贷活动中的由第三人履行债务,是由借款人与出借人协商一致决定的,而第三人没有参与订立此种借贷合同,因此第三人不是借贷合同当事人。根据一般民法原理,合同当事人不得为第三人设定义务,如果为第三人设定义务而损害第三人利益的,则对第三人无效。然而,由第三人履行债务的合同并不一定都会违背第三人意志而其损害其利益,反而在绝大多数的情况下是对第三人有利的。《民法典》第523条规定:“当事人约定由第三人向债权人履行债务,第三人不履行债务或者履行债务不符合约定的,债务人应当向债权人承担违约责任。”据此规定,由第三人履行债务对第三人有利因素主要表现为以下两个方面:

一是由第三人履行债务的要求主要是借款人和第三人提出的,但是否接受,出借人的意思表示起着决定性作用。出借人认为第三人比借款人偿还能力强,且相信第三人能够为借款人履行债务,就会接受;如果出借人认为,接受第三人履行债务毫无意义,或者对自己实现债权不利(如第三人根

本无履行能力),则可拒绝。

二是第三人不履行债务或者第三人履行债务不符合约定的,出借人仍可要求借款人承担违约责任,借款人仍应负有向出借人履行债务的义务。

从实践来看,民间借贷当事人在订立合同时为第三人设定义务都是有一定事由的。例如,第三人事前就欠借款人的钱;又如,第三人与借款人交情很深,眼前无钱借给借款人,但表示借款人向他人借款后自己为其偿还,等等。这些事由的存在,都有可能导致借款人与出借人订立由第三人履行债务的合同。

民间借贷合同当事人为第三人设定义务,不一定事先都已得到第三人认可,由于一定事由的存在,不少第三人事后也予以认可,并能实际履行。因此,不能认为这类合同对第三人无效,而应当允许借贷第三人先行订立,然后视第三人是否实际履行而定。

二、第三人是履行债务辅助人

第三人没有在民间借贷合同上以借款人或者连带债务人的身份签名或者盖章,因而第三人向出借人履行债务,仅是借款人履行债务的辅助人,因其是履行债务辅助人,所以出借人不能直接向第三人请求履行债务,也不能直接要求第三人承担违约责任。如果第三人不履行债务或者履行债务不符合约定,则属借款人违约,借款债务仍由借款人清偿,违约责任仍由借款人承担。

三、以第三人实际履行为有效条件

当事人在民间借贷合同中为第三人设定义务,实际上是拟制的,不论第三人是否同意,借款人与出借人都可以拟制这种义务,如果第三人不同意或者实际上没有履行,由第三人履行债务的合同对第三人不产生效力,出借人不能向第三人请求履行债务,而只能追究借款人的违约责任,因此,只有第三人实际上向出借人履行债务,由第三人履行债务的合同才为有效。

四、由第三人履行债务与向第三人履行债务的区别

两者虽然都涉及第三人,虽然目的都是清偿债务,但两者是完全不同的法律行为。

1. 履行与领受的主体不同

《民法典》第522条规定的由债务人向第三人履行债务，对民间借贷合同来说，作为债务履行主体的借款人不变，但出借人的债权由第三人领受；《民法典》第523条规定的由第三人向债权人履行债务，却与前者相反，出借人作为债权人不变，但借款债务由第三人履行。前者的第三人处于次债权人地位，而后者的第三人处于次债务人地位。

2. 为第三人设定权利义务不同

上述两种第三人都不是民间借贷合同的当事人，其权利义务都由借款人和出借人予以设立。但是，这两种第三人的权利义务截然不同。借款人和出借人按照《民法典》第522条的规定，给第三人设立的是权利，即第三人享有领受债权；双方当事人按照《民法典》第523条的规定，给第三人设立的是义务，即第三人向出借人履行还债义务。

五、由第三人履行债务与债务转移的区别

民间借贷债务转移在民间借贷合同中没有第三人履行借贷债务的内容，而在事后由第三人与借款人约定，经出借人同意后，借款人将债务转移到第三人身上，第三人成为真正的债务人。由第三人履行债务是借款人与出借人的约定，第三人没有参与民间借贷合同的订立，因而不是民间借贷合同的当事人，所以对第三人不一定产生效力，而其效力往往处于待定状态。出借人在第三人不履行债务或者履行债务不符合约定时，不得直接向第三人请求履行或者追究第三人的违约责任，而只能请求借款人履行。债务转移则不同，借款人将自己应当履行的还债义务转移给第三人，该债务一旦发生转移就能生效，债务人不仅脱离了债务内容，而且脱离了债务主体，出借人不得再向其请求偿还，而应当向新的债务人主张债权。而由第三人履行债务仅增加第三人为债务履行辅助人，借款人在第三人没有全部履行债务之前不脱离债务，借款人仍为债务人。

借贷风险提示

民间借贷当事人约定“由第三人履行债务”有利也有弊，但若操作不当也会出现法律风险。

1. 当事人约定“由第三人履行债务”，目的是由第三人代替借款人偿

还借款,届时,第三人没有履行债务能力,借款人不能解脱债务,反而应对出借人承担违约责任。

2. 约定"由第三人履行债务",虽然无须取得第三人同意,也无须第三人在合同中作为当事人出现,但应当基于一定的事由来拟制第三人义务。借款人如果与第三人毫无关系,无缘无故地与出借人约定由第三人履行债务,第三人就不可能代替借款人履行债务。因此,此种约定不仅没有意义和作用,反而有可能造成第三人声誉、信用等不良影响。

3. 有些借款人基于某些事由,如第三人欠借款人货款将来能够为代偿借款而与出借人约定由该第三人履行借款债务,借款人出于对该第三人的信赖,很可能会依赖第三人代偿借款债务,而自己偿还借款的思想准备不足,在借款到期时,若第三人未予代偿债务,借款人往往措手不及造成违约。

案例 7-4

☞ 案情简介

2018 年 9 月至 12 月,张某某与赵某合作承揽某某酒店装修工程,张某某负责出资,赵某负责与某某酒店签订合同并负责施工管理。在此期间,张某某投入资金后,通过赵某及某某酒店陆续收回部分投资,但尚有投资款本金 65,000 元未能收回。

2019 年 7 月 11 日,赵某给张某某出具借条约定,"今借到张某某现金 65,000 元"。后张某某找赵某催要该款项,赵某没有偿还能力。2020 年春节前,在张某某参与下,赵某与某某酒店口头协商约定:双方商定某某酒店以汽车一台抵顶部分工程款,再给付工程款 50,000 元,双方债务全部结清。此后,某某酒店向张某某交付了汽车一台,但下欠的工程款 50,000 元一直未能给付。

☞ 双方诉辩

2020 年 5 月,张某某向于洪区法院提起民间借贷纠纷诉讼,请求判令被告赵某偿还借款 65,000 元及利息(利息从起诉之日至全部履约之日止,按年利率 6% 计算)。

被告赵某辩称：原告提供的款项是原、被告合作经营期间的工程用款，本金没有收回来，尚欠65,000元。被告给原告打了欠条，后原、被告与某某酒店协商约定，由某某酒店给原告一台汽车，再给50,000元，双方之间的债务即结清。所以，被告不同意原告的诉讼请求，尚欠50,000元应由某某酒店付款。

于洪区法院认为：原、被告之间依据双方达成的口头协议，在承揽某某酒店装修工程项目上形成了事实上的合伙关系。工程结束后，由于原告张某某的投资款未能全部收回，被告向原告出具借条一份，将尚欠原告的投资款65,000元转化为借款。至此，双方之间形成了借款合同关系。此后，经原、被告及装修工程业主方某某酒店三方协商，达成了口头还款协议，某某酒店方先以汽车一台抵顶部分工程款，再支付尚余工程款50,000元。但该酒店方在将一台汽车交付给原告后，余款50,000元始终未能给付。

从三方法律关系上来说，原、被告之间系借款合同关系，被告与案外人某某酒店之间系承揽合同关系，三方达成的口头形式的以物抵债及还款协议，系由第三人向债权人履行债务的协议。《合同法》第65条规定，当事人约定由第三人向债权人履行债务的，第三人不履行债务或者履行债务不符合约定，债务人应当向债权人承担违约责任。本案中，第三方某某酒店未能全面履行协议约定的义务，尚欠50,000元工程款尚未支付。依据合同法的上述规定，案外人某某酒店未能向债权人张某某履行债务的部分，应由债务人即本案被告赵某承担给付责任。因此，被告赵某应偿还所欠原告借款50,000元。由于被告迟延履行给付义务，应承担违约责任。对于原告要求被告按年利率6%支付利息之诉讼请求，本院予以支持。

于洪区法院判决如下：

第一，被告赵某于本判决生效后3日内，偿还原告张某某借款50,000元及相应利息（利息从2020年5月25日起至实际给付之日止，按照年利率6%计算）；

第二，驳回原告张某某其他诉讼请求。

［根据沈阳市于洪区人民法院（2020）辽0114民初5679号民事判决书编写］

ESSENTIAL

6

要点6

借款人夫妻债务清偿

夫妻关系是基于婚姻而形成的一种自然人之间的特殊关系，这种关系不同于企业与企业之间的关系，也不同于合伙合作关系。当夫妻一方或双方对他人负有民间借贷债务时，该债务的归属和清偿在法律上也有特殊性。由于夫妻借款目的和用途不同，随之借款债务由谁清偿也不同，因此，夫妻借款清偿首先必须搞清夫妻借款的目的和用途，然后才能确定共同清偿或者个人清偿。

一、夫妻共同债务与个人财产的认定范围

夫妻共同债务是在婚姻关系存续期间夫妻双方或其中一方为夫妻共同生活对第三人所负的债务。夫妻个人债务是指夫妻约定为个人负担的债务或者一方从事无关家庭共同生活时所产生的债务。在民间借贷中，依法正确认定夫妻共同债务或者夫妻个人债务，对出借人实现借款债权和夫妻清偿借款债务有重要的影响。

1. 夫妻共同债务的认定

《民法典》第1064条第1款规定："夫妻双方共同签名或者夫妻一方事后追认等共同意思表示所负的债务，以及夫妻一方在婚姻关系存续期间以个人名义为家庭日常生活需要所负的债务，属于夫妻共同债务。"根据规定，

在民间借贷中，夫妻双方共同债务的形成有以下两类情况：

一是共同意思表示借款所负的债务，即夫妻双方共同签名或者夫妻一方事后追认的借款债务。例如，夫妻双方作为共同借款人向出借人借款，在给出借人出具借条上夫妻双方都做了签名。又如，夫妻一方向出借人借款，在给出借人出具借条上只有夫妻一方签名，但事后配偶追认的。由此形成的债务，不论借款是否用于家庭日常生活，都是夫妻共同债务。

二是为家庭日常生活需要借款所负的债务。这类借款债务，不论是夫妻共同所负，还是夫妻一方所负，都属于夫妻共同债务。但是，夫妻一方在婚姻关系存续期间以个人名义超出家庭日常生活需要借款所负的债务，不属于夫妻共同债务。夫妻一方借款，出借人主张夫妻共同债务，而配偶认为是借款方个人债务的，出借人能证明夫妻一方借款用于夫妻共同生活、共同生产经营或者基于夫妻双方共同意思表示的，应当认定为夫妻共同债务，如果不能证明的，则应认定为借款方的个人债务。

2. 个人债务的认定范围

除上述夫妻共同债务外，其他债务通常都被认定为配偶一方个人债务：

《民法典》第 1065 条第 3 款规定，夫或者妻一方对外所负的债务，相对人知道该约定的，以夫或者妻一方的个人财产清偿。

第 1089 条规定，离婚时，夫妻共同债务应当共同偿还。共同财产不足清偿或者财产归各自所有的，由双方协议清偿；协议不成的，由人民法院判决。

2020 年 12 月 25 日最高人民法院审判委员会第 1825 次会议通过了《最高人民法院关于适用〈中华人民共和国民法典〉婚姻家庭编的解释（一）》（法释〔2020〕22 号，自 2021 年 1 月 1 日起施行）。这个解释虽然对婚姻家庭的有关问题做了解释，但未涉及夫妻共同债务和夫妻个人债务的具体问题。故在夫妻共同债务和夫妻个人债务的新司法解释出台之前，我们可以参照司法实践来认定夫妻个人债务。

（1）夫妻一方的婚前债务；

（2）夫妻一方未经对方同意，擅自资助没有抚养义务的人所负的债务；

（3）夫妻一方未经对方同意，独自筹资从事生产或者经营活动所负的债务，且其收入确未用于共同生活的债务；

（4）遗嘱或者赠与合同中确定只归夫妻一方的财产，附随此份遗嘱或者赠与合同的债务也应当视为个人债务；

(5)夫妻双方约定由个人承担的债务;

(6)夫妻一方因个人不合理的开支所负的债务,或者夫妻分居期间所负的债务;

(7)夫妻一方在婚姻关系存续期间以个人名义超出家庭日常生活需要所负的债务,但债权人能够证明该债务用于夫妻共同生活、共同生产经营或者基于夫妻双方共同意思表示的除外;

(8)其他依法应当由个人负担的债务。

二、婚姻关系存续期间夫妻共同债务的清偿

在婚姻关系存续期间形成的夫妻共同债务应当共同偿还。共同偿还对夫妻双方而言实际上是连带清偿责任,不分份额,也不分先后顺序,夫妻任何一方应当根据债权人的要求以共有财产清偿;夫妻共有财产不足清偿的,以一方个人财产清偿;一方个人财产不足以清偿时,由另一方个人财产清偿。

在民间借贷实践中遇到的问题是,夫或妻一方作为借款人所负的债务以何方财产清偿?《民法典》第1065条第3款规定:"夫妻对婚姻关系存续期间所得的财产约定归各自所有,夫或者妻一方对外所负的债务,相对人知道该约定的,以夫或者妻一方的个人财产清偿。"据此规定,在婚姻关系存续期间,以一方名义对外所负的民间借贷债务,出借人知道借款人夫妻对婚姻关系存续期间所得的财产约定归各自所有的,以借款人夫或者妻一方的个人财产清偿;出借人如果不知道该约定的,则应由夫妻共同财产清偿。

三、离婚时的债务清偿

夫妻离婚时,夫或妻的个人债务由个人清偿,两者不发生牵连关系。关于夫妻负有共同债务的情况下离婚的,《民法典》第1089条规定:"离婚时,夫妻共同债务应当共同偿还。共同财产不足清偿或者财产归各自所有的,由双方协议清偿;协议不成的,由人民法院判决。"根据这条规定,在离婚时,夫妻关系存续期间所负的共同债务应当以共同财产清偿。如果在离婚时,未以共同财产清偿,或者共同财产不足清偿,或者财产归各自所有的,有两种处理方法,即首先应由双方协议清偿,协议不成的再由法院判决。

在实践中,我们经常遇到这样一种情况:夫妻在离婚时约定由一方个人

承担债务。夫妻在婚姻关系存续期间可以约定双方的共同债务由个人承担,这对夫妻内部是具有约束力的,但夫妻财产适用法定的所得共有制,夫妻对共同债务都负有连带清偿责任。如果这种债务转移,未取得债权人同意,对债权人就不具有约束力,不能向外对抗债权人,否则将会损害债权人的利益,所以,债权人仍然有权要求就原夫妻所负共同债务承担连带清偿责任。夫妻如果以逃避债务为目的而离婚,在离婚时约定由个人承担债务的,属于“恶意串通,损害第三人利益”的无效民事行为,因而不具有法律效力,债权人仍有权要求原夫妻承担连带清偿责任。

四、离婚后共同债务的清偿

夫妻离婚后,通常不再产生新的夫妻共同债务,但因原财产的处理、子女抚养等因素,也可能要处理新旧共同债务问题。例如,(1)离婚时双方未对婚姻关系存续期间共同所负债务作出处理,离婚后债权人主张债权;(2)夫妻双方的离婚协议或者法院的判决书、裁定书、调解书虽已经对夫妻财产分割问题作出处理但未清偿,离婚后债权人追索或者法院强制执行;(3)未成年子女侵犯他人权益所致的债务等。

离婚后原有的夫妻共同债务尚未清偿的,应当按照离婚协议或者法院的判决书、裁定书、调解书执行。离婚协议或者法院的判决书、裁定书、调解书尚未确定的,债权人仍可以夫妻共同债务主张债权。

对离婚后未成年子女侵犯他人权益所致的债务清偿问题,同该子女共同生活的一方应当承担民事责任,如果其独立承担民事责任确有困难的,法院可以判令未与该子女共同生活的一方共同承担民事责任。

借贷风险提示

夫妻债务清偿对出借人的债权构成的法律风险,主要是一方借款属于个人债务,其配偶是否共同承担清偿责任的问题。

在以下三种情况下,出借人要求夫妻共同偿还借款的主张不能成立,借款一方的个人财产如果不足清偿债务的,其配偶有权拒绝代偿,此造成债权不能全部实现的损失,只能由出借人自行承受:

1. 夫妻约定各自所得的财产归各自所有,夫或妻一方以个人名义借款且不用夫妻共同生活,出借人对此明知而提供借款;

2. 借款一方在婚前借款,出借人不能证明借款一方的借款用于婚后家庭共同生活,但要求夫妻共同偿还;

3. 出借人明知借款一方借款用于违法活动(如赌博),但要求夫妻共同偿还。

夫妻以逃避债务为目的,恶意串通假离婚转移财产,出借人如不能及时通过法律途径保护债权的,就很有可能造成债权损失。

案例7-5

☞ 双方诉辩

蒋A系蒋B父亲,蒋B、冯某某系夫妻关系。

2020年4月,蒋A以蒋B、冯某某为被告,向巢湖市法院提起民间借贷纠纷诉讼称:被告蒋B、冯某某因购买××名郡8号楼2404室房屋,需支付"首付"和房屋装修等款项,向原告蒋A借款。原告于2016年2月18日、2016年2月22日分两次直接汇款475,817元给××名郡售楼部。后原告又为两被告垫付房屋装修款135,000元,为两被告垫付购买家用电器、家具款42,000元。两被告于2019年就××名郡8号楼2404室房屋办理了产权登记。现两被告夫妻关系近似破裂,原告恐两被告拒绝偿还借款,故于2020年2月28日要求被告蒋B补写了借条。请求法院判令两被告归还借款650,000元。

被告蒋B辩称:2016年因与被告冯某某买房需要,原告支付购房款,后蒋B补写借条,总共借了470,000余元;后期装潢也是原告付钱;蒋B和冯某某只付了10,000元用于购买餐桌和沙发,其他的家电家具购买都是原告付款。

被告冯某某辩称:购房款470,000余元并未明确是赠与还是借款,愿与被告蒋B共同偿还;买家电以及装潢费用系冯某某和蒋B支付,期间原告支付了20,000元。

☞ 查明事实

巢湖市法院经审理查明:2016年,原告蒋A为两被告支付购房款475,817元、装修款135,000元、家具家电款20,000元,合计630,817元。蒋

A 主张借款 650,000 元，但冯某某对余款 19,183 元，认为不是夫妻共同债务。

2020 年 2 月 28 日，蒋 A 要求被告蒋 B 补写借条，蒋 B 便向蒋 A 出具一张借条，该借条载明借款 470,000 余元，还备注该款用于支付 2016 年购房款、房屋装修及购买家用电器等家庭共同生活支出。

坐落于××名郡 8 号楼 2404 室房屋登记在被告蒋 B、冯某某名下。被告蒋 B 与冯某某于 2018 年 4 月 11 日登记结婚，购房款借款事实发生于两被告婚前，装修费用及家具家电款项支付均发生于两被告婚姻关系存续期间。

☞ **法院判决**

巢湖市法院认为，《最高人民法院关于审理涉及夫妻债务纠纷案件适用法律有关问题的解释》第 2 条规定，夫妻一方在婚姻关系存续期间以个人名义为家庭日常生活需要所负的债务，债权人以属于夫妻共同债务为由主张权利的，人民法院应予支持。被告蒋 B 在夫妻关系存续期间以个人名义出具借条，备注该款用于支付 2016 年购房款、房屋装修及购买家用电器等家庭共同生活支出。

本案着重审查该 650,000 元借款是否均用于两被告的夫妻共同生活，以确定冯某某应承担还款责任的债务范围。

原告蒋 A 为两被告支付购房款 475,817 元、装修款 135,000 元、家具家电款 20,000 元，合计 630,817 元，该款用于两被告的家庭共同生活，依法应由两被告共同还款。借条记载的余款 19,183 元，仅有蒋 B 个人签字确认，冯某某未予追认，且原告未能证明该款用于两被告的夫妻共同生活、共同生产经营，现原告主张该款由被告冯某某与蒋 B 共同归还，于法无据。该 19,183 元借款蒋 B 予以认可，应系蒋 B 的个人债务，应由蒋 B 以个人财产偿还。

巢湖市法院判决如下：

第一，被告蒋 B、冯某某于本判决生效之日起 15 日内归还原告蒋 A 借款 630,817 元；

第二，被告蒋 B 于本判决生效之日起 15 日内归还原告蒋 A 借款 19,183 元；

第三，驳回原告蒋 A 的其他诉讼请求。

[根据巢湖市人民法院(2020)皖 0181 民初 1153 号民事判决书编写]

案例7-6

☞ 案情简介

2013年6月7日,张某某(女)与李某某登记结婚。2014年4月18日,李某某向黄某某借款40万元作为资金周转并立下"借条"一张给黄某某,该"借条"载明:借款期限2个月,到期之日一次性归还借款。借款到期后,李某某没有按约还款。

黄某某以李某某、张某某为被告、以夫妻共同债务为由,向海城区法院提起诉讼,请求法院判令:(1)被告李某某、张某某归还原告借款本金40万元及利息;(2)李某某、张某某对上述付款义务承担连带偿还责任。

☞ 一审判决

海城区法院认为:黄某某出具40万元有李某某出具的"借条"证实,对李某某借到黄某某40万元没有偿还的事实予以确认。李某某没有按期还款应当按中国人民银行同期类贷款利率,从2014年6月19日起计算支付逾期还款利息给黄某某。张某某与李某某是夫妻关系,李某某向黄某某借款40万元是在张某某、李某某婚姻关系存续期间的借款,属于夫妻共同债务,黄某某请求张某某、李某某共同偿还,依法有据,应予支持。

海城区法院判决:李某某、张某某应当归还借款40万元及支付利息(利息以40万元为计算基数,按中国人民银行同期同类贷款利率,从2014年6月19日起计算支付逾期还款利息至判决生效确认还款之日止给黄某某)。

☞ 申诉理由

张某某不服上述判决向北海市中级法院提起申诉,北海市中级法院裁定提审本案。

张某某申诉称:张某某对李某某的借款不知情,李某某在借款后于2014年6月离家出走,音讯全无;李某某的借款不属于夫妻共同债务,该款项没有用于家庭开支,张某某和李某某结婚期间,李某某没有稳定的收入来源,全靠张某某的工资维持生活,李某某曾于2013年因为赌博被海城公安分局抓获并处以罚款;2018年8月10日,李某某出具的《申明》说明借款是用于赌博,李某某的借款完全属于个人债务,因此,不应当由夫妻共同承担。

黄某某再审辩称:张某某对于该借款事实是清楚的,根据《婚姻法》的相关规定,该借款属于夫妻共同债务,而且张某某作为公职人员的收入无法满足正常的生活开支,不足部分必然由李某某承担,因此李某某、张某某应对40万元借款承担连带还款责任。

再审期间,张某某提交以下新证据:(1)2018年8月10日李某某出具的《申明》及快递单,证明李某某的借款属于个人借款,该借款并没有用于夫妻共同生活,而是用于赌博;(2)合浦县法院××初字第××号民事判决,证明张某某与李某某于2015年7月9日已经离婚;(3)海城公安分局《公安行政罚款通知书》证明李某某于2013年因赌博被公安机关罚款。

☞ **再审判决**

北海市中级法院再审认为,李某某与黄某某之间的借款事实,有黄某某提供的借条、借款协议、银行出具的业务凭证及黄某某网银转账记录、账户流水予以证实,且李某某出具《申明》对该借款予以认可,故李某某与黄某某之间成立民间借贷法律关系。李某某未提供还款记录的相关证据,故李某某应对40万元借款承担偿还借款并支付利息的合同责任。

关于张某某是否共同承担该笔借款的偿还义务问题,涉案借款虽发生在李某某与张某某的婚姻关系存续期间,但根据《最高人民法院关于审理涉及夫妻债务纠纷案件适用法律有关问题的解释》第1条"夫妻双方共同签字或者夫妻一方事后追认等共同意思表示所负的债务,应当认定为夫妻共同债务"及第3条"夫妻一方在婚姻关系存续期间以个人名义超出家庭日常生活需要所负的债务,债权人以属于夫妻共同债务为由主张权利的,人民法院不予支持,但债权人能够证明该债务用于夫妻共同生活、共同生产经营或者基于夫妻双方共同意思表示的除外"的规定,本案40万元借款属于大额举债,已经明显超出家庭日常支出范围,借条及借款协议均没有张某某的签字确认,黄某某亦未能举证证明张某某对该借款予以追认,且未能证实涉案借款用于李某某和张某某家庭生活开支,故按照上述法律规定,黄某某主张该笔债务属于共同债务证据不足。另外,李某某与张某某于2013年6月7日登记结婚,2014年6月李某某离家出走,2015年4月15日经合浦县法院判决离婚,双方在一起生活的时间不到一年,李某某又曾因赌博被海城公安分局行政处罚,且李某某出具的《申明》中李某某自认该借款并没有用于夫妻共同生活,而是用于赌博,故对黄某某要求张某某共同偿还上述债务的主张,本院不予支持。

北海市中级法院再审认定,一审判决认定有误,张某某的再审请求有事实和法律依据,本院予以支持。于是判决:撤销一审判决,李某某偿还借款40万元及支付利息,驳回黄某某的其他诉讼请求。

[根据广西壮族自治区北海市中级人民法院(2019)桂05民再60号民事判决书编写]

ESSENTIAL

7

要点 7

继承人清偿被继承人债务

现在还有一些人坚持“父债子还”的观点，不论被继承人有无遗产，其晚辈子女都要为其父母还债。我国继承法早就否定了这一旧习俗，实行限定继承原则，继承人只对被继承人生前所负债务承担有限清偿责任。借款人死亡，如有遗产的，民间借贷债务不因借款人死亡而消灭，继承人应当在继承财产的范围内偿还被继承人的债务。借款人死亡无遗产的，除其晚辈子女自愿偿还外不负还债义务。

一、限定继承原则对债务清偿的适用

根据继承法规定，被继承人死亡后遗留的财产权利和财产义务一并由继承人承受，故被继承人生前所负债务也应当由继承人清偿，但继承人承受被继承人债务实行限定继承原则。

《民法典》第 1161 条第 1 款规定：“继承人以所得遗产实际价值为限清偿被继承人依法应当缴纳的税款和债务。超过遗产实际价值部分，继承人自愿偿还的不在此限。”据此规定，继承人清偿被继承人的债务“以所得遗产实际价值为限”，这就是债务限定继承原则。对民间借贷而言，被继承人死亡后，继承人继承被继承人的遗产，应当负有清偿被继承人生前所负债务的义务，但不能强制继承人清偿超过其所得遗产的实际价值的债务，继承人对

超出部分可以拒绝清偿。例如,父亲负有100万元民间借贷债务,但有实际价值80万元的房产,儿子继承了该房产,就应同时承受80万元的借款债务,对被继承人另20万元借款债务不负清偿责任。

二、清偿被继承人债务的几种例外情况

继承人清偿被继承人的债务,如果出现以下几种例外情况,则不适用限定继承原则:

1. 继承人自愿清偿

继承人与被继承人一般都有血缘上的关系,被继承人使用借款,有的还与继承人有直接利益关系,如为抚养子女,为子女上学,为子女建房等而举债,因此,不少继承人在所继承遗产价值不足以清偿被继承人债务的情况下,自愿清偿被继承人所负的全部债务。《民法典》第1161条第1款规定,“超过遗产实际价值部分,继承人自愿偿还的不在此限”。据此,继承人自愿向债权人偿还超过其所得遗产实际价值的债务,事后反悔要求返还的无效。

2. 所得遗产实际价值足够清偿

继承人所得遗产实际价值等于或者超过被继承人负债总额的,因遗产实际价值足以清偿被继承人的债务,故继承人应当全部清偿被继承人的债务。

3. 继承人明确表示放弃继承

继承人明确表示放弃继承,债务履行主体不发生变化,即继承人不承担清偿被继承人债务的责任,出借人只能就被继承人(借款人)遗留财产受偿。如果被继承人无遗留财产,其借款债务归于消灭。

三、共同继承人清偿被继承人债务的处理

被继承人的遗产由两个或者两个以上继承人继承的,这些继承人为共同继承人。共同继承人清偿被继承人债务有以下三种方法:

1. 在继承前以遗产清偿

被继承人死亡后至遗产分割继承前,共同继承人为了避免遗产继承或者遗留债务清偿纠纷,可以先就被继承人所负债务和遗产价值进行清算,以遗产清偿被继承人所负的债务,然后将剩余遗产进行分割继承。

2. 先分债务后分遗产

共同继承人可以协议，先分担被继承人的债务，后根据分担被继承人债务的情况，再分割被继承的财产，然后，在取得债权人同意的情况下，按份清偿被继承人的债务。

3. 按照继承遗产比率分担

在没有协议分担或者协议分担不成的情况下，取得债权人同意的，可以按照继承遗产的比率分担债务。譬如，一个继承人继承60%遗产，那么承担被继承人60%的债务，另一个继承人继承40%遗产，那么承担被继承人40%的债务。

共同继承人分担被继承人的债务是继承人内部按份分担债务，如果已经取得债权人同意，则对债权人有效；如果未取得债权人同意或者债权人反对的，共同继承人则对被继承人的债务仍负连带清偿责任，而不得以内部已经分担债务份额为由对抗债权人向其追索连带债务。但债权人向共同继承人主张连带债务仍应以各继承人所得遗产实际价值为限。

四、按照不同继承方式清偿债务

我国继承方式主要有法定继承、遗嘱继承和遗赠。对这几种不同继承方式，应当按照具体情形清偿被继承人的债务。

被继承人的遗产一部分被遗赠，另一部分被遗嘱继承，其余被法定继承的，在清偿被继承人债务时，首先由法定继承人用其所继承的遗产清偿；法定继承人所继承的遗产不足以清偿的，剩余债务由遗嘱继承人和受遗赠人按其所得财产的比例分别清偿。没有法定继承而有遗嘱继承和遗赠的，由遗嘱继承人和受遗赠人在所得遗产价值范围内按比例分别清偿。

借贷风险提示

借款人死亡后，出借人的债权有可能发生以下几个主要法律风险：

1. 借款人死亡无遗产，其晚辈子女不负清偿其债务责任，借款债权债务消灭，出借人不能实现债权。

2. 借款人有遗产但不足以清偿债务，根据限定继承原则，继承人对被继承人的剩余债务不承担清偿责任，出借人的剩余债权不能实现。

3. 出借人同意共同继承人分割遗产并分担债务后,但若其中一个或部分继承人不能清偿其份额债务,出借人不能再要求处理其他继承人取得的遗产清偿债务,也不能要求其他继承人代为清偿债务,结果会使这部分债权不能实现。

4. 被继承人留有遗产同时留有债务,多个继承人在继承遗产和继受债务时,如果发生纠纷,则应努力通过自行协商或者进行调解解决问题,不宜直接提起诉讼,以免矛盾激化而影响团结。

案例7-7

☞ 案情简介

刘A系刘B的大姐,刘C系刘B女儿(唯一第一顺位继承人)。

刘B生前因需要补交养老保险费用,向大姐刘A借款3万元,向其二姐借款2万元,因双方系姐弟关系,故采取口头形式约定,刘B领取养老金后,用养老金分期归还借款。刘A和刘B二姐分别于2018年11月24日将借款转到弟弟刘D银行卡内。2018年11月26日,刘D从银行卡内取出5万元现金,于同日向刘B养老保险账户存入49,327.90元。刘B去世后,2019年4月24日社会保险事业管理局向继承人刘C账户转入被继承人刘B养老保险返还金77,819.54元,刘C继承此遗产后没有向刘A清偿债务。

刘A向绥棱县法院提起被继承人债务清偿纠纷诉讼,请求判令被告刘C在继承刘B遗产范围内偿还刘B欠原告借款3万元。

☞ 一审判决

绥棱县法院认为:根据《继承法》第33条第1款“继承遗产应当清偿被继承人依法应当缴纳的税款和债务,缴纳税款和清偿债务以他的遗产实际价值为限。超过遗产实际价值部分,继承人自愿偿还的不在此限”的规定,现被告刘C作为被继承人刘B唯一的继承人继承了77,819.54元遗产,故被告刘C依法应当在继承遗产范围内承担清偿债务的义务。虽然该笔借款原告与借款人刘B约定归还期限为刘B领取养老保险金后用养老保险金分期归还,但参照《合同法》第94条“有下列情形之一的,当事人可以解除合同:……(四)当事人一方迟延履行债务或者有其他违约行为致使不能实现合同目的……”的规定，因借款人刘B在借款约定的清偿期限前去世，借款人将来已不能亲自承担清偿债务的义务，且该养老保险退还金已支付给被告刘C，由被告刘C占有、支配，故原告刘A与借款人刘B建立的民间借贷合同关系基础已经发生重大的变化，使债权人的债权陷入不安的状态，现被告刘C不同意清偿该笔债务，可以认定原借款合同关系已不能实现目的，原告有权提前解除合同关系。综上，原告刘A提出的被告刘C在继承刘B遗产范围内偿还刘B欠原告借款3万元的诉讼请求，符合法律规定，应予支持。

绥棱县法院判决：被告刘C于本判决生效之日起10日内在继承被继承人刘B 77,819.54元现金的范围内清偿原告刘A借款30,000元。

☞ 上诉理由

刘C不服一审判决向绥化市中级法院上诉称：刘B系独自向社保单位支付的养老保险金。社保向上诉人支付了退返的养老保险金，但该证明与被上诉人刘A的诉请不具有关联性和因果关系。通话录音是上诉人与被上诉人之间的通话，只是表明上诉人听其老叔讲的是其老叔为上诉人父亲支付的养老保险金，但实际并不清楚上诉人老叔所说的话的真伪。原审法官用自由推断的自由心证来认定证据，未依据生活常识、行为逻辑和客观规律来认定与采信证据；被上诉人与他人恶意串通，实施了虚假诉讼。请求依法撤销一审判决，改判驳回原审原告诉请，原审原告系虚假诉讼。

☞ 二审判决

绥化市中级法院认为，上诉人刘C系被继承人刘B之女。被上诉人刘A为主张其与被继承人刘B债务关系成立，提交了刘C的电话录音、刘D的银行账户对账单、刘B养老保险缴费流水单。上述证据已形成完整的证据链，足以证实被继承人刘B生前向被上诉人刘A借款3万元的事实。与此同时，上诉人刘C作为刘B的遗产继承人，亦不否认其继承了刘B的遗产。据此，上诉人刘C应在继承遗产的范围内依法承担清偿被继承人刘B债务的义务。

绥化市中级法院判决：驳回上诉，维持原判。

［根据黑龙江省绥化市中级人民法院（2020）黑12民终761号民事判决书编写］

ESSENTIAL

8

要点 8

民间借贷债务抵销

民间借贷债务抵销，是指出借人与借款人相互之间都有债权与债务时，各自以自己的债务相抵自己的债权，从而消灭债权债务的一种方式。民间借贷债务抵销适用《民法典》第 568 条、第 569 条和第 549 条的规定。

一、民间借贷债务抵销的存因

在民间借贷中，出借人与借款人互负债务的情况并不多见，原因是借款人向出借人借钱后，出借人需要用钱时都向借款人主张债权，而不会反过来向借款人借钱；借款人在对出借人负债的情况下，将钱交付给出借人，通常是用来清偿债务，而不可能反过来将钱借给出借人。但在现实生活中不能绝对排除两者互负民间借贷债务的情况，譬如，借款人向出借人借款后，因时间较长忘记了，出借人不好意思向其讨债，反过来以自己缺钱为借口向借款人借款，这就形成了互负民间借贷债务的情况。在这种情况下，待事实清楚后，可以采取抵销方式来处理相互的债权债务关系。

从现实情况来看，出借人与借款人互负债务，绝大多数是借款人向出借人借钱的前后，借款人对出借人享有其他债权。例如，借款人向出借人借钱 20 万元，而该出借人后来欠该借款人货款 20 万元。又如，借款人向出借人借款用于购买房屋，后又将所购房屋出卖给出借人，双方将借款抵销房价款。在这两例情况下,双方都是金钱之债,债务标的种类相同,完全可以抵销。

民间借贷债务的抵销,按照产生的依据不同可分为法定抵销和约定抵销,按照抵销标的物的不同可分为金钱抵销和财物抵销,按照抵销数量不同可分为全部抵销和部分抵销。

二、民间借贷债务的法定抵销

这里的法定抵销,是指一方当事人按照法律规定的条件通知对方抵销就使一定数额的债权债务相互归于消灭的一种方式。《民法典》第568条第1款规定:"当事人互负债务,该债务的标的物种类、品质相同的,任何一方可以将自己的债务与对方的到期债务抵销;但是,根据债务性质、按照当事人约定或者依照法律规定不得抵销的除外。"第2款规定:"当事人主张抵销的,应当通知对方。通知自到达对方时生效。抵销不得附条件或者附期限。"这是债务法定抵销的规定。就民间借贷而言,出借人与借款人互负金钱债务的,任何一方都可以主张抵销,且无须对方同意,抵销通知到达对方时就能产生效力。法定抵销的意义在于,单方就可行使抵销权,而无须对方同意。

1. 法定抵销的构成条件

当民间借贷当事人之间互负债务时,一方当事人单方行使抵销权的,应当具备以下两个基本条件:

一是当事人之间必须存在互负合法有效的债务。非法的、未生效的、无效的和失效的金钱之债均不能采取法定方式抵销。特别是非法债务,如借款人向出借人借款后与出借人赌博,出借人欠借款人赌债,因赌债是非法债权债务,不受法律保护,所以不能与正常的借款抵销。

二是互负债务必须为金钱之债,且币种相同。如果采取法定方式抵销民间借贷之债,因民间借贷的标的物为金钱,那么对方债务也必须是金钱之债,而不能以实物抵销金钱之债,这才符合"该债务的标的物种类、品质相同"的要求。以同等数额的金钱债权抵销金钱债务,简单明了,不易发生争议。金钱与实物抵销显得复杂些,容易就价款、所有权等问题发生异议,故不宜单方通知抵销,而应采取以物抵债方式进行。民间借贷之债的法定抵销,不仅要求互负债务的标的物为金钱,而且要求币种相同,如两个互负的债务标的物同为人民币,或者同为美元,可以相互抵销。如果一方债务为人民币,而另一方债务为美元,通常不可适用法定抵销,否则,就有可能会违反外汇管理规定,或者因兑换价问题而损害对方利益,但可协议抵债。

关于抵销债务是否以到期为条件问题。原《合同法》第99条第1款规定"当事人互负到期债务"的才可以抵销,而《民法典》第568条第1款规定"当事人互负债务,该债务的标的物种类、品质相同的,任何一方可以将自己的债务与对方的到期债务抵销"。根据《民法典》这一规定,一方债务未到期的也可以与对方的到期债务进行法定抵销,也就是说,一方债务不论是否到期都可以与对方的到期债务进行法定抵销,但其中一方债务必须已经到期,双方债务均未到期的,在《民法典》施行后不可法定抵销,否则将会损害对方的期待利益。

2. 法定抵销权的行使

《民法典》第568条第2款规定:"当事人主张抵销的,应当通知对方。通知自到达对方时生效。抵销不得附条件或者附期限。"据此规定,一方行使法定抵销权应当采取通知方式到达对方,至于抵销通知采取书面形式还是口头形式,因《民法典》未作规定,故书面和口头两种形式均可适用,但规范的做法应当采取书面形式,若采取口头形式通知,对方如果否认已经通知的,则会引起债务抵销是否生效的纠纷。

债务抵销通知应当直接到达对方当事人,通知到达对方当事人时即发生法律效力。对方当事人认为,债务抵销侵害其合法利益的,则可提起诉讼,请求法院予以解决。但是,当事人已经约定不得抵销的,根据当事人意思自治原则,一方当事人未经对方同意,不得单方行使抵销权。

3. 对方提出抵销异议

一方通知抵销债务,对方如有异议的,可以提出抵销异议。关于提出抵销异议的期限问题,在《民法典》相关司法解释未作出规定前,根据原《合同法》作出解释的《最高人民法院关于适用〈中华人民共和国合同法〉若干问题的解释(二)》第24条规定值得参照,即当事人已经约定抵销异议期限的,则应在约定期限内提出异议,超过约定异议期限才提出异议并向人民法院起诉的,法院不予支持。当事人没有约定异议期间,该条规定期限为3个月,即一方当事人在债务抵销通知到达对方当事人之日起3个月后才向法院起诉的,法院不予支持。

三、民间借贷债务的协议抵销

协议抵销，即合意抵销，是指双方当事人在互负债务、互享债权的情况下，经协商一致，将债权债务相抵并使之归于消灭的一种方式。根据当事人意思自治原则，法定抵销并不排除协议抵销，也就是说，在具备法定抵销条件的情形下，只有双方当事人自愿也是可以协议抵销的。但这里的协议抵销主要是指《民法典》第569条“当事人互负债务，标的物种类、品质不相同的，经协商一致，也可以抵销”的规定。在标的物种类、品质相同的情况下，一方不愿意协议抵销，另一方可以单方通知抵销。但标的物种类、品质不相同的，只能协议抵销，而不能单方通知抵销。

协议抵销的构成条件有两点与法定抵销是相同的，即当事人之间互负合法有效的债务和没有依照法律规定或者依照合同性质不得抵销的情况。但协议抵销体现当事人意思自治，不拘束于法定抵销的其他条件。法定抵销权的行使是单方当事人表示意思的行为，而协议抵销是双方当事人协商一致，形成抵销合意的行为。

民间借贷的协议抵销，其中一方当事人抵销的债务必定是金钱债务，而另一方当事人可以用财物来抵销，也可以用劳务来抵消，是否接受财物抵销金钱之债，则由双方自愿协商。

法定抵销要求一方当事人的债务应当到期，而协议抵销则不受这个条件的限制，双方债务均未到期，或者双方互负的债务均已到期，经双方当事人协商一致，也可相互抵销。

四、债权转让后的债务抵销

上面阐述的是常态下的债务抵销问题，当借款债权发生转让时，因标的物金钱性质不变，故在债务人与债权受让人之间也可以在一定条件下抵销金钱债务。《民法典》第549条规定，有下列情形之一的，债务人可以向受让人主张抵销：(1)债务人接到债权转让通知时，债务人对让与人享有债权，且债务人的债权先于转让的债权到期或者同时到期；(2)债务人的债权与转让的债权是基于同一合同产生。根据规定，在民间借贷活动中，在借款人对出借人享有金钱债权的情况下，即使出借人向受让人转让了对借款人享有的债权，借款人在一定条件下也可以向受让人主张抵销其对出借人享有的债权。譬如,在借款人对出借人享有的债权先于出借人转让的债权到期或者同时到期的情形下,借款人接到出借人债权转让通知时,借款人可以向债权受让人主张抵销,从而使借款人对出借人享有的债权不受出借人转让债权而遭到损害。但上述规定是对单方主张抵销而言的,如果是协议抵销,则不受上述规定的条件限制。

双方相互债务全部抵销的,当事人之间的债权债务关系消灭;只是部分债务抵销的,债务人对剩余债务仍需履行。

案例7-8

☞ 案情简介

刘某某曾系某某实业公司(以下简称实业公司)员工。2012年4月24日,刘某某因公务出差国外所需,向本单位实业公司借支现金5万元,同年4月27日,实业公司通过银行转账向刘某某转款5万元。实业公司处持有的《借款清算卡》附件明确载明,“刘某某同志,你2012年4月24日借款5万元,现已结算清楚,此致,会计员(签名被涂画)年(被涂画)月(被涂画)日(被涂画)”。2012年8月16日,刘某某以个人借款为由向实业公司借款35万元,经实业公司主管领导批准同意后,同年8月17日,实业公司通过银行向刘某某转款35万元。2018年11月7日,实业公司曾以不当得利纠纷为由向雁江区法院起诉,要求刘某某偿还案涉款项,因未预交案件受理费,被法院按撤回起诉处理。

☞ 双方诉辩

2020年5月,实业公司向雁江区法院提起民间借贷纠纷诉讼,请求法院判令被告刘某某返还借款本金40万元及利息(按照年利率6%,从2018年11月7日开始计算至付清之日止)。

本案在2020年5月8日庭审当天,被告刘某某以原告持有2012年8月16日双方约定了还款日期的《借款申请书》为由,向法院申请调取《借款申请书》,原告实业公司在庭审中当庭否认有此《借款申请书》,雁江区法院在庭审中经向双方当事人询问调查后,当庭告知调取《借款申请书》申请不予支持。

被告刘某某辩称:原告出示的2012年4月24日借支5万元,实际并不是被告的个人借款,而是被告因公出差办理签证所需费用,此费用双方已经结算清楚,不是民间借贷,不受民法调整,应予驳回此项起诉。2012 年 8 月 16 日借支的 35 万元,双方约定在 2012 年 12 月底之前归还,由于原告实业公司尚欠被告工资 30 余万元没有支付,已经进行了抵销。故请求法院驳回原告对借支 35 万元的诉请。

☞ 一审判决

雁江区法院认为,本案的争议焦点是:原、被告之间是否存在合法的民间借贷关系?如果存在目前借贷本金数额是多少?被告抗辩债权、债务的抵销事实是否存在?

关于焦点一,通过双方的庭审陈述及对证据的分析认定,能够确认被告刘某某在 2012 年 8 月 16 日向原告实业公司申请 35 万元用于个人所用,经原告实业公司的相关主管领导批准后,原告实业公司在 2012 年 8 月 17 日向被告在农业银行的个人账户上转款 35 万元,故上述事实证明了原、被告之间合法借贷关系的存在。2012 年 4 月 24 日,被告因公务所需向原告公司借支 5 万元,根据原告实业公司掌管持有的《借款清算卡》显示的内容,可以分析出在本案受理之前已经结清此款项。

关于焦点二,由于被告在庭审中没有提供任何证据证明双方对 2012 年 8 月 16 日借支 35 万元的约定的还款期限是在 2012 年 12 月底之前,原告实业公司亦当庭否认约定了具体的还款时间,故原告实业公司可以随时要求被告偿还此项借款。

关于焦点三,由于被告在庭审中抗辩的原告实业公司尚欠被告工资及劳动合同解除后的相关补偿问题为劳动争议纠纷,与本案审理的民间借贷系不同性质的法律关系,且被告在庭审中并未举证证明双方进行过协商处理,故对被告在庭审中抗辩其有权进行债权、债务的抵销,不予采信。原、被告双方的劳动争议可以另行协商或按照法律规定另案起诉。

雁江区法院认定,被告应当偿还原告公司借款本金 35 万元,此外,根据原《最高院民间借贷规定》第 29 条第 2 款第 1 项“既未约定借期内的利率,也未约定逾期利率,出借人主张借款人自逾期还款之日起按照年利率 6% 支付资金占用期间利息的,人民法院应予支持”的规定,对原告实业公司要求被告支付利息之请求,予以支持。

雁江区法院判决如下:

第一,被告刘某某于本判决生效之日起 10 日内向原告实业公司偿还借款本金35万元及利息(以借款本金35万元为基数,按照年利率6%,从2020年4月20日开始计算至款项付清之日止)。

第二,驳回原告实业公司的其他诉讼请求。

☞ 上诉理由

刘某某不服一审判决向资阳市中级法院上诉称:

1. 一审法院举证责任分配错误,导致事实认定错误。本案的借款发生在上诉人刘某某在被上诉人实业公司任职期间,刘某某填写了《借款申请书》并在结算后填写了《借款清算卡》,刘某某提交的证据、实业公司提交《借款清算卡》均可证存在《借款申请书》,且无论按公司管理制度或日常经验常识,原件均只存于实业公司,且应作为会计记账凭证存档。但实业公司因为《借款申请书》上约定了还款时间,即"2012年年底前归还",所以故意隐匿不提交,违反《最高人民法院关于民事诉讼证据的若干规定》(2019年修正)第47条规定之"控制书证的人应当提交书证",因此,实业公司应当提交《借款申请单》或提交完整的会计记账凭证,否则承担举证不能的后果。而在刘某某申请一审法院调取上述证据时,一审法院仅以实业公司当庭否认有《借款申请书》为由,将存在约定还款期的举证让刘某某承担是不合理的。

2. 一审法院适用法律错误,案涉35万元已经抵销。2012年4月24日因公出借的5万元,《借款清算卡》上显示已结算冲抵。而2012年8月16日的借款35万元抵销了实业公司欠付的刘某某的将近40万元的工资,故2018年实业公司起诉后又自行撤回起诉。一审法院以"劳动争议与本案民间借贷系不同性质的法律关系,且刘某某未举证证明双方进行过协商处理"为由,不予支持刘某某抵销权,系适用法律错误。首先根据《合同法》第99条第1款"当事人互负到期债务,该债务的标的物的种类、品质相同的,任何一方可以将自己的债务与对方的债务抵销,但依照法律规定或者按照合同性质不得抵销的除外",且行使法定抵销权的前提并不以债务属于同一法律关系为基础,而实业公司与刘某某互负的均是金钱债务且已到期,可以抵销。

综上所述,请求撤销资阳市雁江区法院判决书第一项,依法驳回被上诉人诉讼请求。

☞ 二审查明

资阳市中级法院在二审中,依刘某某申请,责令实业公司提交《借款申请单》或《借款清算卡》连号的装订册和装订有35万元、5万元银行转账支付凭证的会计凭证。实业公司提交了装订有35万元、5万元银行转账支付凭证的会计凭证，但称《借款申请单》不是账务记账所必须，可能没有《借款申请单》。经核实，实业公司提交的会计凭证中未见《借款申请单》。

对当事人二审争议的事实，资阳市中级法院认定如下：刘某某提交的《借款申请单》和《借款清算卡》上虽无公司名称，但空白《借款清算卡》与案涉借款的《借款清算卡》一致，结合《员工手册》及证人证言，可以认定实业公司有因公借款时需填写《借款申请单》的制度，但刘某某该35万元借款的《借款清算卡》上载明"个人借款"字样，可认定该35万元系因私借款，不能依因公借款的财务制度推断出本案所涉个人借款刘某某应填有《借款申请单》，故刘某某提交的空白《借款申请单》和《借款清算卡》、《员工手册》、证人证言不能达到刘某某拟证明案涉借款其填有《借款申请单》的证明目的。另外，刘某某提交的《关于刘某某未付薪酬的说明》系实业公司曾在诉讼中提交的证据，本院予以采信。

资阳市中级法院二审查明，实业公司于2018年11月7日曾向一审法院提起诉讼，起诉状上载明："刘某某任职期间公司应付刘某某工资26.5万元，实付17万元，即刘某某实际还欠公司30.5万元。"实业公司在该次诉讼时提交了一份2015年1月12日的《关于刘某某未付薪酬的说明》也载明，实业公司未向刘某某发放工资等合计26.5万元。

☞ 二审判决

资阳市中级法院认为，本案争议焦点为案涉借款是否已抵销。

《合同法》第99条规定："当事人互负到期债务，该债务的标的物种类、品质相同的，任何一方可以将自己的债务与对方的债务抵销，但依照法律规定或者按照合同性质不得抵销的除外。当事人主张抵销的，应当通知对方。通知自到达对方时生效。抵销不得附条件或附期限。"通知系法定抵销权的行使方式，抵销权成立后当事人是否及时行使抵销权和通知对方，并不影响抵销权的成立。劳动报酬系用人单位支付给劳动者以保障其生活，一般金钱债务的债权人不得作为抵销权人主张抵销劳动报酬，此举系为了保护劳动者的合法权益。但在本案中，劳动者刘某某主张其在离职时已抵销个人在实业公司的借款，其放弃了法律赋予其劳动报酬不能被抵销的权利，故在本案中该笔款项可以抵销。从2018年实业公司起诉的诉状中也可看出公司有抵销的意思表示。

双方的分歧点在于抵销的金额不同。从实业公司起诉的诉状中可看出,实业公司主张抵销的金额为9.5万元。而刘某某主张抵销的金额为(2014年未付工资)26.5万元+(2015年未付工资)13.4万元=39.9万元。因刘某某未提交证据证明其抵销金额应为39.9万元,故应以实业公司认可抵销的金额为实际抵销金额。刘某某欠实业公司借款35万元,经抵销后还欠款25.5万元,依法应当偿还。

资阳市中级法院判决如下:

第一,撤销一审判决;

第二,上诉人刘某某于本判决生效之日起10日内向被上诉人实业公司偿还借款本金255,000元及利息(以借款本金255,000元为基数,按照年利率6%,从2020年4月20日开始计算至款项付清之日止);

第三,驳回被上诉人实业公司的其他诉讼请求。

案例7-9

☞ 案情简介

2013年7月4日,何A向何B转款32万元,次日何B偿还何A12万元。2013年7月15日,经何A同意,何B将其欠何A的20万元,连同自有部分资金,共计45万元借给案外人张某,并由张某向何B出具了一张50万元的借条。同日,何B向何A出具借条载明:“今借到何A贰拾万元,按月支付利息肆千元整。”

2013年4月9日,何A、何B共同从案外人姜某某处借款40万元,连同何A另借给何B的10万元,共计50万元。何A、何B与案外人谭某某签订一份医疗产业园建筑工程投标项目合作协议书,将该50万元投入。因该项目未成功,后经谭某某介绍,何A、何B将该项目转让给了案外人张某,并由张某向何A、何B出具了一张125万元的欠条。之后,何A以何B尚欠其借款30万元为由,从张某处陆续收取了66.9万元,张某另向何B支付了3万元。

2013年9月1日,何A向何B转款4万元,2013年9月5日何B向何A转款4万元。

☞ 双方诉辩

2020年4月,何A向芙蓉区法院提起诉讼称:被告何B于2013年7月

4日以资金周转为由,向原告何A借款32万元,后于2013年7月5日向何A归还12万元,并于2013年7月15日向何A出具借条,约定月利息4000元。但何B一直未向何A支付利息,亦未归还本金,何A曾多次向何B索要上述款项,何B均以各种理由予以拒绝。请求法院判令:何B向何A归还借款本金20万元,利息30.8万元(自2013年7月15日计算至2019年12月14日止,并按月利息2分的标准继续计算至实际清偿之日止)。

被告何B辩称:(1)何A诉称的20万元借款,实际借款人是张某,而非何B。2013年7月张某因生意需要资金周转,向何B借款50万元,何B与何A商量后,决定由何B出资30万元,何A出资20万元。因何A当时有32万元在何B手中,何B将12万元退给何A,另外20万元直接转给了张某。(2)何A诉称的20万元借款已经归还。何A借款后不久,因何A急需资金,经何B与张某沟通后,张某于2013年8月归还了16万元现金给何A,之后何B也将另外4万元转给了何A。(3)何A、何B之间资金往来复杂,何B非但不欠何A钱款,而是何A欠何B钱款。2013年何A、何B向姜某某借款40万元投资工程建设项目,后在何B的协调下,由张某向何A、何B出具了125万元的欠条,何A凭该欠条向张某收回投资款66.9万元。而借姜某某的40万元,何B偿还了11万元,何A只偿还了部分款项,至今尚欠姜某某借款本金21万余元。因此,何A收到的66.9万元,应当支付何B其中的1/2。

☞ **法院判决**

芙蓉区法院认为,何B辩称,何A诉称的20万元借款的实际借款人是案外人张某。本院认为,根据合同相对性原则,除法律或合同另有约定以外,只有合同当事人才能享有合同约定的权利,并承担该合同约定的义务,当事人以外的任何第三人不能主张合同上的权利,更不承担合同中约定的义务。本案中,向何A出具借条的系何B,而非张某,张某并非本案的当事人。同时,何B出借给张某的45万元,经长沙县法院调解,确定由张某分期向何B偿还,何B再次主张张某系实际借款人与事实和法律不符,本院不予采纳。

何B还辩称,何A出借的20万元已经全部偿还,并提供了证人证言和银行流水欲以证实。本院认为,首先,证人张某称,其将16万元现金交付给何A,且未出具收条,该行为与常理不符;其次,张某在已经偿还16万元的情况下,又于2018年7月24日与何B达成分期偿还45万元借款的调解,亦显然与常理不符。因此,在何B的证人证言无其他证据予以佐证,且存在不符合常理的情况下,不足以认定其已经向何A偿还16万元借款的事实。至于何B于2013年9月5日向何A转款4万元的行为,根据双方提供的证据,可以认定为偿还何A于2013年9月1日出借给何B的4万元。

何A、何B因转让医疗产业园建筑工程项目,自张某处取得125万元的债权,为此张某陆续从向何A支付了66.9万元,向何B支付了3万元。何A、何B取得该69.9万元的基础系共同出资的50万元,其中双方共同借款40万元,何B向何A借款10万元,即何B应占该50万元出资额的3/5,故何B可分得该69.9万元中的41.94万元,但何B仅取得3万元,何A还应向何B返还38.94万元。

《合同法》第99条第1款规定,当事人互负到期债务,该债务的标的物种类、品质相同的,任何一方可以将自己的债务与对方的债务抵销。本案中,何A、何B互负金钱债务,其中何B欠到何A借款本金20万元及相应利息,何A亦负有向何B返还38.94万元的义务,双方互负的种类相同,可以相互抵销。何A单独收取张某66.9万元的理由即何B尚欠其30万元借款未还,其真实意思即相互抵销各自所负债务。因何A未提供其收取张某66.9万元的具体时间,本院无法确定抵销发生日期,也无法确定20万元借款的利息数额,即便如何A所述张某支付的时间为2014年至2016年,从何B借款的时间至2016年按3年计算,20万元的利息为14.4万元,其本息亦未超过何A应返还何B的数额。故何B已无须向何A偿还20万元借款本金和利息。

芙蓉区法院判决:驳回原告何A的全部诉讼请求。

[根据长沙市芙蓉区人民法院(2020)湘0102民初2569号民事判决书编写]

ESSENTIAL

9

要点 9

民间借贷债务免除

民间借贷债务免除亦称“免债”，是出借人免除借款人部分或者全部本息的行为。《民法典》第 575 条规定:“债权人免除债务人部分或者全部债务的，债权债务部分或者全部终止，但是债务人在合理期限内拒绝的除外。”在民间借贷中，出借人一旦表示免除借款人的债务，除借款人明确表示拒绝外，对借款人即时生效，相应的借贷债权债务消灭。

一、民间借贷免债的特点

民间借贷免债是出借人放弃债权的行为，这种行为有以下几个特点:

1. 免债是出借人单方行为

民间借贷债权是出借人享有的权利，出借人免除借款人债务是其处分自己的债权，只要不违反法律、行政法规的禁止性规定，不损害第三人的利益，就无须借款人事先同意，也不受无关第三人非法干涉，就可以单方作出免除的意思表示，除借款人拒绝外就能对借款人产生债务消灭的法律效力。

出借人免除借款人债务，在许多情况下是根据借款人的要求或者经他人劝说而为的，但这并不改变单方免债的特征。因为，借款人要求和他人劝说只能起辅助作用，在法律上不生产任何效力，出借人是否对借款人免债，完全由其自己决定。

出借人给借款人免债,虽然是好事,但也必须符合民事法律行为的效力条件,如免债意思表示真实、出于善意、不损害出借人的债权人的利益。如果受外来胁迫,意思表示不真实,背后具有某种恶意,或者损害他人利益(如因放弃债权造成其债务难以履行)等,免债则属无效行为或者可撤销行为。

2. 免债是非要式行为

出借人放弃债权而免除借款人债务,通常不受行为形式拘束,只要意思表示真实、合法,且通知借款人即为有效,不需要采取特定的行为方式。也就是说,可以采取书面形式,也可以采取口头形式,但必须采取明示方式表示,只有出借人明确表示免除意思,免债才能产生法律效力。明示方式免债,出借人有时会用某种行为形式表现出来,如将借据还给借款人,或将借据当面撕毁,明确表示予以免债。默示则不产生免债法律效力,如借款人请求出借人免债,而出借人未作表态,即未明确表示同意或不同意,借款人不能认为已经免债。

出借人免债意思应当直接向借款人明示,如果向第三人表示,除非出借人事后追认,否则不产生法律效力。但借款人有代理人时,出借人向借款人的代理人作出免债意思表示也为有效。

3. 免债是无因行为

出借人免除借款人的债务是一种无因行为,即出借人为何免除借款人债务的原因可以不问。即使借款人有足够的偿还能力,而出借人坚持予以免债的,除有违法外,法律和他人都不得干涉。

民间借贷也可以约定附条件免债,如出借人与借款人约定,借款人为出借人办成某一件事情,出借人就不要借款人偿还借款,但所附免债条件必须是合法条件,如果是违法或犯罪的条件,则所附条件无效,不能产生免债效力。例如,出借人要求与借款人发生性关系才予免债,因非婚姻的性关系破坏了公序良俗,故该条件为非法,即使借款人同意并与之发生性关系,也不能产生免债的效力。

二、民间借贷债务免除的法律效力

出借人免除借款人债务的法律效力,视出借人免除意思表示的具体内容,分为以下几种情况:

(1)出借人表示全部免除借款人债务的,整个债权债务关系消灭,借款人不再履行偿还借款本息义务。

（2）出借人免除借款人部分债务的，已免除部分的债权债务关系消灭，未免除的债务仍然存在，借款人就未免除部分仍负有履行还债义务。

（3）出借人要求借款人偿还本金而放弃免利息，是仅对利息免债，借款人对本金债务仍应履行。如果在免除全部本金时，未提及利息的，因为利息是从债权，通常随主债务而消灭，故可认为利息也随之免除。

（4）出借人放弃借款债权，担保债权随之放弃，即同时免除担保人相应的担保责任。但出借人仅放弃担保权而未放弃主债权的，担保人不再担保责任，但借款人仍应履行债务。

三、借款人拒绝免债

原《合同法》第105条没有借款人拒绝免债的规定。《民法典》第575条新增了“但是债务人在合理期限内拒绝的除外”。据此，出借人向借款人明确表示免债，而借款人拒绝免债的，应当在合理期限内采取明示方式表示，借款人不作表态的，应当视为同意免债，而出借人不能以借款人未表态为由重新索债。

借贷风险提示

1. 出借人免除借款人的债务是不可撤销的，在借款人未予拒绝的情况下，事后反悔无效，若提起诉讼则会败诉。

2. 出借人向借款人口头表示免债后，又要求借款人偿还债务，借款人如果不能提供证据证实出借人已经口头免债，不仅要继续承担偿还借款责任，而且要承担违约责任，但出借人已经将借条、借据等债权凭证交还借款人或者撕毁的，应当认定已经免债。

3. 非出借人对借款人免债，如子女向亲戚出借资金，父母代替子女向借款亲戚表示免债的，不产生免债效力。

4. 出借人与借款人约定附条件免债，免债条件不成就的，不产生免债效力。

5. 出借人欠他人的钱未还，没有其他偿还能力，却对有偿还能力的借款人免债，这会侵害其债权人的利益，其债权人可以通过诉讼途径撤销其免债行为。

6. 出借人免除借款人债务,主债权消灭,担保责任随之消灭,除非另有特别约定,出借人再要求担保人承担责任的,担保人可以予以拒绝,出借人为此对担保人提起诉讼的,将承担败诉的不利后果。

案例7-10

☞ 案情简介

2013年1月、2015年1月、2017年1月,王某某、刘某某(系夫妻关系)分3次向孙某某借款共计70万元,孙某某均用银行转账方式支付借款。2017年12月30日、2018年12月31日,王某某、刘某某分别重新向孙某某出具借条3张,确认向孙某某借款40万元、15万元、15万元,并约定相应的借款利息及还款期限。借款后,王某某、刘某某至2019年6月,支付部分利息。

借款到期后,王某某、刘某某无力归还借款本金,且还欠其他人债务未能清偿。2019年5月21日,孙某某、王某某就还款事宜进行协商,王某某对协商过程进行录音,孙某某在录音中表示:"我答应了你就是70万,只要你还50万,结束!不去劳精神了。"

当日,王某某、刘某某与何某某签订《房屋买卖合同》约定,将其所有的××新村22幢603室房屋以174.5万元的价格出售给何某某。2019年9月23日,刘某某通过银行转账支付50万元给孙某某,孙某某将上述3张借条原件交给王某某、刘某某。王某某、刘某某就借款结清之前的利息5万元出具了借条。

☞ 双方诉辩

孙某某以王某某、刘某某夫妇为被告,向港闸区法院提起民间借贷纠纷诉讼称:两被告向原告有关借款合计70万元,后仅偿还49.5万元,尚有本金20.5万元及相应的利息至今未能偿还。请求判令两被告归还借款本金20.5万元,支付利息97,650元,并支付自2018年12月1日起至实际给付之日止以20.5万元为本金,按月利率0.6%计算的利息。

王某某、刘某某辩称:向原告借款70万元属实,借款后被告一直在支付利息,未能归还本金。因被告经济状况一直未能好转,所欠债务较多,在多次与原告沟通后,双方于2019年5月21日达成协议,原告承诺两被告一次性归还50万元即可结清借款。被告将房屋出售后,将房屋款中的50万元一次性归还给了原告。原告收到款项后将3张借条原件交给被告,并结清之前的利息5万元出具了借条,双方债务均已经结清。请求驳回原告的诉讼请求。

☞ **一审判决**

港闸区法院认为:在本案中,双方当事人之间的借贷关系合法有效,王某某、刘某某应当按照约定的期限及时还本付息。在王某某、刘某某支付了部分利息之后,对双方之间的债权债务数额做了变更,将借款本金总额由70万元变更至50万元,实质是免除了王某某、刘某某的20万元本金债务。该约定系双方的真实意思表示,且不违反法律的强制性规定,对双方均具有法律约束力。王某某、刘某某根据约定履行了50万元的还款义务,双方之间的债权债务关系已经结清。况且在王某某、刘某某还款当日,孙某某也将总额为70万元的3张借条原件交给了王某某、刘某某。借条原件是作为证明债权债务关系的借款合同和交付凭证,孙某某交付借条原件给王某某、刘某某的行为,即表明孙某某认可双方之间就该70万元借款已清偿完毕。故孙某某的诉讼请求于法无据,不予支持。

港闸区法院判决:驳回孙某某的诉讼请求。

☞ **上诉理由**

孙某某不服一审判决向南通市中级法院上诉称:

1. 刘某某在一审中提供录音为孤证,内容不完整,证据来源存疑,不能作为定案依据。即使该录音真实,孙某某在录音中对减免债务也提出了条件,即"利息要每个月打给我的,生活费要给我的,不给我我是不承认的,钱一天没拿到生活费要给我,今天几号了?这个星期要打给我了,这个我跟你说明了"。

2. 王某某自认其对本金结清之前的利息出具了借条,表明其未按约支付利息,上述条件并未成就,减免债务的约定并未生效,一审驳回上诉人诉讼请求错误。

孙某某上诉请求:撤销一审判决,发回重审或者改判被上诉人向上诉人支付借款本金205,000元及利息97,650元。

☞ **二审判决**

南通市中级法院认为,二审争议焦点为双方当事人有未达成免除债务免除协议。

《合同法》第105条规定,债权人免除债务人部分或者全部债务的,合同的权利义务部分或者全部终止。本案中,孙某某先在与王某某协商时表示答应后者70万元只归还50万元,后在王某某归还50万元后又将70万元借条原件交还给王某某。由此可见,双方不仅就免除本金20万元债务达成协议,孙某某也已实施债务免除行为,该行为系单方法律行为,一经作出即发生法律效力,就上述本金20万元双方之间的债权债务已消灭。孙某某认为其就免除债务附有条件,但其交还借条的行为表明并未将先支付利息设置为条件,其在录音中关于利息的表述仅表达了对于还款之前的利息债权并不放弃的意思。

港闸区法院判决:驳回上诉,维持原判。

[根据江苏省南通市港闸区人民法院(2019)苏0611民初3465号民事判决书和南通市中级人民法院(2020)苏06民终778号民事判决书编写]

Chapter 8

第八章 民间借贷的违约行为及其责任

要点1 出借人缔约过失和实际违约及其责任

要点2 借款人预期违约及其责任

要点3 借款人逾期违约及其责任

民间借贷违约行为是当事人违反民间借贷合同约定义务的行为，在主体上可分为出借人违约与借款人违约，在时间上可分为预期违约与实际违约，在内容上可分为全部违约与部分违约。本章分析民间借贷的违约行为与违约责任的法律问题。

ESSENTIAL

1

要点1

出借人缔约过失和实际违约及其责任

一、出借人缔约过失及其责任

缔约过失责任,是指一方当事人在合同订立过程中因违背诚实信用原则导致对方当事人的信赖利益的损失,而应承担的民事责任。在民间借贷活动中,出借人因过错违反依诚实信用原则导致借贷合同不能依法成立,或者借贷合同虽然成立但不符合法定的生效条件而被确认无效、被变更或被撤销,给借款人造成损失的,也属于缔约过失,借款人因此主张赔偿的,出借人应当依法承担赔偿责任。

缔约过失可以产生于缔约过程之中,也可以产生于合同成立后。民间借贷合同作为诺成合同成立后,对双方当事人都具有约束力,出借人和借款人都应当坚持诚实信用原则,届时都要履行合同约定的义务。在现实生活中,有个别出借人在民间借贷合同成立后,无故或者找借口不向借款人提供借款,这就会损害借款人的信赖利益,进而影响借款人事先安排的生产或者生活,并有可能由此造成借款人损失。在这些情况下,出借人应当承担缔约过失责任。

《民法典》第500条规定:“当事人在订立合同过程中有下列情形之一,造成对方损失的,应当承担赔偿责任:(一)假借订立合同,恶意进行磋商;(二)故意隐瞒与订立合同有关的重要事实或者提供虚假情况;(三)有其他违背诚信原则的行为。”这也是缔约过失责任的规定。

民间借贷合同缔约过失责任由以下四个基本条件构成:一是以法定附随义务或先合同义务的存在为前提条件;二是有造成借款人财产损失的事实;三是缔约过失行为与财产损失之间有因果关系,即借款人损失确系出借人缔约过失行为造成;四是出借人在主观上有过失,无过失则可免责,如出借人在订立借贷合同时有足够资金出借,但突然遇到天灾人祸不能向借款人交付借款,在此情况下,出借人在主观上无过失,则可免除其赔偿责任。

缔约过失赔偿责任的范围,通常以造成对方实际损失为标准,包括订立合同的费用支出、订约机会丧失而受到的损失等。在审判实践中,借款人因出借人不交付借款造成其损失而向法院起诉,请求出借人予以赔偿的情况极为少见,主要原因是民间借贷大都出于亲朋好友、邻里街坊或者其他利害关系,出借人不提供借款实属无奈;而且借款人普遍认为,自己有求于出借人,即使打了借条不给借款,自己也无理由要求出借人赔偿。但出借人缔约过失的赔偿责任在民法上是存在的。

二、出借人实际违约及其责任

实际违约,是指在合同履行期限到来以后,当事人不履行或不完全履行合同义务的行为。根据《民法典》第577条“当事人一方不履行合同义务或者履行合同义务不符合约定的,应当承担继续履行、采取补救措施或者赔偿损失等违约责任”之规定,民间借贷合同作为诺成合同,出借人与借款人依法订立合同的自订立时起即生效,出借人应当按约向借款人交付借款,如果不按约交付借款就构成实际违约。

出借人违反借款合同约定不向借款人提供借款,属于《民法典》第581条规定的“根据债务的性质不得强制履行”的情形,因此,借款人不能强迫出借人实际履行提供借款的义务,即便提起诉讼,法院也无法律依据判令出借人必须向借款人提供借款,如果强制出借人实际履行提供借款义务,因资金出借能否收回具有很大的风险,对借款人到期不能偿还就无法作出解释,所以,要求出借人实际交付借款是没有必要的,甚至是不可能的,但出借人由此造成借款人损失的,应当依法承担赔偿责任。《民法典》第671条第1款规定:“贷款人未按照约定的日期、数额提供借款,造成借款人损失的,应当赔偿损失。”

三、出借人缔约过失责任与实际违约责任的区别

出借人缔约过失责任与实际违约责任有以下几个主要区别。

1. 行为性质不同

缔约过失行为是不履行先合同义务的行为。先合同义务是缔约双方在合同生效前基于诚实信用原则而产生的一种合同义务,亦即缔约义务。而违约行为是合同生效后,一方不履行生效合同约定义务的行为。在民间借贷合同为实践合同时,出借人未实际提供借款,该合同虽已订立但没生效,在这种情况下,出借人提供借款是先合同义务,出借人未实际提供借款属于未履行缔约义务。当民间借贷合同为诺成合同时,借款合同生效后,出借人不向借款人提供借款的是实际违约,而不是缔约过失。

2. 主观要件不同

出借人出现实际违约行为,不论其在主观上有无过错,除法定免责和约定免责外都要承担违约责任。出借人承担缔约过失责任则不一样,要求主观上应当有过失,例如,出借人完全有能力提供借款而无正当理由不交付借款(如无依据猜测借款人到期不能偿还,并以此为借口拒不交付借款)。出借人不按约交付借款,主观上无过失的则不承担缔约责任,如出借人突然出现严重经营亏损而无法提供借款,又如,出借人有证据证明,如果提供借款,借款人很有可能无力偿还或者故意不予偿还,致使今后难以收回借款的,出借人在主观上就无过失。

案例8-1

☞ 案情简介

2015年1月4日,董某与邹某某(女)签订《抵押借款协议》约定:邹某某因经营所需向董某借款40万元,并以其位于××路××号603室房产为借款提供抵押担保,借款期限自2015年1月4日起至2月5日止,借款月利率为1.8%,到期后一次性还本付息,董某需在他项权证领取当天或之前将全部借款资金交付给邹某某;若董某在邹某某办理他项权证期间违背协议约定或在他项权证办妥日不按协议约定当日支付全额借款,视为违约,应承担借款总额1%的违约金及公证费、抵押登记费等。同日,双方委托公证处对前述《抵押借款协议》进行公证。2015年1月7日,邹某某对上述房产办理

了抵押登记手续。

同年1月12日，双方再次签订《抵押借款协议2》约定：邹某某因经营所需再次向董某借款40万元，并以其位××路××号604室房产为借款提供抵押担保，借款期限自2015年1月12日起至2月11日止，借款月利率、还款方式、违约责任等均与2015年1月4日的《抵押借款协议》约定一致。同日，双方亦委托公证处对《抵押借款协议2》进行公证。2015年1月14日，邹某某对上述房产办理了抵押登记手续，邹某某共支付公证费2400元。

2015年1月4日，邹某某前夫戴A、儿子戴B向董某及娄某某借款150万元，双方签订《借款协议》约定：借款月利率为8%，以邹某某房产作抵押，邵某某等提供保证担保。邹某某未在该协议上签名。该协议签订后，在公证处办理了房产抵押公证。董某向戴B交付了借款150万元。

邹某某以与董某签订《抵押借款协议》并办理房产抵押登记后，董某未交付借款为由，向江北区法院提起民间借贷纠纷诉讼，请求：(1)判令解除双方于2015年1月4日、1月12日签订的两份《抵押借款协议》；(2)判令注销坐落于××路××号603室、604室房屋的抵押登记手续；(3)判令董某支付邹某某违约金8000元；(4)判令董某支付邹某某公证费2400元。

☞ **一审判决**

江北区法院认为，抵押乃担保主债务的履行而设立，抵押权从属于主债权的存在而存在，董某作为出借人至今未向邹某某提供借款，且明确表示无意再提供借款，邹某某与董某签订的《抵押借款协议》的目的落空，邹某某要求解除双方之间签订的两份《抵押借款协议》，依法有据，本院予以支持，对已设立的抵押权，因主债权不存在，抵押权也随之消灭，故对邹某某要求注销抵押登记的请求，本院亦予以支持。

邹某某诉请的违约金、公证费，因违约金支付以合同的成立并生效为前提，根据合同法规定，自然人之间的借款合同自提供借款时生效，双方之间虽签订了《抵押借款协议》，但董某并未向邹某某提供借款，双方之间关于未提供借款的违约责任约定不具有法律约束力，邹某某主张违约金于法无据，本院不予支持。至于公证费，因其系邹某某基于信赖《抵押借款协议》有效成立而支出的必要费用，为其信赖利益损失，董某应承担相应缔约过失责任，对邹某某该主张，本院予以支持。

董某有关其已履行出借义务及公证费系其与邹某某共同承担的抗辩意

见，因无事实依据，本院不予采纳。

江北区法院如下判决：

第一，解除邹某某与董某于2015年1月4日、1月12日签订的两份抵押借款协议；

第二，董某于判决生效后10日内配合邹某某办理坐落于××路××号603室、604室房屋上的抵押登记注销手续；

第三，董某于判决生效后10日内赔偿邹某某公证费损失2400元；

第四，驳回邹某某的其他诉讼请求。

☞ 上诉理由

董某不服上述一审判决向宁波市中级法院上诉称：涉案房产设定的抵押是邹某某对案外人戴A、戴B债务的担保。首先，董某向一审法院提交的《借款协议》、宁波银行网上交易凭证、江东区法院××民初1289号民事判决书证明，戴A、戴B以邹某某所有的涉案房产作为抵押向董某借款，并在公证处办理了房产抵押公证。其次，两份公证书形成时间分别为2015年1月4日及2015年1月12日，董某分别于2015年1月5日及2015年1月12日打款给戴B45.6万元及92万元，如果打给戴B的款项与本案无关，邹某某在未收到借款的情况下，为何在第一次抵押公证以后又去办理了第二套房产的抵押公证。最后，本案抵押借款之前，董某根本不认识邹某某，根本不会借款给邹某某，涉案抵押借款就是为戴A、戴B的借款担保。请求撤销原判，并依法改判驳回邹某某在一审中的诉讼请求。

邹某某辩称：董某认为涉案房产设定的抵押是对戴B债务的担保，并向一审法院提交了一些证据，但江东区法院××民初1289号民事判决书的当事人非邹某某，在该案审理过程中，均未陈述到邹某某以房产进行抵押担保，该证据与本案无关。《借款协议》中没有邹某某的签名，“以邹某某房产作抵押”的字样是董某自行添加。网上交易凭证两份所涉款项均是打入戴B账户，并非邹某某，而且金额也与本案的《抵押借款协议》不符。董某想以《承诺书》将戴B无力归还的债务转移给邹某某，不符合事实和法律规定。

☞ 二审判决

宁波市中级法院认为，董某与邹某某之间为涉案借贷关系先后签订了两份各40万元的《抵押借款协议》，并以邹某某所有的坐落在××路××号603室、604室两套房屋进行抵押，且办理了抵押登记手续，而董某、娄某某与戴A、戴B之间的借贷关系也签订了一份借款150万元的《借款协议》,但上述《抵押借款协议》与《借款协议》约定的借款金额、借款利率、借贷双方当事人均不一致,《抵押借款协议》与《借款协议》都是相互独立的协议,无证据显示两者之间存在关联。虽在董某、娄某某与戴A、戴B签订的《借款协议》上载有"以邹某某房产作抵押",但邹某某表示不知情,也未在协议上签名,事后也未追认。董某支付给戴B的150万元借款是履行董某、娄某某与戴A、戴B的《借款协议》,在履行《借款协议》中未有邹某某签字,邹某某也未向董某出具任何付款指示和收款凭据,故董某支付给戴B的款项只是其出借给戴B的款项,并非用于履行涉案两份《抵押借款协议》项下的出借义务。董某上诉称涉案两份《抵押借款协议》项下的80万元包含在董某、娄某某与戴A、戴B《借款协议》项下的150万元之中,涉案借款已交付,涉案房产设立的抵押系用于担保戴A、戴B债务的理由,无事实依据,本院不予采纳。

董某作为出借人至今未向邹某某提供借款,邹某某与董某签订的《抵押借款协议》的目的无法实现,据此,一审法院支持邹某某主张的要求解除与董某签订的《抵押借款协议》,并要求注销抵押登记的请求,并无不当。

宁波市中级人民法院判决:驳回上诉,维持原判。

[根据浙江省宁波市中级人民法院(2016)浙02民终4084号民事判决书编写]

ESSENTIAL

2

要点2

借款人预期违约及其责任

借款人违约有三种情况:一是缔约过失;二是预期违约;三是逾期违约。借款人缔约过失主要表现为在借款合同成立后至生效前拒不按约接受出借人交付的借款,这与出借人缔约过失一样,如果造成出借人损失的,则应承担赔偿责任。这里分析借款人预期违约问题。

一、借款人预期违约

借款人预期违约是在合同履行期限届满前无正当理由表示其在履行期到来后将不履行借款合同义务的行为。《民法典》第578条规定:"当事人一方明确表示或者以自己的行为表明不履行合同义务的,对方可以在履行期限届满前请求其承担违约责任。"这是对预期违约及其承担责任的规定。

预期违约与逾期违约的根本区别在于时间上的不同:逾期违约发生在合同履行期届满之后,而预期违约发生在合同履行期限届满前。在出借人向借款人实际交付借款之日起至偿还期届满前这段时间,借款人没有正当理由就向出借人表示借款到期后不履行债务的,就构成预期违约。

出借人对自己享有的未到期的借贷债权是期待债权。出借人对未到期债权处于期待状态,在正常情况下是不能要求借款人提前偿还的。但借款人预期违约,表示将来到期不履行偿还义务,明显侵害了出借人的期待债权。期待债权受到侵害,就意味着未来的债权也难以实现,所以出借人可以提前采取措施保护自己的债权。

二、借款人预期违约的表现情形

借款人预期违约主要表现为以下几种情况:

(1)民间借贷合同约定有偿还期限的,借款人在约定期限届满前表示到期不偿还借款。

(2)民间借贷合同约定分期偿还的,其中,到期未偿还部分是逾期违约,借款人对后面未到期部分明确表示到期不偿还的,则是预期违约;借款人已经出现前期违约,即使未表示后期不偿还的,可以推定其后期也将预期违约。

(3)民间借贷合同没有约定借款期限,出借人给予合理偿还期限,而借款人表示在合理偿还期限届满后不予偿还的,也属于预期违约。

(4)民间借贷合同约定在借款期限内分期分段支付利息,借款人未支付前期利息的是实际违约,但明确表示不支付后期利息的是预期违约。

三、借款人明示预期违约

根据《民法典》第578条的规定,按行为表现形式来分类,预期违约有明示和默示两种情况。

明示预期违约,是指一方当事人在合同履行期限届满前,无正当理由而明确表示不履行合同义务的行为,即《民法典》第578条规定的当事人一方明确表示不履行合同义务的行为。这里的"明示",是指当事人将来不履行合同义务的明确意思表示,如借款人采取口头形式当面告知出借人,又如采取书面形式寄送给出借人等,且这种意思表示确实无误。

明示预期违约还应以无正当理由为条件。如果有正当理由,如民间借贷合同具有无效情形,约定利息超过法定上限等,借款人表示不解决这些争议,将来到期不清偿本息,这是案件存在纠纷,不能认为是预期违约。

四、借款人默示预期违约

默示预期违约,是指一方当事人在合同履行期限届满前,以自己的行为表明将来不履行合同义务的行为。对民间借贷而言,借款人的某些行为足以使出借人预见其在还款期限届满时不能偿还借款的,出借人就可以怀疑其出现默示预期违约情形。例如,借款人为了逃避债务转移资金、财产、货物;又如,借款人经营状况严重恶化等,都是默示预期违约的具体情形。默示预期违约与明示预期违约的最大区别是,默示预期违约没有明确意思表示,而是以行为形式反映出来。

借款人默示预期违约只是一种"可能性"或者"预见性",故出借人负有举证责任,只有提供足够的证据来证实借款人在借款到期时确实不能偿还借款的,才能认定为默示预期违约。

五、借款人预期违约的法律后果

预期违约的法律后果是违约方在合同履行期限届满前所要承担的不利法律后果。根据《民法典》第578条的规定,预期违约责任与实际违约责任区别不大,只是在时间上应当在履行期限届满之前就要承担违约责任。明示预期违约与默示预期违约也只是违约行为表现形式的区别,而违约责任是基本相同的。

在民间借贷中,当借款人出现预期违约情形时,出借人可以不予理睬,坚持到期要求偿还借款,但这对实现债权十分不利。如果出借人认为预期违约对其不利的,特别是将来难以实现债权的,出借人就可以提前行使追索权利,要求借款人提前偿还本金和支付利息。因预期违约不存在逾期问题,故不存在支付逾期利息和违约金问题。

案例8-2

☞ 案情简介

2019年1月7日至3月9日,李某某向王某某借款,王某某先后分16次向被告汇款共计159,649元。2019年4月12日,李某某给王某某出具借条载明:借款人李某某因资金周转困难,截至借条订立之日,通过微粒贷累计向出借人王某某借到人民币拾肆万叁仟(143,000)元整,现承诺暂时根据微粒贷10期分期还款原则还款,并于2020年3月6日前还清一切债务,具体账单见附表;若未能按时还款,则根据微粒贷借款利息的3倍收取利息;若还款期间有资金提前还款,则随还随变;如任何一方违约,守约方为维护权益向违约方追偿的一切费用(包括但不限于律师费、诉讼费、保全费、交通费、差旅费、鉴定费等)均由违约方承担(违约包括一切未能按时偿还债务的情况,例如未能在每期约定时间将当期还款金额打至约定账户,或未能在约定时间完成所有还款等)。

李某某出具借条后,向李某某偿还借款29,500元,剩余本息未按期偿还。

☞ **起诉请求**

2020年1月,王某某向商河县人民法院提出民间借贷纠纷诉讼称:

2019年1月至3月,被告李某某因资金周转困难,向原告借款159,649元,其间仅归还2万元。2019年4月12日,原告与被告达成分期还款协议,将前期利息与剩余本金合计为143,000元,并由被告出具借条,约明还款计划及期限,并约定“若未能按时还款,则根据微粒贷借款利息的3倍收取利息”。根据借条约定,截至2019年6月6日,被告应当偿还原告借款35,837.58元。但截至目前,被告仅偿还29,500元。经原告多次催要,被告拒不履行还款义务。同时,根据借条约定,被告应自逾期之日即6月6日起,以剩余本金113,500元为基数,按照微粒贷借款利息的3倍向原告支付利息。但为了减轻被告负担并依据司法解释的规定,原告自愿将2019年6月6日起的利息按年利率24%计算。

王某某请求:(1)解除原被告借款协议;(2)被告偿还原告借款本金113,500元及利息(利息按照年利率24%自2019年6月6日计算至实际支付之日)。

李某某在本案审理期间未答辩,未提交证据。

☞ **法院判决**

商河县法院认为:根据原告王某某提交的借条、录像、支付宝转账电子回单、银行汇款凭证,依法认定双方成立借贷关系。根据原告王某某提交的支付宝转账电子回单、银行汇款凭证可以认定原告履行了给付金钱的义务,被告应按照约定按期偿还借款。

按照双方约定,截至2019年6月6日,被告应偿还原告借款本金及利息35,837.58元,但被告实际仅偿还29,500元。按照《合同法》第108条规定,被告的行为构成预期违约。故原告诉请解除借款协议并要求被告立即支付剩余借款本金113,500元,于法有据,本院予以支持。

关于利息,王某某自愿将2019年6月6日起的利息改为按年利率24%

计算,是对自己权利的处分且未违反相关法律规定,本院对此予以支持。

商河县法院判决如下:

第一,解除原告王某某与被告李某某之间的借款协议;

第二,被告李某某于本判决生效之日起10日内偿还原告王某某借款本金113,500元及利息(以113,500元为基数,自2019年6月6日起至实际给付之日止,按年利率24%标准计算);

第三,驳回原告王某某的其他诉讼请求。

[根据商河县人民法院(2020)鲁0126民初158号民事判决书编写]

ESSENTIAL

3

要点 3

借款人逾期违约及其责任

逾期违约,是指借款人在借款到期后仍不履行借款合同约定义务或者履行借款合同义务不符合约定的行为。逾期违约是相对预期违约而言的,是实际违约中的一种违约情形。这种违约行为是民间借贷活动中的常见现象,也是造成民间借贷纠纷的主要原因,且成因很多、情况复杂,处理起来难度较大。

一、借款人逾期违约及其处理的法律依据

原《合同法》对民间借贷逾期违约是很重视的,为此设置了多个法条,《民法典》几乎全部吸收了原《合同法》行之有效的有关规定。

《民法典》第 577 条规定:“当事人一方不履行合同义务或者履行合同义务不符合约定的,应当承担继续履行、采取补救措施或者赔偿损失等违约责任。”第 673 条规定:“借款人未按照约定的借款用途使用借款的,贷款人可以停止发放借款、提前收回借款或者解除合同。”第 674 条规定:“对支付利息的期限没有约定或者约定不明确,依据本法第五百一十条的规定仍不能确定,借款期间不满一年的,应当在返还借款时一并支付;借款期间一年以上的,应当在每届满一年时支付,剩余期间不满一年的,应当在返还借款时一并支付。”第 675 条规定:“对借款期限没有约定或者约定不明确,依据本

法第五百一十条的规定仍不能确定的，借款人可以随时返还；贷款人可以催告借款人在合理期限内返还。”这些规定都是处理借款人逾期违约行为的法律依据。

二、借款人逾期违约的构成条件

根据《民法典》上述规定，借款人逾期违约由以下两个要件构成：

一是民间借贷合同合法有效，这是前提条件。民间借贷合同本身合法有效，借款人不履行借贷合同义务或者履行借贷合同义务不符合约定，才会出现逾期违约问题。民间借贷合同原本非法或者无效，如明确约定借款用于赌博、吸毒，因非法借贷不受法律保护，所以不存在逾期违约问题。民间借贷合同本身无效，即使债权人的利益受到损害，借款人有过错的，也只承担赔偿责任，而不承担违约责任。

二是借款人违反民间借贷合同约定，即不履行借贷合同义务或者履行借贷合同义务不符合约定，这是实质要件。借款人在约定期限内已经全部履行债务，就不存在逾期违约问题；如果在约定期限内不按借贷合同履行债务，则会造成逾期违约。

三、借款人逾期违约的主要情形

借款人逾期违约的情形主要是到期不履行、不完全履行、不当履行、迟延履行和拒绝履行借贷合同约定的义务。

不履行，是指当事人根本未履行合同义务。对借款人来说，主要是在借款到期后根本没向出借人履行还本付息义务，致使出借人出借的本金和应得的利息全部未能收回，整个债权未能实现。

不完全履行，是指借款人已经履行部分约定义务，而到期未履行另一部分义务。例如，借款人在借款到期前或者同时已经偿还部分本金或者支付部分利息，但仍有部分本息到期后没有清偿。

履行不当，是指当事人已经履行合同约定的义务，但没有完全按合同约定的方式、地点等履行，也称瑕疵履行。

迟延履行，是指在债务到期后过一段时间才予履行。迟延履行是在时间上表现的不当履行。迟延履行会造成债权人不能按时实现债权，所以也是一种违约行为。民间借贷合同如果未约定期限的，借款人在出借人催告并给予的合理期限届满后履行的,也属迟延履行。

四、借款人的逾期违约责任

借款人出现逾期违约行为,将会损害出借人的利益。为了挽回出借人由此造成的损失,借款人应当承担逾期违约责任。

1. 继续偿还本金

偿还本金是借款人对借贷合同的实际履行。实际履行是指按照合同约定的标的履行。根据借款债务应当清偿原则,不论借款人预期违约还是逾期违约,不履行借贷合同义务或者履行义务不符合约定的,都应当承担实际履行责任。实际履行要求借款人在逾期后或者履行不符合约定的情况下,仍应继续按照借贷合同的约定向出借人偿还本金,从而实现借贷合同既定的目的,使出借人的债权得以实现。借款人逾期偿还本金与按期偿还本金只是时间上的问题,并不增加本金数额。

2. 继续支付期内利息

民间借贷合同有约定利息的,借款人违约后仍需按约支付借款期限内的利息。民间借贷合同没有约定利息的,借款人违约后也不需支付借款期内的利息,但民间借贷合同有特别约定的除外。例如,民间借贷合同没有约定期内利息,但约定“借款人到期未偿还本金的,从借款之日起支付1%月利息”,那么,借款人到期未偿还本金的,支付利息将追溯至借款之日起。

3. 支付逾期利息

关于借款人逾期利息支付问题,应当根据新《最高院民间借贷规定》第28条规定进行处理,这个问题,前面已经阐述清楚,这里不再重复。

案例8-3

☞ 案情简介

2017年12月27日,肖某因经商需要资金周转向雷某借款,并向雷某出具一张借条载明:肖某向雷某借款5300元,于2018年1月27日前归还,利息以月息3%计算,如不及时归还,肖某应付出借人本金的5%作为违约金,雷某实现债权的费用由肖某承担。肖某出具借条后,雷某当即交付现金5300元给肖某,肖某也当即出具收条交给雷某收执。上述借款到期后,肖某至今未归还借款。

☞ **起诉理由**

2019 年 3 月，雷某向临桂区法院提起民间借贷纠纷诉讼称：

1. 2018 年 1 月 27 日借款到期后，原告雷某多次联系被告肖某还款，但被告肖某均未还款，其行为损害了原告的合法权益。被告向原告借款逾期不还，除应向原告偿还本金外，还应向原告支付借款期间利息、逾期还款利息及违约金，直至借款还清之日止。

2. 原告与被告约定借款期间月息 3% 并未超过年利率 36%，根据《最高院民间借贷规定》第 26 条第 2 款“借贷双方约定的利率超过年利率 36%，超过部分的利息约定无效”的规定，应为有效。

3. 对逾期还款利息，依据《最高院民间借贷规定》第 29 条第 2 款第 2 项“约定了借期内的利率但未约定逾期利率，出借人主张借款人自逾期还款之日起按照借期内的利率支付资金占用期间利息的，人民法院应予支持”和第 30 条“出借人与借款人既约定了逾期利率，又约定了违约金或者其他费用，出借人可以选择主张逾期利息、违约金或者其他费用，也可以一并主张，但总计超过年利率 24% 的部分，人民法院不予支持”的规定，被告应自逾期还款之日起按年利率 24% 向原告支付逾期还款利息直至借款偿清之日止。

原告请求：(1) 判令被告肖某偿还借款本金 5300 元；(2) 判令被告肖某支付借款期间的利息 159 元；(3) 判令被告自 2018 年 1 月 28 日起按照年利率 24% 向原告支付逾期还款利息直至借款偿清之日止（暂计算至 2019 年 1 月 17 日利息为 1272 元）。

被告肖某未做答辩，也未出庭参加诉讼。

☞ **法院判决**

临桂区法院认为，债是按照合同的约定或者依照法律的规定，在当事人之间产生的特定的权利和义务关系，享有权利的人是债权人，负有义务的人是债务人。债权人有权要求债务人按照合同的约定或者依照法律的规定履行义务。被告向原告借款有借条、收条为凭，双方债权债务关系明确、合法，被告经原告催款，没有履行还款义务，其行为已经构成违约，原告起诉要求被告归还借款及支付利息，符合法律规定，本院予以支持；原告起诉被告支付借款期间的利息，借条约定利息以月息 3% 计算，借款期限从 2017 年 12 月 27 日至 2018 年 1 月 27 日止，为期 1 个月，利息 159 元，因该利息尚未支付，该约定超过年利率 24%，原告的此项诉请，人民法院不应支持，只能按年利率24%计算,利息应为106元;原告请求被告自2018年1月28日起至借款清偿之日止按照年利率24%支付逾期利息的诉请,没有超过国家对民间借贷最高不得超过年利率24%的规定,依法予以支持。被告经本院合法传唤,无正当理由拒不到庭,视为其已放弃答辩、举证和质证的权利,对其造成的法律后果,由其自行承当。

临桂区法院判决如下:

1. 被告肖某归还借款5300元及2017年12月27日至2018年1月27日之间的利息106元给原告雷某;

2. 被告肖某从2018年1月28日起,以5300元为基数,按年利率24%计算利息至履行完毕债务最后一日止给原告雷某;

3. 驳回原告雷某的其他诉讼请求。

[根据桂林市临桂区人民法院(2019)桂0312民初863号民事判决书编写]

Chapter 9

第九章 民间借贷的债权担保

要点1 民间借贷的保证担保

要点2 民间借贷的抵押担保

要点3 民间借贷的质押担保

民间借贷的债权担保，是指出借人与借款人或者第三人在借贷活动中依法约定，当借款人不履行到期债务或者发生当事人约定的实现担保债权的情形时，由担保人代为清偿或者以担保物清偿的民事行为。在民间借贷担保法律关系中，被担保人是民间借贷合同中的借款人，担保权人是出借人，担保人可以是借款人本人，也可以是第三人，但保证人必须是第三人。本章分析民间借贷的保证、抵押、质押三种担保方式。

ESSENTIAL

1

要点1

民间借贷的保证担保

一、民间借贷所适用的担保方式

根据《民法典》的规定，担保方式有保证、抵押、质押、留置和定金五种。其中，抵押、质押、留置三种担保方式属于物权担保。民间借贷债权属于担保对象，但只适用保证、抵押和质押三种担保方式。

留置不适用于民间借贷债权担保。留置，是指债权人按照合同约定占有债务人的动产，债权人不按照合同约定的期限履行债务的，债权人有权依照担保法律规定处理留置财产换取价款优先受偿的担保方式。根据《民法典》第447条的规定，留置对象是动产，包括保管合同、运输合同、加工承揽合同以及其他有关合同的动产标的物。当这些合同中的债务人到期不履行债务时，债权人有权留置动产，从而保证自己债权的实现。但民间借贷合同的标的物只是金钱货币，出借人不可能占有借款人的动产，因而不可能出现可以留置动产的情形；再者，金钱货币虽然也可以留置，但留置金钱货币作担保，完全违背民间借贷的目的，所以民间借贷债权不可能适用留置担保。

定金也不适用于民间借贷债权担保。定金，是指当事人在合同中约定一方向对方给付一部分金钱作为债权的担保。债务人履行债务的，定金应当抵作价款结算或者返还。给付定金的一方不履行债务或履行债务不符合约定致使不能实现合同目的的，无权要求返还定金；收受定金的一方不履行合同约定义务或者履行债务不符合约定致使不能实现合同目的的,应当双倍返还定金。在民间借贷活动中,借款人借款本身就是为了取得金钱使用,出借人如果要求借款人支付定金担保,就等于少支付民间借贷合同约定数额的借款,这不符合民间借贷的目的,所以定金也不适用借款担保。出借人在借贷发生时已经收取定金的,该定金将会作为本金被扣除。例如,民间借贷合同约定借款100万元,出借人在借贷发生时收取10万元定金,当该案诉至法院后,法院将在100万元本金中扣除10万元定金,那么本金就只有90万元。

二、民间借贷的保证人

《民法典》第681条规定:"保证合同是为保障债权的实现,保证人和债权人约定,当债务人不履行到期债务或者发生当事人约定的情形时,保证人履行债务或者承担责任的合同。"由此可见,保证担保,是指保证人和债权人约定,当债务人不履行到期债务或者发生当事人约定的情形时,保证人按照约定履行债务或者承担责任的行为。民间借贷的保证担保,是指保证人与出借人约定,当借款人到期未履行偿还借款本金和支付利息义务时,保证人按照约定代为履行债务的行为。

保证是民间借贷最为常用的一种担保方式。出借人为了保障自己的金钱债权得以实现,要求借款人提供保证的,那么,借款人就得请求第三人出面为其借款提供保证。否则,出借人不提供借款,借款人就达不到借款目的。如果第三人同意为借款人提供保证,且取得出借人同意并订立保证合同的,便产生民间借贷的保证担保。

在所有保证担保中,因债权人不可能为自己的债权提供保证担保,债务人也不可能为自己的债务作为保证人向债权人提供保证担保,故保证人只能是本合同以外的第三人。从理论上,除法律禁止外,任何具有民事行为能力的自然人、法人和非法人组织都可以作为第三人提供保证担保。但是,第三人是否成为民间借贷的保证人,一是要看第三人是否愿意为借款人提供保证担保,二是要看出借人是否接受特定的第三人保证担保,三是要看法律是否禁止某些第三人提供保证担保。

(一)法律禁止的保证人

国家基于公共利益的考虑,禁止以下法人和非法人组织提供保证担保:

1. 机关法人

《民法典》第683条第1款规定:“机关法人不得为保证人,但是经国务院批准为使用外国政府或者国际经济组织贷款进行转贷的除外。”《最高院民法典担保解释》第5条也规定,机关法人提供担保的,人民法院应当认定担保合同无效。

机关法人,是指依法行使国家权力,并因行使国家权力的需要而享有相应的民事权利能力和民事行为能力的国家机关。机关法人包括立法机关、行政机关、军事机关和司法机关等。国家机关在进行民事活动时是以法人身份出现的,与对方自然人或法人一样是平等民事主体,而不是行政主体。因此,《民法典》第683条将原《担保法》第8条规定的“国家机关”改为“机关法人”。

机关法人所需的资金财产是通过国家预算拨款方式取得的,只能用于职能工作的需要,而不能为民间借贷提供保证担保,因此,除法定情形外,机关法人不得作为民间借贷的保证人,否则保证合同无效。

2. 以公益为目的的非营利法人、非法人组织

原《担保法》第9条规定:“学校、幼儿园、医院等以公益为目的的事业单位、社会团体不得为保证人。”《民法典》第683条第2款规定:“以公益为目的的非营利法人、非法人组织不得为保证人。”这一修订更具概括性,也就是说,不仅学校、幼儿园、医院等以公益为目的的事业单位、社会团体不得为保证人,凡是以公益为目的的非营利法人、非法人组织都不得为保证人。

《民法典》第87条规定,为公益目的或者其他非营利目的成立,不向出资人、设立人或者会员分配所取得利润的法人,为非营利法人。以公益为目的的非营利法人、非法人组织,虽然具有独立民事主体资格,但其设立的目的主要是服务社会公益事业,如果允许它们为他人提供保证担保,就避免不了承担担保责任而造成资金或者财产的风险和损失,因而不利于公益事业的维持和发展。例如,慈善机构依靠政府拨款和社会捐资来募集资金用于扶贫济困和紧急救助,如果为民间借贷的借款人提供保证担保,就会使其违背职能,且有可能给扶贫救助资金带来风险和损失。

《民法典》第76条第1款规定,以取得利润并分配给股东等出资人为目的成立的法人,为营利法人。营利法人是市场主体之一,具有经营性质,可以进行利润分配。故《最高院民法典担保解释》第6条第2款规定:“登记为

营利法人的学校、幼儿园、医疗机构、养老机构等提供担保,当事人以其不具有担保资格为由主张担保合同无效的,人民法院不予支持。"也就是说,已经依法登记为营利法人的学校、幼儿园、医疗机构、养老机构等,可为借款人提供保证担保,保证合同应当有效。

(二)关于保证人"具有代为清偿债务能力"的问题

原《担保法》第7条规定:"具有代为清偿债务能力的法人、其他组织或者公民,可以作保证人。"代为清偿能力,是指保证人依照保证合同约定代为履行债务或者承担担保责任的能力。但是,保证人"具有代为清偿债务能力"仅是保证功能上的基本要求,而不是保证主体资格和保证合同生效的要件。保证人已经提供保证担保,即使没有代为清偿债务能力,也要承担保证责任,而不能以此为由否定保证合同的效力,也不免除保证人的保证责任;债权人自愿接受没有代为清偿债务能力提供的保证担保,因此产生的不能实现保证债权的不利后果应由债权人自行承受,故《民法典》取消了"具有代为清偿债务能力"这一规定,也就是说,第三人提供保证担保不再以"具有代为清偿债务能力"为条件。

但是,从保障民间借贷债权的实现角度来看,出借人考察第三人是否"具有代为清偿债务能力"仍有实际意义。理由是,第三人"具有代为清偿债务能力"才能实际承担保证责任,如果没有代为清偿债务能力或者代为清偿债务能力很差,届时,出借人就不能或无法实现保证债权,这对出借人极为不利。

(三)关于法人的分支机构和机关法人内部所设的职能部门作为保证问题

原《担保法》第10条第1款规定:"企业法人的分支机构、职能部门不得为保证人。"《民法典》不再有此限制性规定,也就是说,在法律上不再排除企业法人的分支机构、职能部门作为保证人的资格,至于企业法人的分支机构、职能部门提供保证担保有无法律效力以及保证责任的承担,则应根据《民法典》其他有关规定进行认定和处理。例如,企业法人的分支机构、职能部门受法人委托或者授权为借款人提供保证担保所订立的保证合同,应当根据《民法典》有关委托代理的规定,确认其效力和保证责任的归属。

三、民间借贷保证合同的成立

民间借贷保证合同,是指保证人与出借人约定,当借款人没有或者不能履行民间借贷合同债务时,由保证人依法代为清偿的协议。民间借款保证合同可以采取书面形式,也可以采取口头形式。采用口头形式表示提供保证,出借人也表示接受的,借贷保证也应当成立,但事后发生保证纠纷往往缺乏证据,所以不宜提倡口头保证。为了防止发生保证担保纠纷,出借人与保证人采用书面形式为宜。书面保证可以在民间借贷合同以外单独订立合同,也可以在借据上签字表明保证担保。

根据民间借贷的实践情况来分析,民间借贷保证合同成立有以下几种情况:

(1)保证人与出借人就保证内容依法达成书面协议的,保证合同成立。这是一种规范的保证形式。

(2)第三人以具有保证性质的信函、传真、微信等向出借人表示,当借款人不履行债务时,由其代为履行并为出借人接受的,保证合同成立。但以这种方式提供保证的,保证人所提供的信函、传真、微信等书面材料,必须有明确的保证意思表示。

(3)保证人在出借人与借款人签订的民间借贷合同(包括借据、借条)上以保证人身份签字或者盖章的,保证合同成立。在实践中,出借人先拟好民间借贷合同,出借人、借款人和保证人一起在该种合同上签字盖章,民间借贷合同与其保证合同一起成立。第三人虽在民间借贷合同上签名,但没有明确表示保证担保或者没有明确保证人身份的,不能推定该第三人就是保证人。

(4)第三人单方以书面形式向债权人作出保证,债权人接收且未提出异议的,保证合同成立。

四、关于保证人的意思表示问题

意思表示是向外部表明意欲发生一定法律效果意思的行为。意思表示是民事法律行为的核心要素。意思存于内心不能发生法律效果。当事人要使自己的内心意思产生法律效果就必须将意思表现于外部,即将意思表示。《民法典》第133条规定:“民事法律行为是民事主体通过意思表示设立、变更、终止民事法律关系的行为。”第134条规定:“民事法律行为可以基于双方或者多方的意思表示一致成立,也可以基于单方的意思表示成立。”民间借贷保证合同是因保证人与出借人双方意思表示而成立的,包括第三人单方以书面形式向出借人作出保证,出借人接收而未提出异议的,也被视为出借人愿意接受保证担保的真实意思表示。

1. 保证人意思表示是否真实的问题

保证合同是否有效,还要看保证人的意思表示是否真实。意思表示真实,是指行为人表现于外部的行为与其内心的真实意思一致。从实践情况来看,许多民间借贷的保证人与出借人为保证效力问题发生纠纷,大多是意思表示是否真实而引发的。

根据《民法典》第146～151条的规定,保证人与出借人以虚假的意思表示而订立的保证合同无效。如有以下几种情形的,保证人可以依法行使撤销权,使保证合同归于无效:

(1)保证人基于重大误解而与出借人订立的保证合同;

(2)出借人以欺诈手段,使保证人在违背真实意思的情况下订立的保证合同;

(3)出借人或者借款人以胁迫手段使保证人违背真实意思而订立的保证合同;

(4)出借人利用保证人处于危困状态、缺乏判断能力等情形下与其订立的保证合同。

2. 防范保证人意思表示不真实的方法

在民间借贷活动中,保证人提供保证担保的手续往往很简单,在许多情况下只是在借据或者借条上签名,除了借贷内容外,几乎没有保证条款,因此造成不少保证纠纷,这对出借人极为不利。据此,我们认为,为使民间借贷保证合同在意思表示上真实有效,应当做到以下几点:

(1)出借人与保证人在约定保证担保前,应当让借款人动员保证人提供保证担保,出借人自己不宜动员保证人为借款债权提供保证担保,以免保证人怀疑出借人与借款人串通骗取其保证担保,并以意思表示不真实为由拒绝承担保证责任;

(2)在签订保证合同时,有关保证条款和内容要明确是保证人的真实意思表示,以免发生歧义进而产生保证担保纠纷;

(3)出借人要向保证人明确解释保证合同的条款、内容和责任,以免保证人以发生"重大误解"为由,主张保证合同无效或者可撤销;

(4)出借人和借款人都不得采取欺诈、胁迫、乘人之危等手段,在严重违背保证人意志的情况下迫使其提供保证担保,否则保证合同无效或者可撤销。

但是,保证人已经在借贷合同上明确以保证人身份签名,又不能提供证据证明具有上述无效或者可撤销的事实的,通常都被认为是意思表示真实的保证担保。届时,借款人未履行债务,保证人应当承担保证责任。

五、民间借贷的保证期间

在民间借贷保证活动中,出借人行使保证债权,保证人履行保证义务,都应当在法律规定或者合同约定的时间内完成,因而就有一个保证期间问题。民间借贷保证期间,是指出借人主张保证债权和保证人承担保证责任的有效时间,即确定保证人承担保证责任的期间。根据《民法典》的规定,民间借贷保证期间分为约定期间和法定期间两种。

1. 约定保证期间

约定期间,是出借人与保证人约定,自民间借贷合同履行期届满之日起,保证人在一定时间内承担保证责任的时限。约定期间是出借人与保证人平等自愿协商一致并利用保证合同形式确定下来的。根据当事人意思自治原则,保证人与出借人在保证合同中明确约定的保证期间为有效保证期间,他人包括法院都不得予以改变。但我们认为,约定保证期限最长不宜超过民间借贷合同纠纷的诉讼时效期限(3 年),如果约定的保证期间长于诉讼时效期间,因出借人超过诉讼时效期间提起诉讼,借款人为此提出抗辩的,出借人将会丧失胜诉权,在此情况下,出借人再要求保证人承担保证责任,就不可能得到法院的支持。

2. 法定保证期间

法定保证期间适用于保证合同没有约定保证期间和保证期间约定不明确的情形。

在民间借贷活动中,保证合同没有约定保证期间的情况较为多见,如保证人在借款人给出借人出具的借条上仅作保证人签名而未约定保证期限;有的只约定保证担保的开始时间而未保证多长时间,即未约定保证时间的结束点。在这些没有约定保证期间和保证期间约定不明确的情况下,出借人与保证人可以补充约定保证期限,若不作补充约定或者补充约定不成的,则应适用《民法典》第692条第2款“没有约定或者约定不明确的,保证期间为主债务履行期限届满之日起六个月”的规定进行处理。

在实践中,出借人与保证人虽有约定的保证期间,但约定的保证期间早于主债务履行期限或者与主债务履行期限同时届满。在这两种情况下,首先要肯定保证人有明确的提供保证担保的真实意思表示,但因保证责任自主债务履行期限届满后才开始承担,如果约定保证期间早于主债务履行期限或者与主债务履行期限同时届满,就会出现主债务履行期限届满后,保证人不再承担保证责任的结果。《民法典》第692条第2款规定,约定的保证期间早于主债务履行期限或者与主债务履行期限同时届满的,视为没有约定,保证期间应为主债务履行期限届满之日起6个月。

3. 借贷债务履行期限没有约定或者约定不明确的保证期间的处理

保证期限没有约定或者约定不明确,通常都是保证合同本身引起的,但有的是借贷合同(主合同)引起的。例如,出借人与借款人在借贷合同中对债务履行期限没有约定或者约定不明确,但因保证责任自主债务履行期限届满后才开始承担,那么,在此情形下,保证人承担保证责任就无法确定的起始时间。对此,《民法典》第692条第3款规定:“债权人与债务人对主债务履行期限没有约定或者约定不明确的,保证期间自债权人请求债务人履行债务的宽限期届满之日起计算。”也就是说,在此情形下,出借人给予借款人宽限期后,借款人仍未履行债务的,自宽限期届满之日起,保证人开始承担保证责任。如果该类借贷合同已经明确约定保证期限的,保证期限则按其约定。但从实践来看,既然履行期限没有约定或者约定不明确,在一般情况下也就无法明确约定保证期限,就此,应当适用《民法典》第692条第2款“保证期间为主债务履行期限届满之日起六个月”的规定,因出借人给予借款人宽限期届满之日被视为“主债务履行期限届满之日”,故这种情况下的“六个月”应从宽限期届满之日开始计算。因保证期限是除斥期限,不发生中止、中断和延长,故出借人在保证期限内未依法要求保证人承担保证责任的,保证人就不再承担保证责任。

六、民间借贷的一般保证

《民法典》第 686 条第 1 款(原《担保法》第 16 条)规定:“保证的方式包括一般保证和连带责任保证。”第 687 条第 1 款规定:“当事人在保证合同中约定,债务人不能履行债务时,由保证人承担保证责任的,为一般保证。”据此,民间借贷中的一般保证,是指出借人与保证人在保证合同中约定,当借款人不能履行借款债务时才由保证人承担保证责任的一种保证方式。

1. 一般保证的认定

在民间借贷中,我们经常遇到这样一种情况:保证人在为借款人提供保证担保时明确说明,借款先由借款人偿还,借款人确实没有财产偿还时,再由其代为偿还,出借人也表示同意,这是一般保证的意思表示。

但一般保证的意思表示必须明确记载于保证合同或者保证合同的有关内容确能反映属于一般保证。保证人的一般保证意思表示,如果未记载在保证合同中,而出借人主张是连带责任保证,保证人又无其他证据证明是一般保证的,属于《民法典》第 686 条第 2 款规定的“当事人在保证合同中对保证方式没有约定或者约定不明确的”情形,应当“按照一般保证承担保证责任”。也就是说,一般保证只有在明确约定的情况下才予确认,没有约定或者约定不明确的,一律作一般保证认定。

2. 关于“债务人不能履行债务”的问题

一般保证方式的关键问题是“债务人不能履行债务”,这是一般保证区别于连带责任保证的根本点,也是一般保证的主要特点。

一般保证中的“债务人不能履行债务”,当然属于未履行,但不等于未履行。未履行有两种主要情况:一是借款人确无能力而未履行,二是借款人有能力而未履行。根据《民法典》第 687 条第 2 款“一般保证的保证人在主合同纠纷未经审判或者仲裁,并就债务人财产依法强制执行仍不能履行债务前,有权拒绝向债权人承担保证责任”之规定,这里的“债务人不能履行债务”,在民间借贷活动中是指借款人的财产经法院强制执行后仍不能履行债务的情况。

3. 关于“无力偿还债务”的问题

《最高院民法典担保解释》第 25 条第 1 款规定:“当事人在保证合同中约定了保证人在债务人不能履行债务或者无力偿还债务时才承担保证责任

等类似内容,具有债务人应当先承担责任的意思表示的,人民法院应当将其认定为一般保证。”这条规定在《民法典》第687条第1款规定“债务人不能履行债务”的基础上做了扩充性解释,即当事人在保证合同中约定债务人无力偿还债务时才承担保证责任等类似内容,具有债务人应当先承担责任的意思表示的,也为一般保证。

至于债务人“无力偿还债务”,实践中有以下两种情况:

一种是暂时无力偿还。债务人暂时无力偿还,可以分期偿还,在此情况下,债权人要求一般保证人承担保证责任的,一般保证人可以行使先诉抗辩权。

另一种是永久无力偿还。例如,《民事诉讼法》第257条第5项规定,作为被执行人的公民因生活困难无力偿还借款,无收入来源,又丧失劳动能力的,属于永久无力偿还,法院应当裁定终结执行,在此情况下,一般保证人丧失先诉抗辩权,应当开始承担保证责任。

4. 一般保证人的先诉抗辩权

先诉抗辩权,是指主合同纠纷未经审判或仲裁,并就债务人财产依法强制执行用于清偿债务前,一般保证人对债权人可拒绝先行承担保证责任的权利。民间借贷纠纷案件经审判,并就借款人财产被强制执行后,借款人仍不能履行债务时,一般保证人才开始承担保证责任,代替借款人偿还借款债务。民间借贷合同纠纷未审判,且未对借款人的财产实施强制执行,出借人就要求一般保证人保证责任的,一般保证人可以行使先诉抗辩权,拒绝先行承担保证责任。

5. 先诉抗辩权的丧失

根据《民法典》第687条第2款的规定,有下列情形之一的,一般保证人丧失先诉抗辩权:(1)债务人下落不明,且无财产可供执行;(2)人民法院已经受理债务人破产案件;(3)债权人有证据证明债务人的财产不足以履行全部债务或者丧失履行债务能力;(4)保证人书面表示放弃本款规定的权利。

借款人出现上述“债务人不能履行债务”情形,一般保证人丧失先诉抗辩权,借款人清偿借款债务的义务转嫁给一般保证人,一般保证人再提出先诉抗辩无效,而应当开始承担保证责任。

6. 一般保证诉讼

在民间借贷活动中,第三人提供一般保证后,借款人到期未清偿借款债务，出借人向法院提起民间借贷纠纷诉讼，其中一般保证的问题如何处置？

根据《最高院民法典担保解释》第 26 条、第 27 条的规定：

(1)出借人仅以借款人为被告提起诉讼的，法院应予受理，但法院仅判决借款人清偿借款债务；根据不告不理原则，不涉及一般保证人的保证责任。

(2)出借人未就民间借贷合同提起诉讼，而仅起诉一般保证人的，法院应当驳回起诉。

(3)出借人一并起诉借款人和一般保证人的，法院可以受理，但在作出判决时，除有《民法典》第 687 条第 2 款规定的丧失先诉抗辩权的情形外，应当在判决书主文中明确，一般保证人仅对借款人财产依法强制执行后仍不能履行的部分承担保证责任。

(4)出借人未对借款人的财产申请保全，或者保全借款人的财产足以清偿债务，出借人申请对一般保证人的财产进行保全的，法院不予准许。

(5)出借人取得对借款人赋予强制执行效力的公证债权文书后，在保证期间内向法院申请强制执行的，因公证机构“赋予强制执行效力”可视同经过诉讼或者仲裁程序，故一般保证人以出借人未在保证期间内对借款人提起诉讼或者申请仲裁为由主张不承担保证责任的，法院不予支持。

7. 一般保证债务诉讼时效的起算

根据《最高院民法典担保解释》第 28 条的规定，出借人依据生效法律文书对借款人的财产依法申请强制执行后，对一般保证人提起承担保证责任诉讼的，一般保证债务诉讼时效的起算时间按照下列规则确定：

(1)法院作出终结本次执行程序裁定，或者依照《民事诉讼法》第 257 条第 3 项、第 5 项的规定作出终结执行裁定的，自裁定送达债权人之日起开始计算。

(2)法院自收到申请执行书之日起一年内未作出前项裁定的，除一般保证人有证据证明借款人仍有财产可供执行外，自法院收到申请执行书满一年之日起开始计算。

(3)出借人、债权人在保证期间届满前对借款人提起诉讼或者申请仲裁，举证证明一般保证人丧失先诉抗辩权的，一般保证债务的诉讼时效自出借人知道或者应当知道一般保证人丧失先诉抗辩权之日起开始计算。

七、民间借贷的连带责任保证

《民法典》第688条第1款规定:“当事人在保证合同中约定保证人和债务人对债务承担连带责任的,为连带责任保证。”第2款规定:“连带责任保证的债务人不履行到期债务或者发生当事人约定的情形时,债权人可以请求债务人履行债务,也可以请求保证人在其保证范围内承担保证责任。”据此规定,民间借贷的连带责任保证,是指出借人与保证人在保证合同中约定,保证人与借款人对民间借贷债务承担连带责任的一种保证方式。连带责任保证是特别约定的保证方式,而一般保证是普遍适用的保证方式。

1. 关于保证方式没有约定或者约定不明确的推定保证方式的问题

原《担保法》第19条规定,当事人对保证方式没有约定或者约定不明确的,按照连带责任保证承担保证责任。据此规定,保证方式没有约定或约定不明的,推定为连带责任保证。而《民法典》第686条第2款的规定则相反:“当事人在保证合同中对保证方式没有约定或者约定不明确的,按照一般保证承担保证责任。”也就是说,在保证担保合同中保证方式没有约定或者约定不明确的,应当推定为一般保证。主要理由是,债务人是债务的最终承担者,即使保证人予以代偿,保证人代偿后也有权向债务人追偿,再者,保证人为债务人提供保证担保通常都是无偿的,且只负实体义务而无实体权利,在此情况下,如果将保证方式没有约定或约定不明推定为连带责任保证,则对保证人不公,也不符合情理,故《民法典》上述规定将这种情形推定为一般保证。

根据《民法典》第688条的规定,连带责任保证的借款债务到期后,不论借款人有偿还能力而主观上不愿偿还,也不论借款人客观上无能力而未偿还,只要实际没有偿还借款,保证人与借款人就要负连带保证责任。此时,连带责任的保证债务虽然具有从属性,但在民间借贷合同到期后,借款人与保证人就不分先后顺序承担清偿债务责任。

2. 连带责任保证与一般保证的区别

连带责任保证与一般保证除有无先诉抗辩权外的主要区别是“不履行到期债务”与“不能履行债务”。“不履行到期债务”是连带责任保证的特点,它与一般保证的“不能履行债务”有明显区别。

(1)两者在保证合同中标示不同。保证合同上明确标示连带保证的才为一般连带方式，保证合同上未标示一般保证或者连带责任保证的，通常被视为一般保证。但遇有下列两种特殊情况要作恰当处理：一是出借人与保证人在保证合同中约定“具有债务人应当先承担责任的意思表示”等类似内容的，应当认定为一般保证；二是保证合同中约定“保证人在债务人不履行债务或者未偿还债务时即承担保证责任、无条件承担保证责任”等类似的内容的，应当认定为连带责任保证。

（2）未能履行债务的原因不同。“不履行到期债务”包括有能力履行而不履行，在此情形下，连带责任保证中的债务中未履行债务的，保证人应当承担连带清偿债务责任。而“不能履行债务”主要是指借款人无力履行，即没有可供执行的财产，同时包括法律规定的不能对借款人实施执行的有关财产（如必须保留被执行人的生活必需用品和必需费用），在此情形下，一般保证人开始承担保证责任。

（3）保证人开始承担保证责任的时间不同。一般保证和连带责任保证的保证责任都自保证合同依法订立时起成立，但开始承担保证责任的时间不同。一般保证的保证人在通常情况下是在强制执行借款人财产后才开始承担保证责任，而连带责任保证人在债务履行期届满时就开始承担保证责任。

（4）两者作为被告的情况不同。在民间借贷纠纷诉讼中，连带责任保证的中出借人可以将借款人和保证人列为共同被告诉至法院，也可以单独先诉连带保证人；而在一般保证中，在借款人出借人不能单独起诉保证人。

（5）两者的抗辩权不同。一般保证人享有先诉抗辩权，而连带责任保证人不享有先诉抗辩权。先诉抗辩权是专属于一般保证人的一项权利，一般保证人行使先诉抗辩权，可以延缓履行保证债务。

八、民间借贷的共同保证

一个民间借贷合同只有一个保证人作保的是单独保证，这是民间借贷保证的常见现象。但有些出借人为了切实保障自己的债权，要求借款人提供两个或者两个以上的保证人作保；有些借款人为了借取出借人的款项，并让出借人放心出借，主动提供两个或者两个以上保证人作保，就会出现共同保证问题。

1. 民间借贷共同保证的特点

民间借贷的共同保证,是指同一笔借款债务有两个或者两个以上保证人提供保证的担保形式。共同保证有以下两个主要特点:

一是两个以上保证人所担保的是借款人的一笔借款债务。如果借款人有两笔以上借款债务分别订立两个合同,你为第一笔借款提供保证,我为第二笔借款提供保证,这是两个借贷的两个保证人,而不是共同保证。

二是有两个以上保证人为同一借款人的同一借款提供保证的,才构成共同保证。

2. 民间借贷共同保证的方式

《民法典》第699条规定:“同一债务有两个以上保证人的,保证人应当按照保证合同约定的保证份额,承担保证责任;没有约定保证份额的,债权人可以请求任何一个保证人在其保证范围内承担保证责任。”据此,民间借贷共同保证有以下两种方式,保证人按照不同的共同保证方式承担责任:

(1)按份共同保证及责任承担。各个保证人已在借贷保证合同中约定各自保证份额的,应当按照保证合同约定的保证份额,各自承担保证责任。例如,借款人向出借人借款100万元,甲保证60万元,乙保证40万元,借款人到期没有偿还借款,甲承担60万元的保证责任,乙承担40万元保证责任。如甲未履行60万元代偿义务,出借人不能将其保证责任加于乙,要求乙承担全部100万元借款的代偿责任。因为借贷保证合同已经约定保证份额,所以各保证人之间互不负连带保证责任。

(2)连带共同保证及责任承担。在共同保证合同中,各保证人没有约定保证份额的,保证人之间承担连带保证责任,借款人到期没有清偿借款债务,出借人可以要求任何一个保证人承担全部保证责任,任何一个保证人都负有履行代偿全部借款债务的义务。例如,借款人向出借人借款100万元,甲和乙一起为借款人提供保证,但未约定各自的保证份额,那么,甲与乙互为连带保证责任,出借人可以要求乙全部清偿100万元保证借款,也可以要甲全部清偿100万元保证借款。但是,如果甲已经全部承担100万元保证责任,出借人不得再要求乙承担保证责任。

3. 连带共同保证人之间的追偿

不论是按份共同保证还是连带共同保证,保证人承担保证责任后都有权向借款人追偿。除向借款人追偿外,还有一个保证人之间的追偿问题。

在按份共同保证中,保证人只能向借款人追偿,而保证人之间不产生追偿问题,但连带共同保证则不同,其中一个保证人已经清偿全部保证债务,或者清偿保证债务多于另一保证人的,该保证人有权要求其他未承担保证责任或者少承担保证责任的保证人清偿应承担的份额。例如,甲和乙共同为借款人连带保证100万元借款,甲全部代为清偿后,甲可以向乙要求清偿应当承担的份额。在这种情况下,“份额”通常以各负一半来确定。

此外,《最高院民法典担保解释》第29条第2款还规定:“同一债务有两个以上保证人,保证人之间相互有追偿权,债权人未在保证期间内依法向部分保证人行使权利,导致其他保证人在承担保证责任后丧失追偿权,其他保证人主张在其不能追偿的范围内免除保证责任的,人民法院应予支持。”这里的“保证人之间相互有追偿权”是指连带共同保证人。就民间借贷中的连带共同保证而言,出借人未在保证期间内依法向部分保证人行使权利,即未依法向部分保证人主张连带保证责任,使该部分连带保证人不再承担保证责任,并导致其他保证人在承担保证责任后丧失追偿权的,其他保证人可以主张在其不能追偿的范围内免除保证责任。

九、民间借贷的混合担保

混合担保是不同担保方式上的重叠,是指同一债权既有人的保证又有物的担保。《民法典》第392条规定:“被担保的债权既有物的担保又有人的担保的,债务人不履行到期债务或者发生当事人约定的实现担保物权的情形,债权人应当按照约定实现债权;没有约定或者约定不明确,债务人自己提供物的担保的,债权人应当先就该物的担保实现债权;第三人提供物的担保的,债权人可以就物的担保实现债权,也可以请求保证人承担保证责任。提供担保的第三人承担担保责任后,有权向债务人追偿。”这是关于混合担保及其责任承担的规定。

1. 混合担保的两种情况

在民间借贷担保活动中,因保证人必须是第三人,而物的担保可以是借款人提供,也可以是第三人提供,所以混合担保有两种情况:一是既有第三人提供保证担保,又有另一第三人提供抵押或者质押;二是在第三人提供保证担保的同时,借款人又以自己的财产提供抵押或者质押担保。

2. 借款人提供物权担保先予清偿

《民法典》第392条规定:“没有约定或者约定不明确,债务人自己提供物的担保的,债权人应当先就该物的担保实现债权。”据此,借款人以自己的财产提供担保的,应当在担保物的价值范围内先对全部借贷债务承担担保责任,而保证人只对该担保物价值以外的借贷债务承担保证责任。但是,物权担保先予清偿仅适用于这样一种情形:混合担保“没有约定或者约定不明确,债务人自己提供物的担保”。例如,借款人借款100万元,以自己的房产提供抵押担保,第三人提供保证担保,但没有约定担保份额。根据上述规定,借款人抵押房产处理后取得价款有150万元,足以偿还本息的,保证人就不需要再承担保证责任;如果取得价款只有60万元,保证人就要承担本金40万元及100万元利息的保证责任。

3. 按照约定承担担保责任

《民法典》第392条规定:“被担保的债权既有物的担保又有人的担保的,债务人不履行到期债务或者发生当事人约定的实现担保物权的情形,债权人应当按照约定实现债权。”据此,混合担保中的各个担保人已经明确约定担保责任的,不能适用借款人提供物权担保先予清偿方式,而应当按约承担担保责任,这是合同自愿约定原则的必然要求。例如,借款人借款100万元,借款人以自己的财产提供抵押担保50万元,第三人甲某提供抵押担保30万元,第三人乙某提供保证担保20万元。在这种情况下,应当尊重当事人约定来承担担保责任。但是,借款人提供的担保物方便执行且价款超过借款人自己担保债务的,超过部分也应当用于清偿借款债务,其他担保人对剩余债务承担担保责任,理由是,借款人是主债务人,也是借款债务的最终承担者,其担保物价款超过部分清偿了借款债务,可以避免或减轻第三人代偿责任以及产生追偿而增加的成本。

4. 连带担保责任的承担

混合担保中的各个担保人承担连带担保责任,主要适用于两种情况:一是混合担保合同明确约定各个担保人承担连带担保责任;二是《民法典》第392条规定的连带担保责任。《民法典》第392条规定,担保责任没有约定或者约定不明确,第三人提供物的担保的,债权人可以就物的担保实现债权,也可以要求保证人承担保证责任。在这种情况下,第三人与保证人就要承担连带担保责任。

5. 放弃物权担保的处理

混合担保合同已经明确约定各个担保人按份担保的，出借人放弃物权担保，与保证人无关，保证人只在约定份额内承担保证责任。但没有约定各个担保人的担保份额，或者约定不明确，或者约定承担连带责任的，出借人放弃物权担保的，根据《民法典》第 392 条“第三人提供物的担保的，债权人可以就物的担保实现债权，也可以要求保证人承担保证责任”的规定，保证人与物权担保的第三人负连带担保责任，因此保证人仍应对保证债务承担保证责任。

在没有约定或者约定不明确的情况下，出借人又放弃对借款人享有的担保物权，因借款人担保物权是清偿顺序在先的，所以应当免除保证人相应的担保责任。

十、民间借贷保证责任的范围

《民法典》第 691 条规定：“保证的范围包括主债权及其利息、违约金、损害赔偿金和实现债权的费用。当事人另有约定的，按照其约定。”从这条规定来看，保证人的保证责任范围有约定和法定两种情况。

根据担保自愿原则，民间借贷当事人约定保证担保多少借款数额和内容，保证人按约承担多少保证责任。例如，借款人和出借人约定借款 50 万元，月利率 10‰，而保证人与出借人约定保证 30 万元及 30 万元的 10‰利息，那么，保证人只承担 30 万元本金及 30 万元的 10‰利息，对于另外 20 万元及利息和其他费用，保证人不承担保证责任。

法定保证责任范围是全部保证责任债务，适用于两种情形：一是保证人与出借人按照《民法典》第 691 条的规定，约定保证借款人的全部债务；二是在保证责任范围没有约定或者约定不明确的情况下，适用《民法典》第 691 条的规定承担全部债务的保证责任。全部债务包括全部借款本金、利息、逾期利息、实现债权费用等。在适用法定保证责任范围时，借款人到期未履行还债义务，保证人承担全部主债务和全部从债务的代偿责任。

但是，无论是约定保证责任范围，还是法定保证责任范围，除实现债权费用外，保证人所要承担的保证责任只能相同或者小于借款合同约定的债务范围。因为，保证合同是借款合同的从合同，保证债务是借款债务的从债务，所以，保证责任范围不能超过借款本金、利息和其他派生债务，对超过这个范围的部分,保证人不承担保证责任。

十一、民间借贷保证合同无效的保证人赔偿责任及追偿

《民法典》第682条第2款规定:“保证合同被确认无效后,债务人、保证人、债权人有过错的,应当根据其过错各自承担相应的民事责任。”民间借贷保证合同成立后被依法确认无效的,保证人不再承担保证责任,但保证人有过错的,应当承担赔偿责任。那么,民间借贷保证人如何承担过错赔偿责任?

根据《最高院民法典担保解释》第17条的规定,民间借贷保证人过错赔偿责任分以下几种情形进行处理:

1. 民间借贷合同有效而保证人提供的保证合同无效的,应当区分不同情形确定保证人的赔偿责任:

(1)出借人与保证人都有过错的,保证人承担的赔偿责任不应超过借款人不能清偿部分的二分之一;

(2)保证人有过错而出借人无过错的,保证人对借款人不能清偿的部分承担赔偿责任;

(3)出借人有过错而保证人无过错的,保证人不承担赔偿责任。

2. 民间借贷合同无效导致保证人提供的担保合同无效的,根据以下情况进行处理:

(1)保证人无过错的,保证人不承担赔偿责任;

(2)保证人有过错的,其承担的赔偿责任不应超过借款人不能清偿部分的三分之一。

民间借贷保证人承担了担保责任或者赔偿责任后,在其承担责任的范围内有权向借款人追偿。

借贷风险提示

民间借贷保证担保的风险比较大,主要有以下几个方面:

1. 保证人在提供连带责任保证时,误认为借款人有偿还能力,估计今后无须承担代偿责任,但由于考察失误,届时借款人无力偿还,保证人代偿后追偿不成,结果造成损失难以挽救。

2. 保证人不具备担保主体资格或者当事人实施无效民事行为导致保

证合同无效，债权人丧失保证担保，借款人又无偿还能力，致使借款债权落空。在此情况下，债权人虽然可以依据有关规定，要求有过错的保证人承担赔偿责任，但保证人的赔偿数额通常不可能达到债权数额，因此会造成部分或者大部分债权损失。

3. 出借人如果不了解保证人代偿能力就接受担保，结果保证人无力承担保证责任，出借人的保证债权就部分不能实现或者全部不能实现。

4. 出借人许可借款人转让债务未取得保证人书面同意，保证人不再承担保证责任，出借人丧失对保证人享有的代偿请求权。

5. 出借人在保证期间内未要求保证人承担保证责任，保证人的保证责任依法免除，出借人就无法要求保证人再行承担保证责任。

6. 保证人过错造成保证合同无效，虽然不再承担保证责任，但仍应承担赔偿责任。

《最高人民法院关于适用〈中华人民共和国担保法〉若干问题的解释》第 7 条规定："主合同有效而担保合同无效，债权人无过错的，担保人与债务人对主合同债权人的经济损失，承担连带赔偿责任；债权人、担保人有过错的，担保人承担民事责任的部分，不应超过债务人不能清偿部分的二分之一。"根据这条规定，借款合同有效而其保证合同无效的赔偿责任，视担保当事人有无过错，分两种情况进行处理：出借人无过错的，保证人和借款人对出借人的经济损失承担连带赔偿责任，赔偿范围包括尚未收回的借款本金、利息和其他有关费用；出借人和保证人都有过错而造成出借人损失的，保证人承担赔偿责任部分，不应超过借款人不能清偿部分的二分之一。

《最高人民法院关于适用〈中华人民共和国担保法〉若干问题的解释》第 8 条规定："主合同无效而导致担保合同无效，担保人无过错的，担保人不承担民事责任；担保人有过错的，担保人承担民事责任的部分，不应超过债务人不能清偿部分的三分之一。"根据这条规定，借款合同无效而导致其保证合同无效，完全由出借人、借款人过错造成的，保证人无过错的，保证人不承担赔偿责任；保证人有过错的，承担赔偿责任的部分，不应超过借款人不能清偿部分的三分之一。

这里的"三分之一""二分之一"是上限，并不要求必须赔偿"三分之一"

“二分之一”,只要不超过“三分之一”“二分之一”即可。至于担保人赔偿“三分之一”“二分之一”以下的具体数额,应当根据保证人的过错程度而定。

案例9-1

☞案情简介

2013年9月11日,迟某与崔某、桑某签订《借款担保合同》约定,崔某向迟某借款7万元,由桑某担保。双方未约定还款期限。2014年,迟某去崔某家要钱时在《借款担保合同》中写上“利息3分”,当时桑某不在场。迟某按约向崔某提供7万元借款后,桑某分14次偿还迟某54,700元,其中,最后一次偿还迟某的时间是2015年11月2日。崔某共偿还迟某11,100元。原告最后向被告桑某索要借款的时间是2016年4月。

2017年5月,迟某以崔某、桑某为被告,向翁牛特旗法院提出民间借贷纠纷诉讼称:2013年9月11日,被告崔某向原告借款7万元,约定月利率为3%,被告桑某作为连带责任保证人提供担保。事后,被告崔某一直未予偿还,担保人桑某将利息结算至2016年3月11日,余欠借款本金7万元及利息,原告索要未果,故提起诉讼。请求判令二被告立即偿还原告借款本金7万元,并自2016年3月12日起按月利率2%支付利息至欠款本息还清为止。

被告桑某辩称,(1)本案是一般保证;(2)桑某已偿还原告借款本金6.3万元,有14枚汇款条证明还款金额为5.65万元;(3)被告崔某向原告借款时,双方没有约定利息,故被告桑某不同意给付利息。

被告崔某在法定期间内未作答辩。

☞法院判决

翁牛特旗法院认为,原、被告签订的《借款担保合同》是双方当事人的真实意思表示,且其内容不违反法律的规定,因而合法有效。合同签订后,原告依约将借款7万元给付被告崔某,履行了合同约定的义务。被告崔某亦应及时偿还原告借款本息。原告提交的其与被告崔某的通话录音,能够反映出借款发生后,原告与被告崔某就涉案借款均认可有利息。根据当地民间借贷的交易规则,按原告与被告崔某口头约定借款利率为2%计算为宜。被告桑某偿还原告的54,700元,对被告崔某而言,应认定偿还的是借款本息。截至2016年3月11日,利息款为42,000元;截至2016年3月11日,二被告共偿还原告65,800元。其中,二被告偿还的23,800元应为偿还的借款本金,因此,被告崔某尚欠原告借款本金46,200元。

《担保法》第19条规定:当事人对保证方式没有约定或者约定不明的,按照连带责任保证承担保证责任。本案属于当事人对保证方式没有约定的情形,故被告桑某应按照连带责任保证承担保证责任。被告桑某在被告崔某未偿还原告借款的情况下,应主动承担连带担保责任。故被告桑某以其保证方式为一般保证的辩解,与法相悖,其抗辩理由不不予采纳。

被告桑某最后一次偿还原告钱的时间是2015年11月2日。连带责任保证的期间是6个月,即保证期间至2016年5月2日届满,而原告向被告桑某索要借款的时间是2016年4月,原告已在保证期间内向被告桑某主张了权利。《最高人民法院关于适用〈中华人民共和国担保法〉若干问题的解释》第34条第2款规定:连带责任保证的保证人在保证期间届满前要求保证人承担保证责任的,从债权人要求保证人承担保证责任之日起,开始计算保证合同的诉讼时效。《民法总则》第188条规定:向人民法院请求保护民事权利的诉讼时效期间为3年。即本案被告桑某保证合同的诉讼时效期间至2019年4月届满,而原告向本院主张权利的时间是2017年5月15日,可见,被告桑某以本案已超过担保期间的辩解,与法相悖,其抗辩理由本院不予采纳。

因原被告签订《借款担保合同》时,双方未约定利息,原告虽主张其与被告崔某口头约定的利息,被告桑某是知情并同意的,但被告桑某不认可,原告又未提供任何证据予以证明。故原告要求被告桑某对借款利息承担连带还款责任的诉讼请求,本院不予支持。被告桑某偿还原告的54,700元,应认定偿还的是借款本金。故原告要求被告桑某对借款本金承担连带还款责任的诉讼请求,对其合理部分本院应予支持。

翁牛特旗法院判决如下:

1. 被告崔某于判决生效后10日内偿还原告借款本金46,200元及利息(利息自2016年3月12日起按月利率2%计算至借款本息还清之日止);

2. 被告桑某对借款本金15,300元(70,000－54,700元)承担连带还款责任;

3. 驳回原告的其他诉讼请求。

[根据翁牛特旗人民法院(2017)内0426民初3544号民事判决书编写]

案例9-2

☞ 案情简介

2016年8月24日,向A、王某某向陈某某出具了金额为39万元的借条,定于2016年11月24日前归还,并在借条上注明"用位于某某小区房屋作抵押"。向B以担保人的身份在借条上签名、捺印。同日,向A以某某小区房屋为借款提供抵押担保,并办理了抵押登记。此日,陈某某通过银行向王某某的银行账户转款39万元。

向A、王某某借款后,向陈某某支付了99,000元的利息,此后本息未付。陈某某自2017年3月起多次通过短信要求担保人向B还款未果。

陈某某向巫溪县法院提起民间借贷纠纷诉讼,请求判令:(1)被告向A、王某某偿还原告借款本金30万元,并从2017年7月25日起按月利息9000元的标准,支付利息至还款完毕之日止;(2)陈某某有权对向A、王某某抵押的某某小区房屋进行拍卖、变卖,并对价款优先受偿;(3)被告向B对上述款项承担连带清偿责任。

☞ 一审判决

巫溪县法院认为:向A、王某某向陈某某借款并出具借条,双方间借贷关系成立,向A、王某某应当偿还借款。案涉借款本金金额,双方认可实际借款金额为30万元,向A、王某某即应向陈某某偿还相应的款项。

双方在借条上未明确约定利息,但向A、王某某已按口头约定每月9000元的标准支付了99,000元即2017年7月25日前的利息,每月9000元即为月利率3%,对向A、王某某已自愿支付的部分不作调整,但对尚未支付的利息,超出年利率24%的部分,不予支持。

向A自愿以其所有的房屋为借款提供抵押担保,并依法办了抵押登记,其抵押合法有效。抵押担保范围应包括主债权及利息、违约金等,对向A、王某某辩称担保范围仅为不动产登记证明上载明的债权金额30万元的意见,不予采纳。在借款人未按期还本付息时,陈某某提请拍卖、变卖抵押物并就所得价款在债权范围内优先受偿的请求,符合法律规定,予以支持。

《担保法》第19条规定,当事人对保证方式没有约定或约定不明确的,按照连带责任保证承担保证责任。本案中,向B在借条担保人处签名,对保证方式没有约定,应承担连带保证责任。《最高人民法院关于适用〈中华人民共和国担保法〉若干问题的解释》第34条第2款规定,连带责任保证的债权人在保证期届满前要求保证人承担保证责任的,从债权人要求保证人承担保证责任之日起开始计算保证合同的诉讼时效。本案保证期间到主债务履行期届满之日起6个月即2017年5月24日,而陈某某自2017年3月起多次短信要求向B还款,现陈某某起诉要求向B承担连带清偿责任,符合法律规定,予以支持,且向B对该责任也予以认可。

根据《物权法》第176条"被担保的债权既有物的担保又有人的担保的,债务人不履行到期债务或发生当事人约定的实现担保物权的情形,债权人应当按照约定实现债权;没有约定或约定不明确,债务人自己提供物的担保的,债权人应当先就该物的担保实现债权;第三人提供物的担保的,债权人可以就物的担保实现债权,也可以要求保证人承担担保责任。提供担保的第三人承担担保责任后,有权向债务人追偿"的规定。本案中,陈某某应当先就向A提供的抵押物实现债权。

巫溪县法院判决如下:

1. 向A、王某某于本判决生效之日起10日内偿还陈某某借款本金300,000元及利息,利息自2017年7月26日起至实际清偿之日止,按年利率24%计算;

2. 向A、王某某未按期履行判决第一项确定的给付义务,准予依法拍卖、变卖向A所抵押的房屋,所得价款优先受偿;

3. 若拍卖、变卖向A提供的抵押物的价款不足以清偿本判决第一项确定的给付义务,向B对不足部分承担连带清偿责任。

☞ **上诉理由**

向A不服一审判决向重庆市第二中级人民法院提起上诉称:一审判决利息计算过高,双方约定按照月利率3%的标准支付利息属实,但未约定具体的支付方式。向A支付的99,000元属于整个借款期间的利息,不能将其认定为支付的是2016年8月26日至2017年7月26日的利息。本案利息的计算方式应为:从2016年8月25日起至实际清偿之日止,按年利率24%的标准计算,已付的99,000元中超过24%的部分应冲抵本金或者将该99,000元按月利率2分的标准抵扣利息。

☞ **二审判决**

重庆市第二中级人民法院认为,《最高院民间借贷规定》第26条第2款规定,“借贷双方约定的利率超过年利率36%,超过部分的利息约定无效。借款人请求出借人返还已支付的超过年利率36%部分的利息的,人民法院应予支持”。第31条规定,“没有约定利息但借款人自愿支付,或者超过约定的利息自愿支付利息或违约金,且没有损害国家、集体和第三人利益,借款人又以不当得利为由要求出借人返还的,人民法院不予支持,但借款人要求返还超过年利率36%部分的利息除外”。本案当事人双方口头约定月利率3%,没超过年利率36%,虽与前述规定均不完全符合,但根据前述规定,借款债务人已支付的利息中只有超过年利率36%的部分能冲抵本金或因无效而可以向出借人主张返还,因此,向以海上诉要求将其已支付的99,000元利息中超过年利率24%的部分冲抵本金或全部按法律规定保护的年利率24%的标准品除应付利息的请求不符合前述法律规定和当事人双方的约定,本院不予支持。

向A庭审中陈述按月息3%给付利息不是出于其自愿的事实仅有其单方陈述,没有证据证明,也与其认可双方口头约定月利率3%矛盾,同时其也未在所称不情愿给付3分的利息后的1年内向人民法院或仲裁机构申请撤销,故本院对向A上诉称其系不自愿按3分给付部分利息的主张不予采信。

重庆市第二中级人民法院判决:驳回上诉,维持原判。

[根据重庆市第二中级人民法院(2019)渝02民终2960号民事判决书编写]

☞ **作者说明:**

1. 本案发生在2017年,故适用当时有效的《物权法》第176条处理混合担保问题,该条规定与《民法典》第392条规定一致,《民法典》施行后的混合担保亦应如此处理。

2. 本案适用原《最高院民间借贷规定》第26条第2款规定处理利息问题是正确的。假如,本案诉讼发生在新《最高院民间借贷规定》施行后,向A上诉提出的利息计算过高则是有依据的。

ESSENTIAL

2

要点2

民间借贷的抵押担保

抵押担保,是指债务人或者第三人不转移财产的占有,将该财产抵押给债权人,债务人不履行到期债务或者发生当事人约定的实现抵押权的情形,债权人有权就该财产优先受偿的一种担保方式。在民间借贷活动中,借款人向出借人借款,出借人要求借款人提供抵押担保,借款人或者第三人可以与出借人约定采取抵押方式成立借贷关系。

一、民间借贷抵押担保的特点

《民法典》第394条第1款规定:"为担保债务的履行,债务人或者第三人不转移财产的占有,将该财产抵押给债权人的,债务人不履行到期债务或者发生当事人约定的实现抵押权的情形,债权人有权就该财产优先受偿。"据此规定,抵押方式不同于保证方式和质押方式。结合民间借贷抵押担保分析,抵押担保有以下三个特点:

1. 抵押人是借款人或者第三人

在保证担保中,保证人只能是第三人,而借款人不可能成为自己借款的保证人。抵押担保则不同,除出借人外,谁以自己的财产提供抵押担保,谁就是抵押人。当借款人以自己的财产为自己的借款提供抵押担保时,借款人即抵押人,这是民间借贷抵押担保中的常见情况。当民间借贷合同以外的第三人以其财产为借款人的借款提供抵押担保时,该第三人便是抵押人。接受抵押担保的出借人是抵押权人。

2. 抵押物必须是特定物

抵押与保证的区别在于:保证担保提供的是一种代为清偿债务能力,保证人的所有财产都是担保责任财产,不具有特定性,而抵押物具有特定性。当抵押人提供抵押担保时,抵押物必须是具体的明确的财物,如提供房产抵押,必须是哪条路、多少号、第几层楼或者几层楼、多大面积的房屋。除“浮动抵押”外,种类物是不能作为抵押物的,但将种类物特定化后也可以用于抵押。例如,借款人企业以自己生产的产品作抵押,抵押合同不能简单地笼统地提及产品抵押,而应当从产品中指定什么型号、多少数量的产品作为抵押物。

3. 抵押物不转移为出借人占有

这是抵押担保与质押担保的最主要区别。抵押人提供的抵押物仍为抵押人占有、使用和管理,不转移为出借人(抵押权人)占有。出借人在抵押合同生效和抵押物登记后,仅取得抵押权,而未取得抵押物的所有权、处分权和占有权。例如,抵押人用房屋作为民间借贷的抵押物,该抵押房产仍为抵押人所有和居住,而不交付出借人。质押则不同,质物须交付出借人占有和管理,否则,质押合同不能生效。

民间借贷采用抵押方式担保的好处在于抵押人不转移抵押物为出借人占有,可以继续利用抵押物;对出借人来说,因不占有抵押物,不负保管抵押物的义务,却能取得完全的担保物权,既比保证安全可靠,又比质押担保的负担要轻。

二、民间借贷抵押合同的内容

在民间借贷活动中,抵押人与出借人(抵押权人)就抵押担保协商一致后,应当按照《民法典》第400条规定的内容订立书面抵押合同。民间借贷抵押合同的内容是双方当事人依法约定的抵押权利和抵押义务,具体内容有:

(1)被担保债权的种类和数额,即将民间借贷合同的币种、数额等主要内容记载于抵押合同之中;

(2)债务人履行债务的期限,即将民间借贷合同约定的借款人偿还借款的具体时间记载于抵押合同之中；

(3)载明抵押财产的名称、数量、质量、所在地、所有权权属、价值等，使抵押物特定化；

(4)担保的范围，包括担保本金数额、利息和实现抵押权的费用等；

(5)当事人有其他内容约定的，亦应记载在抵押合同之中。

根据当事人意思自治原则，抵押合同的权利义务设定是由双方当事人自愿约定，但不得违反法律、行政法规的禁止性规定。

三、抵押标的物的范围

根据《民法典》第395条的规定，债务人或者第三人有权处分的下列财产可以抵押：

(1)建筑物和其他土地附着物；

(2)建设用地使用权；

(3)海域使用权；

(4)生产设备、原材料、半成品、产品；

(5)正在建造的建筑物、船舶、航空器；

(6)交通运输工具；

(7)法律、行政法规未禁止抵押的其他财产。

抵押人可以将前款所列财产一并抵押。

在上述可为抵押物的财产中，因民间借贷特点所决定，有的是不可能或者不宜作为抵押物的，如国有的土地使用权、建设用地使用权、船舶、航空器等。

根据《民法典》第399条的规定，下列财产不得抵押：

(1)土地所有权；

(2)宅基地、自留地、自留山等集体所有土地的使用权，但是法律规定可以抵押的除外；

(3)学校、幼儿园、医疗机构等为公益目的成立的非营利法人的教育设施、医疗卫生设施和其他公益设施；

(4)所有权、使用权不明或者有争议的财产；

(5)依法被查封、扣押、监管的财产；

(6)法律、行政法规规定不得抵押的其他财产。

但是，根据《最高院民法典担保解释》第6条的规定，以公益目的成立的非营利法人可以以教育设施、医疗卫生设施、养老服务设施和其他公益设施以外的不动产、动产或者财产权利设立抵押担保；登记为营利法人的学校、幼儿园、医疗机构、养老机构等提供财产抵押的有效。

根据《最高院民法典担保解释》第37条第2款"当事人以依法被查封或者扣押的财产抵押，抵押权人请求行使抵押权，经审查查封或者扣押措施已经解除的，人民法院应予支持。抵押人以抵押权设立时财产被查封或者扣押为由主张抵押合同无效的，人民法院不予支持"之规定，已被依法被查封、冻结、监管的房开企业财产虽为不适格的抵押物，但抵押当事人此前已经设立抵押权的，抵押人以被查封或者扣押为由主张抵押合同无效不能成立，抵押权人在查封或者扣押措施解除后可以请求行使抵押权。

四、对抵押物的基本要求

上述财产虽然可以用于民间借贷抵押，但抵押物还必须符合法律规定的基本要求才能成为有效的抵押物。从《民法典》和其他有关法律的规定来看，某一财产作为抵押物，除了必须是特定物外，还应当同时符合以下几个基本要求：

1. 必须是抵押人享有所有权、处分权的财产

财产所有权，是指所有权人对自己的不动产或者动产，依法享有占有、使用、收益和处分的权利。财产所有权的客体是物，某一物属于抵押人所有，抵押人才可以将该物用于抵押担保。借款人或者第三人以自己所有的财产为借款人的借款提供抵押，该财物才有可能成为民间借贷的抵押物。如果借款人或第三人拿他人的财产抵押，因侵害他人合法的财产权益，就会造成抵押合同无效。

财产处分权是指依法处理所有物，变更它在事实上和法律上命运的权利。非所有权人从所有权人那里取得财产处分权的，可以将非其所有的财产用于抵押，如法人或者非法人组织在经营管理他人财产时，依法对该财产享有处分权的，就可以其经营管理的财产作为抵押物。行为人未从所有权人那里取得处分权，如通过租赁取得的房屋使用权，就不得将该房屋用于借款抵押。

但是,根据《最高院民法典担保解释》第37条第1款“当事人以所有权、使用权不明或者有争议的财产抵押,经审查构成无权处分的,人民法院应当依照民法典第三百一十一条的规定处理”之规定,抵押权人善意接受无权处分的财产抵押,并已依法登记设立抵押权的,该抵押行为有效,无处分权人因此造成原所有权人损害的,原所有权人只能向无处分权人请求损害赔偿。

2. 必须是合法的无争议的财产

借款人或者第三人提供抵押的财产必须是合法取得的财产。非法占有和取得的财产不得作为抵押物,如借款人或者第三人强占他人的产品,然后拿该产品作抵押担保,就是非法抵押。如果以非法所占的财产作为抵押物,当合法所有权人主张权利后,就会使抵押权人无法实现抵押债权。

借款人或者第三人提供抵押的财产必须与他人无争议。提供抵押的财产如果与他人有争议,该财产的所有权尚处于不确定状态,出借人不该接受该财产的抵押担保。若已经接受抵押担保,在该财产的争议未得到解决之前,抵押债权是无法实现的。

3. 必须是国家允许进入市场流通的财产

出借人接受借款人或者第三人的财产抵押,并非为了取得抵押物,而是看中抵押物的价值。当借款人到期没有履行还债义务,抵押人要承担抵押责任时,就要处理抵押物来清偿债务,而处理抵押物必须进入市场流通换取价款。假如抵押物由于法律的禁止而不能进入市场流通,就会使抵押债权无法得以实现。所以,抵押物必须是法律允许进入市场流通(交易)的财产。

五、不得用于抵押的房产

房产是出借人乐意接受的抵押物,也是民间借贷最为常见的抵押物,但并非任何房产都可以用于或者适宜于民间借贷抵押。从司法实践情况来看,以不得抵押和不宜抵押的房产进行抵押对出借人是极为不利的。为使出借人得以有效并顺利实现抵押债权,这里根据有关法律规定和民间借贷的特点,专门分析几种不得或者不宜用于民间借贷抵押的几种房产,用以提示房产抵押的相关法律风险。

1. 未取得合法手续的房产

在现实生活中,某些房产属某人或者某企业所有通常都是明确的,且无他人争议。但如果未取得合法手续或者违法所建无法取得房产所有权证的,这些房产如果处于非法状态,或者是否合法尚未确定的,就不能至少不宜作为民间借贷的抵押物,否则就容易使出借人的抵押权落空。

2. 所有权不明确的房产

譬如,3 人共同建造一幢 6 间房屋尚未分割,该幢房屋虽有共同所有权人,但各人各自尚无具体位置,其中 1 人未经其他 2 人同意,就提供其中应得的 2 间房屋抵押。在这种情况下,因该 2 间抵押房屋的所有权尚处于不确定状态,根据《民法典》第 399 条的规定,出借人与抵押人订立的抵押合同无效。

3. 所有权有争议的房产

根据《民法典》有关物权规定和房产管理法律规定,持有房产权证的人对房产权证上记载的房屋享有所有权,因而,房产所有权争议通常在尚未取得房产权证的情况下发生。譬如,兄弟甲、乙,甲出资建房,乙准备去办理房产权证为其所有,甲诉至法院,案件尚未判决,出借人就接受借款人乙提供该房抵押与乙订立抵押合同,违反了《民法典》第 399 条所有权有争议的财产不得抵押的禁止性规定,抵押合同往往无效。

4. 依法被查封、监管或者以其他形式限制的房产

房产所有权人可能因民事纠纷、行政处罚、刑事犯罪,其房产被国家有关机关查封、监管,受国家强制控制,所有权人暂时丧失处分权,因而不得作为民间借贷抵押物。但根据《最高院民法典担保解释》第 37 条第 2 款的规定,抵押房产被解除查封措施或者扣押措施后,抵押权人可以请求行使抵押权。

5. 列为文物保护和有重要纪念意义的房产

这些房产受到国家保护,未经有关部门批准不得转让。例如,某一古宅为某一个人或者某一集体所有,当被列入国家文物保护后,在保持原貌不变和历史价值不变的情况下,有关部门可以批准抵押,如果因抵押及转让有可能影响甚至破坏其原貌和历史价值的,有关部门则不予批准抵押转让。未经有关部门批准或者有关部门不予批准抵押,出借人与抵押人擅自订立抵押合同,因这类抵押物不能进入市场流通,出借人最终不能实现抵

押债权。

6. 已依法公告列入拆迁范围的房产

当事人的房产已经被列为拆迁范围，出借人如果接受抵押，届时被拆除，抵押债权实现就会遇到困难，虽然抵押物权可以追及因拆迁得到的补偿金，但这种补偿金通常优先用于拆迁户的安置，而不宜在未安置的情况下，就直接用于清偿抵押债务，因而对出借人实现抵押债权不利。

7. 没有担保资格的机关法人、公益事业单位和社会团体的房产

这些机关、单位和团体的房产是其从事行政管理或者公益事业的重要设施，如果用于民间借贷抵押，就将给房产所有权带来风险。承担这种风险的结果是，在借贷债权不能清偿时，抵押人就有可能失去房产所有权，以价款来清偿抵押债务，那么，就会严重影响行政管理或者公益事业的持续和发展。因此，法律禁止这些机关、单位和团体为债务提供保证担保的同时，也禁止其以房产提供抵押。

六、关于农村集体房产的抵押问题

我国房产所有权大致分为四种情况：自然人所有、法人（包括非法人组织）所有、农村集体所有和国家所有。由于民间借贷抵押人在主体上受到法律的一定限制，通常只有自然人房产、法人房产和非法人组织的房产可以用于民间借贷抵押。国家所有的房产（除国有企业的房产外）不能作为民间借贷的抵押物。

至于农村集体房产可否用于民间借贷的抵押担保问题，《民法典》和《村民委员会组织法》均无禁止性规定。根据“法无禁止即可为”的民事行为规则，村集体房产是可以用于民间借贷抵押的。例如，村集体经济组织因建设农田水利缺乏资金向本集体组织成员借款，可以提供本村集体房产抵押。但是，在农村集体组织中，农村集体经济组织是对本村土地拥有所有权和财产所有权的组织，故只有村集体经济组织才具有借款人、担保人的主体资格。而村民委员会是基层群众性自治组织，其职能主要办理本村的公共事务和公益事业，调解民间纠纷，协助维护社会治安等，具有自治行政性质，但不是农村集体财产所有者。因此，《最高院民法典担保解释》第 5 条第 2 款规定：“居民委员会、村民委员会提供担保的，人民法院应当认定担保合同无效，但是依法代行村集体经济组织职能的村民委员会，依照村民委员会组织

法规定的讨论决定程序对外提供担保的除外。”从这条规定中可以看出,村集体经济组织具有抵押人资格。但是,不论村集体经济组织或者村民委员会组织代行抵押都应执行《村民委员会组织法》第 24 条、第 26 条等有关规定,“以借贷、租赁或者其他方式处分村集体财产”须经本村民会议三分之二以上成员或者三分之二以上村民代表同意。

七、生活必需住房不宜抵押

生活必需住房是人们生存的基本条件,然而,有些人急于用钱,出于无奈,向出借人提供必需住房作抵押担保。对此,根据担保自愿原则,法律没有明文予以禁止,抵押合同亦为有效,在借款人未履行债务的情况下,出借人可以行使房产质押权。但从实践来看,借款人提供必需生活住房用于民间借贷抵押,当其不能履行债务时,是很难处理这些房产清偿债务的,即使不得不提起诉讼打了官司,法院也不得将抵押人扫地出门而强制拍卖、变卖这些房产。《民事诉讼法》第 244 条关于法院强制执行被执行人财产时“应当保留被执行人及其所扶养家属的生活必需品”的规定,因生活必需住房不便强制拍卖、变卖,故不宜作为民间借贷抵押物。

八、夫妻一方将共有房产设定抵押的效力问题

在婚姻存续期间,夫妻双方对共有房产享有平等的不可分割的所有权,任何一方都无权违背对方的意志而擅自处理,但夫妻关系不同于一般的人与人之间的关系,其中一方将共有房产用于民间借贷抵押,其效力也要视具体情况而定。

一方将共有房产为个人借款抵押,且借款用于家庭生活、生产的,或者事后配偶知道未提出反对的,应当认定是夫妻间的表见代理,房产抵押合同及抵押权设立有效。

一方未取得配偶同意,作为第三人为他人借款提供夫妻共有房产抵押担保,配偶知道后反对的,房产抵押合同无效,但抵押人有过错,应当承担抵押无效后的相应民事责任。

一方借款用于非法活动(如赌博),且隐瞒对方将夫妻共有房产作抵押的,房产抵押合同无效。

九、关于"流押"问题

原《物权法》第 186 条规定："抵押权人在债务履行期届满前，不得与抵押人约定债务人不履行到期债务时抵押财产归债权人所有。"这是禁止"流押"的规定，即抵押当事人约定在主合同期限届满债权未受清偿时，抵押物的所有权即转移为债权人所有的无效，主要理由是，如果债务到期债权人即取得抵押物的所有权就相同于买卖关系，债权人付钱，债务人或者第三人交物，这就完全改变了抵押的性质。但是，在主合同期限届满，债务人未履行债务需要处置抵押物时，债权人即抵押权人同样有机会参与抵押物的拍卖、变卖活动依法取得抵押物的所有权，再者，这种"流押"是双方当事人自愿约定，法律不可通过强制手段进行干涉，故《民法典》第 401 条改为"抵押权人在债务履行期限届满前，与抵押人约定债务人不履行到期债务时抵押财产归债权人所有的，只能依法就抵押财产优先受偿。"也就是说，这种"流押"并非当然无效，抵押物可以按照约定归债权人所有的，但抵押债权的实现仅限于"抵押财产优先受偿"范围，超出部分应为抵押人所有。当然，在抵押物归债权人所有时应当按照市场价确定价值，确保公平交易。

十、关于抵押登记问题

抵押登记，是指抵押当事人要求登记机关将抵押物记载于登记簿册的行为。抵押登记分为不动产抵押登记与动产抵押登记。民间借贷抵押登记适用《民法典》和有关法律、法规和规章的规定。

1. 不动产抵押登记

不动产，是指依其自然性质不能移动，或者一经移动必然毁损其经济价值的物，如土地、房屋、林木等地上定着物。不动产抵押是在不动产上设立的担保物权。《民法典》第 209 条第 1 款规定："不动产物权的设立、变更、转让和消灭，经依法登记，发生效力；未经登记，不发生效力，但法律另有规定的除外。"从这款规定中可以看出，除法律另有规定外，不动产抵押权设立以登记为生效要件，也就是说，不动产抵押未登记的，抵押权不能设立。

《民法典》第 402 条规定："以本法第三百九十五条第一款第一项至第三项规定的财产或者第五项规定的正在建造的建筑物抵押的，应当办理抵押登记。抵押权自登记时设立。”《民法典》第 395 条第 1 款第 1 ~ 3 项、第 5 项规定的“建筑物和其他土地附着物”“建设用地使用权”“海域使用权”和“正在建造的建筑物”都是不动产,根据《民法典》第 402 条的规定,借款人或者第三人以上述四类财产提供抵押的,在签订抵押合同后,应当到有关部门办理登记手续并取得他项权证的,抵押权才能设立;如果只是订立抵押合同未办理登记的,即使抵押合同生效,抵押权也不能设立。

2. 动产抵押登记

《民法典》第 403 条规定:“以动产抵押的,抵押权自抵押合同生效时设立;未经登记,不得对抗善意第三人。”据此,动产抵押不论是否办理登记手续,抵押权都自抵押合同生效时设立,但未经登记的,都不得对抗善意第三人。

3. 抵押登记的作用

物权变动往往涉及他人的利益,所以应当通过一定方法公示出来让有意者知情。抵押登记是一种公示方式,有以下两个基本作用:

一是有利于保护抵押权。抵押物如果不登记公开,而由当事人暗中操作,就会给抵押权带来风险。例如,借款人将自己的某一动产抵押给出借人,但未办理登记手续,后又将该动产出卖给第三人,该第三人就不一定知道所买受的动产已经抵押,那么,买受行为就为善意。第三人善意受让未登记的财产,抵押权人不得主张转让(买卖)行为无效,也不得行使物上追及权,这对抵押权人是十分不利的。如果该抵押动产已经登记,第三人一般都会从登记部门知道该动产已经抵押的情况,在这种情况下,如果也买受的话,则是恶意行为,买卖合同无效,即使买受人已经占有抵押动产,抵押权人也可以行使物上追及权,从而保全自己的抵押权。

二是有利于保护后来出现的债权人的利益。同一财产在前面已经为债权设定抵押,并已登记公示,后来出现的债权人再接受抵押,在登记时就会发现该抵押物事先已经抵押的情况,那么,后来的债权人就可以根据抵押物的具体情况决定是否接受再抵押,这对其保护债权是有利的。前面已经设定抵押的财产如果未登记公示,抵押人就同一财产又向后来出现的债权人再提供抵押并登记的,后来出现的债权人就不一定知道该财产在前面已经抵押,那么接受再抵押并登记后,根据《民法典》第 414 条第 1 款第 2 项“抵押权已登记的先于未登记的受偿”的规定,前面的抵押权人只能就后面的抵押权人对抵押物价款受偿后的剩余部分受偿，抵押物价款如果没有剩余的，前面的抵押权人的抵押债权就无法实现。如果前面的抵押已经登记公示，则可优先受偿。

十一、关于抵押财产处置问题

《民法典》第410条第1款规定："债务人不履行到期债务或者发生当事人约定的实现抵押权的情形，抵押权人可以与抵押人协议以抵押财产折价或者以拍卖、变卖该抵押财产所得的价款优先受偿。协议损害其他债权人利益的，其他债权人可以请求人民法院撤销该协议。"第2款规定："抵押权人与抵押人未就抵押权实现方式达成协议的，抵押权人可以请求人民法院拍卖、变卖抵押财产。"《最高院民法典担保解释》第45条第1款又规定："当事人约定当债务人不履行到期债务或者发生当事人约定的实现担保物权的情形，担保物权人有权将担保财产自行拍卖、变卖并就所得的价款优先受偿的，该约定有效。因担保人的原因导致担保物权人无法自行对担保财产进行拍卖、变卖，担保物权人请求担保人承担因此增加的费用的，人民法院应予支持。"

我们从上述规定中可以看出，抵押权实现遵循当事人意思自治原则，首选协议方式，即先由抵押权人与抵押人协议处置抵押财产得以优先受偿；在未达成协议的情况下，抵押权人可以请求法院强制拍卖、变卖抵押财产。此外，抵押合同有抵押权人在实现抵押权时有权将抵押财产自行拍卖、变卖并就所得的价款优先受偿的约定的，抵押权人有权自行拍卖、变卖抵押财产；因抵押人的原因，导致抵押权人无法自行拍卖、变卖的，抵押权人可以请求法院予以拍卖、变卖，由此增加的费用由抵押人承担。

借贷风险提示

当事人实施下列抵押行为，订立抵押合同，结果会出现抵押权不能设立、抵押合同无效、无法对抗善意第三人等法律后果，出借人可能获取相关的经济赔偿，但不能实现抵押债权：

1. 出借人接受法律、行政法规禁止抵押的财产进行抵押；

2. 借款人或第三人提供抵押的财产与他人存在所有权争议，出借人未尽注意义务接受抵押；

3.产权证书明确载明为共有财产,而出借人未取得其他共有人的同意接受抵押;

4.法律规定不动产抵押只有登记才能设立抵押权,而当事人未办理抵押权登记,抵押合同虽然有效,但抵押权未能设立,出借人对抵押物不享有优先受偿权;

5.动产抵押权依法自抵押合同生效时设立,但当事人未办理抵押登记,结果不得对抗善意第三人。

案例9-3

☞案情简介

2018年8月22日,田某某通过银行转账方式给付王某某21万元。2018年8月27日,田某某又给付王某某总金额为19万元的银行承兑汇票3张。2018年9月1日,由张某某、王B作为保证人,王某某与田某某签订的《借款合同》约定:借款金额40万元,借款期限12个月,为2018年9月1日至2019年9月1日,借款利息9万元于实际放款日一次结清,到期日归还本金;王某某以自有的位于××路××院××号房屋作为抵押;张某某、王B作为保证人承担连带责任。

上述《借款合同》签订后,王某某将涉案房屋的不动产权证交给田某某。同时,王某某又给田某某出具借条1份,该借条载明王某某借田某某40万元,月利率1.5%,借款期限12个月,利息于2018年9月1日一次性结清,本金于2019年9月1日一次性结清,张某某、王B作为担保人在借条上签名。2018年11月26日,田某某通过银行转账方式给付王某某1万元。

2019年2月,王某某以孩子上学需产权证为由,将其不动产权证从田某某处拿走。同年7月17日,王某某将该房产转让给他人,获得价款97万元。

借款到期后,王某某未向田某某偿还借款。

☞一审判决

田某某向荥阳市法院提起民间借贷纠纷诉讼,请求判令王某某、张某某、王B连带偿还田某某借款本金41万元及利息。

荥阳市法院认为,王某某借田某某款41万元,有转账凭证及收条在卷为凭，且王某某予以认可，依法予以认定。

双方争议的焦点是，保证人张某某、王B是否应当对上述借款承担连带保证责任。根据三方签订的《借款合同》，涉案债权既约定有以借款人王某某的自有房产提供物的担保，又约定有人的担保。因双方未约定实现债权的顺序，债务人自己提供物的担保的，债权人应当先就物的担保实现债权。合同签订后，王某某仅向田某某交付了产权证，双方未就抵押房产办理抵押登记。在借款未清偿的情况下，田某某将涉案房产的不动产权证给付王某某，致使王某某将涉案房产转让给他人，而王某某转让房产所得的款项足以清偿田某某的借款，故张某某、王B不应承担连带保证责任。

荥阳市法院依照《合同法》第206条、《物权法》第176条的规定，判决如下：

1. 王某某于判决生效之日起10日内偿还田某某借款本金410,000元及利息（利息自2018年9月1日至11月25日以40万元基数按月息1.5分计算，之后利息以41万元为基数按月息1.5分计算）；

2. 驳回田某某其他诉讼请求。

☞ 上诉理由

田某某不服一审判决向郑州市中级人民法院上诉称：

1. 本案中虽然约定由王某某以自有房屋作抵押，但并没有办理抵押登记，按照法律规定，抵押权没有设立，因此，一审法院适用《物权法》第176条之规定作为裁判依据，适用法律明显错误。

2. 王某某之所以能将涉案房屋转让他人，并非因田某某将涉案房产证交由王某某。本案不存在担保人免除全部或部分责任的情形。

3. 借款合同中约定抵押的房产系王某某与妻子共同所有，王某某私自处分系无权处分，该约定应认定为无效。

田某某请求：依法撤销一审判决第二项，改判张某某、王B对涉案借款承担连带清偿责任。

张某某、王B辩称：张某某、王B曾经为王某某向田某某的借款提供过担保，其前提是王某某向田某某抵押涉案房屋。根据物权法的规定，张某某、王B仅应当就担保物价值以外不足的部分承担担保责任，一审法院查明王某某出卖房屋的价值为97万元，足以清偿债务，因此，张某某、王B不承担责任。

☞ 二审判决

郑州市中级人民法院认为,《物权法》第9条第1款规定,不动产物权的设立、变更、转让和消灭,经依法登记,发生效力;未经登记,不发生效力,但法律另有规定的除外。本案中,虽然涉案《借款合同》第5条保证条款第一项约定“借款方用自有房屋做抵押”,但从查明的案件事实看,涉案房屋并未依法登记,故抵押权未生效。而《物权法》第176条规定适用的基本前提是物的担保已生效,一审法院援引该条款作为裁判依据,适用法律不当,应予纠正。同时,张某某、王B既认可涉案合同上的签名、捺印是本人所为,又明确知悉签订涉案合同时房屋的价格远远超过其担保的债务金额,据此,能够认定,张某某、王B为涉案债务提供保证的意思表示真实,故本院对张某某、王B辩称“担保的前提是王某某向田某某抵押房屋”的理由,不予采纳。

郑州市中级人民法院依照《物权法》第9条第1款、《民事诉讼法》第170条第1款第2项规定,判决如下:

1. 维持一审判决第一项,即“王某某于判决生效之日起10日内偿还田某某借款本金410,000元及利息(利息自2018年9月1日至11月25日以40万元基数按月息1.5分计算,之后利息以41万元为基数按月息1.5分计算)”;

2. 撤销一审判决第二项,即“驳回田某某其他诉讼请求”;

3. 张某某、王B对第一项王某某所负债务承担连带清偿责任;张某某、王B清偿完毕后,有权向王某某追偿。

[根据河南省郑州市中级人民法院(2019)豫01民终22771号民事判决书编写]

案例9-4

☞ 案情简介

2016年9月29日,陆A以资金周转为由向李某某借款50万元,并向原告李某某出具借条。该借条载明:“今借到李某某人民币50万元整,每月利息15,000元,此笔借款用于××铁矿周转,借款日期于2016年9月29日至2019年4月29日归还此借款;陆A用第××号房产证作抵押,此房产与陆A父母、子女、丈夫等无关,如到期不能还款该房屋权使用权归李某某所有,并无条件过户。”陆A作为借款人在借条上签字按手印,陆B作为担保人在借条上签字捺手印。同日,李某某的丈夫张某某通过其银行账户向陆A账户转账50万元。

借款到期后,陆A于2018年9月30日向李某某转账56,400元,后陆A无力归还借款本金及剩余利息。

☞ **一审判决**

李某某、张某某向冕宁县法院提出民间借贷纠纷诉讼,请求:(1)依法判决被告陆A偿还原告李某某、张某某借款50万元,并按月利率2%向原告支付借款利息,时间从2018年8月起计算至本息清偿之日止;(2)判决被告陆B对上述借款及利息承担连带清偿责任。

冕宁县法院认为:原告李某某、张某某向本院提交了借条及转款凭证,用以证明其与被告陆A存在借贷合同关系,且被告陆A承认借款事实,故原告要求被告陆A偿还其借款本金50万元的诉讼请求,一审法院予以支持。原告与被告陆A在借条中明确约定每月利息15,000元,即年利率36%,根据《最高院民间借贷规定》第26条"借贷双方约定的利率未超过年利率24%,出借人请求借款人按照约定的利率支付利息的,人民法院应予支持。借贷双方约定的利率超过年利率36%,超过部分的利息约定无效"之规定,被告陆A按照双方约定的月利息15,000元(年利率36%)向原告李某某、张某某支付利息至2018年8月,现原告李某某、张某某要求被告陆A自2018年8月起按照月利率2%(年利率24%)向其支付借款利息至本息清偿之日止的诉讼请求,一审法院予以支持。被告陆A提交的支付利息凭证,证明被告陆A在2018年9月30日多支付了4200元的利息,原告亦认可该份证据的真实性,但认为应将多支付的4200元抵扣2018年8月前被告陆A未支付的部分利息,因原告诉讼请求是要求被告支付自2018年8月起至本息清偿之日止的利息,即视为原告自己已放弃2018年8月前的利息主张,故2018年9月30日多支付的4200元利息应在2018年8月后的利息中予以扣除。

对于原告李某某、张某某要求被告陆B对上述债务承担连带清偿责任的诉讼请求,根据《物权法》第176条"被担保的债权既有物的担保又有人的担保,债务人不履行到期债务或者发生当事人约定的实现担保物权的情形,债权人应当按照约定实现债权;没有约定或约定不明确,债务人自己提供物的担保的,债权人应当先就该物的担保实现债权;第三人提供物的担保的,债权人可以就物的担保实现债权,也可以要求担保人承担保证责任。提供担保的第三人承担担保责任后,有权向债务人追偿”及《担保法》第28条“同一债权既有保证又有物的担保的,保证人对物的担保以外的债权承担保证责任。债权人放弃物的担保的,保证人在债权人放弃权利的范围内免除保证责任”之规定,本案中被告陆A作为债务人,已用其所拥有的第××号房产证提供了物的担保,故被告陆B仅对物的担保以外的债权承担保证责任,即被告陆B对被告陆A提供抵押担保的房产依法变现的价款以外的债务承担连带担保责任。

冕宁县法院判决如下:

1. 被告陆A在本判决书生效之日起20日内向原告李某某、张某某偿还借款本金50万元及利息(利息自2018年8月起按月利率2%计算至实际支付之日止,计算后的总利息应扣除被告陆A已支付的4200元);

2. 对本判决第一项付款义务,被告陆B对被告陆A提供抵押担保的房产依法变现的价款以外的债务承担连带担保责任;

3. 驳回原告李某某、张某某的其他诉讼请求。

☞ 二审判决

李某某、张某某不服一审判决,向凉山彝族自治州中级人民法院提起上诉称:本案被上诉人陆A仅将房产证原件交给上诉人保管,案涉房产未办理抵押登记,属无效抵押,保证人陆B应在案涉借款本金和利息范围内承担全部连带担保责任。请求:撤销一审判决第2项,改判被上诉人陆B对判决书第1项承担连带清偿责任。

凉山彝族自治州中级人民法院另查明,2016年9月29日,陆A向李某某出具借条后,陆A仅将第××号房产证交予李某某,未办理抵押登记和他项权证。

凉山彝族自治州中级人民法院认为:本案的争议焦点是,在本案借款合同中约定的物的担保是否生效,被上诉人陆B是否应在全部债务范围内承担连带担保责任以及一审判决适用法律是否正确。

根据《担保法》第41条规定:“当事人以本法第四十二条规定的财产抵押的,应当办理抵押物登记,抵押合同自登记之日起生效。”本案当事人在借条中约定的是以城市房地产作为抵押物,应当办理抵押物登记而未办理抵押物登记。根据《物权法》第15条规定:“当事人之间订立有关设立、变更、转让和消灭不动产物权的合同,除法律另有规定或者合同另有约定外,自合同成立时生效;未办理物权登记的,不影响合同效力。"本条实际是关于合同效力和物权效力区分的规定,有关设立、变更、转移和消灭不动产物权的合同和物权的设立、变更、转移和消灭本身是两个应当加以区分的情况。除非法律有特别规定,合同一经成立,只要不违反法律禁止性规定和社会公共利益,就可以发生效力。合同是当事人之间的一种合意,并不必然和登记联系在一起。登记是针对民事权利的变动而设定的,它是与物权变动联系在一起的,登记并不是针对合同行为,而是针对物权的变动所采取的一种公示方法。如果当事人之间仅就物权的变动达成合意,而没有办理登记,合同仍然有效。根据《合同法》第 44 条规定:"依法成立的合同,自成立时生效。"本案中债权人与债务人已经达成房产抵押担保的合意,并已书面方式记载在双方签订的借条中,未办理抵押登记不影响抵押合同的效力,抵押合同成立并生效。但依照《物权法》第 187 条规定:"以本法第一百八十条第一款第一项至第三项规定的财产或者第五项规定的正在建造的建筑物抵押的,应当办理抵押登记。抵押权自登记时设立。"本案债务人陆 A 与债权人李某某对债务人陆 A 的房屋没有办理抵押登记,故债权人李某某享有的房屋抵押权未能设立并生效,李某某不享有抵押房屋的优先受偿权。根据《物权法》第 199 条:"同一财产向两个以上债权人抵押的,拍卖、变卖抵押财产所得的价款依照下列规定清偿:(一)抵押权已登记的,按照登记的先后顺序清偿;顺序相同的,按照债权比例清偿;(二)抵押权已登记的先于未登记的受偿;(三)抵押权未登记的,按照债权比例清偿"之规定,在抵押权有登记和抵押权没有登记并存的情况下,抵押权人仍有权就抵押物拍卖或变卖后的价款受偿,只不过其受偿的顺序要后于已登记抵押权。在抵押权均未办理登记的情况下,债权人按照各自的债权比例受偿。在前一种情况下,如果在前登记的抵押权已就抵押物的价款全部受偿,未登记抵押权的债权人可能得不到任何抵押物拍卖、变卖价款,如果在先登记的抵押权就抵押物的价款受偿大部分,未登记抵押权债权人的债权就不能得到足额的受偿。既然本案债权人李某某、张某某对债务人陆 A 的房屋享有法定顺序的受偿权利,那么根据《物权法》第 176 条"被担保的债权既有物的担保又有人的担保,债务人不履行到期债务或者发生当事人约定的实现担保物权的情形,债权人应当按照约定实现债权;没有约定或约定不明确,债务人自己提供物的担保的,债权人应当先就该物的担保实现债权;第三人提供物的担保的,债权人可以就物的担保实现债权,也可以要求担保人承担保证责任。提供担保的第三人承担担保责任后,有权向债务人追偿”之规定,债权人李某某、张某某应先就债务人陆A的物的担保实现债权,即应先就债务人陆A抵押房屋拍卖、变卖价款受偿,不足部分再由保证人陆B承担连带清偿责任。

凉山彝族自治州中级人民法院判决:驳回上诉,维持原判。

[根据四川省凉山彝族自治州中级人民法院(2019)川34民终1360号民事判决书编写]

ESSENTIAL

3

要点 3

民间借贷的质押担保

《民法典》第 425 条第 1 款规定:“为担保债务的履行,债务人或者第三人将其动产出质给债权人占有的,债务人不履行到期债务或者发生当事人约定的实现质权的情形,债权人有权就该动产优先受偿。”质押,是指债务人或者第三人为担保债务的履行,将其动产或者财产权利交付给债权人占有或者进行登记,债务人不履行到期债务或者发生当事人约定的实现质权的情形,债权人有权就该动产或者财产权利优先受偿的一种担保方式。民间借贷也适用质押这一物权担保方式。

一、民间借贷质押担保的基本内容

在民间借贷质押中,担保权人是质权人即出借人,出质人是担保人。出质人有两种情况:一种是借款人以自己的财产出质的,其既是借款人又是出质人;另一种是第三人因借款人请求提供财产出质,该第三人是出质人。

出借人接受借款人或者第三人出质,双方当事人订立民间借贷质押合同,出质人交付质物为出借人占有或者办理质押登记手续,民间借贷质押法律关系成立,质权设立。

质押担保的主要特点是质物必须交付债权人占有或者依法办理登记手续。占有是对物的实际控制和掌握,是财产所有权的一个权能。财产通常由其所有人占有，但所有权人可以与第三人协议而将自己的财产交付给他人占有，包括承租人占有租赁物、债权人占有质物等。

出借人占有质物后，形成出质人对质物享有所有权与出借人对质物占有权的分离状态。出质人仍拥有所有权，但不实际控制质物，成为不完整的所有权；出借人取得质物占有权，直接控制质物，但没有所有权。因占有权具有控制功能，限制所有权人作出事实上的处分，故可为担保所利用。质押担保正是看准这一点而要求出质人必须将质物交付质权人占有。

出借人与出质人发生民间借贷质押关系，首先要订立民间借贷质押合同，然后交付、占有或者登记质物。出借人占有质物，依赖于出质人的交付。出质人交付质物为出借人占有或者登记，质押设立，出借人取得质权；出质人不交付、未交付致使出借人未占有质物，或者质押不登记、未登记的，质押合同即使生效，质权也未设立，在这种情况下，出质人应当承担违约责任，但不承担质押责任。

二、质押与抵押的区别

在法定担保方式中，质押与抵押最为接近，两者有许多共同之处，如抵押人和出质人对担保物都必须具有处分权，又如抵押权和质权都属于物权担保和从属性权利，再如两者都有优先受偿权、物上代位权和涤除权等。但是，两者毕竟是两种不同方式的物权担保，有许多不同之处：

1. 担保物种类不同

抵押物既可以是不动产，也可以是动产，而质物必须是动产和财产权利。不动产不能适用质押，法律也没有规定不动产可以质押，主要理由是不动产由于其性能决定不可转移占有，所以只能适合抵押担保。

动产既可以抵押，也可以质押。以抵押方式提供担保，还是以质押方式提供担保，通常都由当事人选择。但是，有些动产适宜抵押，而不宜质押，如正在建造的船舶、航空器，不能交付债权人占有。当然，正在建造的船舶、航空器的当事人一般不会与自然人发生民间借贷，即使发生民间借贷，一般也不可能将这些巨额财产用于民间借贷的抵押或者质押。

《民法典》第 440 条规定的财产权利一般适用于质押，而不宜适用抵押。但是，《民法典》规定的建设用地使用权和荒地土地承包经营权，虽然也是具有财产内容的权利，但因是设立在不动产上的财产权利，所以只能用于抵押,而不能用于质押。

2. 担保物权设立的条件不同

质权和抵押权虽然都是担保物权,但设立的条件要求不同:质权自质物交付质权人占有时设立,或者自登记之日起设立;抵押物应当登记的,抵押权自登记之日起设立,抵押物不需要登记的,抵押权自抵押合同签订之日起设立。

3. 同一财产能否再担保不同

某一财产的价值能够满足两个以上债权要求的,抵押人可以同时或者先后就同一财产向两个或者两个以上的债权人提供抵押担保,可以形成多个抵押权。质押以质物交付质权人占有为生效要件,当某一财产作为质物交付质权人占有后,出质人不可能就同一财产再交付另一个债权人占有,因而无条件再质押。

三、民间借贷质押合同的内容

借款人或者第三人提供动产或者财产权利作为民间借贷质押担保,出借人接受准备设立质权的,应当采取书面形式订立质权合同,明确质押的权利义务,形成质押的法律关系。

民间借贷质押合同的内容与一般质押一样,大致分为两大部分:前一部分是借贷合同的主要内容,即被担保债权债务的主要内容;后一部分是质押担保的自身内容。根据《民法典》第 427 条的规定,出质人和出借人为设立质权而订立的质权合同,一般包括下列条款:(1)被担保借款债权的种类和数额;(2)借款人履行借款债务的期限;(3)质押财产的名称、数量、质量、状况;(4)担保的范围;(5)质押财产交付的时间和方式。

上述五项内容是一般内容,也是基本内容,通常不可缺少。民间借贷质权合同如果缺少其中一个或者部分基本内容,相关质押的权利义务往往不明确,容易造成质押纠纷。但是,民间借贷质押合同不完全具备上述规定内容的,在质押期间,双方当事人经协商一致,可以对已订立的质权合同进行补正;双方当事人如有其他约定的质押内容,可以作为质押的条款写入合同。

四、民间借贷质押合同的生效

民间借贷质押合同为诺成合同,双方当事人一旦依法订立就能生效,而不以质权人占有质物或者质物登记为合同有效条件。因此,民间借贷质权合同依法订立后,出质人不交付质物给出借人占有或者对质物不进行登记,是对质权合同的违约,应当承担违约责任,赔偿出借人由此造成的损失。例如,出借人由于民间借贷质权合同的订立向借款人提供了借款,而出质人不交付质物,致使质权不能设立,后来借款人没有偿还借款的,出质人应当赔偿出借人由此造成借款不能收回的损失。

根据《民法典》第427条的规定,当事人设立质权,应当采取书面形式订立质押合同。但从合同形式自由原则和民间借贷质押实践情况来看,我们认为,民间借贷质权口头合同能够被证明属实,且质物已经实际交付出借人占有的,应当认定成立有效。例如,借款人与出借人口头约定以耕牛为借贷质押,在没签订书面质权合同的情况下,借款人已经将耕牛交付给了出借人饲养,那么质权应当设立。此例中,双方当事人质押意思表示真实合法,质押法律关系因质物已为出借人占有而成立,故应认定民间借贷质权口头合同有效。但是,依法应当登记而设立质权的,没有书面质押合同,登记机关就不予登记,那么质权就无法设立。这对出借人极为不利。

五、关于“流质”问题

原《物权法》第211条规定:“质权人在债务履行期届满前,不得与出质人约定债务人不履行到期债务时质押财产归债权人所有。”这是禁止“流质”的规定,主要理由与“流押”相同。《民法典》第428条规定:“质权人在债务履行期限届满前,与出质人约定债务人不履行到期债务时质押财产归债权人所有的,只能依法就质押财产优先受偿。”这与《民法典》的“流押”规定相同,承认“流质”条款有效,但质权人只能依法就质押财产优先受偿,也就是说,质押财产归债权人所有后,超出优先受偿的部分,质权人应当向出质人返还。

六、民间借贷的动产质押

1. 可用于民间借贷质押的动产

根据质物性质不同,质押分为动产质押和财产权利质押两大类。那么,哪些动产可以用于民间借贷质押,哪些动产不能用于民间借贷质押?

动产是不动产的对称,是指能够移动位置而不改变性质、形状或者不损价值的财物。动产的特点是能够移动而不损害性能和价值,移动性是动产的基本属性。因动产具有移动性,所以可以通过交付占有来设立质权。根据《民法典》的规定,法律、行政法规没有禁止转让的动产都可以出质。由此可见,可以出质的动产范围是很广的,绝大多数动产都可以作为质物来设定质权。

《民法典》第 426 条规定:"法律、行政法规禁止转让的动产不得出质。"此外,根据动产的性能和质押的特点,有些动产无须法律明文规定,也不能用于质押。不能设立质权的动产主要有:出质人没有处分权的动产,非法取得的动产,依法被查封、扣押、监管的动产,禁止流通的动产,所有权、使用权不明或者有争议的动产,用于公益事业的动产,不能强制执行的动产。

2. 动产质权在质物交付时设立

《民法典》第 429 条规定:"质权自出质人交付质押财产时设立。"据此规定,动产质押合同是诺成合同,自订立起成立有效,但动产质押合同订立并不说明动产质权设立,动产质权的设立依赖于出质人向质权人交付质押财产。出质人在动产质押合同约定的内容和时间内向质权人交付质押财产,然后才能设立动产质权。

动产交付与占有存在先后次序问题,只有出质人先交付,才有后来的质权人占有,因而交付在前而占有在后。根据《民法典》第 429 条的规定,只要出质人交付质押动产,质权就能设立。这说明一个问题:出质人已经按照质押合同约定交付质押动产,质权人有过错而没有占有的,出质人并不违约,由此不能设立质权或者造成损失的,出质人不承担违约责任,除非出质人在交付质押财产时也有过错。例如,按照质押合同的约定或者出借人的指示,出质人应当将质物交付给第三人保管,出质人将质物交付给第三人后,第三人没有予以保管或者擅自转移给他人,致使出借人造成损失的,出质人不仅不承担违约责任,反而,就此造成质物损失的,有权向出借人即质权人索赔。

七、民间借贷的财产权利质押

1. 财产权利质押的内容和范围

财产权利质押,是指债务人或者第三人将其具有财产内容的权利交付债权人占有或者进行登记，在债务人届期不履行债务时，债权人有权将该权利处分以优先受偿的权利。权利的种类和内容很多，有的有财产内容，有的没有财产内容。不具有财产内容的权利，如政治权利、人身权利、姓名权利、自由权利等是不可能作为质物的。只有具有财产内容的权利，才有资格作为民间借贷质押的标的物。因为民间借贷质押的目的是保证债权得以清偿，而民间借贷债权是一种财产权利，保证这种财产权利实现的质押权利也必须具有相应的财产内容。如借款人将未到期的承兑汇票交付出借人质押，又如第三人将定期存折交付出借人未借款人提供质押担保，这些质押标的物具有财产内容，故可为质物出质。

具有财产内容的权利也很多，如所有权、使用权、管理权、专利权、著作权、继承权、承包权等都包含财产内容，但我国权利质押范围实行法定主义。根据《民法典》第440条的规定，借款人或者第三人有权处分的下列财产权利可以出质：(1)汇票、支票、本票；(2)债券、存款单；(3)仓单、提单；(4)可以转让的基金份额、股权；(5)可以转让的注册商标专用权、专利权、著作权等知识产权中的财产权；(6)应收账款。

2. 财产权利质权的设立

财产权利质权的设立有两个基本条件，首先要订立书面质押合同，其次要将财产权利凭证交付质权人占有或者登记。

借款权利质权的设立也分两种情况：(1)票据质权，自权利凭证交付质权人或者登记时设立；(2)基金份额、股权、知识产权、应收账款的质权，自登记时设立。

八、民间借贷质权的实现

借款人或者第三人提供财产质押，出借人取得质权。借款人清偿全部债务后，出借人的质权消灭，应当向出质人返还质物。借款人到期没有清偿全部债务，质权人可以行使质权，依法处理质物，实现质押债权。出借人实现质押债权有以下四种情况：(1)第三人作为出质人以金钱代偿；(2)当事人协议处理质物清偿债权债务；(3)通过诉讼程序受偿债权；(4)采取兑现、提货措施。前三种实现质押债权的情况与抵押债权实现基本相同，而第四种情况只是在权利质押中才有可能出现。例如，以存款单、票据等质押的，在兑现条件成就时，质权人可以采取兑现办法实现质押债权，以仓单、提单等质押的,可以采取提取货物方法取得财产,然后依法处理该财产受偿。

借贷风险提示

从实践情况来看,民间借贷质权主要有以下几个法律风险:

1. 出借人接受法律、行政法规禁止转让的动产质押,结果会因质物无法转让而不能实现质押债权。

2. 出借人虽与出质人订立了动产质押合同,但法律规定动产质权自出质人向质权人交付质押动产时设立,出质人如果未实际交付质押动产,质权就不能设立,出借人对质押动产不享有优先受偿权。

3. 法律规定财产权利质权以财产权利凭证交付质权人占有或者登记为条件设立质权,而出质人未实际交付财产权利凭证为出借人占有,或者财产权利质押未办理登记的,质权尚未设立,出借人对该财产权利没有优先受偿权。

4. 出质人将出质的动产、财产权利凭证交付出借人占有后,出借人负有妥善保管责任,但若造成动产、财产权利凭证毁损、灭失的,出借人应当向出质人承担赔偿责任。

案例9-5

☞ 案情简介

2014年5月20日至8月18日,陆某某多次向袁某某借款共计840万元,陆某某在每笔借款发生时都向袁某某出具借据。2014年5月20日,张某某作为保证人承诺为2014年5月20日借款260万元承担保证责任。2014年7月19日和2014年8月18日,陆某某2次向李某某借款470万元。2014年11月16日,李某某将470万元债权转让给袁某某。陆某某借款共计1310万元。

2013年12月26日,B公司向原债权人李某某提供保证担保,约定以B公司的机动车检测中心经营权为担保标的,担保主债务1000万元,但为办理抵押登记。A公司于2014年5月20日向袁某某及李某某提供担保函,承诺为陆某某向袁某某及李某某提供1365.6万元的连带保证责任。

2014年8月3日,陆某某将20幅名人字画质押在袁某某处3个月,质押到期后,陆某某未能按时返还借款。

袁某某向许昌市中院提起民间借贷纠纷起诉,请求判令:(1)陆某某返还借款本金1365.60万元及利息;(2)张某某、B公司在其担保范围内承担本金及利息的担保责任;(3)请求确认袁某某对质押陆某某的字画享有优先受偿权。

☞ **一审判决**

许昌市中级人民法院经审理认为:

1.关于本案借款本金数额及利息。陆某某共计对袁某某产生债务1310万元。本案的部分借条注明还本付息,但具体的利息数额无法确认,故参照《最高院民间借贷规定》第29条,本案的债务人自借款之日,按照年利率6%支付本案1310万元的利息。

2.关于本案还款责任的承担。陆某某先后为袁某某出具借条以及案外人李某某470万元的债权转让等事实,陆某某作为借款人应承担本案的还款责任。

被告A公司向袁某某以及案外人李某某出具担保函,明确说明对陆某某2014年5月20日至2015年5月20日的借款金额1365.6万元承担连带还款责任,担保函真实、有效。故A公司应对1310万元债务承担连带还款责任。

关于B公司是否承担本案还款责任问题。本院认为,案外人李某某作为债权人向陆某某出借资金,B公司以其经营权对本案债权予以抵押,并签订经营权抵押合同。依照我国《担保法》的规定,李某某、B公司应就该抵押的标的物在相关部门进行登记而未登记,但该抵押合同内容具体、权利义务明确,不违反行政、法律规定,该经营权抵押合同合法、有效。2014年11月16日,案外人李某某将对陆某某享有的470万元债权以及B公司以其经营权对本案债权470万元的抵押转让给袁某某,依照《担保法》第22条之规定,B公司应就本案470万元的债权承担连带还款责任。

2014年5月27日,张某某作为保证人在袁某某与陆某某260万元的借条上批注、签字,依照《担保法》第19条、第26条之规定,张某某应对本案260万元的借款承担连带还款责任。

3.关于本案的字画质押问题。2014年12月21日,袁某某、陆某某签订质押清偿协议1份,陆某某将自己持有的字画质押给袁某某,并约定袁某某不得私自打开字画进行变卖。张某某在庭审中提出应对本案质押的字画评估后，再进行本案还款责任的分配。许昌市中级人民法院认为，该质押字画变卖条件尚未成就，且庭审中，袁某某主张不应就本案字画的评估扩大其损失，该字画应在本案的执行程序中予以强制进行。本院对本案涉及的字画暂不予鉴定，待本案判决生效后在执行程序中评估、鉴定，并优先冲抵有关还款责任人的还款数额。

许昌市中级人民法院判决如下：

1. 被告陆某某于判决生效之日起10日内，偿还原告袁某某借款本金1310万元及相应利息（利息按照年利率6%自2014年5月20日起支付至实际还款之日）；

2. 被告A公司对被告陆某某借款本金1310万元及利息承担连带还款责任；

3. 被告B公司对本案470万元的债权及利息承担连带还款责任；

4. 被告张某某对本案借款260万元的债务及利息承担连带还款责任；

5. 驳回原告袁某某的其他诉讼请求。

☞ **上诉理由**

张某某不服一审上述判决，向河南省高级人民法院上诉称：原审未查清陆某某提供的质押字画，未认定对该物的担保作为债权受偿来源。袁某某并未向法院申请鉴定质押字画价值，应视为其放弃质押权利，应视为袁某某放弃陆某某为债务提供的物的担保，张某某应依法在其放弃部分范围内免除保证责任。请求撤销原审判决第4项，依法改判或发回重审。

袁某某辩称：袁某某没有放弃字画的质押权，且该字画的质押与保证人提供的保证不是同一笔债权，字画是否质押不影响保证人的保证责任。

☞ **二审判决**

河南省高院认为：《担保法》第28条规定："同一债权既有保证又有物的担保的，保证人对物的担保以外的债权承担保证责任。债权人放弃物的担保的，保证人在债权人放弃权利的范围内免除保证责任。"《物权法》第176条规定："被担保的债权既有物的担保又有人的担保的，债务人不履行到期债务或者发生当事人约定的实现担保物权的情形，债权人应当按照约定实现债权；没有约定或者约定不明确，债务人自己提供物的担保的，债权人应当先就该物的担保实现债权……"本案中，陆某某将20幅字画作为质押物提供担保,并同意袁某某将质押的字画变卖偿还欠款及利息,依据上述法律的规定,袁某某作为质押权人应当先就质押的字画折价或者变卖、拍卖的价值优先实现债权,其他担保人应对剩余的债务在各自的保证责任范围内承担偿还责任。袁某某起诉时的第三个诉讼请求是要求法院确认其对质押的字画享有优先受偿权,在庭审中亦没有明确放弃该诉讼请求,故上诉人称在袁某某放弃质押物优先受偿的范围内免除保证责任的理由缺乏证据。原审法院在判决主文中并未对袁某某的优先受偿权和抵扣债务作出判决,仅在该判决书本院认为的说理部分表明审判程序中对质押的字画暂不予鉴定,待判决生效后在执行程序中评估鉴定,优先冲抵有关还款责任人的还款数额不当,此部分表述本身并不构成判项的内容,不能作为执行依据,原审法院的判决不符合《担保法》和《物权法》的有关规定,且容易在执行程序中产生分歧,故本院予以指出并纠正。

河南省高级人民法院判决如下:

1. 维持一审判决第1项、第5项;

2. 袁某某对陆某某质押的字画折价或者变卖、拍卖的价值在借款本金1310万元及利息范围内享有优先受偿权;

3. 变更一审判决第2项为:在袁某某对质押的字画行使优先受偿权冲抵债务后,对剩余的债务由A公司在借款本金1310万元及利息范围内承担连带还款责任;

4. 变更一审判决第3项为:在袁某某对质押的字画行使优先受偿权冲抵债务后,对剩余的债务由B公司在借款本金470万元及利息范围内承担连带还款责任;

5. 变更一审判决第4项为:在袁某某对质押的字画行使优先受偿权冲抵债务后,对剩余的债务由张某某在借款本金260万元及利息范围内承担连带还款责任。

[根据河南省高级人民法院(2019)豫民终218号民事判决书编写]

Chapter 10

第十章 民间借贷债权的保护与实现

要点1 出借人行使物权担保优先受偿权

要点2 出借人行使担保物上代位权

要点3 出借人行使抵押物价值保全权

要点4 出借人申请财产保全

要点5 出借人行使债上代位权

要点6 出借人提起撤销权诉讼

要点7 出借人申请强制执行及强制执行措施

要点8 担保人行使追偿权

出借人出借资金后对借款人享有债权，但如何保护债权和实现债权是民间借贷活动中的重大问题。法律赋予出借人保护债权和实现债权的措施和权利是比较多的，关键是出借人是否善于利用。若善于利用就会大大地提高债权安全性，否则将对实现债权不利。前面所述的担保是出借人保护债权和实现债权的主要措施，但仅凭担保还不能完全保证民间借贷债权。本章继续介绍和分析其他几种民间借贷债权的保护和实现的措施和手段。

ESSENTIAL

1

要点1

出借人行使物权担保优先受偿权

优先受偿权又称先取特权，是抵押权人和质权人就抵押物或者质物的价款先于普通债权受偿的权利。出借人要求借款人提供抵押或者质押的主要目的是通过控制抵押物或者占有质物来保全债权，在借款人未履行债务时能够得到优先受偿。那么，出借人如何行使优先受偿抵押债权或者质押债权？

一、出借人行使抵押权优先受偿

（一）抵押物价款清偿顺序

根据《民法典》第414条的规定，同一财产向两个以上债权人抵押的，拍卖、变卖抵押财产所得的价款依照下列规定清偿：

1. 抵押权均已经登记的，按照登记的时间先后确定清偿顺序

例如，借款人有一套价值300万元的商品房，先以该套商品房抵押向甲借款100万元，并办理了抵押登记手续，后再向乙借款150万元，也办理了抵押登记手续。借款到期时，因房价下跌，该套商品房拍卖后仅取得价款210万元。此例的清偿顺序是：因甲的抵押权登记在先，故应先清偿甲的100万元全部抵押债权；因乙的抵押权设定在甲的抵押权之后，故以清偿甲的100万元抵押债权后的剩余110万元价款清偿，乙剩余的40万元抵押债权就无

法得以优先受偿而成为普通债权。

2. 抵押权已登记的先于未登记的受偿

例如,借款人有一套价值100万元的商品房,先向甲借款60万元,双方签订了抵押合同,但未办理抵押登记;借款人后以该套商品房抵押向乙借款80万元,并办理了抵押登记。该套商品房拍卖后取得价款110万元。此例的清偿顺序是:乙的抵押权因登记已经设立,故先于甲的债权受偿全部抵押债权80万元,而甲只能受偿剩余的30万元。

3. 抵押权未登记的,按照债权比例清偿

例如,借款人向甲借款50万元,向乙借款30万元,向丙借款20万元,并都订立抵押合同,但都未办理抵押登记。抵押物处理后取得价款50万元,那么,甲、乙、丙三个出借人只能按照债权比例受偿,即甲受偿25万元,乙受偿15万元,丙受偿10万元。

(二)关于抵押权未登记设立转换为承担连带清偿责任的问题

依照《民法典》上述有关规定,当事人订立抵押合同后,只有办理抵押登记才使抵押权设立,如果未登记则不能设立抵押权。那么,债权人就不能对抵押物主张优先受偿权,所谓的抵押债权实际上是普通债权,但在第三人提供财产抵押的情况下,债权人可以主张抵押人在抵押物价值的范围内对债务人的债务承担连带清偿责任。主要理由是,根据《民法典》第215条"当事人之间订立有关设立、变更、转让和消灭不动产物权的合同,除法律另有规定或者合同另有约定外,自合同成立时生效;未办理物权登记的,不影响合同效力"的规定,抵押未登记虽然不能设立抵押权,但不影响抵押合同的效力,抵押合同的担保效力仍然存在,故可转换近似的担保方式让抵押人承担连带清偿责任。

我们认为,未办理抵押登记并不当然转换为连带清偿责任。根据当事人意思自治原则,是否转换为连带清偿责任应当由债权人提出主张。债权人明确提出转换为连带清偿责任或者要求抵押人继续承担担保责任的,法院应当予以支持;如果未主张,则不宜依职权判决债权人承担连带清偿责任。当前的问题是,这种转换只有判例,目前尚无司法解释的明确规定,致使不少债权人不知由此转换而未提出主张,结果让抵押人躲过了连带清偿责任。

二、出借人行使质押优先受偿权

出借人质押优先受偿权，是指出借人作为质权人就质物的变价款有优先受偿的权利。这是出借人要求借款人设定质权的最主要目的，也是质权的基本效力。质押债权优先受偿权有以下两种情况：

一是质押债权优先普通债权受偿。例如，借款人欠甲货款30万元，但将50万元的承兑汇票质押给出借人用于担保40万元的借款。借款人到期未清偿这两笔债务，对这50万元的承兑汇票，出借人对甲有优先受偿权，可以从中先取得40万元质押债权，剩余的10万元再由甲受偿。

二是在借款人破产的情况下，质物首先不列入破产财产，而由质权人优先受偿，剩余部分才可以作为破产财产由其他债权人受偿。

案例10－1

☞ 案情简介

2012年12月24日，李某某、韩某某给侯某某出具借条载明：今借侯某某现金人民币550万元整，借期共计30天，自2012年12月24日起至2013年1月23日止；我愿提供A公司和B公司的所有固定资产、产品及原材料和B公司位于某某工业园区的国有土地使用证作为抵押；我应依约归还借款，如不能归还，每超过一天我愿赔偿经济损失及违约金1万元整。同日，侯某某委托张某某通过银行汇入韩某某账户511.5万元，其余38.5万元作为利息预先扣除。随后，韩某某将B公司位于某某工业园区的《国有土地使用证》交付侯某某的委托人张某某持有。

后韩某某因涉嫌刑事犯罪被逮捕。

侯某某向张家口市中级人民法院提起民间借贷纠纷诉讼，请求判令：(1)韩某某、李某某偿还借款550万元及利息；(2)B公司在抵押财产范围内承担连带清偿责任，侯某某对该财产享有优先受偿权。

☞ 一审判决

张家口市中级人民法院经审理认定：侯某某与韩某某的借款合同虽约定借款550万元，而侯某某实际支付为511.5万元，其余38.5万元系预先扣除的利息，故双方间的借款本金应认定为511.5万元；双方约定违约金为日1万元，但侯某某又未提供证据证实逾期还款给其造成的损失，故双方约定的违约金过高,应以未偿还的借款本金为基数,按照中国人民银行公布的人民币同期借款利率的4倍支付,自2013年1月23日计算至判决生效之日。

关于B公司是否应在抵押资产范围内承担连带清偿责任,侯某某是否对抵押财产享有优先受偿权。B公司辩称,该抵押担保未经依法登记无效。本院认为,依法办理土地使用权抵押登记不是抵押合同的生效要件,抵押合同自依法成立时生效。侯某某与韩某某、李某某签订的借条约定以B公司位于某某工业园区的国有土地使用证作为抵押担保,其中虽未加盖B公司的印章,但签订借款协议时,韩某某为该公司法定代表人,并将该公司的《国有土地使用权证》交付给侯某某的委托人张某某持有,可视为B公司与侯某某达成了以上述土地使用权作为借款抵押担保的合意。上述当事人之间签订的抵押担保条款应为有效条款,B公司应在土地使用权抵押担保范围内对韩某某、李某某的上述债务承担连带清偿责任。同时,根据《物权法》第187条的规定,以土地使用权进行抵押的,应当办理抵押登记,抵押权自抵押登记时设立。上述抵押行为未经依法登记,因此侯某某没有依法取得抵押权,即不能享有对上述抵押土地使用权的优先受偿权。

张家口市中级人民法院判决如下:

1. 韩某某、李某某于判决生效后10日内偿还侯某某借款511.5万元及违约金(以本金511.5万元为基数,按照中国人民银行公布的同期人民币借款利率的4倍,自2013年1月24日计算至判决生效之日);

2. B公司在其抵押担保的某某工业园区的土地使用权范围内对韩某某、李某某的上述债务承担连带清偿责任。其承担担保责任后,有权向韩某某、李某某追偿;

3. 驳回侯某某的其他诉讼请求。

☞ **二审判决**

B公司不服一审判决向河北省高级人民法院提出上诉称:借条上只有韩某某、李某某的签名,没有B公司的盖章,B公司并没有进行抵押担保的明确意思表示,所以一审判令B公司在某某工业园区的土地使用权范围内对韩某某、李某某的债务承担连带清偿责任无事实和法律依据。请求依法撤销一审判决,依法改判B公司不承担任何责任。

河北省高院认为:签订借条时,韩某某为B公司法定代表人,其与李某某持有B公司80%股权份额,二人签字的借条约定以B公司所有固定资产、产品、原材料及某某工业园区的国有土地使用证作为抵押，之后，韩某某亦向侯某某交付了用于抵押的《国有土地使用证》，故本院对B公司的担保意思表示予以确认。因该抵押行为未依法办理抵押登记，原审法院基于B公司该担保意思表示，判令B公司在其担保的土地使用权范围内对韩某某、李某某的上述债务承担连带清偿责任并无不当，侯某某对此亦未提出上诉，系其对自身权利的合法处分，本院予以认可。

河北省高级人民法院判决：驳回上诉，维持原判。

☞ **最高人民法院裁定**

B公司对一审、二审判决其在某某工业园区的土地使用权范围内对韩某某、李某某的债务承担连带清偿责任不服，向最高人民法院申请再审。

最高人民法院认为：关于B公司是否应在抵押担保的土地使用权范围内承担连带清偿责任的问题。原判决认定，案涉借条签订之时，韩某某作为B公司法定代表人在借条上签字，B公司对此并未提出异议。借条约定以B公司所有的位于某某工业园区的国有土地使用权作为抵押，应视为B公司与侯某某达成了以上述土地使用权作为借款抵押担保的合意。当事人之间签订的抵押合同已经成立并生效，原审法院判令B公司在其担保的土地使用权范围内对案涉债务承担连带清偿责任并无不当。

根据《物权法》第15条之规定，当事人之间订立有关设立、变更、转让和消灭不动产物权的合同，除法律另有规定或者合同另有约定外，自合同成立时生效；未办理物权登记的，不影响合同效力。同时，根据《物权法》第187条的规定，以土地使用权进行抵押的，应当办理抵押登记，抵押权自抵押登记时设立。原审认为抵押合同成立，抵押权并未设立，侯某某可以主张B公司在土地使用权范围内对债务承担连带清偿责任，但不能就土地使用权主张优先受偿，适用法律并无不当。B公司主张原审存在适用法律错误的情形，缺乏依据，本院不予支持。

最高人民法院裁定：驳回B公司的再审申请。

［根据河北省高级人民法院（2015）冀民一终字第260号民事判决书和最高人民法院（2015）民申字第3299号民事裁定书编写］

ESSENTIAL

2

要点 2

出借人行使担保物上代位权

一、出借人的担保物上代位权

《民法典》第 390 条规定："担保期间，担保财产毁损、灭失或者被征收等，担保物权人可以就获得的保险金、赔偿金或者补偿金等优先受偿。被担保债权的履行期限未届满的，也可以提存该保险金、赔偿金或者补偿金等。"这是担保物上代位权的规定。据此，担保物上代位权，是指担保物权人在抵押物毁损、灭失或者被征收等可以就获得的保险金、赔偿金或者补偿金等享有优先受偿的权利。

担保物权人包括抵押权人和质押权人。就民间借贷而言，因只有出借人即债权人才是抵押权人和质押权人，所以其中的担保物权人仅指出借人。也就是说，出借人作为债权人即担保物权人，也可以适用这条规定行使担保物上代位权。

二、出借人行使担保物上代位权的基本条件

根据《民法典》第 390 条的规定，出借人行使担保物上代位权，应当具备以下几个基本条件：

1. 担保物已经发生毁损、灭失或被征收等事实

担保物只有已经发生这些事实，才有可能获得的保险金、赔偿金或者补

偿金等。如担保物遭受自然灾害，或者遭受他人偷盗、侵夺、侵害，或者被国家征收等原因，有可能获得保险金、赔偿金或者补偿金的，出借人才可以行使物上代位权。没发生上述事实，则不可能获得保险金、赔偿金或者补偿金等代位金，也就不可能产生出借人的担保物上代位权。

2. 担保物毁损、灭失或被征收发生在担保期间

物权担保期间通常是指担保权有效设立到消灭之前的存续时间。在此期间内，担保财产发生毁损、灭失或被征用等情形的，并在将来能获得的保险金、赔偿金或者补偿金等代位金的，出借人才可以行使担保物上代位权。在物权担保设立之前，或者物权担保消灭之后，或者物权担保无效，均不产生担保物上代位权。在担保期间，被担保债权的履行期限如果未届满，担保物就发生毁损、灭失或被征用的，首先应当根据《民法典》第 390 条“应当提存相关保险金、赔偿金或者补偿金等代位金，并可以提前清偿债务”规定涤除担保物权，在债务履行期届满后未涤除担保物权的，再适用担保物上代位权。

3. 有代位物的存在

例如，用于抵押的车辆已经办理保险手续，由于交通事故而毁损，按照法律规定应当获得保险金的，抵押权人才有条件行使抵押物上代位权。如果担保物发生灭失而无代位物存在，则不发生担保物上代位问题，如某一担保财产灭失没有或者不能获得保险金、赔偿金或者补偿金等代位金的，又如抵押房产没有保险而被洪水冲毁，因无代位财产，抵押权人不可能行使抵押物上代为权。

三、担保物上代位权的行使

对民间借贷而言，除了借款债权转让，担保债权随之转移外，担保债权始终是出借人的权利。出借人作为担保物权人，如果行使代位权，首先要向担保人和第三人（损害赔偿人、保险人、征用人）提出代位主张，并主张优先受偿的，可以与担保人、第三人协商，由第三人直接将保险金、赔偿金或补偿金等代位金交付给出借人优先受偿。担保债权已到履行期的，担保物权人也可直接向第三人行使代位请求权。

如果发生代位争议或者担保人、第三人拒绝出借人代位要求的，出借人可以向法院提起代位诉讼。

出借人提起担保物代位权诉讼,被告有三种情况:一是借款人自己提供财产担保的,只能以借款人为被告,在请求法院判令借款人清偿债务的同时主张担保物上的代位权;二是由第三人为借款人提供财产担保的,以借款人和担保人为共同被告;三是以担保人为被告的,应当借款人列为第三人。

借款人作为第三人参加担保物代位权诉讼的,通常为无独立请求权的第三人。无独立请求权的第三人,是指对原告与被告双方争议的诉讼标的没有独立请求权,但案件处理的结果,可能同他有法律上的利害关系,因此参加到已经开始的诉讼中来进行诉讼的人。但借款人根据自己的利益,可以支持出借人行使代位权,也可以支持其债务人反对代位清偿,因而,借款人又是具有独立诉讼地位的诉讼参与人,具有与其诉讼地位相应的诉讼权利,如委托代理人进行诉讼,提供证据证明一方当事人的主张,为一方当事人辩护等,但借款人作为第三人没有独立请求权而不享有提出管辖异议、撤回起诉、承认和变更诉讼请求等权利。

在担保物代位权诉讼中,如果出借人胜诉,赔偿人或保险人或征用人直接向出借人履行了债务,借款人则失去了对其债务人享有的债权,同时,也免除其向出借人履行相应的债务;如果出借人败诉,借款人对其债务人仍享有主张债权的权利,而对出借人仍负有履行债务的义务。

借贷风险提示

1.借款债权未到期,出借人行使担保物代位权的条件尚未成熟,此时代位金已经确定支付的,出借人如果不及时依法要求提存,从而保全代位金,第三人一旦向物权担保人支付,出借人就会丧失代位权。

2.代位金产生后,出借人不及时行使代位权,就会给物权担保人转移代位金的机会,第三人向物权担保人支付代位金后物权,担保人挪作他用,出借人就难以实现担保债权,只能向物权担保人另行主张赔偿。

为了防范这些风险,出借人一旦发现物权担保人可能转移代位金而影响担保债权实现的,可以根据《民事诉讼法》第100条和第101条的规定申请法院采取财产保全措施。

案例 10－2

☞ 案情简介

自2010年3月5日起，任某某与龙某、实业公司之间发生多笔借款往来。2015年2月3日，债权人任某某（甲方）与债务人实业公司、龙某（乙方）、担保人房开公司、投资公司、某某煤炭公司（丙方）签订《债权债务清偿协议书》，约定主要内容为：(1)经甲、乙、丙三方共同对账确认，乙方、丙方应共同连带偿还甲方借款本金10,600万元，利息按照月利率2%计付；(2)乙、丙于本协议签订起至2017年6月30日前，分8期向甲方还清全部借款本息；(3)乙方为实业公司、龙某上述借款全部债务向甲方承担连带清偿责任。

2016年9月2日，借款人实业公司（甲方）、借款人龙某（乙方）与出借人任××（丙方）签订《借款合同》，约定主要内容为：(1)截至2016年8月1日，甲乙尚欠丙方借款本金10,600万元、利息13,684万元，本合同签订后，甲乙双方再向丙方借款5000万元；(2)本合同项下借款按月结息，月利率为2%；(3)甲乙双方同意丙方将5000万元划入龙某账户；(4)自2016年9月30日前至2019年12月31日前分10期偿清全部借款本息，还款为先息后本；若任一期甲乙双方未按照签署约定偿还借款，丙方有权以全部未清偿金额向甲乙双方主张债权；甲乙双方对本合同项下全部借款本息向丙方负有连带清偿责任；(5)甲方以其位于××园区，面积为59,820平方米的土地使用权及其地上建筑物（《国有土地使用权证》××第003××号）提供抵押担保，对应担保债务金额为借款本金15,600万元及利息；房开公司、投资公司、建设公司提供连带保证担保。

同年9月，任某某分6次向龙某转款5000万元，履行完毕《借款合同》约定的5000万元的出借义务。

2016年9月2日，实业公司（甲方）与任某某（乙方）签订《抵押合同》约定：(1)甲方提供的抵押物为土地使用权及地上建筑物，土地使用权位于××园区，土地使用面积为59,820平方米，《国有土地使用权证》××第003××号的地上建筑物随之一并抵押，本合同项下的抵押期限至借款本息还清之日止；(2)本合同对应的主合同为2016年9月2日由甲方、龙某及乙方签订的《借款合同》，对应债务金额为借款本金15,600万元及利息；(3)本合同担保的范围为借款合同项下甲方及龙某应付给乙方的全部借款本金、利息、罚息、违约金及乙方实现债权和抵押权而支付的一切费用。2016 年 9 月 30 日,实业公司、任某某办理了土地抵押登记。

2018 年 7 月 15 日,债权人任某某(甲方)与保证人房开公司(乙方)、保证人实业公司、龙某(丙方)签订《连带保证合同》,由保证人对上述借款及利息等承担连带保证责任。

2019 年 3 月 20 日,重庆市渝北区人民政府发布《重庆市渝北区人民政府关于双龙湖民兴路片区(二期)棚户区改造项目国有土地上房屋征收的决定》,决定对包括实业公司提供的抵押物范围内的棚户区改造项目国有土地上房屋征收红线范围内的所有国有土地上的房屋进行征收,房屋征收签约期限为 2019 年 3 月 28 日至 5 月 26 日。

☞ **起诉请求**

截至 2019 年 2 月,实业公司、龙某未按照《借款合同》约定向任某某还本付息,房开公司也未履行保证责任,任某某向重庆市高院提起民间借贷纠纷诉讼,请求:

1. 判令实业公司、龙某立即向任某某偿还剩余借款本金 15,600 万元及全部利息;

2. 判令任某某对实业公司提供的位于××园区的土地使用权及其地上建筑物享有抵押权,并在抵押担保范围内对抵押物处置价款、赔偿或补偿金享有优先受偿权;

3. 判令房开公司对本案第 1 项诉讼请求中全部借款本金、利息等承担连带清偿责任。

实业公司、龙某、房开公司共同辩称:借款属实,对任某某所诉的借款本金、利息金额及计算方式、抵押和保证情况均无异议。

☞ **法院判决**

重庆市高级人民法院经审理确认:实业公司、龙某尚欠任某某借款本金 15,600 万元及利息;房开公司、实业公司、龙某的债务承担连带清偿责任。

关于任某某是否对实业公司提供的抵押财产享有优先受偿权及其范围的问题,重庆市高级人民法院认为:根据任某某与实业公司签订的《抵押合同》约定,实业公司以其所有的位于××园区内的土地使用权及其地上建筑物向任某某提供抵押担保,抵押担保的范围为主合同项下借款本金 15,600 万元及利息等一切费用。前述土地使用权于 2016 年 9 月 30 日办理了抵押登记。

根据《物权法》第 187 条“以本法第一百八十条第一款第一项至第三项规定的财产或者第五项规定的正在建造的建筑物抵押的，应当办理抵押登记。抵押权自登记时设立”以及第 182 条“以建筑物抵押的，该建筑物占用范围内的建设用地使用权一并抵押。以建设用地使用权抵押的，该土地上的建筑物一并抵押”的规定，任某某的抵押权自登记时已依法设立，抵押物为不动产××第 003××号的土地使用权及其地上建筑物。

根据《物权法》第 195 条第 1 款“债务人不履行到期债务或者发生当事人约定的实现抵押权的情形，抵押权人可以与抵押人协议以抵押财产折价或者以拍卖、变卖该抵押财产所得的价款优先受偿”的规定，实业公司、龙某未按合同约定还本付息，任某某有权行使抵押权，对抵押财产即案涉土地使用权及其地上建筑物享有折价或者以拍卖、变卖该抵押财产所得的价款优先受偿的权利。

根据重庆市渝北区人民政府发布的《重庆市渝北区人民政府关于双龙湖民兴路片区（二期）棚户区改造项目国有土地上房屋征收的决定》，涉案抵押物即将被征收。根据《最高人民法院关于适用〈中华人民共和国担保法〉若干问题的解释》第 80 条第 1 款“在抵押物灭失、毁损或者被征用的情况下，抵押权人可以就该抵押物的保证金、赔偿金或者补偿金优先受偿”及《物权法》第 170 条“担保期间，担保财产毁损、灭失或者被征收等，担保物权人可以就获得的保险金、赔偿金或者补偿金等优先受偿”的规定，在担保物发生灭失时，如果存在担保物的价值变形物或者代表物，则担保物权仍然可以于其上而存在。因此，在抵押物被征收、抵押物拆迁补偿款实际发放后，任某某依法享有抵押物的物上代位权，对政府部门支付的抵押物拆迁补偿款享有优先受偿权。

重庆市高级人民法院判决如下：

1. 实业公司、龙某于本判决生效之日起 10 日内向任某某偿还借款本金 15,600 万元。

2. 实业公司、龙某于本判决生效之日起 10 日内向任某某支付利息（截至 2016 年 8 月 1 日的利息为 135,940,666.67 元；自 2016 年 8 月 2 日起至付清之日止，以 10,600 万元为基数，按月利率 2% 计算，利随本清；自 2016 年 9 月 14 日起至付清之日止，以 5000 万元为基数，按月利率 2% 计算，利随本清)。

3. 任某某在本判决第1、2项的范围内有权就实业公司所有的位于××园区内××第003××号的土地及其地上建筑物以折价、变卖、拍卖所得价款优先受偿。

4. 房开公司对本判决第1、2项确定的实业公司、龙某的债务承担连带清偿责任。

5. 驳回任某某的其他诉讼请求。

[根据重庆市高级人民法院(2019)渝民初26号民事判决书编写]

案例10-3

☞ 案情简介

2013年8月26日,芦某某与陈某签订《借款合同》约定:陈某向芦某某借款80万元,约定月利率2%,利息按季度支付,借款期限截止日期为2014年8月25日。《借款合同》签订后,芦某某于2013年8月27日依约向陈某指定的账户转账752,000元,当日,陈某向芦某某出具收到48,000元现金及共计借款80万元的收条。

2013年8月30日,陈某将其所有的位于某某区的房屋抵押给芦某某,并办理抵押登记。陈某一直未清偿借款,经芦某某多次催促,陈某于2016年2月27日向芦某某出具还款计划,承诺于2017年1月30日前清偿全部借款本金80万元,并按月2%继续支付利息直至全部借款清偿完毕。

2014年1月29日,因云岩区政府发文征收陈某已经设定的抵押房屋,该县征收管理局作为征收部门与陈某签订《房屋征收货币补偿协议》约定:征收管理局将陈某所有的房屋进行征收,一次性补偿陈某货币3,590,930.11元,××房屋征收公司作为经办人在《房屋征收货币补偿协议》上签字盖章。

《房屋征收货币补偿协议》签订后,征收管理局于2014年2月16日将征收款3,590,930.11元征收款交付陈某,陈某当日向征收管理局出具收条,××公司遂将陈某的抵押房屋进行了拆迁。

☞ 一审判决

因征收管理局未经芦某某同意,将拆迁后的补偿款全部支付给陈某,芦某某于2018年3月以征收管理局为被告向惠水县法院起诉,请求依法判令征收管理局、陈某、××公司立即连带赔偿芦某某80万元,并按2%月利率向芦某某支付自2016年2月27日起至全部借款本息还清之日止的利息。

惠水县法院经审理对本案的争议焦点评判如下：

一、本案是否属于行政诉讼及被告征收管理局主体是否适格的问题

本案双方当事人争议的焦点并非云岩区政府下发征收文件行为的合法性、××公司实施拆迁行为的合法性及征收管理局征收行为的合法性问题，本案争议的焦点不涉及《行政诉讼法》所规定的具体行政行为的内容（征收数额、征收程序等与芦某某无关的具体行政行为）。本案的争议焦点为陈某所有的房屋被征收后，就征收所得的补偿款在涉及被征收房屋他项权利人的情形下，征收管理局未尽合理注意义务将征收款全部支付给被征收人陈某的行为是否侵害芦某某抵押权的问题。故本案并不属于行政诉讼，本案属于一般的民事侵权诉讼，芦某某以陈某、××公司、征收管理局侵害其抵押权为由提起侵害责任之诉，符合法律的规定，征收管理局主体适格。

二、侵权主体及侵权数额的确定

1. 侵权数额的确定。

本案系借款合同法律关系引起的侵害债权之诉，故确定侵权人承担侵权责任时应当确定本案借款合同的合法数额。根据本案查明的事实，芦某某与陈某之间，借款合同依法成立且生效，借款合同约定月利率为2%，按季度结息，借款80万元，一个季度的利息刚好是48,000元，在芦某某未提供证据证实该48,000元实际交付陈某的情形下，认定该48,000元属于预先扣除的一个季度的利息较为合情合理，根据《最高院民间借贷规定》第27条之规定，借据、收据、欠条等债权凭证载明的借款金额，一般认定为本金。预先在本金中扣除利息的，人民法院应当将实际出借的金额认定为本金。故认定芦某某实际交付陈某的借款数额为752,000元，本案的借款本金亦应当认定为752,000元。因双方约定的借款月利率2%符合法律的规定，故本案月利率确定为2%，芦某某主张从2016年2月27日起支付利息至支付完全部借款本金止符合法律的规定，予以支持。故本案侵权数额确定为借款本金752,000元和利息。

2. ××公司是不是侵权人。

××公司根据《房屋征收货币补偿协议》的约定具体实施拆迁房屋的行为并没有过错，与侵害芦某某抵押权遭受侵害的法律后果并无法律上的因果关系，故××公司不应当承担侵害芦某某抵押权的侵权责任。

3. 征收管理局是否侵害芦某某的抵押权。

第一,抵押权设定的目的是作为债务履行的担保,以确保债权的实现。在债权已届履行期而债务人未履行时,抵押权人有权从依法处理抵押物获得的变价款中优先受偿,抵押权及其所担保的债权能否最终实现,很大程度上取决于抵押物的价值。《物权法》第174条规定,若抵押期间抵押物灭失的,抵押权人可以就获得的补偿金等优先受偿,被担保债权的履行期未届满的,也可以提存该补偿金。这也是通过赋予抵押权人物上代位权,在抵押物的形态或性质上发生变化时,使抵押权的效力及于抵押物的代位物,从而维持抵押物的价值。本案中,陈某与芦某某就借款合同约定有不动产抵押并办理不动产抵押登记,芦某某依法取得位于××区房屋的抵押权,在陈某与芦某某约定的借款期限届满债务未获清偿时,芦某某有权实现抵押权并优先获得清偿。现抵押房产已经灭失,该房产的征收补偿款亦未提存,所担保的债权无法得到充分的担保,芦某某的抵押权已经受到侵害。

第二,因征收行为将导致被征收房屋权利状态发生根本变化,故征收管理局在征收实施前应查明房屋所有权人的同时,还应当对房屋是否设定抵押以及征收是否会损害抵押权人的利益负有必要的注意和审查义务,包括通过房产交易机构查询房屋权属及是否设定抵押,并在此基础上根据产权人提交的产权证作进一步的核实,以此避免房屋产权证未能反映抵押设定情况而所有权人故意不告知所带来的抵押权人利益受损的风险。本案中,征收管理局未能在征收前通过相关职能部门查明征收房屋已设定抵押,仅在房屋征收货币补偿协议中约定在被征收房屋涉及纠纷的情形下由陈某承担全部责任,可见,征收管理局明知被征收房屋有可能存在其他纠纷的情形下直接将征收补偿款全额支付给陈某,致使芦某某丧失了实现抵押权的机会,最终导致抵押物优先受偿权受损。据此,法院认定,征收管理局在征收过程中未尽到必要的、合理的注意义务,对芦某某的损失存在过错,应承担侵权赔偿责任,并以芦某某丧失优先受偿权的限额为限。本案中涉及的被征收房屋的价值为3,950,930.11元,芦某某丧失优先受偿权的限额亦为3,950,930.11元,故征收管理局应当承担的责任限额为3,950,930.11元。因抵押权的行使系债务人不履行或不完全履行到期债务时,债权人就抵押物享有优先受偿的权利,故征收管理局侵害芦某某的抵押权所承担侵权责任的方式为陈某不履行债务或不完全履行债务后就陈某未能清偿部分在上述限额内承担补充赔偿责任。芦某某要求征收管理局承担连带责任无法律依据,不予支持。

4. 关于陈某应否承担本案赔偿责任问题。

陈某与芦某某之间原属借款合同法律关系,陈某理应承担偿还借款的责任,但鉴于陈某在芦某某享有抵押权的房屋被征收时,故意隐瞒设置抵押的情形并将征收款全部领走后未对尚欠芦某某的借款本金及利息进行优先偿还,严重侵害了芦某某的债权,陈某的侵权行为与债权发生竞合,且陈某承担侵权责任不应当以芦某某丧失优先受偿权的限额为限。同时陈某承担侵权责任后,芦某某对陈某的债权亦应当消灭。

惠水县法院判决如下:

(1)陈某于本判决生效之日起 30 日内一次性支付芦某某借款本金 752,000 元及利息(以尚欠的借款本金为基数按月利率 2% 自 2016 年 2 月 27 日起计算至所有借款本金清偿完毕之日止);

(2)征收管理局在 395,930.11 元限额内对陈某所欠芦某某本判决第 1 条所述债务不能(包括不按期履行)清偿的部分承担补充赔偿责任;

(3)驳回芦某某的其余诉讼请求。

☞ **二审判决**

征收管理局不服一审判决向黔南州中院上诉,请求撤销一审判决,判决驳回芦某某对征收管理局的起诉。黔南州中院二审期间查明:征收管理局向陈某发放 3,950,930.11 元补偿款中,房屋补偿款为 2,780,943 元,附属设施、装修补偿款为 113,823.35 元,剩余 1,056,163.76 元为搬迁费、临时安置费及一次性补助和奖励费。

黔南州中级人民法院认为:不动产的抵押应当办理抵押登记,抵押权自登记时设立。登记的目的也是为了对外公示抵押权的存在。《物权法》第 179 条规定"为担保债务的履行,债务人或者第三人不转移财产的占有,将该财产抵押给债权人的,债务人不履行到期债务或者发生当事人约定的实现抵押权的情形,债权人有权就该财产优先受偿"、第 174 条规定"担保期间,担保财产毁损、灭失或者被征收等,担保物权人可以就获得的保险金、赔偿金或者补偿金等优先受偿。被担保债权的履行期未届满的,也可以提存该保险金、赔偿金或者补偿金等"。根据上述规定,抵押权属于担保物权的一种,其功能是在债务人不履行债务时,抵押权人得以就抵押财产拍卖、变卖所得价款享有优先受偿的权利,抵押权的效力及于抵押物的代位物或代替物。本案中,陈某以其所有的涉案房屋为其向芦某某借款提供抵押担保,并依法办理了抵押登记。芦某某对涉案房屋享有抵押权,当陈某的债务到期未获清偿,芦某某有权对抵押房屋优先受偿。在陈某用于抵押的房屋被征收拆迁时,因被担保的债权的履行期尚未届满,可将房屋征收补偿款予以提存。因征收行为将导致被征收房屋权利状态发生根本变化,征收人在确定被征收房屋状况时,除了核实房屋的所有权人外,还应当对房屋是否设定抵押以及征收是否会损害抵押权人的利益负有必要的注意和审查义务。然而,上诉人征收管理局在对案涉房屋进行征收的过程中,未尽审慎注意义务对被征收房屋上是否存在抵押权进行审核,其明知被征收房屋可能存在其他纠纷,仍直接将补偿款全部支付给陈某,客观上导致芦某某的抵押权无法得以实现,侵害了芦某某的合法权益,对此上诉人征收管理局应承担相应的民事责任。陈某作为抵押人,明知芦某某对案涉房屋享有抵押权,在该房屋被征收时却未告知抵押权人及征收部门,擅自处分抵押物或代位物,损害了抵押权人芦某某的合法权益,陈某是当然的赔偿责任人。因芦某某对征收补偿款享有优先受偿的权利,而补偿款已全部被陈某领取,故上诉人征收管理局承担的应当是以芦某某从陈某处未能获偿的部分为限的补充赔偿责任。另外,从上诉人与陈某之间的征收补偿协议来看,上诉人所发放的补偿款中不仅是房屋及装修的补偿款,还包含了安置费、奖励等其他费用共计1,056,163.76元,这些其他费用是征收管理局针对陈某搬迁行为的奖励、补助,不属于针对该房屋的特定补偿,故芦某某对1,056,163.76元不享有优先受偿权,征收管理局应在抵押物价值2,894,766.35元范围内以芦某某从陈某处未能获偿的部分为限承担补充赔偿责任。一审对上诉人征收管理局承担责任的范围认定不当,应当予以纠正。

黔南州中级人民法院改判如下:

1. 维持一审判决第1项;

2. 撤销一审判决第2、3项;

3. 上诉人征收管理局在抵押物价值2,894,766元范围内对被上诉人陈某所欠被上诉人芦某某的上述第1项债务不能清偿的部分承担补充赔偿责任;

4. 驳回被上诉人芦某某的其他诉讼请求。

［根据贵州省黔南布依族苗族自治州中级人民法院(2019)黔27民终1888号民事判决书编写］

ESSENTIAL

3

要点3

出借人行使抵押物价值保全权

《民法典》第408条规定："抵押人的行为足以使抵押财产价值减少的，抵押权人有权请求抵押人停止其行为；抵押财产价值减少的，抵押权人有权请求恢复抵押财产的价值，或者提供与减少的价值相应的担保。抵押人不恢复抵押财产的价值，也不提供担保的，抵押权人有权请求债务人提前清偿债务。"这是关于抵押物价值保全权的规定。

一、抵押物价值保全权的基本内容

抵押物价值保全权，是指因抵押人的行为足以使抵押财产价值减少的，抵押权人要求抵押人停止其行为，或恢复抵押财产价值，或提供与减少的价值相应担保的权利。抵押物价值保全权是由抵押权派生的专属于抵押权人的权利。

民间借贷的抵押权设立后，出借人并不实际占有抵押物，抵押物仍由抵押人占有、使用和收益。在抵押期间，抵押人使用、管理抵押物时，有可能使抵押物价值减少，如抵押人提供房产抵押后，因自然灾害损坏而不修缮，致使价值减少至不足以清偿抵押债务的，就会导致出借人抵押权受到损害，届时难以全部实现抵押债权。因此，法律有必要赋予抵押权人对抵押物价值的保全权利。

二、出借人行使抵押物价值保全权的基本条件

出借人作为抵押权人行使抵押物价值保全权，应当符合以下三个基本条件：

一是已经出现抵押财产价值减少的事实。没有出现抵押财产价值减少的事实，抵押权人不能凭空行使抵押物价值保全权。

二是抵押财产价值减少由抵押人的行为造成。如果是他人造成的，抵押权人不一定需要行使抵押物价值保全权，而可以要求抵押人用获得的赔偿金清偿抵押债务，也可以对赔偿金行使代位权。如果是不可抗力造成的，抵押权人则可行使抵押物价值保全权，除非抵押物灭失又无代位物，但有保险金赔偿的，则可以行使抵押物上的代位权。但由于市场跌价原因使抵押财产价值减少不足以清偿抵押债务的，不属于由抵押人行为造成，抵押权人不得行使抵押物价值保全权。

三是可能会出现不足以清偿抵押债务的情形。抵押财产价值虽然减少，但仍有足够价值清偿抵押债务的，抵押权人没有必要行使抵押物价值保全权。

三、出借人行使抵押物价值保全权的内容

出借人行使抵押物价值保全权有以下四个内容：

一是要求抵押人停止足以使抵押财产价值减少的行为。这是出借人行使抵押物价值保全权的内容之一，主要目的是防止抵押财产价值因抵押人的行为继续减少，出现可能不足清偿抵押债务。抵押人按照出借人的要求，停止了足以使抵押财产价值减少的行为，在这种情况下，如果已使抵押财产价值减少，但足以清偿抵押债务的，出借人不得再行使抵押物价值保全权；如果抵押财产价值减少已经出现不足以清偿抵押债务的，出借人仍可继续行使抵押物价值保全权。

二是请求抵押人恢复抵押物原状。抵押财产的价值减少不足以清偿抵押债务的，出借人可以请求抵押人通过维修、更换等方式，使抵押物的价值恢复到提供抵押时的状态，或者达到足以清偿抵押债务的程度。

三是要求抵押人另行提供担保。在抵押财产的价值减少不足以清偿抵押债务的情况下，抵押人没有按照抵押权人的要求恢复抵押物原状，但与出

借人协商另行提供担保的，则可另行提供与减少价值额相当的担保，但抵押物价值未减少的部分仍应作为债权的担保。

四是要求提前清偿债务。抵押人不按出借人的要求恢复抵押物的价值，也不提供相应担保的，出借人有权要求借款人提前清偿债务。借款人不提前清偿债务，抵押人也不提前清偿抵押债务的，出借人可以向法院提起诉讼。

四、出借人提起抵押物价值保全诉讼

出借人行使抵押物价值保全权的法定事由是“抵押人的行为足以使抵押财产价值减少”，因而，出借人单独就抵押物价值保全提起诉讼的，只能以抵押人为被告，请求法院判令抵押人停止侵害抵押权行为，并责令抵押人恢复抵押物原状。

从民法理论上看，出借人请求法院判令抵押人停止侵害抵押财产行为并责令恢复抵押物原状是可以的，但实际效果不如要求借款人提前清偿债务。借款人拒不提前清偿债务的，出借人可以，对借款人、抵押人提起民间借贷及其抵押纠纷诉讼，在请求法院判令借款人偿还借款的同时，请求判令抵押人承担抵押责任。抵押财产价值减少不足以清偿抵押债务的，出借人可以要求抵押人承担赔偿责任。

至于另行提供相应担保问题，应当是抵押人自愿行为，抵押人拒不另行提供相应担保的，法院不能判令其强制另行提供相应担保，因此，出借人提出此诉讼请求一般不能成立。

ESSENTIAL

4

要点 4

出借人申请财产保全

民间借贷发生后,借款人、担保人故意转让、转移、毁损财产逃避债务,如不立即采取措施就会使出借人的合法债权遭受严重损害的,出借人可以申请法院对借款人、担保人的有关财产进行财产保全。

财产保全,是指法院为了保证判决得以执行或者避免当事人其他损失,在案件受理前或者诉讼过程中,对当事人的财产或者争议的标的物采取的强制措施。法院采取财产保全强制措施,可以在一定期限内有效地限制当事人对其财产的支配和处分,进而达到有效保护债权的目的。财产保全分为诉前保全、诉讼保全、执前保全三种保全方式。

一、出借人申请诉前保全

申请诉前保全,是指利害关系人因情况紧急,不立即申请保全将会使其合法权益受到难以弥补的损害的,在提起诉讼或者申请仲裁前,申请法院对被申请人的财产或者争议标的物依法采取强制措施的一种行为。《民事诉讼法》第 101 条第 1 款规定:"利害关系人因情况紧急,不立即申请保全将会使其合法权益受到难以弥补的损害的,可以向被保全财产所在地、被申请人住所地或者对案件有管辖权的人民法院申请采取保全措施。"出借人申请诉前保全也适用该条规定。

诉前保全和诉讼保全都是保全,因而两者有许多共同之处,如保全范围、目的、强制措施、法律效力等基本相同,但诉前保全的法定事由比诉讼保全更为严格。

一是具有情况紧急。申请诉前保全的事由是情况紧急,在提起诉讼或者申请仲裁前不立即申请保全将会使利害关系人合法权益受到难以弥补的损害。对民间借贷纠纷案件而言,“情况紧急”通常表现为,如果等到起诉或者申请仲裁后再向人民法院申请保全,由于借款人、担保人的行为或者其他原因,相关财产将被转移、转让、隐匿等,使出借人的债权受到难以弥补的损害。例如,保证人眼见借款人完全无力偿还借款,为了逃避保证责任,将自己的唯一房产出卖,且已与第三人订立了买卖合同,正在办理房产过户手续,出借人发现这一情况时尚未起诉,如果等待起诉后再申请保全,房产过户手续和房款交付就将完成,这将使其债权落空。在这种紧急情况下,出借人可以申请诉前保全。如果不具有“情况紧急”,法院不会接受出借人申请的诉前保全。

二是应当提供担保。在一般诉讼保全的情况下,法院决定采取保全措施的,可以根据案件的实际情况责令申请人提供担保,也可以不要求申请人提供担保,如果责令申请人提供担保,而申请人不提供担保的,法院裁定驳回申请。但诉前保全不一样,根据《民事诉讼法》第 101 条的规定,申请人应当提供担保,不提供担保的,法院裁定驳回申请。

三是及时裁定执行。人民法院接受申请人的诉前保全申请后,必须在 48 小时内作出裁定;裁定采取保全措施的,应当立即开始执行。

四是在法定期限内提起诉讼或者申请仲裁。在法院采取保全措施后,诉前保全申请人应当在 30 日内依法提起诉讼或者申请仲裁,如果超过上述期限不依法提起诉讼或者申请仲裁的,法院将解除保全。在法院采取诉前保全措施后,有些借款人、担保人迫于财产被查封或扣押,履行了债务,或者与出借人达成还款协议的,出借人没有必要再提起诉讼,此时,出借人应当向法院申请解除保全。

二、出借人申请诉讼保全

诉讼保全,是指法院在受理案件后至作出判决之前,对当事人的财产或者争执标的物采取限制当事人处分的强制措施。《民事诉讼法》第 100 条第

1款规定:“人民法院对于可能因当事人一方的行为或者其他原因,使判决难以执行或者造成当事人其他损害的案件,根据对方当事人的申请,可以裁定对其财产进行保全、责令其作出一定行为或者禁止其作出一定行为;当事人没有提出申请的,人民法院在必要时也可以裁定采取保全措施。”根据该条规定,诉讼保全的启动有两种方式:一是当事人提出申请,法院依申请裁定采取保全措施;二是法院依职权裁定,即在当事人没有提出申请的情况下,法院认为有必要的,可以依职权裁定采取保全措施。

民间借贷纠纷案件属于金钱给付之诉,出借人申请诉讼保全应当具备以下三个基本条件:

1. 在案件受理后至判决作出前提出申请

出借人在起诉前申请财产保全是诉前保全,而不是诉讼保全。民间借贷合同纠纷案件已经判决并进入执行程序的,出借人没有必要再申请财产保全,法院只要采取强制执行措施即可。诉讼保全是案件在诉讼之中的保全,因而只能在法院受理案件后至判决作出前提出申请。

2. 必须有被告擅自处理与本案有关财产的行为或者其他原因

例如,借款人为了逃避债务,担保人为了逃避担保责任,擅自处理与本案有关财产,就有可能造成借款债权及其担保债权难以实现的后果,借款人在此情况下可以申请诉讼保全。这里的“与本案有关财产”大致有以下三种:

一是借款人的财产。借款人的所有财产实际上都是债务担保责任财产,因而,其在处理财产时必须保留足以履行债务的财产,如果其处理财产的结果不足以履行债务的,不得隐瞒出借人擅自处理。

二是保证人的财产。出借人接受第三人提供保证,从表面看是保证人的信誉起作用,但当保证人承担代为清偿债务责任时,出借人实际上是看重保证人的财产,因而,保证人在处理财产时,与借款人一样必须保留足以履行债务的财产,否则不得隐瞒出借人擅自处理。

三是抵押、质押财产。《最高人民法院关于适用〈中华人民共和国民事诉讼法〉的解释》第157条明确规定:“人民法院对抵押物、质押物、留置物可以采取财产保全措施。”抵押人、出质人提供抵押、质押的财产是特定的担保物,除出借人明确放弃物权担保或同意物权担保人处分外,不得影响出借人的担保债权而擅自处理,否则,出借人可以向法院申请诉讼保全。

3. 使今后判决难以执行或者造成当事人其他损害

借款人或担保人处分其财产,如果不影响出借人实现债权,不会造成将来判决不能执行或者难以执行的,如借款人有 3 处房产,且每处房产价值均可清偿债务,借款人出卖其中一处房产,出借人没有必要申请诉讼财产保全。只有借款人或者担保人开始实施某种行为或者其他原因,致使今后判决难以执行或者造成债权难以实现的,出借人才可以申请诉讼保全。

三、出借人申请执前保全

民间借贷纠纷案件已经裁判,其法律文书已经生效,但案件未进入执行程序,此时已经不能再适用诉讼保全,这个阶段便成为保全的一个"空当"。在这"空当"中,借款人、担保人及其他有关债务人仍有机会转移财产逃避执行,也有可能发生"今后判决难以执行或者造成债权难以实现"的后果。为了弥补这一缺陷,《最高人民法院关于适用〈中华人民共和国民事诉讼法〉的解释》第 163 条规定:"法律文书生效后,进入执行程序前,债权人因对方当事人转移财产等紧急情况,不申请保全将可能导致生效法律文书不能执行或者难以执行的,可以向执行法院申请采取保全措施。债权人在法律文书指定的履行期间届满后五日内不申请执行的,人民法院应当解除保全。"这是对执行前的财产保全规定,简称执前保全。

执前保全与诉前保全、诉讼保全一样都是保全,性质是相同的,只是发生的前后时间段不同而已。执前保全适用时间是"法律文书生效后,进入执行程序前"这个阶段。但执前保全还强调两点:一是债权人在诉讼前后尚未申请财产保全,法院也未采取保全措施,前面已经采取保全措施的,后面不再重复适用执前保全;二是法院采取执前保全措施后,债权人在法律文书指定的履行期间届满后 5 日内应当申请执行,若在此期限内不申请执行的,法院将解除保全。

四、财产保全范围

《民事诉讼法》第 102 条规定,财产保全限于请求的范围,或者与本案有关的财物。最高人民法院的有关司法解释也规定,法院采取财产保全措施时,保全的范围应当限于当事人争议的财产。由此可见,财产保全范围有两个方面的限制:一是限于当事人拥有的财产,排除对他人财产实施保全;二是限于当事人争议的财产，通常不得超过申请人的请求范围实施保全措施。

出借人请求保全的财产范围，对借款人一般不得超过享有的到期债权，对保证人一般不得超过保证责任范围，对物权担保只限于抵押物或者质物。法院实施保全措施也应限于请求范围，如出借人申请保全200万元，借款人在银行存款有300万元，如果采取保全措施全部予以冻结，就会超出请求范围，侵害借款人另外100万元的合法权益。但有些财产价值明显高于债务数额，如果不予查封就难以实施保全的，法院可以予以查封，如借款人只有400万元债务，而其房产价值达6000万元，远远高于债务数额，但如果不予查封就会被立即卖掉的，也可以查封该房产。

可为保全的财产主要有：(1)在银行开立的账户及存款；(2)在房地产交易中心登记在案的拥有所有权的房产，或者拥有使用权的土地；(3)对外投资的股权、股票、债券，及股息、红利等收益；(4)拥有所有权的车辆；(5)拥有所有权的厂房、机器设备及原材料、半成品、成品等货物；(6)对他人享有的到期债权，他人应付的租金等；(7)享有专用权的专利、商标等知识产权；(8)其他各类具有金钱价值的财产权利。

此外，根据《最高人民法院关于适用〈中华人民共和国民事诉讼法〉的解释》第158条的规定，法院对债务人到期应得的收益，可以采取财产保全措施，限制其支取。例如，抵押房产价值不足清偿抵押债务，但有租金收入的，法院可以同时对该租金采取保全措施，限制承租人向出租人支付租金。债务人的财产不能满足保全请求，但对他人有到期债权的，法院可以依债权人的申请裁定该他人不得对本案债务人清偿。这是债上代位保全，对民间借贷纠纷案件而言，仅适用于借款人、保证人对他人享有的到期债权。物权担保人对他人享有的到期债权，通常不能采取债上代位保全，理由是物权担保人只以担保物的价值在担保范围内承担担保责任，其对他人享有的到期债权和其他财产与担保无关。

五、依申请财产保全的程序

法院依职权保全的程序比较简单，在认为有必要时即可作出保全裁定，而依申请的财产保全程序相对复杂一些。

1. 出借人提出申请

对民间借贷纠纷案件而言，如果没有特殊情况，法院通常不依职权作出保全裁定,而由出借人提出申请。法院经审查认为,出借人提出的保全申请符合法定条件的,应当予以受理并作出裁定。根据《民事诉讼法》的有关规定,出借人采取书面形式申请财产保全不存在困难的,应当采用书面形式提出申请,采用书面形式有困难的,可以口头提出申请。

2. 出借人提供担保

《民事诉讼法》第100条第2款规定:"人民法院采取保全措施,可以责令申请人提供担保,申请人不提供担保的,裁定驳回申请。"法院接受出借人财产保全申请,一般都通知提供担保,出借人如果不提供担保,法院裁定驳回申请。法院强调当事人对财产保全提供担保有两个主要目的:一是财产保全如果发生错误或者申请人败诉,由此造成被申请人损失的,应当由申请人予以赔偿,申请人提供了担保,这种赔偿便有了保障,从而避免法院的国家赔偿责任;二是促使申请人慎重申请财产保全。所要注意的是,出借人申请诉前保全的,不是"可以"提供担保,而是"应当"提供担保。

3. 法院作出裁定

《民事诉讼法》第100条第3款规定:"人民法院接受申请后,对情况紧急的,必须在四十八小时内作出裁定;裁定采取保全措施的,应当立即开始执行。"这条规定有三个内容:一是对财产保全必须作出裁定,非裁定文书不产生财产保全的效力;二是遇有情况紧急的,必须在48小时内作出裁定;三是财产保全裁定一经作出就应当立即开始执行。

4. 法院实施保全措施

法院实施财产保全的强制措施有查封、冻结、扣押和法律规定的其他措施。法院作出财产保全裁定后,应当视保全财产的具体情况相应地实施强制措施,如保全财产是银行存款的,只能采取冻结措施;如保全财产是房产的,只能采取查封措施;保全财产是车辆的,可以予以扣押。由于保全措施不是处分财产,所以不能采取如划拨、拍卖、变卖等处分措施。

5. 法院落实保管措施

根据《最高人民法院关于适用〈中华人民共和国民事诉讼法〉的解释》第154条和第155条的规定,保全财产的保管可以采取以下几种方法:法院有条件保管的,应当自行妥善保管;不宜自行保管的,可以指定被保全人负责保管;不宜由被保全人保管的,可以委托他人或者申请保全人保管。查封、扣押、冻结担保物权人占有的担保财产,一般由担保物权人保管,不宜由担保物权人保管的，法院应当自行保管。

由法院指定被保全人保管的财产，如果继续使用对该财产的价值无重大影响，可以允许被保全人继续使用。有些保全财产只要将裁定书送达有关部门即可达到保全目的的，可以考虑被申请人的生产、生活需要不实施具体强制措施，如裁定保全财产是抵押厂房，考虑抵押人企业的生产需要，直接贴上封条将对抵押人极为不利的，可以不在该厂房上贴上封条，只要将财产保全裁定书送达房产管理部门即可制止其转让。

六、财产保全的法律效力

法院作出财产保全裁定并送达后，其法律效力表现为，任何单位和个人，包括申请人和被申请人，除经法院同意外，都不得动用、转移或者处分保全财产。此外，财产保全的法律效力还伸延到执行程序，根据《最高人民法院关于适用〈中华人民共和国民事诉讼法〉的解释》第 168 条的规定，财产保全裁定未依法撤销或者解除的，案件进入执行程序后，自动转为执行中的查封、扣押、冻结措施，执行法院无须重新制作裁定书。

七、解除财产保全

根据《最高人民法院关于适用〈中华人民共和国民事诉讼法〉的解释》第 166 条的规定，人民法院裁定采取保全措施后，有下列情形之一的，应当作出解除保全裁定：(1) 保全错误的；(2) 申请人撤回保全申请的；(3) 申请人的起诉或者诉讼请求被生效裁判驳回的；(4) 人民法院认为应当解除保全的其他情形。其他情形包括查封、扣押、冻结期限届满，申请人未在规定期限内提起诉讼或未申请强制执行等情况。

借贷风险提示

出借人申请财产保全的主要法律风险是申请保全错误而造成借款人、担保人或者第三人损失的，需要承担赔偿责任。

1. 法院依据出借人申请采取财产保全措施，后经审理认定借贷关系已经消灭，或者借款合同、担保合同无效，被申请人不承担责任，判令出借人败诉，而被申请人的财产因保全受到损失。

2. 出借人虽然胜诉，但判决确认的债权数额远远小于申请保全债权数额，造成大于债权部分的保全财产损失。

3. 出借人提供保全的标的物错误，如误将案外人的财产认为是借款人财产，致使法院对案外人财产实施了查封、扣押等强制措施，结果造成案外人的财产损害。

出借人申请财产保全错误，造成借款人、担保人或者第三人财产损失，不主动赔偿的，被申请人可以提起诉讼，请求法院判令出借人予以赔偿。

为了避免申请财产保全错误而承担法律责任，出借人在申请保全之前应当准确掌握被申请人财产的线索、状况和证据，并如实向法院提供，如要求被申请人提供房地产、收入、股权等资产；也可以主动调查被申请人的资产、经营状况，如到工商部门查询借款企业对外投资股权、机器设备、货物、资产负债表等登记信息，又如到房地产交易中心查询被申请人的房产所有权、土地使用权情况，再如到证券登记结算公司查询被告持有的股票、债券情况，还可以到公安机关车辆管理所查询被申请人的车辆情况。出借人查询被申请人资产情况如遇困难，还可以委托律师予以调查。

ESSENTIAL

5

要点 5

出借人行使债上代位权

根据债权与物权分离规则,代位权也有债上代位权与物上代位权之分。前面所述的“担保物上代位权”属于物上代位权,这里分析债上代位权。

一、出借人债上代位权的基本含义

在民间借贷活动中,因出借人是债权人,故债上代位权是出借人的权利。这里的债上代位权,是指因借款人怠于行使其债权或者与该债权有关的从权利,影响出借人的到期债权实现的,出借人可以向法院请求以自己的名义代位行使借款人对相对人的权利。

借款人的相对人即借款人的债务人,原本是本借贷合同以外的第三人,与出借人无关,但因借款人怠于行使对其享有的债权而产生出借人的代位权,便使出借人与其发生代位法律关系。例如,借款人对出借人负有 50 万元借款债务,第三人欠借款人 60 万元货款,借款人没有向该第三人(借款人的债务人)主张货款债权,自己又无其他财产向出借人履行债务,由此影响出借人的到期债权实现的,出借人有权以自己的名义作为原告、以该借款人的债务人作为被告,向法院提起代位权诉讼,请求借款人的债务人直接向自己履行 50 万元还债义务,这就是出借人行使债上代位权。

二、债上代位权的法律依据及其变化

借款人取得借款而成为债务人后,借款人的财产多少和增减,对出借人实现债权影响很大。借款人负债后,如果隐匿财产、逃避债务,或者对他人有金钱债权而不主张,往往会侵害出借人的债权利益。为此,原《合同法》第73条规定:“因债务人怠于行使其到期债权,对债权人造成损害的,债权人可以向人民法院请求以自己的名义代位行使债务人的债权,但该债权专属于债务人自身的除外。代位权的行使范围以债权人的债权为限。债权人行使代位权的必要费用,由债务人负担。”现《民法典》第535条第1款规定:“因债务人怠于行使其债权或者与该债权有关的从权利,影响债权人的到期债权实现的,债权人可以向人民法院请求以自己的名义代位行使债务人对相对人的权利,但是该权利专属于债务人自身的除外。”第2款规定:“代位权的行使范围以债权人的到期债权为限。债权人行使代位权的必要费用,由债务人负担。”这里的“债务人对相对人”,就民间借贷而言是借款人的债务人,在债上代位权中是出借人的次债务人。

《民法典》施行后,我们必须注意《民法典》第535条在《合同法》第73条规定的基础上改变债上代位权的规则。这两条规定发生了以下几个变化:

1. 关于债上代位权的对象是否到期

原《合同法》第73条规定的债务人“怠于行使其到期债权”,而《民法典》第535条规定的债务人“怠于行使其债权”取消了“到期”二字。也就是说,债务人的债权不论是否到期都可为债上代位权的对象。

在一般情况下,借款人的债权尚未到期,借款人的债务人暂不负履行债务义务,故出借人不可对借款人的债务人的未到期债务行使债上代位权,否则有害借款人的债务人的期限权益;借款人要求其债务人提前清偿债务属于违约行为,这种违约行为不能延续到债上代位权。但是,在不少情况下,如果不许对借款人的债务人的未到期债务行使债上代位权,对出借人实现债权是不利的。例如,借款人将资金出借给他人没有约定还款期限,在自己无其他财产可供履行的情况下,又不给其债务人合理期限偿还借款,结果无法确定其债权到期,这将会严重影响其债权人到期债权的实现,在此情况下,出借人也可行使债上代位权而向法院提起代位权诉讼。

2. 关于债上代位权的本债权是否到期

这里的“本债权”是指债权人的债权，在民间借贷中是指出借人的债权。在一般情况下，出借人对借款人的债权只有到期才可以主张借款人履行作为，所以，出借人行使债上代位权应以本债权到期为前提条件。但是，在借贷合同约定提起偿还借款的条件成就时，或者借款人出现预期违约时，或者法律规定未到期视为到期时，出借人在债权未到期前也可行使债上代位权。《民法典》第 536 条特别规定：“债权人的债权到期前，债务人的债权或者与该债权有关的从权利存在诉讼时效期间即将届满或者未及时申报破产债权等情形，影响债权人的债权实现的，债权人可以代位向债务人的相对人请求其向债务人履行、向破产管理人申报或者作出其他必要的行为。”据此规定，出借人在债权未到期的情况下，如果出现借款人对其债务人“存在诉讼时效期间即将届满”等情形，影响出借人的债权实现的，出借人也可以行使债上代位权。但需要特别注意的是，此种情形下的债上代位权不是完整的代位权，债权人行使代位权的请求是“向债务人履行”，而不是要求债务人的债务人直接向自己履行。债务人的债务人向债务人履行时，出借人可以采取法律措施使自己的债权再从借款人处实现。借款人的债务人进入破产程序，借款人“未及时申报破产债权”，影响出借人的债权实现的，出借人可以代位向破产管理人申报债权，然后在破产程序中实现代位债权。

3. 关于从权利作为债上代位权的对象

原《合同法》第 73 条只规定了“债权”作为债上代位权的对象。《民法典》第 535 条第 1 款规定增加了“从权利”作为债上代位权的对象，即债上代位权的对象范围包括主债权及其从权利。从权利包括利息债权、担保权。也就是说，出借人在其债权范围内对借款人的主债权行使代位权的同时，也可以对次债务人应付的利息行使代位权；次债务人对借款人的债权设有担保的，出借人还可以对担保人行使代位权。

4. 关于债权人行使代位权的条件

原《合同法》第 73 条规定以“对债权人造成损害”为债权人行使代位权的条件之一，而《民法典》第 535 条第 1 款规定对此有所改变，即以“影响债权人的到期债权实现”为债权人行使代位权的条件之一。这一改变显然放宽了债权人行使代位权的条件要求，即债务人“怠于行使其债权”，不论有无造成债权人的实际损害，只要影响债权人的到期债权实现的，债权人就可行使代位权。

5. 关于代位权的行使范围

原《合同法》第 73 条规定“代位权的行使范围以债权人的债权为限”,《民法典》第 535 条第 2 款规定“代位权的行使范围以债权人的到期债权为限”。两者比较,后者增加了“到期”二字。对民间借贷的债上代位权而言,出借人从开始行使债上代位权,经代位权诉讼,到代位债权实现,往往需要经过一段时间,在这段时间里,出借人与借款人的债权债务关系以及借款人与其债务人的债权债务关系往往会发生变化。例如,借款人向出借人偿还部分借款,代位债权会随之减少;又如,借款人的债务人向借款人履行部分债务,借款人对其享有的债权也会随之减少。反之,两个主债权债务如果都没有变化,但出借人对借款人的利息随着时间的拖延会增加。在一般情况下,出借人的债权在到期时才能确定,所以,出借人在提起代位权诉讼时应以“到期债权”为准。但代位债权的清偿范围有所不同,如债上代位权在诉讼期间可能会使利息增加,故代位债权的清偿应以法院生效裁判文书所确定的数额为准。

三、出借人行使债上代位权的基本条件

从《民法典》第 535 条的规定可以看出,出借人虽有债上代位权,但次债务人毕竟不是其直接债务人,因而出借人不得任意行使债上代位权要求次债务人直接向自己履行债务。出借人有效行使代位权,应当同时具备以下几个条件:

1. 出借人与借款人存在合法有效的债权债务关系

在正常情况下,出借人向借款人主张借款债权应当具备这个条件,那么,向次债务人主张债权时也应具备这个条件。民间借贷合同当事人所形成的债权债务如果是非法之债,因非法之债本身不受法律保护,出借人就不得行使债上代位权来实现非法债权;如果民间借贷合同无效,出借人行使债上代位权便失去基础条件,除出借人因合同无效取得返还借款和金钱赔偿的请求权外,就无权要求借款人的债务人向其履行债务。

2. 次债权必须是合法的金钱债权

借款人对其债务人的债权必须是金钱债权,这是出借人行使债上代位权的特别要求。出借人债权的标的物是金钱,所以债上代位权行使所指向

的对象也应是金钱，即借款人对其债务人享有金钱债权。如果借款人对其债务人享有非金钱债权或者物权，出借人则不可行使代位权。例如，借款人向出借人借款20万元购买乙的一间房屋，乙到期未交付，借款人对乙享有的是物权，那么，除三方当事人一致同意外，出借人不得请求乙直接将该房屋给其抵债。如果借款人与乙达成退房协议，乙欠借款人退房款到期未付，借款人享有到期金钱债权，出借人则可行使债上代位权。此外，借款人对其债务人的金钱债权也必须是合法债权。借款人对起债务人有非法债权，因非法债权不受法律保护，所以出借人也不能行使债上代位权。

3. 借款人怠于行使其到期债权

借款人怠于行使其到期债权，是指借款人不以诉讼方式向其债务人主张其享有的具有金钱给付内容的债权。借款人既是出借人的债务人，又是其债务人的债权人，有此双重身份时，应当积极地向自己的债务人主张债权，用以清偿自己的借款债务。借款人对其债务人享有债权，说明其有一定履行能力，而借款人既不向出借人清偿借款债务，又不向法院起诉其债务人，说明其消极对待债权债务。在这种情况下，出借人可以向法院提起代位权诉讼，从而实现自己的借款债权。

4. 影响债权人的到期债权实现

借款人怠于行使到期债权影响债权人的到期债权实现，主要是指出借人对借款人享有的借款债权，届时有可能难以实现或者不能实现。借款人怠于行使到期债权，如果不影响出借人实现借款债权，出借人就不得行使债上代位权。例如，借款人在银行有存款足以清偿借款债务，对其债务人又有债权，但既不偿还借款，又不对其债务人主张债权，在这种情况下，出借人不必要行使债上代位权，只要向法院对借款人申请财产保全并提起诉讼，借款债权就能实现。

5. 不得超过债权数额范围

出借人行使债上代位权时会涉及两个债权数额，即出借人对借款人的债权数额和借款人对其债务人的债权数额。对这两个债权数额，出借人行使代位权时都不得超越。

一是不超过出借人对借款人的借款债权数额。例如，出借人对借款人的借款债权数额为20万元，而借款人对第三人的债权为40万元，出借人行使债上代位权只能在20万元以内，而不得向法院请求将次债务人40万元债务全部向出借人清偿。当然,出借人对借款人的债权包括从债权利息、必要费用等都可以在行使债上代位权时得以主张。

二是不超过借款人对其债务人的债权数额。譬如,借款人欠出借人20万元借款,而其债务人欠借款人10万元货款,出借人在行使债上代位权时,不得要求次债务人向自己履行20万元债务,而只能要求履行10万元,次债务人可以拒绝对出借人超过其债务部分的请求。

此外,出借人对"专属于债务人自身的债权"不能行使债上代位权。"专属于债务人自身的债权",是指基于扶养关系、抚养关系、赡养关系、继承关系产生的给付请求权和劳动报酬、退休金、养老金、抚恤金、安置费、人寿保险、人身伤害赔偿请求权等权利。例如,乙欠甲5万元已经到期未偿还,丙欠乙6万元也已到期未偿还;而丙除了每月有退休金3000元收入外,别无财产可清偿乙的债务,致使乙欠甲的5万元也无法偿还。丙每月的退休金是一种养老保险待遇,是专属于保障退休人员的基本生活资金,如果允许甲对丙的退休金行使代位权,就会严重影响丙退休后的生存。因此,《民法典》第535条第1款排除债权人对专属于次债务人自身债权行使债上代位权。

四、多个债主体的债上代位权问题

只有一个出借人和只有一个次债务人,出借人行使债上代位权比较简单。若遇到多个债权人(包括出借人,下同)却只有一个次债务人,或者多个债权人有多个次债务人,或者一个债权人有多个次债务人等情况,债上代位权的行使就显得复杂些。

1. 多个债权人而只有一个次债务人的处理

在有多个债权人而只有一个次债务人的情况下,每个债权人对同一次债务人都有债上代位权。但是,其中一个债权人或者部分债权人已经行使了债上代位权,且该次债务人已经全部清偿债务的,次债务人债务消灭,其他债权人不得再对该次债务人行使债上代位权,借款人也不得向其主张债权。如果次债务人向已经行使债上代位权的债权人清偿债务后还有剩余债务未清偿的,其他债权人就剩余部分仍可行使债上代位权。多个债权人对同一次债务人同时都行使债上代位权的,如无特别约定,应当按照债权比例清偿。

2. 多个债权人有多个次债务人的处理

在多个债权人有多个次债务人的情况下,每个债权人对每个次债务人都可以行使债上代位权,但当其中一个次债务人的债务已经满足一个或者几个债权人的代位债权后,已行使债上代位权的债权人不得再向另一次债务人行使债上代位权;一个次债务人的债务不能满足一个或者几个债权人的债上代位债权的,该债权人就不足部分仍可对其他次债务人行使债上代位权。同样,次债务人向一个或者一部分债权人行使债上代位权而履行全部债务的,不再向其他债权人履行债务。

3. 只有一个债权人却有多个次债务人的处理

在只有一个债权人却有多个次债务人的情况下,这个债权人对所有次债务人都享有债上代位权,但选择其中一个或者一部分次债务人行使债上代位权已经满足代位债权的,不得再向其他次债务人行使债上代位权。

4. 既有代位债权人又有其他债权人的处理

在实践中还出现次债务人既有债上代位债权人又有其他债权人(指出借人以外的直接债权人),且这两种债权人都要求次债务人向自己履行债务的情况。例如,甲欠借款人 5 万元民间借款,又欠乙 10 万元货款。出借人是甲的代位债权人,乙是甲的其他直接债权人。出借人对甲行使代位权,同时,乙对甲直接行使债权,而甲的财产不足以清偿全部债务,在这种情况下,如何处理这两个债权人的关系呢?

有人认为,代位债权毕竟是次债权,次债务人没有向债上代位债权人履行债务,毕竟还有债务人可承担履行债务义务,因而,其他直接债权人应当优先受偿。笔者对此持反对态度,理由是:代位债权人在取得债权人的地位时,仅是债权主体发生代替问题,并不降低债权地位,也不影响债权的实现,它与其他直接债权人的债权有同等法律效力,因此,其他直接债权对代位债权无优先受偿权,也不分先后顺序清偿。据此认识,当次债务人的财产不足清偿全部债务时,应当按照各自的债权比例平均清偿。但是,在其他直接债权中可能存在本应依法优先受偿的债权,例如,甲欠乙 5 万元是甲向乙购房时所欠的房价款,甲后又将该房屋出卖得 12 万元,那么,乙的 5 万元是基于房产所有权所取得的债权。基于所有权取得的债权与其他普通债权比较享有优先受偿权,因此,乙的 5 万元债权应当优先受偿。

五、出借人提起债上代位权诉讼

代位权诉讼,是指债权人对债务人怠于行使到期债权造成其损害而向法院请求次债务人向其履行清偿债务的诉讼。在民间借贷活动中,出借人对次债务人提起诉讼,标志着出借人已经开始行使债上代位权。

《民法典》第535条第1款规定:“债权人可以向人民法院请求以自己的名义代位行使债务人对相对人的权利。”据此,在次债务人拒绝向债权人履行债务的情况下,债权人可以提起代位权诉讼,通过诉讼程序行使债上代位权,从而取得债上代位权的确认力和强制力,最后实现代位债权。

六、次债务人直接向出借人履行债务

出借人与借款人的借贷关系是一个法律关系,与第三人无关,借款人与其债务人的债权债务关系是另一个法律关系,与出借人无关,根据债的相对性原则,出借人只能要求借款人履行债务而不得要求第三人履行债务;借款人的债务人只能向借款人履行而不能向出借人履行。基于这种传统认识,不少人认为,在行使代位权过程中,出借人不得请求次债务人直接向自己履行债务,而只能请求次债务人向借款人履行,然后,出借人再向借款人要求履行,理由是次债务人不是出借人的债务人,如果向出借人直接履行,则破坏了债的相对性原则。

这个观点忽视了代位权的性质和特性。原《合同法》和《民法典》设立的债上代位权,目的是通过代位权的行使,使债权人的债权通过次债务人直接履行债务来实现。如果次债务人仍向借款人履行债务,出借人行使代位权就会失去独特的功能。从实践来看,有些借款人接受其债务人履行债务后,也许将接受的债权用于清偿出借人的债务,但也不可排除有一些借款人接受履行后不向出借人清偿,这就会使出借人行使代位权落空。

我们认为,《民法典》施行后,《合同法》被废止,但《最高人民法院关于适用〈中华人民共和国合同法〉若干问题的解释(一)》第20条:“债权人向次债务人提起的代位权诉讼经人民法院审理后认定代位权成立的,由次债务人向债权人履行清偿义务”的规定仍值得参照。据此,在出借人代位权诉讼中,法院应当判令次债务人直接向出借人履行债务。但是,根据《民法典》第536条的规定,债权人的债权未到期的,债权人行使债上代位权不能要求次债务人直接向自己清偿债务，而应要求先向债务人履行债务或者向破产管理人申报债权，然后再按照法定途径实现债权。

七、借款人在代位权诉讼中的地位

出借人以次债务人为被告向法院提起代位权诉讼，借款人是否参加诉讼，诉讼地位如何？

债权人以次债务人为被告向法院提起代位权诉讼，借款人不是被告，而是第三人。出借人提起代位权诉讼未将借款人列为第三人，法院则可追加借款人为第三人。

在出借人代位权诉讼中，借款人作为第三人参加诉讼，通常为无独立请求权的第三人。在出借人代位权诉讼中，借款人作为第三人对出借人与次债务人所诉的代位清偿债务，不存在有独立请求权问题，他不能主张代位清偿债务既不属于出借人又不属于次债务人而属于自己，不可能将出借人和次债务人置于被告地位而自己成为事实上的原告。但是，代位权诉讼案件处理结果与他有法律上的利害关系，主要表现为：如果出借人胜诉，次债务人直接向出借人履行了债务，借款人则失去了对其债务人的债权，同时，也免除其向出借人履行债务的义务；如果出借人败诉，借款人对其债务人仍享有主张债权的权利，而对出借人仍负有还债义务。

因借款人与出借人有借贷法律关系，借款人与次债务人有着债权债务关系，借款人为了维护自己的利益，总是支持一方当事人，或者支持出借人行使代位权，或者支持其债务人反对代位清偿债务，因而，他又是具有独立诉讼地位的诉讼参与人，因而具有与其诉讼地位相应的诉讼权利，例如，委托代理人进行诉讼，提供证据证明一方当事人的主张，为一方当事人辩护等。但是，借款人作为第三人没有独立请求权而不享有提出管辖异议、撤回起诉、承认和变更诉讼请求等权利。

八、代位权诉讼的效力

《民法典》第537条规定："人民法院认定代位权成立的，由债务人的相对人向债权人履行义务，债权人接受履行后，债权人与债务人、债务人与相对人之间相应的权利义务终止。债务人对相对人的债权或者与该债权有关的从权利被采取保全、执行措施，或者债务人破产的，依照相关法律的规定处理。"据此,出借人提起代位权诉讼,法院认定代位权成立,判令次债务人向出借人履行债务,次债务人向出借人履行了债务,代位权所涉的两个债的法律关系相应消灭,即出借人与借款人之间的债就已履行部分消灭和借款人与次债务人之间的债就已履行部分消灭。

出借人行使代位权,只是为了使自己的借贷债权从次债务人处得以实现,而不得处分借款人对其债务人的权利,不能转让、放弃借款人对其债务人的债权。法院在审理和执行过程中,不应准许出借人擅自处分借款人所享有的债权。出借人如果任意处分借款人的债权,由此造成借款人损失的,则由出借人承担责任。例如,出借人在行使代位权时,对次债务人放弃部分债权,就放弃部分对借款人无效,借款人仍有权就放弃部分向其债务人追索;出借人因此造成借款人不能向其债务人追索的,应由出借人对借款人承担赔偿责任。

借贷风险提示

出借人提起代位权诉讼,可能存在以下两个法律风险:

1. 难以取得借款人对其债务人享有债权的确切证据。借款人与其债务人发生债权债务关系通常都在私下进行,不像银行贷款一样一查就明确;不少借款人不会主动向出借人说明谁欠他多少钱到期没有偿还,即使说明一下,也不会把证据原件交给出借人。所以,出借人难以知情,更难取得有效证据。而出借人提起代位权诉讼,首先要向法院提供借款人对其债务人享有合法债权的证据。出借人在证据不足的情况下贸然提起代位权诉讼,就很有可能败诉。

2. 代位权诉讼只是解决代位债权问题,并不处理借款人与其债务人的债权债务纠纷。在次债务人与其债权人就债权债务问题尚有数额、期限、偿还条件等争议的情况下,出借人提起代位权诉讼,次债务人就可以以存在争议为由进行抗辩,代位权诉讼也将失败。

案例 10-4

☞ 案情简介

2013 年 8 月 26 日,陆某某、李某某夫妇向 A 出具借条载明:今借到 A 转账300万元整,期限3个月,11月26日还,月息3%。A当日通过银行向陆某某账户转账300万元。同日,陆某某、李某某将上述款项中的291万元转借给孙某某(原系B公司法定代表人及股东),孙某某向李某某出具借条载明:今借到李某某现金300万元,期限3个月,担保人B公司。李某某当日通过银行向B公司账户转账291万元。

2013年12月24日,陆某某、李某某再次向A出具借条载明:今借到××转账100万元整,借款期限1个月,月息3%。A当日向陆某某账户转账100万元。同日,陆某某、李某某将又将上述100万元款项转借给孙某某,孙某某向李某某出具借条载明:今借到李某某现金100万元,期限3个月。同日,李某某向孙某某转账97万元。

以上借款到期后,A向陆某某、李某某催收,陆某某、李某某未向A偿还。2017年3月7日,A向陆某某、李某某发出催款通知书,陆某某、李某某承认共向孙某某出借388万元,并回复尽快还款,但后来仍未偿还。但孙某某先后已向陆某某、李某某偿还借款190万元。

☞ **双方诉辩**

因陆某某、李某某对孙某某所欠其借款未进行诉讼或仲裁,A认为陆某某、李某某怠于行使其到期债权,导致不能向A偿还借款。A于2018年3月以孙某某为被告,以陆某某、李某某为第三人,向银川市中院提起债权人代位权诉讼。

A诉称:2013年8月26日和2013年12月24日,第三人陆某某、李某某两次向原告A借款共计400万元,现还款日期已过,原告A多次催要第三人陆某某、李某某还款,但第三人陆某某、李某某并无还款。2013年8月26日和2013年12月24日,被告孙某某分别向第三人李某某借款300万元和100万元,并出具借条,借款期限均为3个月,现还款日期已过3年,被告孙某某一直未向第三人陆某某、李某某偿还借款,在被告孙某某具有偿还借款能力的情况下,第三人陆某某、李某某没有积极履行催要义务,未通过诉讼、仲裁等法律形式向被告孙某某催要借款,第三人陆某某、李某某怠于行使其到期债权,严重侵害了原告的合法权益。请求判令被告孙某某向原告A履行代位清偿义务,向原告A支付借款本金400万元及利息。

被告孙某某辩称,孙某某系B公司副总经理,因公司资金周转困难,由被告孙某某向第三人李某某借款400万元,借款期限为3个月,未约定借款期间的利息,当时被告不知道第三人出借款项的来源。后被告共计偿还借款本金190万元,第三人是否将被告偿还的借款还给原告,被告不知。被告认为本案不存在给债权人造成损害之情形,原告的代位权之诉不能成立。被告与第三人之间的借款未约定利息,依照法律规定,借款期限内不应支付利息,原告无权向被告参照其与第三人之间的利息约定主张权利。请求依法驳回对被告的诉请。

第三人陆某某、李某某辩称,被告孙某某是陆某某的领导,因公司资金周转困难,拆借400万元转入公司使用。

☞ **法院判决**

银川市中级人民法院经审理认定:第三人陆某某、李某某向原告A借款400万元是事实,被告孙某某向第三人出具的借条虽然显示是400万元,但第三人及被告孙某某均认可实际借款388万元,故应认定被告孙某某向第三人借款388万元。

银川市中级人民法院认为:上述借款均已到期,各方应积极履行还款义务。第三人陆某某、李某某作为原告A的债务人,未通过诉讼或仲裁方式向其债务人被告孙某某主张债权,致使原告A的借款不能偿还。根据《合同法》第73条:因债务人怠于行使其到期债权,对债权人造成损害的,债权人可以向人民法院请求以自己的名义代位行使债务人的债权。代位权的行使范围以债权人的债权为限的规定,现上述借款还款期限均已过,原告A向被告孙某某行使代位权,符合法律规定。被告孙某某关于代位权不成立的辩解理由,本院不予采纳。

关于原告主张被告孙某某偿还借款400万元的问题。通过证据显示及当事人的陈述,被告孙某某已向第三人陆某某、李某某偿还借款190万元,现被告孙某某尚欠第三人陆某某、李某某借款198万元。故被告对原告应承担198万元的还款责任,对原告A主张的超出被告孙某某所欠的部分,本院不予支持。

关于原告主张借款利息400万元及之后的利息。因被告孙某某出具给第三人陆某某、李某某的借条中没有利息约定,被告孙某某也不认可约定了利息,故原告A向被告孙某某主张利息无事实依据,本院不予支持。

银川市中级人民法院判决如下:

1. 被告孙某某于本判决生效之日起10日内偿还原告A借款198万元；
2. 驳回原告A的其他诉讼请求。
［根据银川市中级人民法院(2017)宁01民初903号民事判决书编写］

ESSENTIAL

6

要点6

出借人提起撤销权诉讼

一、出借人的撤销权

撤销权，是指出借人对借款人放弃其债权、无偿转让财产、以明显不合理的价款转让财产等影响其实现债权的行为，请求法院予以撤销而使之无效的权利。借款人取得借款后，在未清偿借款债务的情况下，放弃对其债务人享有的债权，无偿转让财产或以明显低于市场价格转让财产，如果影响出借人的借款债权难以实现或者不能实现的，出借人就可对借款人的这些行为行使撤销权。例如，借款人唯有一套商品房可供清偿借款债务，但将该房产无偿赠与成年子女，并将房产登记在子女名下，对此，出借人可以向法院提起诉讼，请求法院撤销借款人以赠与名义转移房产的行为。

在民间借贷中，借款人向出借人借款后，借款人与他人进行民事行为处置财产，出借人不得干涉。但借款人在负债的情况下，故意实施上述行为，影响债权人的债权实现的，则是恶意逃避债务行为。对此，担保制度和其他民事措施不足以制止的，出借人可以行使撤销权。法院一旦予以判决撤销借款人的这些行为，就使得第三人向借款人返还财产，或者使有关财产恢复原状，然后，出借人可以通过法律手段主张债权来处理借款人的这些财产实现债权。因此，出借人行使撤销权的目的，主要是制止借款人非法逃避债务，从而保障债权的实现。

二、出借人行使撤销权的法律依据及变化

原《合同法》第 74 条第 1 款规定:“因债务人放弃到期债权或者无偿转让财产,对债权人造成损害的,债权人可以请求人民法院撤销债务人的行为。债务人以明显不合理的低价转让财产,对债权人造成损害,并且受让人知道该情形的,债权人也可以请求人民法院撤销债务人的行为。”《民法典》第 538 条规定:“债务人以放弃其债权、放弃债权担保、无偿转让财产等方式无偿处分财产权益,或者恶意延长其到期债权的履行期限,影响债权人的债权实现的,债权人可以请求人民法院撤销债务人的行为。”《民法典》第 539 条规定:“债务人以明显不合理的低价转让财产、以明显不合理的高价受让他人财产或者为他人的债务提供担保,影响债权人的债权实现,债务人的相对人知道或者应当知道该情形的,债权人可以请求人民法院撤销债务人的行为。”

将两者进行比较,《民法典》第 538 条和第 539 条比原《合同法》第 74 条规定更为周全和具体,两者发生了以下几个变化:

一是《民法典》上述两条将可撤销的行为明确分为有偿非法处置与无偿非法处置两种不同情形进行规定。无偿非法处置包括放弃债权、放弃债权担保、无偿转让财产等;有偿处置包括以明显不合理的低价转让财产、以明显不合理的高价受让他人财产等。

二是适当扩展了可撤销行为的范围。原《合同法》第 74 条仅规定“放弃到期债权”为可撤销的无偿非法处置行为,《民法典》第 538 条在此基础上扩展为“放弃其债权、放弃债权担保、无偿转让财产等方式无偿处分财产权益”和“恶意延长其到期债权的履行期限”,显然扩展了可撤销行为的范围。

三是债务人放弃未到期债权也可撤销。原《合同法》第 74 条规定“放弃到期债权”,而《民法典》第 538 条删除了其中“到期”二字,改为规定“放弃其债权”。也就是说,债权人放弃未到期债权的行为也可撤销。

四是将“对债权人造成损害”改为“影响债权人的债权实现”。也就是说,债务人已经实施可撤销行为,只要对债权人的实现债权造成影响,就可不等对债权人的债权造成损害结果,债权人就可行使撤销权。

五是原《合同法》第 74 条只规定“债务人以明显不合理的低价转让财产”为可撤销行为,而《民法典》第 539 条在规定“债务人以明显不合理的低

价转让财产”的同时,增加“以明显不合理的高价受让他人财产或者为他人的债务提供担保”两种可撤销行为。

三、借款人的可撤销行为

根据《民法典》上述规定,民间借贷中的借款人实施下列行为,出借人可以行使撤销权:

1. 借款人放弃债权

借款人负有借款债务不能清偿,却又放弃对第三人享有债权,这是借款人故意损害出借人利益的行为。在《民法典》施行前,根据原《合同法》第74条规定,借款人放弃到期债权才可撤销,《民法典》施行后,则不受“到期”的限制,借款人放弃的债权即使未到期,如果影响出借人的债权实现的,也属可撤销的行为。

借款人放弃其债权属其实体上的处分权,在通常情况下不需其债务人和出借人的同意,也不受债权是否到期的限制,只有出借人以明示方式对其债务人表示放弃即为有效。但是,借款人放弃债权,又无其他财产清偿出借人的债务,则明显损害了出借人的利益,在此情况下,不论借款人对其债务人享有的债权是否到期,出借人都可以行使撤销权。

借款人对第三人虽有债权,但第三人根本无履行能力,借款人因此放弃债权的,出借人可否行使撤销权呢?笔者认为,出借人无须行使撤销权,因为影响债权人的债权实现是出借人行使撤销权的必备条件,而借款人的债务人根本无履行能力,借款人放弃债权不会由此影响债权人的债权实现;出借人行使撤销权的目的是保全债权,而借款人在其债务人根本无清偿能力的情况下放弃债权,即使被撤销,借款人的债务人也无财产可供借款债权保全,因而出借人没有必要行使撤销权。

2. 借款人无偿转让财产

借款人将自己的财产转让给他人,无论有偿还是无偿转让,无论全部还是部分转让,都属于他自己的处分权,无关的第三人不得干涉。但是,借款人无偿转让财产,导致余留财产不足或者难以清偿全部借款债务,就会影响债权人的债权实现。在现实生活中,不少借款人大量举债后,为了逃避债务,往往无偿转让财产给父母、子女、兄弟姐妹、亲戚朋友,有的名义上转让财产并办理财产过户手续,而实际上仍为其所有,从而造成法院执行难,出借人实现借款债权难。

出借人依据《民法典》上述规定，以借款人无偿转让财产影响其债权实现为由行使撤销权，不以第三人（受让人）主观上恶意或者善意为条件加以限制，即使受让人主观上根本不知道，也不得因善意受让而损害出借人的借款债权。

3. 借款人放弃债权担保

借款人对其债务人的债权设有担保权，借款人中途完全自行做主放弃担保权，但借款人在对出借人负有借款债务尚未清偿且清偿能力不足的情况下放弃担保权，就会影响债权人的债权实现。因债权的效力及于从权利，故借款人处置作为从权利的担保权不应影响自己的债务履行和其债权人的债权实现。借款人放弃债权担保如果影响债权人的债权实现的，担保人不能因此免除担保责任，出借人可以行使撤销权，由法院判决撤销借款人放弃债权担保的行为，从而使出借人在对借款人行使债权时，同时主张借款人的担保人承担担保责任，从而使自己的债权得以保障。

4. 借款人恶意延长其到期债权的履行期限

借款人对出借人负有债务尚未清偿，为了逃避债务或者拖延履行，故意延长其债务人对己的到期债权的履行期限，在其缺乏履行债务能力的情况下，致使影响其债权人的债权不能按约实现的，出借人可以行使代位权向此债务人追索债权，也可以行使撤销权使借款人恶意延长的履行期限归于无效，迫使要求借款人的债务人向借款人及时履行债务，然后，由出借人要求借款人自己履行债务。

5. 借款人以明显不合理的低价转让财产

财产所有权人与受让人发生财产转让关系，就价款问题有权自愿约定，他人对其低价转让不得干涉。即使借款人负有债务而低价转让其财产，也不一定都会影响出借人的债权实现，但若低价转让财产达到明显不合理的程度，且影响债权人的债权实现的，出借人可以行使撤销权。例如，借款人对出借人负有 150 万元借款债务，善意的借款人出于无奈，将唯一价值 100 万元钱的房屋，以 90 万元价款出卖给兄弟，买受人兄弟付款后仍供借款人居住，借款人以房价款用于清偿借款债务。在这种情况下，该借款人以略低的价款出卖房屋换取居住，然后将价款用以清偿部分债务，不存在不合理因素，因而出借人不得行使撤销权使借款人出卖房屋归为无效。但是，借款人以明显不合理的价款低价转让财产,影响债权人的债权实现,出借人就可行使撤销权。

此外,转让财产的价格高低通常要以现行的市场价为标准,只有所转让的财产明显低于现行市场价的,才可以考虑行使撤销权问题。那么,如何认定"明显不合理的低价"?参照《最高人民法院关于适用〈中华人民共和国合同法〉若干问题的解释(二)》第19条规定,法院应当以交易当地一般经营者的判断,并参考交易当时交易地的物价部门指导价或者市场交易价,结合其他相关因素综合考虑予以确认。转让价格达不到交易时交易地的指导价或者市场交易价70%的,一般可以视为明显不合理的低价;对转让价格高于当地指导价或者市场交易价30%的,一般可以视为明显不合理的高价。

6. 借款人以明显不合理的高价受让他人财产

这种行为与"以明显不合理的低价转让财产"相反的是"高价受让"。借款人高价受让他人财产,也有可能影响出借人的债权实现。譬如,借款人欠出借人80万元借款未还,却故意支付100万元价款购买其兄弟50万元的房屋,结果无法清偿80万元债务的,就会影响出借人的债权实现。在此情况下,出借人如果直接提起民间借贷纠纷诉讼,在法院判令借款人偿还借款后处置该房屋清偿50万元债务,则会使出借人另30万元债权受损。出借人如果可以行使撤销权使该房屋买卖合同无效,由兄弟返还100万元房价款,出借人的80万元债权就会全部得以受偿。

7. 借款人为他人的债务提供担保

借款人在负有借款债务的情况下又为他人的债务提供担保,将会形成自身债务与担保债务的双重债务,这双重债务的形成如果影响出借人的债权实现的,出借人可以就借款人为他人的债务提供担保的行为行使撤销权,以保障自己的借款债权得以实现。

需要注意的是出借人以上述第5、6、7种行为为由行使撤销权时,根据《民法典》第539条"债务人的相对人知道或者应当知道该情形的"规定为必要条件,也就是说,债务人的相对人(如受让人、担保权人)在主观上具有恶意。主要理由是,财产进入市场流转,市场价格经常变化,低价买受又是人们的正常心理表现,高价受让也不为法律禁止,因而,只要债务人的相对人不知道或者不应当知道借款人低价出让或者高价受让是为了逃避债务,即为善意买受。在债务人的相对人善意出卖或者买受的情况下,如果也允许出借人行使撤销权,就会直接损害善意方的利益,就会影响市场交易的正常秩序。如果债务人的相对人明知或者应当知道借款人低价出让或者高价受让是为了逃避债务,则无论其出于贪图便宜心理,还是有意帮助借款人逃避债务,均为恶意买受。债务人的相对人恶意受让或者出卖而侵害出借人债权的,出借人可以行使撤销权,使买受人承担返还财产责任。

四、出借人提起撤销权诉讼

根据《民法典》第 539 条“债权人可以请求人民法院撤销债务人的行为”的规定,出借人行使撤销权应当通过诉讼程序进行。

1. 原告只能是出借人

在民间借贷活动中,出借人向借款人提供借款后便是债权人,因而,这种撤销权诉讼的原告只能是出借人。借款人与相关的受让人、担保权人不享有这里所说的撤销权,故不能作为原告提起撤销权诉讼。

2. 被告只能是借款人

因请求撤销的内容是债务人的行为,而不是第三人的行为,那么,被告就只能是债务人,而不能是债务人的相对人。就民间借贷而言,借款人的上述行为一旦被法院判决撤销,借款人与其相对人达成的相关协议就归于无效,因而不需要再撤销相对人的相关行为,由此造成相对人的损失的,由借款人向相对人承担民事责任。

3. 相对人是第三人

在出借人撤销权诉讼中,借款人的相对人(如受让人、担保权人)处于第三人位置。出借人提起撤销权诉讼时,已列相对人为第三人的,法院应予许可;未将相对人列为第三人的,法院认为有必要让相对人参加诉讼的,可以追加相对人作为第三人参加诉讼。

法院审理撤销权案件,在处理结果上与相对人在法律上有利害关系。例如,借款人放弃其到期债权,如果被告借款人的行为被法院依法撤销,借款人放弃债权行为就自始无效,借款人与受益人的债权债务关系恢复到撤销前的状态,受益人对借款人仍然负有原债务,并负有清偿责任;如果被告借款人胜诉,说明其放弃债权行为有效,受益人得益合法。又如,被告借款人无偿转让财产或者低价转让财产,如果出借人胜诉,借款人的行为因被法院撤销而自始无效,那么,受让人不得取得受让的财产所有权,已经实际占有该诉讼标的物的,则应返还财物;如果出借人败诉,借款人的行为有效,受让人受让取得的财产就受法律保护。

五、出借人行使撤销权的诉讼期限

《民法典》第541条规定:“撤销权自债权人知道或者应当知道撤销事由之日起一年内行使。自债务人的行为发生之日起五年内没有行使撤销权的,该撤销权消灭。”据此规定,出借人提起撤销权诉讼有两种期限,即知道事由期限和行为发生期限。

知道事由期限,是出借人知道或者应当知道撤销事由之日起1年内行使撤销权的诉讼期限。出借人在知道或者应当知道的情况下,1年内不行使撤销权,将丧失胜诉权。

行为发生期限,是出借人自借款人的行为发生之日起5年内行使撤销权的诉讼期限。行为发生的5年期限,适用于出借人由于客观原因不可能知道借款人已经放弃债权或者处分财产等情况。如果知道或者应当知道,则适用1年期限,而不适用5年期限。出借人自借款人行为发生之日起,因客观上不知道,5年内没有行使撤销权的,该撤销权消灭。这里的“1年”和“5年”两种期限是不变期限,不发生中止、中断或者延长。

六、撤销权诉讼请求限于债权范围

《民法典》第540条规定:“撤销权的行使范围以债权人的债权为限。债权人行使撤销权的必要费用,由债务人负担。”据此,出借人行使撤销权而提起诉讼,其诉讼请求中的债权数额应以其对借款人所享有的债权数额为限。出借人诉讼请求的债权数额少于借款人享有的债权数额,则为允许。在诉讼请求数额等于或者少于对借款人享有债权数额的情况下,法院就出借人主张的部分进行审理,未主张的部分不予审理,对超出借款人享有债权的数额部分的诉讼请求则不予支持。这里的“债权数额”,既包括本金,也包括利息。利息虽是从债权,但也包括在债权之内,出借人在行使撤销权时也可主张。

法院在审理过程中确定债权数额后,依法撤销借款人的相应行为。例如,认定出借人对借款人享有20万元债权,而借款人放弃到期债权是30万元,那么,只能判决撤销借款人放弃到期20万元债务的行为。至于借款人放弃另10万元到期债权,因没有损害出借人的利益,故法院和出借人都无权干涉借款人对自己债权的自由处分。但是,如果不撤销整个行为,出借人的债权不能得到保护的,则可撤销整个行为。

借贷风险提示

出借人行使撤销权,由于法定事由不足,或者不符合法定条件,或者超过法定期限,将有可能产生以下几种诉讼风险:

1. 超过行使撤销权期限提起诉讼

主流观点认为,行使撤销权的诉讼时效期间为除斥期间,不发生中止和中断,超出行使撤销权期限,债权人丧失撤销权。出借人知道或应当知道撤销事由已经发生的,自知道撤销事由之日起超过1年才行使撤销权提起诉讼的,或者由于自己以外的原因不可能知道撤销事由的发生,自撤销事由发生之日起超过5年才行使撤销权提起诉讼的,因该撤销权已经丧失,故再行使撤销权无效,法院将驳回其诉讼请求。

2. 对借款人合理低价转让财产行使撤销权

借款人低价转让财产是否合理,目前可以参照《最高人民法院关于适用〈中华人民共和国合同法〉若干问题的解释(二)》第19条"交易时交易地的指导价或者市场交易价百分之七十",在此标准以下视为明显不合理的低价,在此标准以上的低价被视为合理低价。在合理低价的情况下,出借人行使撤销权不符合《民法典》"明显不合理的低价"的规定条件,这也会造成败诉。

3. 出借人请求撤销善意买受行为

根据《民法典》第539条的规定,债务人以明显不合理的低价转让财产、以明显不合理的高价受让他人财产或者为他人的债务提供担保,影响债权人的债权实现,债务人的相对人知道或者应当知道该情形的,债权人才可以行使撤销权。出借人在未搞清受让人是善意还是恶意就提起撤销权诉讼是有风险的,其风险在于,借款人的相对人在诉讼中如果能够提供证据证明其不可能"知道或者应当知道"即为善意受让的,而出借人不能举证受让人恶意买受,法院就会认定为善意买受,造成败诉。

案例10－5

☞ 案情简介

2011年5月,吴某某以投资为由提出向呼A借款,呼A将此事转告呼B,呼B决定将款项借给吴某某,于是委托呼A和其妻二人办理借款事宜。2011年5月28日,呼A通过银行账户向吴某某转账160万元。同日,吴某某出具160万元的借据给呼B。2016年,呼B提起诉讼,神木市法院于2016年7月19日判决吴某某偿还呼B借款160万元。2016年9月12日,呼B申请法院强制执行,经执行庭调查,吴某某在该案中无可供执行的财产线索,便裁定终结本次执行程序。

时光返回到2009年3月3日,吴某某与王某在离婚时,双方签署离婚协议约定:现住××路×号的房屋所有权归儿子吴B所有,男方有居住的权利。在吴某某向呼B借款的第二年后即2012年10月30日,吴某某与王某又签订赠与协议约定:吴某某与王某共同所有的位于××路×号房屋1套赠与王某,然后办理了公证。2012年11月,双方办理了房产转移登记手续。现在该房屋登记在王某个人名下。2017年8月4日,依呼B申请,神木市法院将登记在王某名下的位于××路×号房产1套予以查封。

2015年5月14日,吴某某因合同诈骗被判处有期徒刑11年。

☞ 双方诉辩

2017年3月,呼B以吴某某为被告,以王某为第三人,向神木市法院提起诉讼称:2016年,原告呼B向神木市法院提起诉讼,神木市法院判决吴某某偿还呼B借款160万元,现已进入执行程序。2017年3月9日,原告聘请律师查询吴某某财产状况时,才发现吴某某为了逃避债务,与王某恶意串通,于2012年11月10日前,也就是检察院即将向法院公诉前,将自己名下的位于××路×号的房产转移在王某名下,王某当时是吴某某的妻子。另外,为了达到骗取更多财产的目的,吴某某与王某合谋办理了离婚手续,实则自始至终生活在一起,并以夫妻名义居住。综上,被告吴某某为逃避债务,与王某恶意串通,转移财产的行为严重侵害了原告的合法权益。故请求判令撤销被告呼B与第三人王某之间的转让房产的行为。

被告吴某某辩称:被告吴某某向呼A借款,并没有向呼B借款。被告吴某某赠与王某的房产是婚后王某自己修的房子,钱也是王某的。赠与合同合法，不应当撤销。

第三人王某辩称：修该房产的钱来源于婚后王某借众人的以及自己攒的钱。第三人不同意撤销赠与合同。

☞ **法院判决**

神木市人民法院认为，根据我国《合同法》第74条第1款的规定，因债务人无偿转让财产，对债权人造成损害的，债权人可以请求人民法院撤销债务人的行为。该案中：(1)被告吴某某应偿还原告呼B借款160万元的事实已为本院判决书确认；(2)被告吴某某将××路×号房屋属于自己的份额赠与给了第三人王某；(3)吴某某自述赠与时无其他财产，则吴某某赠与财产后，当然丧失了其对呼B债务的清偿能力，给原告呼B造成了损害。本院在执行阶段对吴某某的财产亦进行了查询，吴某某无可供执行的财产，可见吴某某已无余力清偿对呼B的债务。综上，原告呼B要求撤销被告吴某某与第三人王某之间转让房产行为的请求，于法有据，本院予以支持。

被告吴某某和第三人王某辩称，该房产原本就属于第三人王某，但未提供任何证据证明，应当承担不利的法律后果。经法庭庭审调查，该房产修建于二人夫妻关系存续期间，且根据法庭调取的房产档案显示，该房产原本登记就是二人共同共有，根据不动产权属相关法律，即说明，该房产原本的所有权就属于被告吴某某和第三人王某共同共有。被告和第三人有关房屋权属的抗辩，本院不予采纳。

原告呼B申请法院执行，法院作出终结本次执行程序的决定后，原告呼B在2017年3月9日得知，被告吴某某与第三人王某共有的本案所涉房产赠与了王某，原告呼B随即于2017年3月21日提起撤销权诉讼，原告行使撤销权的期限，未超过1年的除斥期间。

神木市人民法院依照《合同法》第74条、第75条的规定，判决：撤销被告吴某某向第三人王某赠与位于××路×号房产份额的行为。

[根据神木市人民法院(2017)陕0821民初2106号民事判决书编写]

ESSENTIAL

7

要点 7

出借人申请强制执行及强制执行措施

强制执行，是指法院按照法定程序，运用国家强制力，强制债务人履行已经发生法律效力的判决、裁定以及其他法律文书所确定的义务的执法活动。民间借贷纠纷案件经法院裁判、调解后，借款人、担保人或者其他债务人（以下统称债务人或被执行人）不履行这些生效法律文书规定的偿还债务义务，出借人可以申请法院强制执行。

一、执行根据

执行根据，是指权利人申请执行和法院据以执行的生效法律文书。民间借贷纠纷案件的强制执行与其他案件执行一样必须有执行根据。根据《民事诉讼法》和有关法律的规定，民间借贷纠纷案件的执行根据主要有以下生效法律文书：

（1）法院作出的判决、裁定、调解书；

（2）我国仲裁机构作出的仲裁裁决和调解书，法院依据《仲裁法》有关规定作出的财产保全和证据保全裁定；

（3）公证机关依法赋予强制执行效力的关于追偿债款、物品的债权文书；

（4）法律规定由法院执行的其他法律文书。

二、出借人申请执行

出借人申请执行，是指民间借贷的法律文书生效后，债务人拒不履行清偿债务义务，出借人依法向法院请求对债务人的财产予以强制执行的行为。民间借贷纠纷案件的法律文书生效后，法院不依职权启动强制执行程序，强制执行程序的启动需要出借人提出执行申请，且出借人申请执行是启动民间借贷纠纷案件强制执行程序的唯一方式。法院受理执行申请后，出借人成为申请执行人，债务人成为被执行人。

根据《最高人民法院关于人民法院执行工作若干问题的规定（试行）》第1条的规定，民间借贷案件中的出借人向法院申请强制执行，必须同时具备以下六个条件：

1. 申请执行的法律文书已经生效

只有生效的法律文书才能作为执行根据。法律文书未生效，当事人的权利义务关系尚未最后确定，当事人申请执行就缺乏有效的根据，法院也就无法予以执行。有些出借人以未送达或者送达不合法的调解书、正在上诉阶段的裁判文书为根据申请法院执行。对此，法院不予受理，即使已经受理也裁定不予执行，出借人可待生效后再申请执行。

2. 债务人在生效法律文书确定的期限内不履行义务

债务人如果在法律文书生效前自觉履行了义务，该案已经了结，就不存在出借人再申请法院强制执行问题。出借人只有在债务人在生效法律文书规定期满后仍拒不履行义务时，才可以申请法院强制执行。

民间借贷法律文书规定的履行期不等于生效期，绝大多数的履行期迟于生效期，从生效期到履行期这段隔距是给债务人自动履行的时间。例如，法院在判决书中表述“限被告在本判决生效之日起10日内偿还原告50万元”，这里的“10日”是履行期。履行期满后，债务人仍不履行义务的，出借人才可以申请执行。

3. 申请人是生效法律文书确定的权利人或者其继承人、权利承受人

在民间借贷执行案件中，申请执行人应当是生效法律文书中已经确定的权利人（主要是出借人），被执行人是同一生效法律文书中已经确定的债务人，这是申请执行关系中不变的双方当事人。也就是说，债务人不可能成为申请执行人，享有债权的出借人不可能成为被执行人。法律文书生效后，

遇有自然人出借人死亡,企业合并、分立、撤销等情况,根据有关法律规定,继承人、权利承受人可以代替出借人行使申请执行权。

4. 必须在法定期限内提出申请

法定申请执行期限,是指权利人应当在生效法律文书规定履行期间的最后一日起一定时间内申请法院强制执行的期限。根据《民事诉讼法》第239条的规定,申请执行的期间为2年,从法律文书规定履行期间的最后一日起计算;法律文书规定分期履行的,从规定的每次履行期间的最后一日起计算;法律文书未规定履行期间的,从法律文书生效之日起计算。

申请执行时效适用民事诉讼时效的中止、中断规则,如出借人与借款人在诉讼中达成和解协,一方提出履行要求,另一方同意履行义务,就能产生申请执行时效中断的效果,从中断时起,申请执行时效期间重新计算。权利人逾期申请执行,被执行人对申请执行时效期间享有抗辩权,这个抗辩权的内容是,被执行人提出:因申请执行人超过申请执行时效期间申请强制执行,法院应当不予受理执行。但是否行使这个抗辩权由被执行人自行决定。《最高人民法院关于适用〈中华人民共和国民事诉讼法〉的解释》第483条第1款规定:"申请执行人超过申请执行时效期间向人民法院申请强制执行的,人民法院应予受理。被执行人对申请执行时效期间提出异议,人民法院经审查异议成立的,裁定不予执行。"也就是说,申请执行人虽然超过申请执行时效期间申请强制执行,但执行法院也应予以受理,然后,视被执行人是否行使抗辩权再作决定:被执行人不行使抗辩权的,执行法院应当立案执行;被执行人行使抗辩权的,执行法院应当裁定不予执行。执行法院立案执行后,被执行人再行使抗辩权无效;被执行人履行全部或者部分义务后又以不知道申请执行时效期间届满为由请求执行回转的,法院不予支持。

5. 申请执行的法律文书具有给付内容,且执行标的和被执行人必须明确

民间借贷的生效法律文书通常都有给付内容,执行标的和被执行人也都是明确的,如某某借款人偿还多少借款本金、支付多少利息,又如执行某某抵押物、某某质押物。没有给付内容的法律文书不能作为执行根据,因而不得申请强制执行。

6. 属于受申请的法院管辖

《民事诉讼法》第224条规定,发生法律效力的民事判决、裁定,以及刑

事判决、裁定中的财产部分，由第一审人民法院或者与第一审人民法院同级的被执行的财产所在地人民法院执行。法律规定由人民法院执行的其他法律文书，由被执行人住所地或者被执行的财产所在地人民法院执行。

民间借贷案件中的出借人申请执行符合上述条件的，法院在7日内予以立案；不符合上述条件之一的，法院在7日内裁定不予受理。出借人向无管辖权法院申请执行的，该法院应当告知其向有管辖权的法院申请执行。

三、执行的标的物

在审理过程中，民间借贷诉讼的争议标的物是金钱，故生效法律文书确定的也是金钱债权债务的关系，据此，民间借贷案件强制执行的目的便是实现出借人的金钱债权。但是，执行标的物与诉讼标的及执行目的不一定相同。被执行人如果有金钱可供执行，借款人的金钱是执行标的物，应当首先执行其金钱，以直接实现出借人的金钱债权。如果被执行人没有金钱却有财物可供执行或者以物权提供担保的，被执行人的财物和担保物便是执行标的物，法院就应当执行其财物，换取价款，实现出借人的金钱债权。由此可见，民间借贷案件强制执行的标的物有金钱和财物两大类。

四、法院强制执行措施

根据执行标的物的不同情况，法院有两大类强制措施。

1. 对执行金钱实施的强制措施

民间借贷案件中的被执行人如有金钱可供执行的，视被执行人的金钱所处情况不同，法院可采取查询、冻结、划拨、扣留、提取等强制执行措施。这些金钱执行措施，主要适用于被执行人在银行、信用社和其他有储蓄业务单位有存款的情况。其中，冻结、扣留是保全性强制措施，划拨、提取是实现性强制措施。

2. 对执行实物实施的强制措施

被执行人无金钱却有财物，或者抵押人、出质人作为被执行人时，法院需要执行被执行人的实物，换取金钱清偿债务。金钱与实物是不同的执行标的物，为适应对实物的执行，法定的强制执行措施主要有查封、扣押、拍卖、变卖、变价。其中，查封、扣押是保全性强制措施，拍卖、变卖、变价是实现性强制措施。

五、以物抵债

这里的以物抵债，是指将被执行人的财产折价交给申请执行人用来抵偿债务的一种执行方式。执行程序中的以物抵债，有以下三种方式：

一是当事人自行协议抵债。民间借贷案件进入执行程序后，根据当事人意思自治原则，申请执行人和被执行人仍有权自行协议以物抵债，如出借人与借款人协商一致，借款人将其财产交付出借人抵偿债务；又如，抵押人与出借人自愿协商一致，抵押人将抵押物交付给出借人抵偿抵押债务。申请执行人和被执行人协议以物抵债后，申请执行人应当向执行法院申请撤回执行申请，债权受抵完毕的，执行法院对执行案件作终结处理。

二是执行法院经申请执行人和被执行人同意裁定以物抵债。《最高人民法院关于适用〈中华人民共和国民事诉讼法〉的解释》第 491 条规定：“经申请执行人和被执行人同意，且不损害其他债权人合法权益和社会公共利益的，人民法院可以不经拍卖、变卖，直接将被执行人的财产作价交申请执行人抵偿债务。对剩余债务，被执行人应当继续清偿。”执行法院据此裁定以物抵债的，应当具备两个基本条件：其一，已经申请执行人和被执行人同意；其二，不损害其他债权人合法权益和社会公共利益。这种以物抵债只能在双方当事人一致同意的基础上作出裁定，其中一方不同意的，执行法院不能裁定抵债，而应对被执行人的财产进行拍卖、变卖。

三是执行法院经申请执行人单方同意裁定以物抵债。《最高人民法院关于适用〈中华人民共和国民事诉讼法〉的解释》第 492 条规定：“被执行人的财产无法拍卖或者变卖的，经申请执行人同意，且不损害其他债权人合法权益和社会公共利益的，人民法院可以将该项财产作价后交付申请执行人抵偿债务，或者交付申请执行人管理；申请执行人拒绝接收或者管理的，退回被执行人。”执行法院据此裁定以物抵债的，应当具备三个基本条件：其一，被执行人的财产无法拍卖或者变卖，如经 3 次拍卖均无人竞买；其二，经申请执行人同意；其三，不损害其他债权人合法权益和社会公共利益。这种以物抵债措施对被执行人具有强制性，即无须取得被执行人的同意，执行法院就可以依职权作出裁定，从而使申请执行人在被执行人的财产无法拍卖或者变卖的情况下能够实现债权。申请执行人拒绝接收抵债财产或者拒绝管理的，因被执行财产无法拍卖或者变卖，执行法院只能退回给被执行人，此后，被执行人无其他财产可供执行的，裁定终结执行。

六、代位执行

代位执行，是指被执行人不能清偿债务，但对案外的第三人享有到期债权，法院依当事人的申请，对该第三人实施的强制执行。《最高人民法院关于人民法院执行工作若干问题的规定（试行）》第61条第1款规定："被执行人不能清偿债务，但对本案以外的第三人享有到期债权的，人民法院可以依申请执行人或被执行人的申请，向第三人发出履行到期债务的通知（以下简称履行通知）。履行通知必须直接送达第三人。"据此规定，法院受理申请执行人或被执行人提出的代位执行申请，应当符合两个基本条件：一是被执行人不能清偿债务，被执行人有能力清偿债务的，则不可受理代位执行；二是被执行人对第三人享有的债权必须已经到期，未到期的不能受理代位执行。

法院经审查认为符合代位执行条件的，向第三人发出履行到期债务的通知。第三人在履行通知指定的期限内没有提出异议，而又不履行的，法院裁定对其强制执行。第三人在履行通知指定的期间内提出异议的，执行法院应当先行审查其异议是否成立，然后在决定是否裁定对第三人强制执行。但是，第三人对债务部分承认、部分有异议的，法院可以对其承认的部分先行执行；第三人提出自己无履行能力或其与申请执行人无直接法律关系，这种不同意见不属于代位执行异议；第三人对生效法律文书确定的到期债权予以否认的异议不能成立。

七、执行中止

民间借贷案件进入执行程序后，在一般情况下，法院应当自始至终地连续不断地执行下去，直至执行完毕。但是，出现暂时不能执行，难以执行和不必要、不可能继续执行等特殊情况的，法律规定可以中止执行或者终结执行。

执行中止，是指法院在执行过程中因遇到不能继续执行的情况，决定暂时停止执行的法律行为。中止执行有两种情况：一是个别执行行为的中止，如暂停拍卖、变卖等执行措施的实施；二是整个执行案件的中止，即整个执行程序暂停。《民事诉讼法》第256条规定的是整个案件中止执行的情形，下面根据该条规定讨论整个民间借贷及其担保案件的中止执行问题。

(一)中止执行的条件

中止执行的主要有以下两个条件:

一是只能发生在执行过程之中,即执行开始后至执行终结前这个阶段,执行开始前或者执行结束后,均不发生执行中止问题。

二是出现不能继续执行的情形,对此,《民事诉讼法》第256条和《最高人民法院关于人民法院执行工作若干问题的规定(试行)》第102条、第103条作了明确规定。

民间借贷及其担保纠纷案件一般都有两个或者两个以上有连带关系的被执行人,即借款人和担保人,当其中一个被执行人出现中止执行情形,而另一个被执行人没有出现中止执行情形的,不应裁定中止执行,而应当继续执行没有出现中止执行情形的被执行人,只有各个被执行人都出现中止执行情形,整个案件方可中止执行。

(二)中止执行的情形

根据《民事诉讼法》第256条和《最高人民法院关于人民法院执行工作若干问题的规定》第102条、第103条的规定,中止执行的情形有以下几种:

1. 申请人表示可以延期执行

民间借贷及其担保案件进入执行程序后,作为申请执行的出借人,可以向法院表示延期执行。出借人表示延期执行,法院经审查认为合法的,裁定中止执行。裁定中止执行视是否定期,分别作出两种处理:一是定期延期执行的,法院在期限内暂不执行,期限满后,主动恢复执行;二是不定期延期执行的,法院可以根据出借人的要求或者被执行人的情况依职权随时恢复执行。

2. 案外人对执行标的提出确有理由的异议

《民事诉讼法》第227条规定:"执行过程中,案外人对执行标的提出书面异议的,人民法院应当自收到书面异议之日起十五日内审查,理由成立的,裁定中止对该标的的执行;理由不成立的,裁定驳回。案外人、当事人对裁定不服,认为原判决、裁定错误的,依照审判监督程序办理;与原判决、裁定无关的,可以自裁定送达之日起十五日内向人民法院提起诉讼。"

在处理执行异议时,要视执行标的物是否属于法律文书指定交付的特定物分别作出处理:

(1)执行标的物不是借款人财产或不是担保物等特定物(如抵押物、质

物),且异议成立的,生效法律文书可能有错误,在这种情况下,对经诉讼的执行案件提起再审后中止执行;

(2)对非诉的执行案件(如公证、仲裁案件)不适用中止执行,而应当裁定不予执行;

(3)法院执行非债务人财产或者非特定的担保物,且执行异议成立的,通常是执行错误造成,因而,不适用监督审,也不适用中止执行,只要解除执行措施,停止对该标的物的执行即可。

3.一方当事人的公民死亡需要等待继承人继承权利或者承担义务

被执行人公民死亡,在一般情况下不必中止执行,主要理由有:

(1)《民事诉讼法》第232条规定:“作为被执行人的公民死亡的,以其遗产偿还债务。”据此,只要被执行人有遗产可供执行的,不需要等待继承人开始承担义务就可以执行,因为继承人是否愿意继承遗产和承担义务都不影响法院对遗产的执行。

(2)遗产继承人没有放弃继承。根据《最高人民法院关于适用〈中华人民共和国民事诉讼法〉的解释》第475条的规定,作为被执行人的公民死亡,其遗产继承人没有放弃继承的,人民法院可以裁定变更被执行人,由该继承人在遗产的范围内偿还债务;继承人放弃继承的,人民法院可以直接执行被执行人的遗产。被执行人公民死亡,义务主体消失,此时需要等待相关义务人承担义务的,才可以中止执行。这里的“需要”,应当是不等待继承人承担义务就会遇到执行困难的情形,如遗产为他人占有有待继承人收回后方可执行,但继承人尚未收回的。出借人死亡的,权利主体消失,此时尚未确定其权利继承人,应当中止执行。

4.作为一方当事人的法人或者其他组织终止尚未确定权利义务承受人

《民事诉讼法》第232条规定:“作为被执行人的法人或者其他组织终止的,由其权利义务承受人履行义务。”在执行过程中,发现借款的法人或者其他组织因合并、分立、解散、撤销等终止,其实体权利义务的承受人尚未确定的,可以裁定中止执行。

5.法院认为应当中止执行的其他情形

《最高人民法院关于人民法院执行工作若干问题的规定(试行)》第102条规定的中止执行情形,通常被视为应当中止执行的其他情形:

(1)法院已受理以被执行人为债务人的破产申请的,根据《企业破产法》

有关规定应当中止执行,申请执行人的债权参与破产程序分配;

(2)被执行的借款人和保证担保人都确无财产可供执行的;

(3)执行的标的物是其他法院或者仲裁机构正在审理的案件争议标的物,需要等待该案件审理完毕确定权属的;

(4)一方当事人申请执行仲裁裁决,另一方当事人申请撤销仲裁裁决的,应先中止执行,待申请撤销仲裁裁决的处理结果在决定是否恢复执行;

(5)仲裁裁决的被申请执行人依法向法院提出不予执行请求,并提供担保的。

法院的强制执行实践性很强,有的执行案件很复杂,法律和司法解释不可能全部予以明确规定,因而,有必要以立法意图和法理常识予以解决。执行中止的立法意图在于用暂停执行的方法来处理不能继续执行的特殊情况。据此,不少法院对下列情形也裁定中止执行:

(1)被执行人除生产、生活必需用具、用品外,短期内无能力履行义务的;

(2)作为被执行人的公民已被宣告失踪或者下落不明,且暂无财产可供执行的;

(3)作为被执行人的公民因违法犯罪被投放劳改劳教,且暂无财产可供执行的;

(4)作为被执行人的公民长期生病,家中生活困难的;

(5)被执行人遭受自然灾害或者意外事故,生产、生活困难的;

(6)对被执行人的仅有财产拍卖、变卖不成,申请人又不同意接受以物抵债的。

(三)中止执行的法律后果

人民法院对案件裁定中止执行后,将会产生以下几个法律后果:

(1)暂停案件执行。裁定中止执行后,执行法院一般不再采取新的执行措施。但有两种情况例外:一是被执行人有可能隐匿、转移、变卖、损毁财产的,应当立即恢复执行,立即采取保全措施;二是已被查封、扣押的易腐、易烂、季节性强等物品,可以拍卖、变卖,将价款保存或者交付申请人。

(2)已经采取的执行措施仍有效,而不因中止执行而解除。

(3)中止裁定效力持续到中止情形消失。中止执行不是终结执行,中止情形消失后,应当恢复执行,一旦恢复执行,中止执行裁定自然失效。

（四）恢复执行

根据《民事诉讼法》第256条的规定，案件中止执行后，具备一定条件的应当恢复执行。恢复执行的条件是中止执行情形消失，若未消失，没有必要恢复执行。

民间借贷及其担保案件具备恢复执行条件后，法院可以根据出借人的申请恢复执行，也可以依职权主动恢复执行。但是，出借人提出恢复执行申请，并不当然恢复执行，执行法院要对其申请进行审查。经审查，中止情形确已消失的，才予以恢复执行，否则不予恢复执行。譬如，法院对被执行人的财产采取查封措施后，申请人表示有期限的延期执行，法院因此而中止执行，但延期期限未满，被执行人要求恢复执行，拍卖其已被查封的财产，此时，除非被执行人申请恢复执行对申请人不利，法院应当认为中止情形消失而恢复执行。当事人未提出恢复执行申请，但执行法院发现中止情形确已消失的，应当依职权及时恢复执行。

法院裁定中止执行后，因双方当事人的原因，确实不能恢复执行，凡符合终结执行条件的，应当裁定终结执行。

八、执行终结

执行终结，是指在执行程序中因发生不必要或者不可能再继续执行的法定情况而结束执行程序的一种方式。执行终结意味着执行程序结束。

（一）结束执行程序方式

整个案件执行程序结束有两种方式，即执行完毕和执行终结。其中，执行完毕是结束执行程序的主要方式，执行终结是特殊的结束执行程序方式。两者的主要区别是：执行完毕是通过强制执行使生效法律文书所确定的内容全部得以实现，自然结束执行程序；执行终结的主要特征是案件尚未执行完毕，申请人的权利尚未全部实现，但因出现不必要或者不可能再继续执行的法定情形而结束整个案件的执行程序。

（二）终结执行的法定事由

终结执行的法定事由是《民事诉讼法》第257条规定的情形。根据这条规定，出现下列五种情形之一的，法院应当裁定终结执行：

1. 申请人撤销申请

权利人有权放弃自己的诉讼权利和实体权利，因而，权利人可以通过撤销执行申请的形式,要求结束执行程序。权利人撤销执行申请后,经法院准许,裁定终结执行,以后权利人不得再要求强制执行。出借人因被执行人另行提供担保,或者落实还款计划等原因而撤销执行申请的,法院应当准许,并裁定终结执行。

2. 据以执行的法律文书被撤销

执行根据被原制作机关依法撤销,执行失去了依据,因而必须终结执行。民间借贷及其担保案件的执行根据被依法撤销,已执行部分发生执行回转。在执行回转中,出借人成为被执行人,原被执行人成为申请人,出借人应当把已得到的财产返还给原被执行人,拒不返还的,强制执行。

3. 作为被执行人的公民死亡,无遗产可供执行,又无义务承担人

被执行人出现这种情况,民事实体义务和诉讼义务无物又无人承受,因而只能终结执行。在民间借贷及其担保案件执行中,适用这种情形终结执行的,应当注意以下两个问题:

一是作为被执行人的公民死亡,有遗产可供执行的,应当执行其遗产偿还债务。这里的债务是指作为被执行人的公民个人所欠的债务,不包括家庭债务和夫妻共同债务。如果债务是家庭债务或者夫妻共同债务,则不适用这种情形终结执行,而应当依法执行家庭或者夫妻共有中的相关财产来清偿债务。

二是"无遗产可供执行"中的"无遗产",包括无现实存在的财产和无将可取得的财产,以及对第三人无债权。如果作为被执行人的公民死亡,虽无现实存在的财产或者担保物,但有将来可取得的财产,只能采取其他措施执行或者中止执行,而不能终结执行;如果对第三人享有到期债权的,应当适用代位执行,未到期的,案件中止执行,等到期后通知第三人向出借人履行。

4. 被执行人因生活困难无力偿还借款,无收入来源,又丧失劳动能力

在执行中出现这种情况,民间借贷及其担保案件的执行已经成为不可能,故应终结执行。但适用这种情形终结执行需要注意以下几个问题:

一是此处的"被执行人"只能是公民个人。如果被执行人是企业法人,当其无力偿还借款时,应当在破产清算后终结执行;如果被执行人是其他组织,当其无力偿还借款时,要视其有无义务承受人再决定是否终结执行,若有义务承受人的,可追加或变更被执行人继续执行。

二是生活困难无力偿还、无收入来源和丧失劳动能力三个条件必须同时具备。被执行人眼前虽无财产可供执行，但有收入来源或者没有丧失劳动能力，说明还有潜在的偿还能力，所以只能中止执行，而不可终结执行。

5. 法院认为应当终结执行的其他情形

除上述五种情形外，出现其他不必要或者不可能再继续执行的情况，也应当终结执行。

（三）本次执行程序终结

本次执行程序终结是《中央政法委、最高人民法院关于规范集中清理执行积案结案标准的通知》规定的一种结案方式，其意思是：在执行程序开始后，法院按照执行程序要求，穷尽了执行手段和方法，被执行人仍无财产可供执行，执行程序在一定期间无法继续进行，法院裁定本案执行程序阶段性终结。根据该通知第3部分第8条的规定，有下列情形之一的，经合议庭评议，可裁定终结本次执行程序后结案：

（1）被执行人确无财产可供执行，申请执行人书面同意法院终结本次执行程序的；

（2）因被执行人无财产而中止执行满两年，经查证被执行人确无财产可供执行的；

（3）申请执行人明确表示提供不出被执行人的财产或财产线索，并在法院穷尽财产调查措施之后对法院认定被执行人无财产可供执行书面表示认可的；

（4）被执行人的财产无法拍卖变卖，或者动产经两次拍卖、不动产或其他财产权经3次拍卖仍然流拍，申请执行人拒绝接受或者依法不能交付其抵债，经法院穷尽财产调查措施，被执行人确无其他财产可供执行的；

（5）作为被执行人的企业法人被撤销、注销、吊销营业执照或者歇业后既无财产可供执行，又无义务承受人，也没有能够依法追加变更执行主体的；

（6）经法院穷尽财产调查措施，被执行人确无财产可供执行或虽有财产但不宜强制执行，当事人达成分期履行和解协议的；

（7）被执行人确无财产可供执行，申请执行人属于特困群体，执行法院已经给予其适当救助资金的。

法院裁定本次执行程序终结后，如发现被执行人有财产可供执行的，申请执行人可以再次提出执行申请,法院也可以依职权恢复执行;法院没有发现的被执行人有可供执行财产,申请人发现的被执行人有可供执行财产但不申请的,执行程序不再启动。

ESSENTIAL

8

要点 8

担保人行使追偿权

因民间借贷担保所产生的追偿权，是第三人为借款人借款履行担保义务后要求借款人偿还金钱的一种权利。第三人为借款人借款履行担保义务后，该第三人即担保人也就成为借款人的债权人，对借款人享有追偿债权。《民法典》第 392 条规定："提供担保的第三人承担担保责任后，有权向债务人追偿。"第 700 条规定："保证人承担保证责任后，除当事人另有约定外，有权在其承担保证责任的范围内向债务人追偿，享有债权人对债务人的权利，但是不得损害债权人的利益。"

一、民间借贷担保追偿的特点

民间借贷担保追偿中，担保人行使追偿权有以下几个主要特点：

1. 追偿权人只能是提供担保的第三人

在民间借贷的保证担保方式中，保证人必须是第三人，但在物权担保中，借款人可以提供自己财产担保，第三人也可以提供财产为借款人借款担保。借款人提供自己财产为自己的债务担保，不可能向自己追偿，因此，只有第三人为借款人提供保证担保或者提供财产担保，才有可能成为追偿权人向借款人追偿。

2. 追偿事由只能是担保人已经履行了担保义务

担保人已经履行了担保义务，使出借人的担保债权得以全部或者部分实现，担保人才享有追偿权，这是权利义务相一致的必然要求。担保人未履行担保义务，或者不需要担保人履行担保义务，或者担保义务已被免除，就不会产生担保人的追偿权。

3. 追偿标的物只能是金钱

民间借贷担保人履行担保义务，可能向出借人直接支付金钱，也可能因担保财产被折价、拍卖、变卖等方式换取价款清偿担保债务，还有可能以担保财产抵债担保债务。但是，担保人不能以失去担保物所有权为由在追偿程序中要求被追偿的借款人返还原物，也不能要求取得被追偿借款人除金钱以外的财物来实现追偿债权，而只能求偿金钱。

二、民间借贷担保追偿的方式

担保人以付出金钱或者财物为代价，履行了担保义务，使借款人的债务得以清偿和出借人的债权得以实现，但担保人不因此使自己的财产付诸东流，故法律规定担保人可向借款人行使追偿权，挽回由于履行担保义务所造成的损失。但由于担保方法不同，追偿方式也有所不同。

1. 单个担保人的追偿

民间借贷的债务只有一个第三人提供担保，该担保人履行担保义务后，被追偿人只能是借款人，别无他人可供选择。

2. 按份担保的追偿

在民间借贷担保合同中，出借人与担保人约定按份共同保证或者按份共同抵押的，各个担保人在履行担保义务后，只能向借款人追偿。在按份担保中，一个担保人实际履行担保义务超过其应尽份额的，应当请求出借人返还或者向借款人追偿，但该担保人无权向其他担保人追偿，其他担保人对此不负责任。

3. 连带共同保证的追偿

据此，民间借贷的连带共同保证的追偿方法如下：

（1）先向借款人追偿。连带共同保证与按份共同保证不同。按份共同保证中的各个保证人之间不产生追偿问题，而连带共同保证中的保证人有可能产生双重追偿权，既可向借款人追偿，又有可能向其他连带共同保证人追偿。但是,借款人毕竟是主债务人,是债务的最终承担者,而连带共同保证人毕竟是从债务人,故在追偿顺序上应当有所区别。根据上述规定,保证人应当首先选择借款人行使追偿权,只有在向借款人追偿不能的情况下,才可以向其他连带共同保证人追偿。

(2)对“不能追偿”的理解。上述规定的“不能追偿”与一般保证中的“不能清偿”有相似的法律意义。例如,保证人向法院对借款人提起追偿权诉讼,在借款人的金钱、动产和其他方便执行的财产执行完毕后,借款人对追偿权人的债务未能清偿完毕的,此时,享有追偿权的保证人才可以向其他连带共同保证人追偿。当保证人将借款人和其他连带共同保证人作为共同被告提起诉讼时,法院应当判令借款人先履行追偿债务,同时,判令其他连带共同保证人在借款人不能履行债务后履行追偿债务。

(3)向其他连带共同保证人追偿的问题。保证人向其他连带共同保证人追偿,在确定追偿责任数额上需要注意以下几个问题:

一是只能就不能向借款人追偿的部分向其他连带共同保证人追偿。保证人向借款人行使追偿权所追回的债权,对其他连带共同保证人免除追偿责任,但其他连带共同保证人对不能追偿部分不能免责。例如,借款人负有50万元债务,保证人全部予以代偿完毕后,已向借款人追回20万元;如果两个连带共同保证平均分担25万元的话,在剩余的30万元中,只能对其他连带共同保证人追偿5万元。

二是连带共同保证人内部有保证份额约定的,应按约定份额履行保证债务,但不得以此为由对抗债权人请求各保证人的连带责任,故有可能出现一个或者部分连带共同保证人全部或者超过内部份额承担保证责任的情况。在这种情况下,享有追偿权的保证人对债务人不能追偿部分,在向其他连带共同保证人行使追偿权时,按内部约定份额的比例进行分担。例如,甲、乙两个保证人为借款人共同担保90万元出借,内部约定甲担保三分之二,即60万元,乙担保三分之一,即30万元;甲代偿全部90万元后,向借款人追回30万元,仍有60万元不能追回;当其向乙追偿时,已受偿的30万元的三分之一,即10万元,对乙免责,同时,也只能就60万元未受偿的按三分之一的比例向乙追偿,即只能请求乙向其承担20万元的责任。

4. 物权连带共同担保的追偿

第三人为借款人提供抵押担保或者质押担保,在担保物被转让以价款清偿借款人债务后,物权担保人可以向借款人追偿。

在连带共同抵押或者连带共同质押中,因担保物和担保人各自具有独立性,所以在物权担保人内部一般不产生追偿问题;抵押人或者出质人与出借人如果明确约定按份担保的,与按份保证一样,各物权担保人之间也不产生追偿问题。物权担保人之间如果明确约定连带共同担保,已承担担保责任的物权担保人,可能要求其他物权担保人清偿其应当承担的份额。具体处理办法可以参照《最高人民法院关于适用〈中华人民共和国担保法〉若干问题的解释》第20条第2款规定执行。

5. 混合担保的追偿

在混合担保中,当物权担保是借款人时,保证人承担保证责任后,只能向借款人追偿;当物权担保人是第三人时,保证人与物的担保人给予出借人明确约定按份担保的,保证人与物的担保人之间不产生追偿;保证人与物权担保人之间约定保证担保与物权担保为连带共同担保的,保证人与物权担保人之间才有追偿的可能。

根据《民法典》的有关规定,在混合担保中,除明确约定先以债务人的担保财产实现债权外,债权人对保证人或者物的担保人是有选择权利的,这就可能会出现债权人只选择保证人承担保证责任而放弃物的担保人的担保责任,或者只选择物的担保人承担担保责任而放弃保证人的保证责任的情况。在这种情况下,各担保人之间以及与债务人之间约定担保份额的,已经承担担保责任的担保人就有可能超出其应承担担保责任的"平均分担"份额,故可就其超出部分向其他担保人追偿。

三、担保人承担赔偿责任后可否追偿的问题

担保合同被确认无效或者担保权不能设立后,担保人不承担担保责任,但有过错的,应当向出借人承担相应的赔偿责任。担保人向出借人承担赔偿责任后,可否向借款人追偿呢?

有一种观点认为,担保人因过错所要承担的赔偿责任是其自身的责任,不应向被担保的债务人追偿,而应由本人承受。如果担保人将自身过错责任转嫁于他人承担而许可其追偿,有悖于过错责任的法理要求。但《最高人民法院关于适用〈中华人民共和国担保法〉若干问题的解释》没有采纳这种意见,该解释第9条规定:"担保人因无效担保合同向债权人承担赔偿责任

后,可以向债务人追偿。”这样规定的理由主要是:担保人为债务人提供担保是无偿的,在实体上只有义务而无实体上的权利,不赋予其向债务人的追偿权是不公平合理的。

四、民间借贷担保人提起追偿权诉讼的几个问题

民间借贷担保人履行担保义务后,借款人或者其他连带债务人不履行追偿债务,担保人可以以借款人或者其他连带债务人为被告向法院提起追偿诉讼。民间借贷担保人的追偿诉讼与出借人提起的民间借贷纠纷诉讼没有多大区别,要说区别也无非是债权债务产生的原因不同和主体不同。

1. 关于追偿权诉讼的原因与主体问题

出借人提起民间借贷纠纷诉讼的原因是借款人及其担保人未履行义务致使出借人的债权全部或者部分没有实现,其诉讼请求是判令借款人偿还借款本息和担保人承担担保责任。担保人提起追偿权诉讼的原因是担保人履行义务后,被追偿人未履行追偿债务即借款人向担保清偿代偿债务,或者连带担保人向借款人不能追偿的部分向其他连带债务人追偿。于是,追偿诉讼中的原告是担保人或者连带担保人,而被告是借款人或者其他连带债务人。

2. 关于追偿权诉讼的范围问题

担保人向借款人追偿有以下两个范围限制:

一是受担保范围的限制,即担保合同已经明确约定担保本金、利息和费用的,担保人如果超出约定范围清偿担保债务,就超出部分不得向被担保的借款人行使追偿权。譬如,借款人向出借人借款 100 万元,第三人与出借人订立的担保合同只约定担保 100 万元借款本金,后担保人代为偿还借款本金 100 万元外,还向出借人支付 10 万元利息的,这 10 万元利息的支付属超担保范围,该担保人在追偿权诉讼中无权向借款人追偿 10 万元利息,但可以以其他理由(如不当得利)要求借款人返还。

二是以实际承担保证责任范围的限制。譬如,借款人向出借人借款 100 万元,第三人与出借人订立的担保合同约定担保 100 万元借款本息,后因借款人偿还了 60 万元本息,担保人只代偿 40 万元本息,那么,担保人在诉讼中也只能请求法院判令借款人向其偿还 40 万元本息。

借贷风险提示

从实践情况来看,借款人未偿还借款由担保人代偿的,大多数不可能在短期内恢复偿还能力,这是担保人追偿债权难以实现的主要风险,除此之外,担保追偿还有以下几个法律风险需要防范:

1. 担保人认为借款人无力偿还,放弃对借款人的追偿权,单向其他连带担保人追偿,对此,被追偿的其他连带担保人可以提出先向借款人追偿的抗辩。这种抗辩一旦成立,担保人的上述追偿请求将会失败。

2. 担保人向借款人追偿的数额限于约定担保范围内的实际代偿数额,担保人超出约定担保范围而代偿的部分,由担保人过错造成的,借款人可以拒绝偿还,担保人只能向债权人要求返还,否则承受败诉结果。

3. 担保人行使追偿权的诉讼时效期间自担保人承担担保责任完毕之次日起两年,担保人行使追偿权超过诉讼时效期间,如果不存在诉讼时效中止、中断情形的,将被法院驳回诉讼请求。

案例10-6

☞ 案情简介

2014年4月22日,王某与担保公司、信托公司、B公司签订《个人消费信托贷款及服务合同》约定:(1)信托公司向王某发放5.8万元的个人消费贷款,贷款期限为36个月,月利率1.1%;(2)贷款手续费按贷款金额2%计算,即1160元,王某授权信托公司在发放贷款时直接自贷款金额中一次性扣除该费用;(3)B公司和担保公司为王某的贷款提供服务及担保,王某每月向B公司及担保公司支付服务费及担保费696元;(4)王某每月还款2945.11元,其中每月偿还本金1611.11元、利息638元,服务费及担保费696元;(5)若担保公司为王某承担了连带保证责任,则王某承诺无条件足额归还担保公司为其支付的全部款项,同时承担担保公司在承担连带保证责任后向王某追偿过程中发生的一切费用。

上述合同签订后,信托公司预先扣除了手续费1160元,实际将贷款56,840元划入王某指定的银行账户。

自2014年5月至2015年9月,王某共计偿还信托公司本金、利息、服务费及担保费合计50,066.87元,自2015年10月开始不再支付本息。信托公司多次催讨未果,遂于2016年1月25日向王某发出《解除合同通知书》,并告知担保公司将承担连带保证责任,王某应按约向担保公司偿还全部债务。

2016年4月27日,担保公司向信托公司偿还贷款本金30,611.13元、2015年10~12月3个月的利息1914元、罚息400.34元、扣款失败手续费150元,共计33,075.47元。

☞ **一审判决**

2018年,担保公司以王某为被告向大东区法院提起追偿权纠纷诉讼,请求判令王某向担保公司支付代偿款33,075.47元,违约金17,400元,总计金额50,475.47元。

大东区法院认为:担保公司依据其与王某及案外人信托公司、B公司签订的《个人消费信托贷款及服务合同》的担保条款约定,代王某履行了偿还义务,担保公司作为连带责任保证人,承担保证责任后有权向王某追偿,但追偿的范围不应超过出借人通过诉讼可获得保护的范围。

本案中,出借人在发放借款时以手续费名义扣除1160元,其性质应属于利息在本金中预先扣除,违反了《合同法》第200条关于借款利息不得预先在本金中扣除的规定,故在偿还借款时,应当以实际发放数额为准。

服务合同约定信托公司每月收取的贷款利率为1.1%,B公司及担保公司每月收取服务费及担保费为贷款金额的1.2%,两者合计每月为2.3%。在合同履行过程中,王某按照合同约定每月需偿还固定金额的利息,该利息额系按总计借款金额为基数计算。法院注意到,因王某每月需偿还信托公司本金,故在合同履行的过程中,王某每期尚欠的本金数额将会逐渐减少,而按照固定利率月息2.3%计算,因每期本金数额逐渐减少,相应利息也将逐渐减少,故每期超额还款的部分即应在下个月尚欠的本金中扣减,依此计算王某在履行17期后,尚欠的本金为23,235.02元。

至于担保公司提出合同已约定每月固定的还款本金、利息数额问题。法院认为,合同虽然约定了王某每期应还的本息数额,但此固定数额与在合同履行过程中按合同约定的固定利率标准计算出的实际发生的本息数额不一致。另外,如果按照合同约定的王某每月偿还固定本金计算,因合同履行中,每期实际发生的借款本金逐期减少,按照实际发生的借款本金计算,如果合同全部履行完毕,王某实际发生的借款利率约为每月4.6%,该利率远高于合同约定的每月2.3%的利率。鉴于个人消费信托贷款及服务合同是担保公司及信托公司提供的格式合同,依照《合同法》第 41 条的规定,对于格式条款有两种以上解释的,应当作出不利于提供格式条款一方的解释。故担保公司虽代王某向信托公司偿还贷款本金 30,611.13 元,但担保公司未经王某同意,自愿代为清偿部分剥夺了王某的抗辩权,其后果应由担保公司自行负担。故法院认定,担保公司就本金部分的 23,235.02 元享有追偿权。至于担保公司代偿的自 2015 年 10 月至 12 月 3 个月的利息、罚息、扣款失败手续费问题,依照法律规定,应以 23,235.02 元为基数,按月息 2% 为司法保护的上限,合计 1394.1 元。担保公司主张 2464.34 元超过法律保护的上限,超过部分不予支持。

关于担保公司主张的违约金问题,本院认为,该款亦应以代偿本金 23,235.02 元为基数,自 2016 年 4 月 27 日担保公司向信托公司代偿之日起至王某实际给付之日止,按中国人民银行同期贷款利率 4 倍计算,并以 17,400 元为限。

大东区法院判决如下:

1. 被告王某于本判决生效后 10 日内向原告担保公司支付代偿的本金 23,235.02 元;

2. 被告王某于本判决生效后 10 日内向原告担保公司支付利息、罚息、扣款失败手续费共计 1394.1 元;

3. 被告王某于本判决生效后 10 日内向原告担保公司支付违约金(该违约金以代偿本金 23,235.02 元为基数,自 2016 年 4 月 27 日起至王某实际给付之日止,按中国人民银行同期贷款利率 4 倍计算,并以 17,400 元为限);

4. 驳回原告其他诉讼请求。

☞ **上诉理由**

担保公司不服上述一审判决,向沈阳市中院上诉,请求撤销原判决,依法改判,改判支持上诉人一审的全部诉讼请求。事实与理由如下:

根据《个人消费信托贷款及服务合同》的约定,被上诉人向信托公司借款 58,000 元,分 36 期归还。上诉人就上述借款向信托公司承担连带担保责任。但是被上诉人王某违反合同约定,仅仅归还 17 期即 27,388.87 元,仍有 19 期即 30,611.13 元未归还。即使将放款当日扣除的手续费 1160 元在本金中扣除,亦剩余本金 29,451.13 元没有归还。但一审法院判决本金金额 23,235.02 元,错误地认定上诉人承担保证责任后有权向被起诉人追偿,但追偿的范围不应超过出借人通过诉讼可获得的保护范围,且未经被上诉人同意,自愿代为清偿部分剥夺了王某的抗辩权,明显与事实不符系认定错误。

根据《个人消费信托贷款及服务合同》的约定,贷款月利率为1.1%,实则年利率仅13.2%,并未超过年利率24%。本案中担保费与服务费在上诉人与被上诉人之间签订的《个人消费信托贷款及服务合同》之约定,并非被上诉人与信托公司之间贷款合同约定。上诉人依据《个人消费信托贷款及服务合同》向被上诉人主张担保费及服务费并没有违反法律的强制性规定。但原审法院将被上诉人支付的担保费、服务费认定为利息,这是将不同法律关系、合同中约定的不同权利义务,全部认定为一个借贷关系,明显矛盾、错误。现本案中出借人信托公司要求被上诉人履行担保义务,按照约定代偿剩余本金及按月利率1.1%支付3期利息,并没有违反法律规定。

上诉人根据《个人消费信托贷款及服务合同》的约定,要求被上诉人支付担保费及服务费也没有违反法律规定。一审法院认为年利息超24%,应该依据的是《最高院民间借贷规定》,但在本案中不能适用该规定,该规定第1条第2款明确:经金融监管部门批准设立的从事贷款业务的金融机构及其分支机构,因发放贷款等相关金融业务引发的纠纷,不适用本规定。本案中发放贷款的是信托公司,有金融许可证,是金融机构。本案一审法院没有明确在判决中引用民间借贷的司法解释,仅引用了担保法及担保法的解释,但是担保法及担保法的解释并未有对贷款利息的规定,而一审法院实际在判决贷款利息时,未按照双方合同约定,少判上诉人垫付的款项,于法无据。

王某未出庭,且未提供书面答辩意见。

☞二审判决

沈阳市中级人民法院认为,王某为借用资金与信托公司和担保公司、B公司签订《个人消费信托贷款及服务合同》,形成王某与信托公司间的信托贷款关系,担保公司与信托公司间的保证担保关系,担保公司为王某公司借款提供担保的担保服务关系。根据《担保法》第31条的规定,保证人承担保证责任后,有权向债务人进行追偿。本案为王某未按期偿还借款,担保公司承担保证责任后发生的担保追偿权诉讼。

本案焦点问题为担保公司行使追偿权是否超出出借人债权所受法律保护范围。首先关于王某拖欠信托公司借款本金数额的确定。一审认定信托公司发放借款时以手续费名义扣除1160元属于利息在本金中预先扣除情形,应以56,840元为借款本金;合同所约定的每月还款额的计算方法,即每月还款额=每月偿还本息合计(=贷款金额×月利率+贷款金额/贷款期限)+每月的担保费和服务费,未按照金融借贷每期本金数额逐渐减少计算利息,一审按照月固定利率2.3%计算扣除利息和担保服务费,每期本金数额相应减少,对每期超额还款的部分在下个月尚欠本金中扣减,依此计算,确定王某尚欠借款本金。鉴于个人消费信托贷款及服务合同是担保公司及信托公司提供的格式合同,一审依照《合同法》第41条的规定,认定担保公司代王某偿还贷款本金30,611.13元超出合法债权,未经王某同意,自愿代为清偿部分剥夺了王某的抗辩权,对超出合法债权部分的代偿应由担保公司自行负担,判决王某支付代偿本金23,235.02元,并无不当。

对于担保公司代偿的自2015年10月至12月3个月的利息、罚息、扣款失败手续费,一审判决以23,235.02元为基数,按月息2%为司法保护的上限,判决王某支付1394.1元并无不当。对于王某应支付违约金,一审判决也确定以代偿本金23,235.02元为基数,2016年4月27日起至王某实际给付之日止,按中国人民银行同期贷款利率4倍计算,以17,400元为限,亦无不当。

沈阳市中级人民法院判决:驳回上诉,维持原判。

[根据辽宁省沈阳市中级人民法院(2019)辽01民终3325号民事判决书编写]

Chapter 11

第十一章 民间借贷所涉的刑事犯罪

民间借贷因其自身具有自由性、随意性、逐利性等特征，容易被急功近利、乘伪行诈的不法分子所利用，于是发生刑事犯罪。本章阐述与民间借贷有关的罪与非罪以及量刑处罚等法律问题。

ESSENTIAL

1

要点1

民间借贷与刑事犯罪之诉讼关系

行为人利用民间借贷实施刑事犯罪,必然在同一法律事实上出现民事法律关系与刑事法律关系交织的问题。在“刑民交叉”的情形下,如何处理两者之间的诉讼关系?这是困扰司法实践多年的一个疑难问题。

一、“先刑后民”的习惯做法

在民间借贷涉及刑事犯罪的情况下,许多法院的习惯做法是“先刑后民”,即先将刑事案件审理终结,再对民事案件进行审理,或者在审理刑事案件的同时附带审理民事案件,在此之前不单独审判民事案件。如借款人以民间借贷方式非法吸收公众存款,一方面对出借人所负的债务需要清偿,另一方面构成犯罪应当追究刑事责任。根据“先刑后民”的要求,出借人提起民间借贷合同纠纷诉讼,法院立案后发现债务人涉嫌非法集资犯罪的,在程序上通常都采取不予受理、驳回起诉、中止诉讼等方式进行处理,并将犯罪的线索、材料移送公安或者检察机关。检察机关提起公诉后,法院先审理刑事部分,再审理民事部分,或者在作出刑事判决的同时附带作出民事判决。

“先刑后民”对统一认定案件事实,及时惩罚刑事犯罪,维护正常的社会经济秩序,有重要的意义和作用。

二、"刑民并行"的合理认识

刑民并行,是指法院在刑事犯罪与民事纠纷的处理结果互不影响的情况下,分别适用刑事诉讼程序与民事诉讼程序进行审理和判决。"先刑后民"不断受到专家的质疑,而"刑民并行"现为学者所倡导,主要理由是:

(1)刑事犯罪和民事纠纷是两类性质截然不同的案件,本应各自独立适用刑事法律及其程序与民事法律及其程序分别予以解决;

(2)从司法实践来看,刑事诉讼程序过于强势,容易导致民事诉讼规则被虚置,不利于被害人债权的保护和实现;

(3)在民间借贷所涉的刑事案件中,以借款方构成非法吸收公众存款罪或集资诈骗罪为由,认为其中民间借贷合同违反强制性规定而做无效处理的,反而有利于犯罪的借款人,这不符合《民法典》精神,而应当允许受害债权人提起民事诉讼来认定合同效力。

所以,许多学者、法官、律师认为,在"刑民交叉"的情况下,不能因行为人刑事犯罪而妨碍对受害人的合法债权的保护,当"先刑后民""刑事附带民事"不足以对受害人合法债权进行救济时,应当允许受害的债权人提起民事诉讼以获得充分保护债权的机会。

三、司法解释的处理方式

关于"先刑后民"与"刑民并行"之间的关系处理问题,最高人民法院有两个司法解释对此作了规定,即 1998 年的《最高人民法院关于审理经济纠纷案件中涉及经济犯罪嫌疑若干问题的决定》(以下简称《决定》)和原《最高院民间借贷规定》。

根据《决定》第 1 条、第 8 条、第 10 条的规定:同一行为人因不同的法律事实,分别涉及经济纠纷和经济犯罪嫌疑的,经济纠纷案件和经济犯罪嫌疑案件应当分开审理;人民法院在审理经济纠纷案件中,发现与本案有牵连,但与本案不是同一法律关系的经济犯罪嫌疑线索、材料,应将犯罪嫌疑线索、材料移送有关公安机关或检察机关查处,经济纠纷案件继续审理。因单位犯罪行为造成被害人经济损失,应当承担刑事责任的被告人未能返还财物的,遭受经济损失的被害人提起附带民事诉讼的,受理刑事案件的人民法院应当依法一并审理;被害人因其遭受经济损失另行提起民事诉讼的,有管辖权的人民法院应当依法受理。上述规定明确了刑民并行的适用范围，即不同法律事实和同一法律事实但不是同一法律关系的情况下，可以将民事诉讼与刑事诉讼分开审理，以有效地防止公权对私权的入侵。

新《最高院民间借贷规定》对民间借贷所涉的“刑民交叉”问题十分重视，在重申《决定》上述规定精神的同时，进一步放宽了“刑民并行”的适用条件和适用范围。新《最高院民间借贷规定》就民间借贷所涉刑事犯罪的规定与原《最高院民间借贷规定》基本一致。

1. 新《最高院民间借贷规定》第 5 条第 1 款规定：“人民法院立案后，发现民间借贷行为本身涉嫌非法集资等犯罪的，应当裁定驳回起诉，并将涉嫌非法集资等犯罪的线索、材料移送公安或者检察机关。”

据此，当事人提起民间借贷纠纷诉讼，法院立案后发现本案民间借贷行为涉嫌非法集资犯罪的，不能继续进行审判，而应裁定驳回起诉，并将涉嫌非法集资犯罪的线索、材料移送公安或者检察机关。关于涉嫌非法集资犯罪的移送问题，最高人民法院、最高人民检察院和公安部于 2014 年共同颁布的《关于办理非法集资刑事案件适用法律若干问题的意见》已有规定，即法院在审理民事案件中间如果发现有非法集资的犯罪，应当将案件要移送公安机关或者检察机关。新《最高院民间借贷规定》第 5 条第 1 款对这个问题进行了重申，说明民间借贷行为涉嫌非法集资犯罪的，原则上按照“先刑后民”进行处理。

2. 第 5 条第 2 款规定：“公安或者检察机关不予立案，或者立案侦查后撤销案件，或者检察机关作出不起诉决定，或者经人民法院生效判决认定不构成非法集资等犯罪，当事人又以同一事实向人民法院提起诉讼的，人民法院应予受理。”

据此，公安或者检察机关对法院移送的涉嫌非法集资犯罪不予立案，或者立案侦查后撤销案件，或者检察机关作出不起诉决定，或者经法院生效判决认定不构成非法集资犯罪，当事人又以同一事实向法院提起民间借贷纠纷诉讼的，法院应予受理进行审判。

3. 第 6 条规定：“人民法院立案后，发现与民间借贷纠纷案件虽有关联但不是同一事实的涉嫌非法集资等犯罪的线索、材料的，人民法院应当继续审理民间借贷纠纷案件，并将涉嫌非法集资等犯罪的线索、材料移送公安或者检察机关。”

据此,当事人提起民间借贷纠纷诉讼,法院立案后发现与民间借贷纠纷案件虽有关联但不是同一事实的涉嫌非法集资等犯罪的,应当将有关线索、材料移送公安或者检察机关,对民间借贷纠纷本案应当继续审理。例如,行为人以民间借贷为名把非法集资的资金又转贷给他人,前面的非法集资构成犯罪,而后面的转贷属于民间借贷,此时,法院应当将涉及非法集资犯罪的线索和材料移送给公安机关或者检察机关,但对于后面的民间借贷纠纷案件应当继续审理,并依法作出判决。

4. 第 12 条第 1 款规定:"借款人或者出借人的借贷行为涉嫌犯罪,或者已经生效的裁判认定构成犯罪,当事人提起民事诉讼的,民间借贷合同并不当然无效。人民法院应当根据民法典第一百四十四条、第一百四十六条、第一百五十三条、第一百五十四条以及本规定第十三条之规定,认定民间借贷合同的效力。"第 2 款规定:"担保人以借款人或者出借人的借贷行为涉嫌犯罪或者已经生效的裁判认定构成犯罪为由,主张不承担民事责任的,人民法院应当依据民间借贷合同与担保合同的效力、当事人的过错程度,依法确定担保人的民事责任。"

据此,法院在审理民间借贷所涉的"刑民交叉"案件时,不能因为借款人涉嫌犯罪或者构成犯罪就认定整个借款及其担保合同都无效,也不能因此免除担保人的担保责任。担保人以借款人的借贷行为涉嫌犯罪或者构成犯罪为由,主张不承担担保责任的理由是不能成立的。在民间借贷设有担保的情况下,借款人涉嫌犯罪或者构成犯罪,出借人起诉请求担保人承担担保责任的,法院应予受理,并依据担保法律、合同法律的有关规定和民间借贷合同与担保合同的效力、当事人的过错程度,依法确定担保人的民事责任。

5. 第 7 条规定:"民间借贷纠纷的基本案件事实必须以刑事案件的审理结果为依据,而该刑事案件尚未审结的,人民法院应当裁定中止诉讼。"

据此,当事人提起民间借贷纠纷诉讼,法院立案后,发现本案借贷的基本案件事实必须以刑事案件审理结果为依据,而该刑事案件尚未审结的,法院应当裁定中止诉讼,然后视刑事案件的审判结果在决定是否恢复审理。民间借贷纠纷案件的基本事实,如借贷主体、数额等如果不必须以刑事案件的审理结果为依据的,无须中止审理,而应继续审理并依法作出判决。

总之,民间借贷合同并不因其中一方当事人犯罪当然无效,其效力应当根据民事法律认定；民间借贷纠纷案件的基本事实必须以刑事案件审理结果为依据的，应当“先刑后民”，而不需要以刑事案件审理结果为依据的，应当“刑民并行”。

ESSENTIAL

2

要点2

擅自设立金融机构罪

擅自设立金融机构，是指行为人未经国家有关主管部门批准，自行非法设立商业银行或者其他金融机构的行为。《刑法》第174条第1款规定："未经国家有关主管部门批准，擅自设立商业银行、证券交易所、期货交易所、证券公司、期货经纪公司、保险公司或者其他金融机构的，处三年以下有期徒刑或者拘役，并处或者单处二万元以上二十万元以下罚金；情节严重的，处三年以上十年以下有期徒刑，并处五万元以上五十万元以下罚金。"第3款规定："单位犯前两款罪的，对单位判处罚金，并对其直接负责的主管人员和其他直接责任人员，依照第一款的规定处罚。"行为人擅自设立非法金融机构，就会破坏金融管理的许可秩序，应当根据上述规定追究其擅自设立金融机构罪。

一、擅自设立金融机构与民间借贷的关系

从表面上看，这种行为只是在设立非法金融机构上的犯罪与民间借贷无关，实则不然，行为人擅自设立非法金融机构是利用民间资金进行借贷，并以牟取营利为目的，一方面付出高于银行储蓄利息吸收公众存款，另一方面又以高于银行贷款利息进行出借活动，从中获取非法收入。当其向民间公众吸收资金时，本质上属于民间借贷中的借款人；当其向民间公众出借

时,实际上是民间借贷中的出借人。由此可见,这种非法金融机构所从事是一种非法民间借贷活动。

擅自设立金融机构的行为人大多数是自然人,也有的是小企业、小单位,他们自身经济实力有限,注入资本金少,却大量地吸收民间资金,又大量地向民间公众出借资金。在这种情况下,一旦遇到信用危机,存款人大量挤提,就会严重地破坏民间融资秩序和金融管理制度,进而造成一个地方的社会混乱。因此,打击这种犯罪对维护正常民间融资秩序和一方社会稳定都有重大意义。

二、擅自设立金融机构罪的构成要件

根据《刑法》第 174 条的规定,擅自设立金融机构罪有以下几个构成要件:

1. 客体要件

本罪侵犯的客体是国家金融机构设立制度。商业银行和其他金融机构经营存款贷款、办理国内外结算、票据贴现等金融业务,国家通过立法程序确立了金融管理制度,其中包括金融机构设立制度。

《商业银行法》第 11 条规定:“设立商业银行,应当经国务院银行业监督管理机构审查批准。未经国务院银行业监督管理机构批准,任何单位和个人不得从事吸收公众存款等商业银行业务,任何单位不得在名称中使用‘银行’字样。”该法还就设立商业银行的条件、注册资本、提供材料、审批程序等作了严格的规定。这些规定和其他一些相关规定构筑了金融机构管理制度。遵循这些制度,对规范金融机构行为,保护存款人和其他客户的合法权益,防范金融风险,维护金融秩序,都有重要的意义。行为人擅自设立金融机构,脱离金融监督管理机构的监督和管理,破坏了国家金融机构管理制度。因而,《商业银行法》第 81 条第 1 款规定:“未经国务院银行业监督管理机构批准,擅自设立商业银行,或者非法吸收公众存款、变相吸收公众存款,构成犯罪的,依法追究刑事责任;并由国务院银行业监督管理机构予以取缔。”

2. 客观方面要件

本罪客观方面的表现是行为人未经国家有关主管部门批准,擅自设立金融机构的行为。根据《商业银行法》的规定,只有经过国务院银行业监督管理机构按照规定批准设立的金融机构才具有合法从事存贷业务的资格。其他任何单位和部门未得到法律的授权,都无权审批设立金融机构;任何单位和个人未经依法批准,都不得设立金融机构。未经批准擅自设立金融机构,包括未依法提出设立金融机构的申请就擅自设立和虽然依法提出申请但未获批准便擅自设立两种情况。

3. 主体要件

擅自设立金融机构的犯罪主体是一般主体,既可以是自然人,也可以是单位。这里的单位,包括法人、非法人组织,自然人包括个人单独、多人合伙、多人入股等。

4. 主观方面要件

本罪在主观方面必须出于故意,即明知设立金融机构应当依法获得批准,明知擅自设立金融机构的行为会发生扰乱金融秩序的危害结果,而擅自设立非法金融机构。行为人故意实施这种犯罪行为,目的就是利用所设立的机构经营存贷业务,以出借利率高于存入利息的差额,从中获取营利。只要行为人有这种目的,不论行为结果是否获得营利都构成此罪。但行为人不以营利为目的,如所开设的融资机构以开展慈善事业、公益事业为目的的,则不应以此罪论处。

三、擅自设立金融机构罪的追诉标准

根据《最高人民检察院、公安部关于公安机关管辖的刑事案件立案追诉标准的规定(二)》第 24 条的规定,未经国家有关主管部门批准,擅自设立金融机构,涉嫌下列情形之一的,应予立案追诉:

(1)擅自设立商业银行、证券交易所、期货交易所、证券公司、期货公司、保险公司或者其他金融机构的;

(2)擅自设立商业银行、证券交易所、期货交易所、证券公司、期货公司、保险公司或者其他金融机构筹备组织的。

从上述追诉标准规定中可以看出两点:一是不仅擅自设立这些金融机构构成犯罪,而且擅自设立其筹备组织也构成犯罪;二是行为人只要有擅自设立这些金融机构行为即可构成犯罪,而不以已经开展存贷等金融业务为条件。

四、擅自设立金融机构罪与非法吸收公众存款罪的区别

行为人擅自设立金融机构是为了营利，而实现其营利通常都进行非法吸收公众存款和非法放贷业务，因此，涉及擅自设立金融机构罪与非法吸收公众存款罪两者如何处理问题。

擅自所设立的金融机构，是指非法设立的商业银行、证券交易所、期货交易所、证券公司、期货经纪公司、保险公司或者其他金融机构，并有明示方式予以表现，如组织人员、设置经营场所、挂牌、刻制印章；而非法吸收公众存款，不一定以金融机构的名义进行。行为人只是擅自设立金融机构，但尚未开始吸收公众存款，或者虽已吸收公众存款但未构成非法吸收公众存款罪的，则应以擅自设立金融机构罪论处。

在现实中，有些行为人通过合法程序注册"担保公司""寄售公司"，而实际上通过民间借贷方式操作存贷业务。这些公司不是金融机构，这些行为也不是擅自设立金融机构的行为，所以不能以擅自设立金融机构罪论处。如果非法吸收公众存款且构成犯罪的，则以非法吸收公众存款罪给予刑事处罚。

擅自设立金融机构又非法吸收公众存款构成犯罪的，则应按牵连犯的处罚原则处理，即以两罪中选择法定刑重的一罪予以处罚，而不适用数罪并罚。

案例 11－1

2015 年 10 月至 2016 年 3 月，高某未经国家有关主管部门批准，私自伪造金融许可证、工商营业执照、税务登记证、组织机构代码证、金融机构印章等证件，在徐州市贾汪区××镇××村、××街道两处擅自设立名为"贾汪区××村镇银行"的商业银行，并通过传单方式对外宣传存款月利率分别为 0.5%～1.5%，对外办理存取款业务，共向 20 余名储户吸收存款 67 余万元，已兑付 25.3 万元，至案发时尚有 42 余万元未能兑付。

2016 年 3 月 24 日，中国银行监督管理委员会徐州监管分局、徐州市贾汪区金融办、徐州市贾汪区市场监督管理局、徐州市公安局贾汪区分局对××镇××村、××街道两处网点进行联合查处，当场扣押××镇××村网点内的台式电脑、验钞机、复印机、电动自行车、金融许可证、工商营业执照、税

务登记证、组织机构代码证、“贾汪区××村镇银行”印章、存款单及存款合同等证照物品。经国家有关主管部门认定,被扣押的金融许可证、工商营业执照、税务登记证、组织机构代码证均系伪造。案发后,高某主动到公安机关投案,并如实供述了犯罪事实,并向公安机关交纳退赔款4万元。

2016年9月6日,徐州市贾汪区人民检察院指控高某犯擅自设立金融机构罪,向贾汪区人民法院提起公诉。

贾汪区人民法院认为,被告人高某未经国家有关主管部门批准,擅自设立商业银行,其行为已构成擅自设立金融机构罪,依法应处3年以下有期徒刑或者拘役,并处或者单处2万元以上20万元以下罚金。公诉机关指控被告人高某犯擅自设立金融机构罪以及具有自首情节的事实清楚,证据确实、充分,罪名成立,予以采纳。辩护人认为被告人高某在案发后主动投案,并如实供述了自己罪行,构成自首,可依法从轻处罚的辩护意见,经查属实,予以采纳。鉴于被告人高某具有自首情节,依法对其从轻处罚。

贾汪区人民法院根据被告人高某的犯罪事实、犯罪情节和对社会的危害程度,依照《刑法》第174条第1款、第64条、第67条第1款的规定,判决如下:

1. 被告人高某犯擅自设立金融机构罪,判处有期徒刑2年6个月,并处罚金人民币3万元。

2. 被告人违法所得依法予以追缴,退赔被害人。

3. 扣押在案的供犯罪所用的财物予以没收,由公安机关依法处置。

[根据徐州市贾汪区人民法院(2016)苏0305刑初236号刑事判决书编写]

ESSENTIAL

3

要点3

非法吸收公众存款罪

非法吸收公众存款罪，是指行为人违反国家有关金融管理规定，非法吸收公众存款或者变相吸收公众存款，扰乱金融秩序的行为。《刑法》第176条第1款规定："非法吸收公众存款或者变相吸收公众存款，扰乱金融秩序的，处三年以下有期徒刑或者拘役，并处或者单处二万元以上二十万元以下罚金；数额巨大或者有其他严重情节的，处三年以上十年以下有期徒刑，并处五万元以上五十万元以下罚金。"第2款规定："单位犯前款罪的，对单位判处罚金，并对其直接负责的主管人员和其他直接责任人员，依照前款的规定处罚。"这里的"公众存款"的资金来源主要是民间资金，民间资金是非法吸收公众存款罪的主要对象，行为人吸收公众存款大多采用民间借贷的方式表现出来，因此，非法吸收公众存款罪是民间借贷一种主要犯罪形式。

一、非法吸收公众存款行为

非法吸收公众存款是未经中国人民银行批准，向社会不特定对象吸收资金，出具凭证，承诺在一定期限内还本付息的行为。非法吸收公众存款罪是基于行为人实施非法吸收公众存款行为而产生的，那么，在什么条件下才可以认定行为人的行为是非法吸收公众存款行为？

根据《最高人民法院关于审理非法集资刑事案件具体应用法律若干问

题的解释》第1条的规定,同时具备下列四个条件,除刑法另有规定的以外,应当认定为“非法吸收公众存款或者变相吸收公众存款”:

(1)未经有关部门依法批准或者借用合法经营的形式吸收资金;

(2)通过媒体、推介会、传单、手机短信等途径向社会公开宣传;

(3)承诺在一定期限内以货币、实物、股权等方式还本付息或者给付回报;

(4)向社会公众即社会不特定对象吸收资金。

行为人吸收资金同时具备上述四个条件的,应当认定为非法吸收公众存款行为。例如,其他三个条件都已具备,但行为人只是在“在亲友或者单位内部针对特定对象吸收资金的”,就不符合“向社会公众即社会不特定对象吸收资金”这一条件,那么就不能认定是非法吸收行为。

非法吸收公众存款罪有两种行为表现形式,即“非法”和“变相”。两种虽然都是未经中国人民银行批准,向社会不特定对象吸收资金的行为,但非法吸收公众存款是直接出具凭证,承诺在一定期限内还本付息的行为。变相吸收公众存款不以吸收公众存款名义进行,而以入股、合伙等名义出具凭证,但承诺履行与还本付息性质基本相同的义务。例如,有些所谓的“投资公司”,以投资为名,以高利为诱饵,吸收自然人或者企业的资金,虽然签订投资协议,但约定到期还本付息,这就是变相吸收公众存款。

非法吸收公众存款和变相吸收公众存款虽在吸收资金的手段上有所不同,但本质是相同的,即都是未经中国人民银行批准而向不特定对象吸收资金,都承诺或者实际上还本付息,都扰乱了金融秩序,因而《刑法》将变相吸收公众存款与非法吸收公众存款的犯罪行为在同一条文中加以规定。

二、非法吸收公众存款犯罪行为

行为人非法吸收公众存款不一定都是犯罪行为,非法吸收公众存款只有达到扰乱金融秩序程度,并触犯刑法的,才是犯罪行为。《最高人民法院关于审理非法集资刑事案件具体应用法律若干问题的解释》第2条列举了以下11种非法吸收公众存款犯罪行为的具体情形,并规定行为人实施其中具体情形之一,同时符合第1条规定的四个条件的,应当依照《刑法》第176条的规定,以非法吸收公众存款定罪处罚:

(1)不具有房产销售的真实内容或者不以房产销售为主要目的,以返本

销售、售后包租、约定回购、销售房产份额等方式非法吸收资金的;

(2)以转让林权并代为管护等方式非法吸收资金的;

(3)以代种植(养殖)、租种植(养殖)、联合种植(养殖)等方式非法吸收资金的;

(4)不具有销售商品、提供服务的真实内容或者不以销售商品、提供服务为主要目的,以商品回购、寄存代售等方式非法吸收资金的;

(5)不具有发行股票、债券的真实内容,以虚假转让股权、发售虚构债券等方式非法吸收资金的;

(6)不具有募集基金的真实内容,以假借境外基金、发售虚构基金等方式非法吸收资金的;

(7)不具有销售保险的真实内容,以假冒保险公司、伪造保险单据等方式非法吸收资金的;

(8)以投资入股的方式非法吸收资金的;

(9)以委托理财的方式非法吸收资金的;

(10)利用民间"会""社"等组织非法吸收资金的;

(11)其他非法吸收资金的行为。

三、非法吸收公众存款罪的法律特征

根据《刑法》第176条的规定,除行为人在客观上已经实施上述规定的非法吸收公众存款行为外,非法吸收公众存款罪还有以下三个特征:

1. 在客体上侵犯了国家的金融管理制度,并扰乱了金融秩序

非法吸收公众存款罪侵犯的客体与擅自设立金融机构罪大体相同,但具体内容不同,后者侵犯的是金融管理中的机构设立制度,而前者侵犯的是金融管理中的吸收存款制度,扰乱了金融秩序。有些个人和企业为了筹集资金,以高利为诱饵,擅自以各种方式和手段,向社会公众非法或者变相吸收存款。这些行为造成大量民间闲散资金流入非正常渠道,不仅严重影响债权人的债权安全,而且严重破坏了金融管理制度,造成金融秩序混乱。但是,情节显著轻微,未达到非法吸收公众存款罪的追诉标准的,则不作为犯罪处理。

2. 在主观方面是故意行为,目的是非法牟利

行为人主观故意表现为明知自己没有资格吸收公众存款而为之,或者

明知吸收公众存款违法而为之。在非法吸收公众存款的目的上,不论实际上是否盈利或者是否亏损,只要有非法牟利的目的,就不影响该罪的成立。

3. 犯罪行为人是一般主体

根据《商业银行法》的规定,合法吸收公众存款的单位是依法设立的商业银行、城市信用社、农村信用社、邮政企业等金融机构,其他未依法批准的任何单位和个人都不得吸收公众存款。没有依法取得吸收存款资格的自然人、法人和非法人组织,擅自吸收公众存款构成犯罪的,都属此种犯罪的主体。自然人犯非法吸收公众存款罪的,适用《刑法》第 176 条第 1 款规定量刑处罚;单位犯非法吸收公众存款罪的,适用《刑法》第 176 条第 2 款规定量刑处罚。

四、非法吸收公众存款罪的追诉标准

《最高人民法院关于审理非法集资刑事案件具体应用法律若干问题的解释》第 3 条第 1 款规定,非法吸收或者变相吸收公众存款,具有下列情形之一的,应当依法追究刑事责任:

(1)个人非法吸收或者变相吸收公众存款,数额在 20 万元以上的,单位非法吸收或者变相吸收公众存款,数额在 100 万元以上的;

(2)个人非法吸收或者变相吸收公众存款对象 30 人以上的,单位非法吸收或者变相吸收公众存款对象 150 人以上的;

(3)个人非法吸收或者变相吸收公众存款,给存款人造成直接经济损失数额在 10 万元以上的,单位非法吸收或者变相吸收公众存款,给存款人造成直接经济损失数额在 50 万元以上的;

(4)造成恶劣社会影响或者其他严重后果的。

适用这条规定需要注意的是,行为人只要有上述情形之一,就应当依法追究刑事责任。例如,个人非法吸收公众存款数额虽然不足 20 万元,但给存款人造成直接经济损失数额在 10 万元以上的,也应当依法追究刑事责任。

五、数额巨大或者有其他严重情节的标准

追诉标准解决是否构成犯罪问题,“数额巨大或者有其他严重情节”解决量刑问题。《最高人民法院关于审理非法集资刑事案件具体应用法律若干问题的解释》第 3 条第 2 款规定,具有下列情形之一的,属于《刑法》第 176

条规定的“数额巨大或者有其他严重情节”：

(1)个人非法吸收或者变相吸收公众存款,数额在100万元以上的,单位非法吸收或者变相吸收公众存款,数额在500万元以上的;

(2)个人非法吸收或者变相吸收公众存款对象100人以上的,单位非法吸收或者变相吸收公众存款对象500人以上的;

(3)个人非法吸收或者变相吸收公众存款,给存款人造成直接经济损失数额在50万元以上的,单位非法吸收或者变相吸收公众存款,给存款人造成直接经济损失数额在250万元以上的;

(4)造成特别恶劣社会影响或者其他特别严重后果的。

《最高人民法院关于审理非法集资刑事案件具体应用法律若干问题的解释》规定,行为人将非法吸收或者变相吸收公众存款所取得的资金主要用于正常的生产经营活动,能够及时清退所吸收资金的,可以免予刑事处罚;如果情节显著轻微的,不作为犯罪处理。非法吸收或者变相吸收公众存款的数额,以行为人所吸收的资金全额计算,至于案发前后已归还的数额,可以作为量刑情节酌情考虑。

六、非法吸收公众存款罪的刑事责任

根据《刑法》第176条的规定,行为人构成非法吸收公众存款罪的,处3年以下有期徒刑或者拘役,并处或者单处2万元以上20万元以下罚金;数额巨大或者有其他严重情节的,处3年以上10年以下有期徒刑,并处5万元以上50万元以下罚金。单位犯前款罪的,对单位判处罚金,并对其直接负责的主管人员和其他直接责任人员,依照前款的规定处罚。

案例11-2

☞ 案情简介

2012年5月11日,罗某(已被判处刑罚)经区民政局同意,将位于××村的“××梦园休闲苑”更名为“××福寿养生苑”,法人代表为罗某,业务范围变更为养老服务。自同年5月起,罗某以吸纳客户预定金总额21%作为营销包干费,聘请陈某某(在逃)带领营销团队,通过散发传单、开设座谈会、组织老年人实地参观等方式向社会公众推销××福寿养生苑,并且以预存一定数额房租后可每年获得定额福利补贴的形式吸引公众签订《养老服务

预订合同书》,借此吸纳社会公众资金。

2012年6月16日,罗某与雷某签订《转让合同书》,将福寿养生苑以560万元的价格转让给雷某,双方进行了移交。雷某于2012年6月18日签订授权书,授权被告人赵某某全权处理福寿养生苑经营管理业务。在赵某某经营期间,赵某某沿用原营销模式继续聘请营销团队推销福寿养生苑养老预订服务,与公众签订《养老服务预订合同书》,吸纳社会公众资金。罗某在赵某某经营期间,仍参与福寿养生苑宣传会,帮助赵某某博得公众信任从而吸纳社会公众资金。2012年10月18日,因法人代表无法变更,罗某与雷某签订《解除福寿养生苑转让合同书的协议》。雷某将福寿养生苑转回给了罗某。

2012年10月25日,区民政局发文通知福寿养生苑限期整改并停止收取养老预定金。同年11月,罗某将原有养老预订模式改为房屋租赁模式,沿用原有的营销方式,以缴纳房屋租金后分一年或两年可获得返还定额转租金的形式吸引公众签订《住房租赁合同书》和《房屋租赁合同书》,继续吸纳社会公众资金。

从2012年5月至2014年1月,罗某、赵某某以福寿养生苑预订养老服务模式、租赁房屋模式,吸纳五百余名社会公众签订《养老服务预订合同书》《住房租赁合同书》《房屋租赁合同书》共计534份,吸纳社会公众存款合计人民币1609万元,支付利息341,459元。其中罗某与老年人2012年5月21日至6月15日、2012年10月19日至2014年1月20日共签订434份合同,收取老年人养老服务预定金或租金1253万元,支付利息339,859元;赵某某与老年人2012年6月16日至10月18日共签订100份合同,收取老年人养老服务预定金356万元,支付利息1600元。

☞一审判决

七星区检察院指控赵某某犯非法吸收公众存款罪,向桂林市七星区法院提起诉讼。

七星区法院认为,被告人赵某某违反国家金融管理法律规定,非法向社会公众100人吸收资金356万元,数额巨大,扰乱金融秩序,其行为构成非法吸收公众存款罪,公诉机关指控罪名成立,判决如下:

1. 被告人赵某某犯非法吸收公众存款罪,判处有期徒刑4年,并处罚金人民币7万元;

2. 责令被告人赵某某退赔各被害人经济损失共计人民币3,558,400元。

☞ **上诉理由**

赵某某不服上述一审判决,向桂林市中级人民法院提出上诉。

上诉人赵某某及其辩护人提出:(1)原判认定赵某某参与吸收资金的被害人为100人证据不足,实际人数应为60人左右;(2)赵某某在本案中未参与任何营销活动,所吸收的资金在扣除正常开支和抵扣罗某所欠其的债务后全部交给了罗某,所起作用较轻,故原判量刑过重;(3)法院已经判决罗某退赔被害人损失,且其已将其所参与吸收的资金全部移交给了罗某,故原判判令其退赔被害人损失不当。请求二审法院对其依法公正判决。

桂林市检察院出庭意见认为,原判认定主要事实清楚,证据确实、充分,定罪准确,审判程序合法。因本案赵某某与罗某系共同犯罪,但赵某某在共同犯罪中所起作用较罗某为轻。建议二审法院在查清赵某某是否已经将其所吸收资金移交给罗某这一事实后依法裁判。

在二审庭审期间,赵某某当庭表示认罪、悔罪,并提交认罪书1份。

☞ **二审判决**

桂林市中级人民法院认为:

1. 对于上诉人赵某某及其辩护人所提赵某某参与吸收资金的被害人为100人证据不足,实际人数应为50~60人的上诉理由和辩护意见。经查,认定上诉人赵某某参与吸收资金的被害人数为100人的证据有相关被害人陈述、养老预订服务合同书、鉴定意见等证据证实,上述证据均经庭审举证、质证并查证属实,且相互印证,依法应予采信,故原判认定赵某某参与吸收资金的被害人数为100人的事实清楚,证据确实、充分,该项上诉理由和辩护意见不能成立,法院不予采纳。

2. 上诉人赵某某与他人共同违反国家金融法律规定,向社会不特定对象吸收资金共计356万元,数额巨大,其行为已构成非法吸收公众存款罪。赵某某能够如实供述其罪行,本院依法对其从轻处罚。

3. 对于赵某某及其辩护人所提其在本案中所起作用较罗某为轻的上诉理由和辩护意见。经查,在案证据证实,赵某某参与吸收资金的时间较短,没有亲自向社会不特定公众公开宣传吸收资金事宜,且吸收来的资金最终都交给了罗某。因此,相比罗某,赵某某在共同犯罪中所起作用相对较小,本院酌情对其从轻处罚。故该项上诉理由和辩护意见成立,法院予以采纳。

4. 对于赵某某所提原判判令其退赔被害人损失不当的上诉理由，经查，由于赵某某和罗某对2012年6月16日至10月18日非法吸收公众存款的行为构成共同犯罪，依法应对其参与的犯罪数额承担退赔义务，至于赵某某是否将其所参与吸收资金移交给罗某，仅是共犯之间内部关系，不影响其承担退赔义务，但原判仅判令其退赔不当，应判令二人共同退赔该部分的被害人损失，法院对此予以纠正。

桂林市中级人民法院判决如下：

1. 撤销广西壮族自治区桂林市七星区法院一审刑事判决；

2. 上诉人赵某某犯非法吸收公众存款罪，判处有期徒刑3年，并处罚金人民币5万元；

3. 责令上诉人赵某某与同案犯罗某共同退赔相关被害人经济损失共计人民币3,558,400元。

［根据桂林市中级人民法院（2019）桂03刑终15号刑事判决书编写］

ESSENTIAL

4

要点 4

集资诈骗罪

《刑法》第 192 条规定："以非法占有为目的，使用诈骗方法非法集资，数额较大的，处五年以下有期徒刑或者拘役，并处二万元以上二十万元以下罚金；数额巨大或者有其他严重情节的，处五年以上十年以下有期徒刑，并处五万元以上五十万元以下罚金；数额特别巨大或者有其他特别严重情节的，处十年以上有期徒刑或者无期徒刑，并处五万元以上五十万元以下罚金或者没收财产。"据此规定，集资诈骗罪，是指以非法占有为目的，使用诈骗方法非法集资，数额较大的行为。集资诈骗犯罪行为，一方面破坏了金融管理秩序，另一方面侵犯了公私财产权，对社会危害极大，故应追究行为人的刑事责任予以严惩打击。

从现实情况来看，集资诈骗的资金绝大多数是民间资金，而且大多以民间借贷以及变相借贷方式进行的，所以，集资诈骗罪也是民间借贷一种主要犯罪形式。

一、集资诈骗罪的构成要件

1. 客体方面

本罪侵犯的客体是双重客体，既侵犯了他人财产所有权，又侵害了国家金融管理制度。行为人以非法占有为目的，采取诈骗方式募集资金不偿还，实际上是非法侵占他人财产，不仅造成出借人、投资者等受害人的经济损失，而且破坏了国家金融管理秩序。

2. 客观方面

本罪在客观方面表现为行为人已经实施了使用诈骗方法非法集资，数额较大的行为。非法集资主要是指违反法律、法规禁止性规定，向社会公众发行有价证券或者利用民间借贷、融资租赁、联营、合资、企业集资等方式在资金市场上筹集资金。诈骗方法包括虚构集资用途，虚构事实，夸大业绩，并以高回报率为诱饵。如果没有采取诈骗手段，即使非法集资数额较大，可能构成其他犯罪（如非法吸收公众存款罪），但不构成本罪；如果非法集资数额小，可能产生民事纠纷，但也不构成本罪。

3. 主体要件

本罪的主体是一般主体，任何自然人、法人或者非法人组织，只要非法集资构成犯罪，都应当承担刑事责任。

4. 主观要件

本罪在主观上是故意的，且以非法占有为目的。行为人故意非法集资，且将募集的资金据为己有，才构成本罪。非法占为己有，通常是指行为人将非法募集的资金置于自己（包括单位和个人）控制之下，主观上没有返还的意愿。行为人可能在表面上许诺还本付息，但客观上并没有还本付息的行为。在案发前，行为人已经主动还本付息的，就不是集资诈骗行为。

二、对“以非法占有为目的”的认定

《最高人民法院关于审理非法集资刑事案件具体应用法律若干问题的解释》第 4 条规定，行为人使用诈骗方法非法集资，具有下列情形之一的，可以认定为《刑法》第 192 条规定的“以非法占有为目的”：

（1）集资后不用于生产经营活动或者用于生产经营活动与筹集资金规模明显不成比例，致使集资款不能返还的；

（2）肆意挥霍集资款，致使集资款不能返还的；

（3）携带集资款逃匿的；

（4）将集资款用于违法犯罪活动的；

（5）抽逃、转移资金、隐匿财产，逃避返还资金的；

（6）隐匿、销毁账目，或者搞假破产、假倒闭，逃避返还资金的；

(7)拒不交代资金去向,逃避返还资金的;

(8)其他可以认定非法占有目的的情形。

《最高人民法院关于审理非法集资刑事案件具体应用法律若干问题的解释》第4条规定,集资诈骗罪中的非法占有目的,应当区分情形进行具体认定:行为人部分非法集资行为具有非法占有目的的,对该部分非法集资行为所涉集资款以集资诈骗罪定罪处罚;非法集资共同犯罪中部分行为人具有非法占有目的,其他行为人没有非法占有集资款的共同故意和行为的,对具有非法占有目的的行为人以集资诈骗罪定罪处罚。也就是说,对不具有非法占有目的的行为人,不能以集资诈骗罪定罪处罚。

三、集资诈骗罪追诉数额的认定

根据《最高人民法院关于审理非法集资刑事案件具体应用法律若干问题的解释》第5条的规定,非法集资数额应当分个人与单位两个不同主体,分别认定追诉标准。

1. 个人集资诈骗罪追诉数额标准

个人进行集资诈骗,数额在10万元以上的,应当认定为“数额较大”;数额在30万元以上的,应当认定为“数额巨大”;数额在100万元以上的,应当认定为“数额特别巨大”。

2. 单位集资诈骗罪追诉数额标准

单位进行集资诈骗,数额在50万元以上的,应当认定为“数额较大”;数额在150万元以上的,应当认定为“数额巨大”;数额在500万元以上的,应当认定为“数额特别巨大”。

3. 集资诈骗罪追诉数额的认定

集资诈骗的数额以行为人实际骗取的数额计算,案发前已归还的数额应予以扣除。行为人为实施集资诈骗活动而支付的广告费、中介费、手续费、回扣,或者用于行贿、赠与等费用,不予扣除。行为人为实施集资诈骗活动而支付的利息,除本金未归还可予折抵本金以外,应当计入诈骗数额。

四、集资诈骗犯罪与非法吸收公众存款罪的区别

集资诈骗和非法吸收公众存款都是非法集资行为,但集资诈骗罪与非法吸收公众存款罪有以下三点重要区别:

1. 犯罪目的不同

非法吸收公众存款犯罪的目的是通过这种犯罪方式进行营利,从中获取非法收益,在主观上不具有故意占有公众存款的目的。集资诈骗的犯罪目的是故意占有非法募集的资金。

2. 犯罪方法不同

集资诈骗罪的行为人使用诈骗方法募集资金,完全违背受害人的意志,侵占了受害人的财产。非法吸收公众存款不以行为人使用诈骗方法作为构成犯罪的要件。

3. 侵犯客体不同

集资诈骗罪既侵害公私财产权,又破坏金融管理秩序,侵犯的是双重客体,而非法吸收公众存款罪侵犯的仅是国家金融管理秩序。

非法吸收公众存款行为有时会转化为集资诈骗行为。例如,有的行为人非法吸收公众存款后携带大量资金逃逸,那么,前面发生的本来没有占有目的非法吸收公众存款行为,在后来因逃逸而侵占他人资金就转化为集资诈骗行为。行为人的非法集资行为,一部分是构成非法吸收公众存款罪,另一部分构成集资诈骗罪的,则应适应数罪并罚。

五、集资诈骗罪的量刑处罚

集资诈骗罪的量刑处罚通常根据诈骗集资数额大小和情节是否严重来决定。

1. 数额较大的刑罚

集资诈骗行为以“数额较大”为犯罪构成条件,未达到“数额较大”则不构成犯罪。集资诈骗数额被认定较大的,处 5 年以下有期徒刑或者拘役,并处 2 万元以上 20 万元以下罚金。

2. 数额巨大的刑罚

集资诈骗数额被认定巨大的,处 5 年以上 10 年以下有期徒刑,并处 5 万元以上 50 万元以下罚金。集资诈骗行为虽未达到上述数额,但有其他特别严重情节的,也按上述刑罚处罚。

3. 数额特别巨大的刑罚

集资诈骗数额被认定特别巨大的,处 10 年以上有期徒刑或者无期徒刑,并处 5 万元以上 50 万元以下罚金或者没收财产。集资诈骗虽未达到上述数额，但已达到巨大且有特别严重情节的，也按此标准刑罚处罚。

单位犯集资诈骗罪的，对单位判处罚金，并对该单位直接负责的主管人员和其他直接责任人员，处5年以下有期徒刑或者拘役，可以并处罚金；数额巨大或者有其他严重情节的，处5年以上10年以下有期徒刑，并处罚金；数额特别巨大的或者有其他特别严重情节的，处10年以上有期徒刑或者无期徒刑，并处罚金。

案例11－3

☞ 案情简介

熊某某自1998年起经营煤炭生意，因经营不善产生巨额亏损。为偿还巨额欠款，维持家庭生活高消费，2009年至2017年5月，熊某某与其妻郭某以经营煤炭生意为名，对外营造其经营煤炭生意红火的假象，编造做煤炭生意需要资金周转或可以获取高额利润等理由，以高息为诱饵，在明知无归还能力的情况下，向社会不特定对象借款，借后款还前款，累计非法集资54，335.67万元，除极少部分用于煤炭经营外，其余均用于偿还高息借款及家庭生活高消费，致使11，674.23万元非法集资款无法偿还。在此期间，郭某、熊某某用集资诈骗所得赃款，购买登记在熊某某名下的××路三段××广场××号和××号房屋，购买登记在郭某名下××海郡××单元××号房屋。

2015年9月24日，熊某某设立××工贸公司，并登记其为法定代表人和股东。

2017年6月，郭某、熊某某因无力偿还债务而外逃。2018年6月28日被桃源县公安局决定刑事拘留，同年7月18日被桃源县公安局刑事拘留，同年8月16日被桃源县检察院批准逮捕。桃源县检察院向桃源县法院提起诉讼，指控被告人熊某某、郭某犯集资诈骗罪。

☞ 一审判决

桃源县法院认为，被告人郭某、熊某某以非法占有为目的，使用诈骗方式非法集资54，335.67万元，致使11，674.23万元非法集资款无法偿还，数额特别巨大，其行为已构成集资诈骗罪。在共同集资诈骗犯罪中，两被告人均起主要作用，均系主犯，应按二人组织或参与的全部犯罪处罚。案发后，郭某自动投案，如实供述其罪行，系自首。熊某某到案后如实供述其罪行，综合全案犯罪情节与后果,决定对二被告人均予从轻处罚。公安机关查封在案的涉案房产应予追缴并拍卖,以拍卖所得价款及冻结在案银行存款,按比例返还给被害人,不足部分由二被告人继续退赔。

桃源县法院依照《刑法》第192条,第67条第1款、第3款,第64条和《刑事诉讼法》第200条第1项之规定,判决如下:

1. 被告人熊某某犯集资诈骗罪,判处有期徒刑15年,剥夺政治权利5年,并处没收个人全部财产;

2. 被告人郭某犯集资诈骗罪,判处有期徒刑14年6个月,剥夺政治权利4年,并处没收个人全部财产;

3. 查封登记在熊某某名下的××路三段××广场××号和××号房屋,登记在郭某名下××海郡××单元××号房屋;冻结在案的××工贸公司在××支行账户存款305,469.13元;

4. 对本判决第3项追缴的房产拍卖所得价款及冻结在案的银行存款,按比例返还给被害人,不足部分由二被告人继续退赔。

☞二审判决

郭某不服上述一审判决,向常德市中级人民法院上诉称:原审量刑未充分考虑其有自首情节,量刑过重。

郭某的辩护人辩称:原审判决认定郭某、熊某某自2009年至2017年5月实施集资诈骗错误,在2013年之前,郭某、熊某某不具有集资诈骗的故意。2009年出现资金困难后,两人才开始小额高息借款,2013年其生意巨额亏损后才大额高息借款,一审认定的前6笔应予扣除。

常德市中级人民法院认为,上诉人郭某、原审被告人熊某某以非法占有为目的,使用诈骗方式非法集资54,335.67万元,致使11,674.23万元非法集资款无法偿还,数额特别巨大,其行为已构成集资诈骗罪。在共同集资诈骗犯罪中,两被告人均起主要作用,均系主犯,应按二人组织或参与的全部犯罪处罚。案发后,郭某自动投案,如实供述其罪行,系自首。熊某某到案后如实供述其罪行,对二被告人均可以从轻处罚。

郭某及其辩护人上诉及辩称,一审未充分考虑其有自首情节,量刑过重。经查,一审综合全案犯罪情节与后果,对郭某予以了从轻处罚。但郭某在一审庭审时在其律师的见证下,自愿签署了认罪认罚具结书。根据《刑事诉讼法》第201条规定,认罪认罚案件,对于人民检察院的量刑建议除5种例外情形外,人民法院一般应予采纳。本案一审中检察机关提出的量刑建议为“十三年至十四年有期徒刑,并处罚金或没收财产,剥夺政治权利”。对该量刑建议一审法院未告知检察机关调整量刑建议不妥,检察机关综合全案的事实和情节并考虑郭某具有自首情节所提的量刑建议并无不当,一审法院非因法定原因不予采纳不当。郭某及其辩护人提出的以上上诉及辩解理由成立,法院予以采纳。

郭某的辩护人辩称,原审判决认定郭某、熊某某自2009年至2017年5月实施集资诈骗错误,在2013年之前,郭某、熊某某不具有集资诈骗的故意。2009年出现资金困难后,两人才开始小额高息借款,2013年其生意巨额亏损后才大额高息借款,一审认定的前6笔应予扣除。经查,被告人熊某某自1998年起经营煤炭生意,2009年之前因经营不善已产生巨额亏损。为偿还巨额欠款,维持家庭生活高消费,2009年始被告人郭某、熊某某夫妇以经营煤炭生意为名,对外营造其经营煤炭生意红火的假象,编造做煤炭生意需要资金周转或可以获取高额利润等理由,以高息为诱饵,在明知无归还能力的情况下,向社会不特定对象借款,借后款还前款,除极少部分用于煤炭经营外,其余均用于偿还高息借款及家庭生活高消费,均应认定为具有非法占有故意。以上事实,有经原审庭审质证的被害人陈述、证人证言、相关书证、郭某、熊某某的供述与辩解等证实,郭某、熊某某在原审庭审中亦无异议,足以认定。郭某的辩护人提出的上述辩解理由不能成立,法院不予采纳。

常德市中级人民法院认为,原审判决认定上诉人郭某、原审被告人熊某某犯集资诈骗罪的事实清楚,证据确实、充分,定罪准确,但量刑失当,应予纠正。判决如下:

1. 维持一审刑事判决的第1项、第3项、第4项;

2. 撤销一审刑事判决的第2项;

3. 上诉人郭某犯集资诈骗罪,判处有期徒刑14年,剥夺政治权利4年,并处没收个人全部财产。

[根据湖南省常德市中级人民法院(2020)湘07刑终122号刑事判决书编写]

ESSENTIAL

5

要点 5

高利转贷罪

《刑法》第175条第1款规定:"以转贷牟利为目的,套取金融机构信贷资金高利转贷他人,违法所得数额较大的,处三年以下有期徒刑或者拘役,并处违法所得一倍以上五倍以下罚金;数额巨大的,处三年以上七年以下有期徒刑,并处违法所得一倍以上五倍以下罚金。"第2款规定:"单位犯前款罪的,对单位判处罚金,并对其直接负责的主管人员和其他直接责任人员,处三年以下有期徒刑或者拘役。"据此,高利转贷罪,是指以转贷牟利为目的,套取金融机构信贷资金高利转贷他人,违法所得数额较大的行为。行为人如果把眼光瞄准银行贷款,套取银行贷款后又转贷给他人,从中牟取利益,就会破坏金融管理秩序,造成贷款风险和社会安定问题。

一、高利转贷与民间借贷的关系

以转贷为目的行为,通常虚构贷款用途来套取金融机构的贷款,然后,以高于贷款利息将取得的贷款资金转借给他人。行为人实施转贷行为,大多是将从银行取得的贷款投放到民间,如转借给个人、个体工商户或者小企业,并以借据、借条、借款协议等形式确立借贷关系。这些行为表现形式说明,后面发生的转贷大多数是民间借贷。也有些出借人将从银行取得的贷款,以投资、入股、联营的名义交给他人使用,不记股名,不承担风险,届时收回本金和取得高于贷款利率的回报，这种转贷实际上是变相的民间借贷行为。如果后来不可能发生民间借贷，转贷就没有市场和途径，那么发生高利转贷行为的概率就很低，甚至不可能发生。

二、高利转贷罪的构成要件

1. 主体要件

高利转贷的犯罪主体不是一般主体，而是特殊主体，即已获得金融机构贷款资金的个人或者单位，亦即金融机构贷款合同中的特定贷款人。如果没有向金融机构取得贷款资金，则不可能是贷款人，那么就不可能实施高利转贷行为。

2. 主观要件

本罪具有主观上的故意，且以牟利为目的。但在刑事上则须以“高利”为条件才能构成犯罪。高利转贷罪的主观故意有两个具体内容：一是故意虚构贷款用途，二是故意将取得的贷款转借给他人。贷款人在申请贷款时，没有虚构贷款用途，没有准备转贷，取得贷款后，因生产生活的客观原因发生变化，不再需要使用贷款，而将贷款转借给他人，且不以牟利为目的，这虽然违反借款合同约定的用途，但不构成高利转贷罪。

3. 客体要件

本罪侵犯的直接客体是贷款资金的管理秩序。为了维护信贷资金管理秩序，《贷款通则》明确规定，借款人申请贷款，应当具备产品有市场、生产经营有效益、不挤占挪用信贷资金、恪守信用等基本条件，禁止套取贷款相互借贷牟取非法收入。而高利转贷行为，虚构贷款用途，挪用信贷资金，违反贷款合同约定的用途，必将破坏信贷资金管理秩序。

4. 客观方面要件

本罪客观方面表现为已经实施转贷行为。本罪的构成，关键在于行为人在客观上已经实施高利转贷行为。借款人在申请贷款时，即使有虚构贷款用途和高利转贷意图，但后来没有实施高利转贷行为，也不构成本罪，所以本罪是结果犯，有高利转贷和非法获利行为的实际发生，并数额较大的，才能构成犯罪。

三、高利转贷罪的追诉标准

关于高利转贷罪的追诉标准问题,《最高人民检察院、公安部关于公安机关管辖的刑事案件立案追诉标准的规定(二)》第 26 条规定,以转贷牟利为目的,套取金融机构信贷资金高利转贷他人,涉嫌下列情形之一的,应予立案追诉:

(1)高利转贷,违法所得数额在 10 万元以上的;

(2)虽未达到上述数额标准,但两年内因高利转贷受过行政处罚 2 次以上,又高利转贷的。

从这条规定中可以看出,因高利转贷罪的构成以牟利为目的为要件,故以违法所得为追诉标准,至于以受过行政处罚次数为标准追诉的,则是情节严重问题。

四、高利转贷罪的量刑处罚

根据《刑法》第 175 条的规定,行为人犯高利转贷罪的,视违法所得数额大小承担不同的刑事责任:违法所得数额较大的(上述追诉标准),处 3 年以下有期徒刑或者拘役,并处违法所得 1 倍以上 5 倍以下罚金;违法所得数额巨大的,处 3 年以上 7 年以下有期徒刑,并处违法所得 1 倍以上 5 倍以下罚金。单位犯前款罪的,对单位判处罚金,并对其直接负责的主管人员和其他直接责任人员,处 3 年以下有期徒刑或者拘役。

关于高利转贷罪"违法所得数额巨大"问题,各地高级人民法院有规定的,应当执行其规定。例如,四川省高级人民法院规定,高利转贷"数额巨大",是指个人违法所得在 20 万元以上,单位违法所得在 100 万元以上。

案例 11 - 4

☞ 案情简介

2013 年 4 月 23 日,李某某以购买钢材的名义从平顶山市 × × 区农村信用合作联社(以下简称信用社)贷款 100 万元,该笔贷款以受托支付的方式发放到 × × 商贸公司账户,× × 商贸公司又将该笔贷款存入李某某的账户。2013 年 4 月 27 日,李某某将该 100 万元贷款中的 70 万元外加自筹资金出借给庆某,约定月息 5 分。2013 年 5 月至 11 月,李某某向信用社支付贷款利息 55,426 元,李某某收取庆某利息 245,000 元。李某某通过转贷获利共计 189,574 元。

2018 年 11 月 26 日,李某某经电话通知后主动到区公安局接受调查。

☞ **公诉指控**

2019 年 8 月 16 日,卫东区检察院向卫东区法院起诉,指控被告人李某某犯高利转贷罪。公诉机关认为,李某某的行为已构成高利转贷罪,根据《刑法》第 175 条之规定,请求依法判处。

被告人李某某对公诉机关指控的犯罪事实无异议,但辩称:(1)该案已过诉讼追诉时效;(2)公诉机关的指控事实不清,非法所得数额错误。

李某某辩护人对公诉机关指控李某某犯高利转贷罪无异议,但辩称:(1)本案情节显著轻微;(2)李某某没有实际获利,没有造成损害后果;(3)李某某构成自首;(4)本案已过追诉时效。请求合议庭对李某某判处免予刑事处罚。

☞ **法院判决**

卫东区人民法院认为,被告人李某某以转贷牟利为目的,套取金融机构信贷资金高利转贷他人,违法所得数额较大,其行为已构成高利转贷罪。公诉机关指控李某某的犯罪事实清楚,证据确实充分,予以支持。

被告人李某某及其辩护人辩称,李某某没有实际获利的辩护意见。经查,综合本案已经当庭质证并采信的证人庆某、李某的证言及李某某诉庆某民间借贷案民事卷宗材料、银行账户明细等证据,可以证实李某某与庆某约定借款利息及庆某向李某某连续支付利息的事实,故该辩护意见不予采纳。

李某某及其辩护人辩称,本案已过追诉时效的辩护意见。经查,根据李某某犯高利转贷罪的法定最高刑及本案的立案时间,本案未过追诉时效,应当追究李某某的刑事责任,故辩护人的该辩护意见不予采纳。

辩护人辩称李某某构成自首的辩护意见。经查,李某某经传唤到案,且当庭如实供述主要犯罪事实,是自首,可以依法从轻处罚。

卫东区人民法院根据《刑法》第 175 条第 1 款、第 67 条第 1 款、第 52 条、第 53 条、第 64 条之规定,判决如下:

1. 被告人李某某犯高利转贷罪,判处有期徒刑 1 年 2 个月,并处罚金人民币 40 万元。

2. 被告人李某某非法所得的189,574元人民币依法予以追缴。

[根据平顶山市卫东区人民法院(2019)豫0403刑初322号刑事判决书编写]

ESSENTIAL

6

要点 6

非法经营罪

从融资规则来看，既然有吸收存款，通常也就有发放贷款，如行为人吸收公众存款主要是为了将吸收的资金又发放出去从中谋取利益。然而，《刑法》有非法吸收公众存款罪和非法经营罪的规定，而没有“非法放贷罪”的规定。那么，非法放贷犯罪又如何定罪处罚？

一、非法放贷犯罪的司法解释和法律依据

《最高人民法院、最高人民检察院、公安部、司法部关于办理非法放贷刑事案件若干问题的意见》（自 2019 年 10 月 21 日起施行，以下简称《两高两部非法放贷意见》）专门就非法放贷犯罪作出规定。该意见出台后，司法实践也就出现了“非法放贷罪”，其意是指违反国家规定，未经监管部门批准，或者超越经营范围，以营利为目的，经常性地向社会不特定对象发放贷款，扰乱金融市场秩序，情节严重的行为。我们认为，根据罪名法定原则，罪名由刑法分则规定，《两高两部非法放贷意见》虽有“非法放贷刑事案件”之说，但其作为司法解释是无权确定罪名的，所以，该意见又指出非法放贷刑事案件“依照刑法第二百二十五条第（四）项的规定，以非法经营罪定罪处罚”。由此可见，非法放贷犯罪尚不可单独成为非法放贷罪，而应行为作为一种非法经营行为，适用《刑法》第 225 条的规定以非法经营罪定性处罚。

《刑法》第225条规定:“违反国家规定,有下列非法经营行为之一,扰乱市场秩序,情节严重的,处五年以下有期徒刑或者拘役,并处或者单处违法所得一倍以上五倍以下罚金;情节特别严重的,处五年以上有期徒刑,并处违法所得一倍以上五倍以下罚金或者没收财产:(一)未经许可经营法律、行政法规规定的专营、专卖物品或者其他限制买卖的物品的;(二)买卖进出口许可证、进出口原产地证明以及其他法律、行政法规规定的经营许可证或者批准文件的;(三)未经国家有关主管部门批准非法经营证券、期货、保险业务的,或者非法从事资金支付结算业务的;(四)其他严重扰乱市场秩序的非法经营行为。”《两高两部非法放贷意见》显然将非法放贷犯罪行为作为“其他严重扰乱市场秩序的非法经营行为”看待,故明确规定非法放贷犯罪“依照刑法第二百二十五条第(四)项的规定,以非法经营罪定罪处罚”。

二、关于向特定、不特定对象放贷的问题

根据《两高两部非法放贷意见》第1条之规定,以非法经营罪定罪处罚的非法放贷犯罪具有以下几个特征:一是违法性,即违反国家规定,未经监管部门批准,或者超越经营范围从事放贷业务;二是营利性,即以营利为目的从事放贷业务;三是经常性,即经常性地向社会不特定对象发放贷款,扰乱了金融市场秩序;四是严重性,即情节严重。

非法放贷犯罪与集资诈骗罪、高利转贷罪、非法吸收公众存款罪比较,其突出的特征是“经常性地向社会不特定对象发放贷款”。那么,如何理解“经常性地向社会不特定对象发放贷款”?《两高两部非法放贷意见》第1条第2款规定“是指2年内向不特定多人(包括单位和个人)以借款或其他名义出借资金10次以上”。

不特定对象通常是指社会公众,因此,《两高两部非法放贷意见》第4条规定,仅向亲友、单位内部人员等特定对象出借资金,不得以非法放贷为由作为非法经营定罪处罚。但该条又规定,具有下列情形之一的,定罪量刑时应当与向不特定对象非法放贷的行为一并处理:

(1)“通过亲友、单位内部人员等特定对象向不特定对象发放贷款的。”这里的“亲友”包括近亲属的父母、配偶、子女、同胞兄弟姐妹,也包括其他亲属或者同事、朋友等。譬如,兄通过其妹向社会公众出借资金,公司通过员工向社会公众发放贷款,这里“妹”是“兄”的特定对象,“员工”是“公司”的

特定对象，两者之间资金往来不构成非法经营，但通过这些特定对象向不特定的社会公众出借资金，只是手段变一下，而非法放贷性质不变，故应纳入非法经营罪一并处理。

(2)“以发放贷款为目的，将社会人员吸收为单位内部人员，并向其发放贷款的。”如行为人为了发放贷款而设立担保公司，吸收社会需要借款的人员为其担保公司的担保成员，然后向其提供借款资金。担保公司只能经营担保义务，没有放贷资格，其将社会需要借款的人员吸收为担保成员，企图通过这种方法使借款人成为“内部人员”，企图使放贷行为合法化，但其实质仍为向不特定对象放贷。

(3)“向社会公开宣传，同时向不特定多人和亲友、单位内部人员等特定对象发放贷款的。”在非法放贷活动中，借款人既有特定的亲友、单位内部人员又有不特定社会公众，这种情况很多。在此情况下，不少非法放贷行为人和辩护律师认为，在非法放贷的本金数额和人员数量中，应当减去亲友、单位内部人员等特定对象的金额和人数。但根据《两高两部非法放贷意见》第4 条的上述规定，在非法放贷营的定罪量刑时，就向特定的亲友、单位内部人员非法放贷应当与向不特定对象非法放贷的行为一并处理，故上述申辩意见是不成立的。

三、非法放贷“情节严重”的认定

“经常性地向社会不特定对象发放贷款”是非法放贷犯罪的构成要件之一，但非法放贷犯罪同时还需以“情节严重”为要件。也就是说，行为人虽然“经常性地向社会不特定对象发放贷款”，但情节不严重的，不构成犯罪。那么，如何认定“情节严重”？

《两高两部非法放贷意见》第 2 条规定，以超过 36% 的实际年利率实施非法放贷行为，具有下列情形之一的，属于《刑法》第 225 条规定的“情节严重”。据此，非法放贷情节严重的一般认定规则是：实际年利率超过“合同成立时一年期贷款市场报价利率四倍”，且放贷数额、获利数额、放贷人数达到一定数额标准。

《两高两部非法放贷意见》第 2 条规定“情节严重”的放贷数额、获利数额、放贷人数的具体标准如下：

(1)个人非法放贷数额累计在 200 万元以上，单位非法放贷数额累计在

1000 万元以上;

(2)个人违法所得数额累计在 80 万元以上,单位违法所得数额累计在 400 万元以上;

(3)个人非法放贷对象累计在 50 人以上,单位非法放贷对象累计在 150 人以上;

(4)造成借款人或者其近亲属自杀、死亡或者精神失常等严重后果。

此外,根据《两高两部非法放贷意见》第 3 条的规定,2 年内因实施非法放贷行为受过行政处罚 2 次以上的,亦为情节严重。

现在需要注意的是,原《最高院民间借贷规定》关于 36% 年利率的规定已经被取消,在新《最高院民间借贷规定》施行后不再适用,故在新《最高院民间借贷规定》施行后,应当以新《最高院民间借贷规定》第 26 条规定的“超过合同成立时一年期贷款市场报价利率四倍”的实际年利率为准。

四、非法放贷“情节特别严重”的认定

《两高两部非法放贷意见》第 2 条规定,具有下列情形之一的,属于《刑法》第 225 条规定的“情节特别严重”:

(1)个人非法放贷数额累计在 1000 万元以上,单位非法放贷数额累计在 5000 万元以上;

(2)个人违法所得数额累计在 400 万元以上,单位违法所得数额累计在 2000 万元以上;

(3)个人非法放贷对象累计在 250 人以上,单位非法放贷对象累计在 750 人以上;

(4)造成多名借款人或者其近亲属自杀、死亡或者精神失常等特别严重后果。

此外,根据《两高两部非法放贷意见》第 3 条的规定,行为人以超过 72%(现应为新《最高院民间借贷规定》的利率上限的 2 倍以上)的实际年利率实施非法放贷行为 10 次以上的,亦为情节特别严重。

五、关于本金和违法所得的认定

因非法放贷数额和违法所得数额是否构成犯罪以及罪轻还是罪重的事实依据,故在司法实践中必须有一个正确的认定方法。为此,《两高两部非

法放贷意见》第 5 条规定：

（1）“非法放贷数额应当以实际出借给借款人的本金金额认定。非法放贷行为人以介绍费、咨询费、管理费、逾期利息、违约金等名义和以从本金中预先扣除等方式收取利息的，相关数额在计算实际年利率时均应计入。”据此，非法放贷数额有两个部分组成，一是非法放贷本金数额，二是利息、介绍费、咨询费、管理费、逾期利息、违约金等。两者合计为非法放贷数额，如果构成犯罪的，该非法放贷数额为犯罪数额。

（2）“非法放贷行为人实际收取的除本金之外的全部财物，均应计入违法所得。”刑法上的违法所得是指犯罪分子违法所得的一切财物。根据《刑法》第 225 条的规定，违法所得是计算罚金的依据，故违法所得的认定必须准确，否则，罚金数额就会出现错误。非法放贷中的本金不是违法所得，故违法所得不应有本金数额，而利息、介绍费、咨询费、管理费、逾期利息、违约金等属于违法所得。违法所得如果不是金钱而是财物的，应当予以没收。

（3）“非法放贷行为未经处理的，非法放贷次数和数额、违法所得数额、非法放贷对象数量等应当累计计算。”非法放贷行为已经依法处理的，相应的放贷次数和数额、违法所得数额、非法放贷对象数量等不能再累计计算，而应减去，如非法放贷行为人在案发前已经退还的利息，在案发后应当不再计入违法所得。

六、与相关犯罪、衍生犯罪关系的处理

非法放贷的行为人利用银行贷款、自由资金或者吸储的民间资金进行非法放贷活动，如果同时实施擅自设立金融机构、高利转贷、非法吸收公众存款等行为侵害金融管理秩序，而且为了实现非法债权，还会圈养一些黑恶势力，衍生出非法拘禁、故意伤害、寻衅滋事等诸多暴力讨债的犯罪行为，严重影响公民的生命安全。为此，《两高两部非法放贷意见》在规定非法放贷犯罪的同时，还就非法放贷犯罪与相关犯罪、衍生犯罪的关系的处理作出了如下规定：

（1）“为从事非法放贷活动，实施擅自设立金融机构、套取金融机构资金高利转贷、骗取贷款、非法吸收公众存款等行为，构成犯罪的，应当择一重罪处罚。”这是法定择一重罪。也就是说，以非法放贷为目的实施擅自设立金融机构、高利转贷、骗取贷款、非法吸收公众存款等行为构成犯罪的，法律规

定不能数罪并罚,而只能选择其中的一个重罪进行量刑判决。

(2)“为强行索要因非法放贷而产生的债务,实施故意杀人、故意伤害、非法拘禁、故意毁坏财物、寻衅滋事等行为,构成犯罪的,应当数罪并罚。”非法放贷本为经济秩序类犯罪,当非法放贷行为人为强行索要债务,故意侵犯公民人身权利,就有可能衍生不同类型、不同性质的犯罪,在此情况下,应当数罪并罚,而不适用择一重罪。

(3)“纠集、指使、雇佣他人采用滋扰、纠缠、哄闹、聚众造势等手段强行索要债务,尚不单独构成犯罪,但实施非法放贷行为已构成非法经营罪的,应当按照非法经营罪的规定酌情从重处罚。”这是从重处罚的规定,即非法放贷行为人为了强行索要债务,对这些不单独构成犯罪的纠集、指使、雇佣他人采用滋扰、纠缠、哄闹、聚众造势等手段作为从重情节,对非法放贷行为人的非法经营罪进行从重处罚。

(4)“非法放贷行为人有组织地非法放贷,同时又有其他违法犯罪活动,符合黑社会性质组织或者恶势力、恶势力犯罪集团认定标准的,应当分别按照黑社会性质组织或者恶势力、恶势力犯罪集团侦查、起诉、审判。”黑恶势力非法放贷的,据以认定“情节严重”“情节特别严重”的非法放贷数额、违法所得数额、非法放贷对象数量起点标准,可以分别按照《两高两部非法放贷意见》第 2 条规定中相应数额、数量标准的 50% 确定;同时具有本意见第 3 条第 1 款规定情形的,可以分别按照相应数额、数量标准的 40% 确定。

七、关于《两高两部非法放贷意见》的溯及力问题

《两高两部非法放贷意见》第 8 条规定:“本意见自 2019 年 10 月 21 日起施行。对于本意见施行前发生的非法放贷行为,依照最高人民法院《关于准确理解和适用刑法中‘国家规定’的有关问题的通知》(法发〔2011〕155 号)的规定办理。”这是该意见的溯及力规定。

据此,非法放贷行为发生在《两高两部非法放贷意见》施行之前,我国法律并未将该类行为认定为犯罪行为,故不适用《刑法》定罪处罚,但根据最高人民法院《关于准确理解和适用刑法中“国家规定”的有关问题的通知》第 3 条“各级人民法院审理非法经营范围案件,要依法严格把握刑法第二百二十五条第(四)的适用范围。对被告人的行为是否属于刑法第二百二十五条第(四)规定的‘其他严重扰乱市场秩序的非法经营行为’,有关司法解释未作

明确规定的，应当作为法律适用问题，逐级向最高人民法院请示”之规定，法院认定非法放贷行为属于“其他严重扰乱市场秩序的非法经营行为”的前提是司法解释已作出明确规定。现《两高两部非法放贷意见》已经明确规定非法放贷刑事案件“依照刑法第二百二十五条第（四）项的规定，以非法经营罪定罪处罚”，故该意见于2019年10月21日施行后，非法放贷犯罪应当作为非法经营罪定罪处罚。

案例11－5

自2018年8月起，孙某某等人在××公馆室内，未经监管部门批准，以营利为目的，以超过36%的实际年利率，经常性地向社会不特定对象发放贷款。其间，孙某某等人通过购买等途径非法获取公民个人信息数据共计一万余条用以联络放贷对象。2019年10月29日，公安人员在现场查获并扣押犯罪工具电脑、“电销神器”等物。经查，2019年10月21日至同月28日，被告人孙某某等人共向100余名对象发放贷款200余笔，发放贷款金额达48万余元。2019年11月22日，孙某某被抓获并刑事拘留，同年12月20日被逮捕。

2020年3月20日瓯海区检察院向瓯海区法院起诉，指控被告人孙某某犯非法经营罪、侵犯公民个人信息罪。同日，孙某某在律师见证下签署《认罪认罚具结书》。

瓯海区人民法院认为，被告人孙某某违反国家规定，未经监管部门批准，结伙以营利为目的，经常性地向不特定对象发放贷款，扰乱金融市场秩序，情节严重；同时违反国家规定，结伙获取公民个人信息，情节严重，其行为已分别构成非法经营罪、侵犯公民个人信息罪。公诉机关指控的罪名均成立。被告人孙某某犯数罪，应当数罪并罚。被告人孙某某有坦白情节并自愿认罪认罚，结合本案实际情况，予以从轻处罚，辩护人就此提出的相关意见予以采纳；鉴于本案的犯罪情节，对被告人孙某某不宜宣告缓刑，辩护人就此提出的相关意见不予采纳。瓯海区人民法院依照《刑法》第225条、第253条之一第1款和第3款、第25条第1款、第69条、第67条第3款、第64条及《刑事诉讼法》第15条之规定，判决如下：

1. 被告人孙某某犯非法经营罪，判处有期徒刑1年6个月，并处罚金80,000元；犯侵犯公民个人信息罪，判处有期徒刑7个月，并处罚金7000

元;数罪并罚,决定执行有期徒刑1年10个月,并处罚金87,000元。

2. 本案涉及的发放贷款48万元予以没收,上缴国库。

3. 本案缴获的犯罪工具电脑、"电销神器"等物(扣押于公安机关)予以没收。

[根据温州市瓯海区人民法院(2020)浙0304刑初210号刑事判决书编写]

案例11-6

☞ 案情简介

2014年起,陈某某、韩某某以个人名义发放高利贷。2016年3月,陈某某、韩某某、魏某某、俞某等人注册成立了××商务公司,由俞某担任法定代表人,并租借办公用房从事高利贷业务。根据约定,陈某某、韩某某、魏某某各抽取高利贷业务盈利的30%作为提成,俞某抽取盈利的10%作为提成。朱某、徐某某、葛某某及陈某(另案处理)作为业务员,按月领取工资报酬。

事件1:2016年4月25日上午,许某某向陈某某等人借款20万元并承诺当日还款。当日13时许,俞某将20万元汇入许某某银行账户后,跟随许某某以确保其还款。在得知许某某当日无法归还上述钱款后,陈某某纠集韩某某、朱某、徐某某、葛某某及陈某至××路处向许某某讨要钱款未果,于18时许将许某某强行带至魏某某登记开房的酒店房间,在车上,陈某某、徐某某殴打许某某并言语威胁。后陈某某、韩某某、魏某某、俞某、朱某、徐某某、陈某在该房间内对许某某实施看管,陈某某向许某某讨要当日欠款20万元及所谓此前所欠本息合计60余万元。其间,陈某某、徐某某殴打许某某。许某某被迫通过家人筹集钱款,并陆续以银行、支付宝、微信转账及取现等方式,直至次日凌晨归还陈某某等人20.5万元。随后,陈某某、韩某某又以许某某仍欠陈某某、韩某某本金及利息合计60万元未还为由,要求许某某在4月26日中午前支付60万元结清债务。2016年4月26日凌晨0时40分许,陈某某、朱某、徐某某等人驾车将许某某押送至许某某父亲住处,陈某某、朱某等人继续向许某某父亲强行索要60万元。许某某及其父亲被迫同意后,陈某某等人才将许某某放行。当日上午,陈某某伙同朱某、俞某继续向许某某索要上述钱款,许某某被迫筹集60万元并以现金和转账方式支付给陈某某等人,其中韩某某分得18万元。后陈某某等人表示已经与许某某结清债务并归还了所有欠条。同年5月,陈某某、韩某某、魏某某、俞某、朱某、葛某某等人赴泰国旅游期间,因对许某某上月为陈某某等人订购的泰国旅游行程不满,经共同商议,以葛某某留存的一张本应归还许某某的20万元借条,再次对许某某实施敲诈勒索。同月17日,陈某某指使朱某打电话给许某某,以持有该借条为由向许某某勒索钱款。许某某被迫于同月20日、24日通过转账向俞某、朱某的账户支付7万元,后葛某某受陈某某指使将该借条归还给许某某。

事件2:2016年4月18日,吕某某到××商务公司,提供身份证、户口簿、结婚证、个人房屋产权调查等材料欲借款15万元,吕某某写下借款25万元的借条、签订个人借款合同后,由俞某和徐某某带至银行走账。后陈某某、韩某某等人发现吕某某隐瞒房屋已有抵押的情况并未放款。朱某、徐某某还对吕某某实施殴打,其中徐某某持电击器殴打吕某某。当晚,陈某某、韩某某、朱某、俞某、魏某某、徐某某共同商议,由朱某和韩某某先后电话联系吕某某,以持有借条和相关证件、资料等向吕某某勒索钱款4万元,后吕某某并未支付相关钱款。同年6月,陈某某向韩某某、魏某某、俞某等人提议,欲委托律师向法院提起民事诉讼,逼迫吕某某还款。律师曹某某在明知吕某某遭受殴打但实际并未借得任何钱款的情况下,仍接受陈某某、俞某的委托,篡改个人借款合同中的借款地点,并于同月27日以虚构的吕某某借得25万元且未归还的事实,向静安区法院提起民事诉讼并申请诉讼保全,要求吕某某赔偿本金25万元及相应利息。同年7月14日,静安区法院作出裁定,冻结吕某某名下银行存款25万元,不足部分则查封、扣押其相应价值的财产。同年8月8日,静安区法院开庭审理该案。庭审中,曹某某作为俞某的委托代理人,虚构吕某某向俞某借款25万元的事实,并在举证环节向法庭提供虚假证据。同年9月8日,曹某某在得知陈某某等人被采取强制措施的情况下向静安区法院申请撤诉及解除诉讼保全。

事件3:2016年4月11日,姜某某××商务公司借款,实际借得28.8万元,但写下借款70万元借条并签订个人借款合同,姜某某于次月归还2万元。同年6月,陈某某向韩某某、魏某某、俞某等人提议,欲委托律师通过诉讼、查封房产等方式逼迫姜某某还款。曹某某在明知姜某某实际借款与借条、合同金额明显不符的情况下,仍接受陈某某、俞某等人的委托,篡改个人借款合同中的借款地点,并于同月27日,以捏造的姜某某借款70万元的事实,向静安区法院提起民事诉讼并申请诉讼保全,要求姜某某赔偿本金70万元及相应利息。同年7月14日,静安区法院作出裁定,冻结姜某某名下银行存款70万元,不足部分则查封、扣押其相应价值的财产。同年8月8日,静安区法院开庭审理该案。庭审中,曹某某作为俞某的委托代理人,在法庭中隐瞒姜某某实际借款28.8万元并已归还2万元,虚构姜某某向俞某借款70万元且未归还的事实,并在举证环节向法庭提供虚假证据。同年9月8日,曹某某在得知陈某某等人被采取强制措施的情况下向静安区法院申请撤诉及解除诉讼保全。

事件4:2014年8月26日、27日,李某向陈某某、韩某某借款5万元,但应二人要求写下借款10万元借条。同年8月至11月,李某应陈某某、韩某某要求向二人还款6.3万元。2015年1月12日,陈某某、韩某某明知李某实际借款5万元,仍虚构李某向其借款10万元未归还的事实,向虹口区法院提起民事诉讼。同年4月29日,虹口区法院作出一审判决,判决李某返还陈某某本金10万元及相应利息、律师服务费等。李某提出上诉,后因未缴纳诉讼费按撤诉处理,一审判决已生效,但李某并未履行该判决。

2016年9月1日、2日,公安人员先后将陈某某、韩某某、魏某某、朱某、俞某、徐某某、葛某某抓获,同时查获手铐、电击器、催泪喷射器、甩棍、个人借贷合同、借条、收据、身份证件、钱款等物品;同月28日,公安人员将曹某某抓获。

☞ **双方控辩**

静安区检察院分别以非法拘禁罪、敲诈勒索罪、诈骗罪对陈某某等8名被告人提起公诉。

被告人陈某某、韩某某、曹某某等人辩称:

陈某某、韩某某与许某某之间仅是民间借贷关系,没有非法占有目的,不属于套路贷,陈某某、韩某某不构成敲诈勒索罪;

在诉讼诈骗中,陈某某、韩某某对被害人向法院提起诉讼的目的是取回本金,并不是非法占有虚高的借款金额,不构成诈骗罪;

曹某某不具有非法占有他人财物的故意,仅是充当了诉讼代理人的角色,不构成诈骗罪,对曹某某应当以虚假诉讼罪论处;曹某某既不是××商务公司的法律顾问,也不参与××商务公司日常经营放贷管理活动,对其代理的两起民事诉讼也未向陈某某保证胜诉,在共同犯罪中系从犯;曹某某在公安机关尚未调查他涉嫌的两起民事诉讼的情况下，主动提出撤诉，并有效制止了犯罪结果的发生，具有主动性和自愿性，应当认定为犯罪中止。

☞一审判决

静安区人民法院于2017年8月28日作出刑事判决：

1. 被告人陈某某犯非法拘禁罪，判处有期徒刑1年；犯敲诈勒索罪，判处有期徒刑11年，并处罚金人民币22万元；犯诈骗罪，判处有期徒刑6年，并处罚金人民币12万元；决定执行有期徒刑16年，并处罚金人民币34万元；

2. 被告人韩某某犯非法拘禁罪，判处有期徒刑1年；犯敲诈勒索罪，判处有期徒刑10年，并处罚金人民币20万元；犯诈骗罪，判处有期徒刑5年，并处罚金人民币10万元；决定执行有期徒刑14年，并处罚金人民币30万元；

3. 被告人魏某某犯非法拘禁罪，判处有期徒刑9个月；犯敲诈勒索罪，判处有期徒刑4年，并处罚金人民币8万元；犯诈骗罪，判处有期徒刑4年，并处罚金人民币8万元；决定执行有期徒刑6年，并处罚金人民币16万元；

4. 被告人俞某犯非法拘禁罪，判处有期徒刑9个月；犯敲诈勒索罪，判处有期徒刑5年6个月，并处罚金人民币11万元；犯诈骗罪，判处有期徒刑3年，并处罚金人民币6万元；决定执行有期徒刑6年，并处罚金人民币17万元；

5. 被告人朱某犯非法拘禁罪，判处有期徒刑9个月；犯敲诈勒索罪，判处有期徒刑5年，并处罚金人民币10万元；决定执行有期徒刑5年3个月，并处罚金人民币10万元；

6. 被告人徐某某犯非法拘禁罪，判处有期徒刑11个月；犯敲诈勒索罪，判处有期徒刑4年6个月，并处罚金人民币9万元；决定执行有期徒刑4年9个月，并处罚金人民币9万元；

7. 被告人葛某某犯敲诈勒索罪，判处有期徒刑2年，并处罚金人民币4万元；

8. 被告人曹某某犯诈骗罪，判处有期徒刑3年，并处罚金人民币6万元；

9. 责令退赔违法所得，发还被害人许某某；犯罪工具等予以追缴。

☞二审判决

一审宣判后，陈某某、韩某某、魏某某、俞某、朱某、葛某某、曹某某不服，向上海市第二中级人民法院提出上诉。

上海市第二中级人民法院认为：被告人陈某某、韩某某、魏某某、俞某、朱某、徐某某为索取债务非法拘禁他人,其行为均已构成非法拘禁罪。在许某某已向陈某某超额还款的情况下,陈某某等人单方面认定许某某还欠款67万元,通过非法拘禁、用留存的本应归还许某某的借条为要挟等手段,向许某某及亲属强行索要67万元。可见,陈某某等人具有以借款的名义实现非法占有被害人财产的目的,并且积极实施了威胁、要挟,强行索要钱款等行为,陈某某、韩某某、俞某、朱某、徐某某、魏某某、葛某某敲诈勒索他人财物,数额特别巨大,其行为均已构成敲诈勒索罪。陈某某、韩某某、魏某某、俞某、曹某某以非法占有为目的,以捏造的事实提起民事诉讼,企图通过恶意、虚假诉讼方式骗取他人财物,数额特别巨大,根据《刑法》第307条之一的规定,既符合虚假诉讼罪的构成要件,又构成诈骗罪的,依照处罚较重的规定定罪从重处罚,陈某某、韩某某、魏某某、俞某、曹某某的行为均已构成诈骗罪,依法应予从重惩处。对陈某某、韩某某、魏某某、俞某、朱某、徐某某予以数罪并罚。在诈骗犯罪中,陈某某、曹某某等人已经着手实行犯罪,因意志以外的原因而未得逞,系犯罪未遂,可以比照既遂犯从轻处罚。在诉讼诈骗中,曹某某身为律师,利用法律专业知识,与犯罪分子相勾结,妨害了正常的司法秩序,酌情予以从重处罚。

上海市第二中级人民法院于2017年12月26日作出裁定,驳回上诉,维持原判。

[根据上海市静安区人民法院(2017)沪0106刑初892号刑事判决书和上海市第二中级人民法院(2017)沪02刑终1182号刑事判决书编写]

附录:相关法律和司法解释

中华人民共和国民法典(节录)

(2020年5月28日第十三届全国人民代表大会第三次会议通过
2020年5月28日中华人民共和国主席令第四十五号公布
自2021年1月1日起施行)

第一编 总 则

第二章 自 然 人

第十三条 自然人从出生时起到死亡时止,具有民事权利能力,依法享有民事权利,承担民事义务。

第十四条 自然人的民事权利能力一律平等。

第十五条 自然人的出生时间和死亡时间,以出生证明、死亡证明记载的时间为准;没有出生证明、死亡证明的,以户籍登记或者其他有效身份登记记载的时间为准。有其他证据足以推翻以上记载时间的,以该证据证明的时间为准。

第十六条 涉及遗产继承、接受赠与等胎儿利益保护的,胎儿视为具有民事权利能力。但是,胎儿娩出时为死体的,其民事权利能力自始不存在。

第十七条 十八周岁以上的自然人为成年人。不满十八周岁的自然人为未成年人。

第十八条 成年人为完全民事行为能力人,可以独立实施民事法律行为。

十六周岁以上的未成年人,以自己的劳动收入为主要生活来源的,视为完全民事行为能力人。

第十九条 八周岁以上的未成年人为限制民事行为能力人,实施民事法律行为由其法定代理人代理或者经其法定代理人同意、追认;但是,可以独立实施纯获利益的民事法律行为或者与其年龄、智力相适应的民事法律行为。

第二十条 不满八周岁的未成年人为无民事行为能力人,由其法定代理人代理实施民事法律行为。

第二十一条 不能辨认自己行为的成年人为无民事行为能力人,由其法定代理人代理实施民事法律行为。

八周岁以上的未成年人不能辨认自己行为的,适用前款规定。

第二十二条 不能完全辨认自己行为的成年人为限制民事行为能力人,实施民事法律行为由其法定代理人代理或者经其法定代理人同意、追认;但是,可以独立实施纯获利益的民事法律行为或者与其智力、精神健康状况相适应的民事法律行为。

第二十三条 无民事行为能力人、限制民事行为能力人的监护人是其法定代理人。

第二十四条 不能辨认或者不能完全辨认自己行为的成年人,其利害关系人或者有关组织,可以向人民法院申请认定该成年人为无民事行为能力人或者限制民事行为能力人。

被人民法院认定为无民事行为能力人或者限制民事行为能力人的,经本人、利害关系人或者有关组织申请,人民法院可以根据其智力、精神健康恢复的状况,认定该成年人恢复为限制民事行为能力人或者完全民事行为能力人。

本条规定的有关组织包括:居民委员会、村民委员会、学校、医疗机构、妇女联合会、残疾人联合会、依法设立的老年人组织、民政部门等。

第六章 民事法律行为

第一节 一般规定

第一百三十三条 民事法律行为是民事主体通过意思表示设立、变更、终止民事法律关系的行为。

第一百三十四条 民事法律行为可以基于双方或者多方的意思表示一致成立,也可以基于单方的意思表示成立。

法人、非法人组织依照法律或者章程规定的议事方式和表决程序作出决议的,该决议行为成立。

第一百三十五条 民事法律行为可以采用书面形式、口头形式或者其他形式;法律、行政法规规定或者当事人约定采用特定形式的,应当采用特定形式。

第一百三十六条 民事法律行为自成立时生效,但是法律另有规定或者当事人另有约定的除外。

行为人非依法律规定或者未经对方同意,不得擅自变更或者解除民事法律行为。

第二节 意思表示

第一百三十七条 以对话方式作出的意思表示,相对人知道其内容时生效。

以非对话方式作出的意思表示,到达相对人时生效。以非对话方式作出的采用数据电文形式的意思表示,相对人指定特定系统接收数据电文的,该数据电文进入该特定系统时生效;未指定特定系统的,相对人知道或者应当知道该数据电文进入其系统时生效。当事人对采用数据电文形式的意思表示的生效时间另有约定的,按照其约定。

第一百三十八条 无相对人的意思表示,表示完成时生效。法律另有规定的,依照其规定。

第一百三十九条 以公告方式作出的意思表示,公告发布时生效。

第一百四十条 行为人可以明示或者默示作出意思表示。

沉默只有在有法律规定、当事人约定或者符合当事人之间的交易习惯时,才可以视为意思表示。

第一百四十一条 行为人可以撤回意思表示。撤回意思表示的通知应当在意思表示到达相对人前或者与意思表示同时到达相对人。

第一百四十二条 有相对人的意思表示的解释,应当按照所使用的词句,结合相关条款、行为的性质和目的、习惯以及诚信原则,确定意思表示的含义。

无相对人的意思表示的解释,不能完全拘泥于所使用的词句,而应当结合相关条款、行为的性质和目的、习惯以及诚信原则,确定行为人的真实意思。

第三节 民事法律行为的效力

第一百四十三条 具备下列条件的民事法律行为有效:

(一)行为人具有相应的民事行为能力;

(二)意思表示真实;

(三)不违反法律、行政法规的强制性规定,不违背公序良俗。

第一百四十四条 无民事行为能力人实施的民事法律行为无效。

第一百四十五条 限制民事行为能力人实施的纯获利益的民事法律行为或者与其年龄、智力、精神健康状况相适应的民事法律行为有效;实施的其他民事法律行为经法定代理人同意或者追认后有效。

相对人可以催告法定代理人自收到通知之日起三十日内予以追认。法定代理人未作表示的,视为拒绝追认。民事法律行为被追认前,善意相对人有撤销的权利。撤销应当以通知的方式作出。

第一百四十六条 行为人与相对人以虚假的意思表示实施的民事法律行为

无效。

以虚假的意思表示隐藏的民事法律行为的效力,依照有关法律规定处理。

第一百四十七条 基于重大误解实施的民事法律行为,行为人有权请求人民法院或者仲裁机构予以撤销。

第一百四十八条 一方以欺诈手段,使对方在违背真实意思的情况下实施的民事法律行为,受欺诈方有权请求人民法院或者仲裁机构予以撤销。

第一百四十九条 第三人实施欺诈行为,使一方在违背真实意思的情况下实施的民事法律行为,对方知道或者应当知道该欺诈行为的,受欺诈方有权请求人民法院或者仲裁机构予以撤销。

第一百五十条 一方或者第三人以胁迫手段,使对方在违背真实意思的情况下实施的民事法律行为,受胁迫方有权请求人民法院或者仲裁机构予以撤销。

第一百五十一条 一方利用对方处于危困状态、缺乏判断能力等情形,致使民事法律行为成立时显失公平的,受损害方有权请求人民法院或者仲裁机构予以撤销。

第一百五十二条 有下列情形之一的,撤销权消灭:

(一)当事人自知道或者应当知道撤销事由之日起一年内、重大误解的当事人自知道或者应当知道撤销事由之日起九十日内没有行使撤销权;

(二)当事人受胁迫,自胁迫行为终止之日起一年内没有行使撤销权;

(三)当事人知道撤销事由后明确表示或者以自己的行为表明放弃撤销权。

当事人自民事法律行为发生之日起五年内没有行使撤销权的,撤销权消灭。

第一百五十三条 违反法律、行政法规的强制性规定的民事法律行为无效。但是,该强制性规定不导致该民事法律行为无效的除外。

违背公序良俗的民事法律行为无效。

第一百五十四条 行为人与相对人恶意串通,损害他人合法权益的民事法律行为无效。

第一百五十五条 无效的或者被撤销的民事法律行为自始没有法律约束力。

第一百五十六条 民事法律行为部分无效,不影响其他部分效力的,其他部分仍然有效。

第一百五十七条 民事法律行为无效、被撤销或者确定不发生效力后,行为人因该行为取得的财产,应当予以返还;不能返还或者没有必要返还的,应当折价补偿。有过错的一方应当赔偿对方由此所受到的损失;各方都有过错的,应当各自承担相应的责任。法律另有规定的,依照其规定。

第四节　民事法律行为的附条件和附期限

第一百五十八条　民事法律行为可以附条件,但是根据其性质不得附条件的除外。附生效条件的民事法律行为,自条件成就时生效。附解除条件的民事法律行为,自条件成就时失效。

第一百五十九条　附条件的民事法律行为,当事人为自己的利益不正当地阻止条件成就的,视为条件已经成就;不正当地促成条件成就的,视为条件不成就。

第一百六十条　民事法律行为可以附期限,但是根据其性质不得附期限的除外。附生效期限的民事法律行为,自期限届至时生效。附终止期限的民事法律行为,自期限届满时失效。

第七章　代　　理

第一节　一 般 规 定

第一百六十一条　民事主体可以通过代理人实施民事法律行为。

依照法律规定、当事人约定或者民事法律行为的性质,应当由本人亲自实施的民事法律行为,不得代理。

第一百六十二条　代理人在代理权限内,以被代理人名义实施的民事法律行为,对被代理人发生效力。

第一百六十三条　代理包括委托代理和法定代理。

委托代理人按照被代理人的委托行使代理权。法定代理人依照法律的规定行使代理权。

第一百六十四条　代理人不履行或者不完全履行职责,造成被代理人损害的,应当承担民事责任。

代理人和相对人恶意串通,损害被代理人合法权益的,代理人和相对人应当承担连带责任。

第二节　委 托 代 理

第一百六十五条　委托代理授权采用书面形式的,授权委托书应当载明代理人的姓名或者名称、代理事项、权限和期限,并由被代理人签名或者盖章。

第一百六十六条　数人为同一代理事项的代理人的,应当共同行使代理权,但是当事人另有约定的除外。

第一百六十七条　代理人知道或者应当知道代理事项违法仍然实施代理行

为，或者被代理人知道或者应当知道代理人的代理行为违法未作反对表示的，被代理人和代理人应当承担连带责任。

第一百六十八条 代理人不得以被代理人的名义与自己实施民事法律行为，但是被代理人同意或者追认的除外。

代理人不得以被代理人的名义与自己同时代理的其他人实施民事法律行为，但是被代理的双方同意或者追认的除外。

第一百六十九条 代理人需要转委托第三人代理的，应当取得被代理人的同意或者追认。

转委托代理经被代理人同意或者追认的，被代理人可以就代理事务直接指示转委托的第三人，代理人仅就第三人的选任以及对第三人的指示承担责任。

转委托代理未经被代理人同意或者追认的，代理人应当对转委托的第三人的行为承担责任；但是，在紧急情况下代理人为了维护被代理人的利益需要转委托第三人代理的除外。

第一百七十条 执行法人或者非法人组织工作任务的人员，就其职权范围内的事项，以法人或者非法人组织的名义实施的民事法律行为，对法人或者非法人组织发生效力。

法人或者非法人组织对执行其工作任务的人员职权范围的限制，不得对抗善意相对人。

第一百七十一条 行为人没有代理权、超越代理权或者代理权终止后，仍然实施代理行为，未经被代理人追认的，对被代理人不发生效力。

相对人可以催告被代理人自收到通知之日起三十日内予以追认。被代理人未作表示的，视为拒绝追认。行为人实施的行为被追认前，善意相对人有撤销的权利。撤销应当以通知的方式作出。

行为人实施的行为未被追认的，善意相对人有权请求行为人履行债务或者就其受到的损害请求行为人赔偿。但是，赔偿的范围不得超过被代理人追认时相对人所能获得的利益。

相对人知道或者应当知道行为人无权代理的，相对人和行为人按照各自的过错承担责任。

第一百七十二条 行为人没有代理权、超越代理权或者代理权终止后，仍然实施代理行为，相对人有理由相信行为人有代理权的，代理行为有效。

第三节 代理终止

第一百七十三条 有下列情形之一的，委托代理终止：

(一)代理期限届满或者代理事务完成;

(二)被代理人取消委托或者代理人辞去委托;

(三)代理人丧失民事行为能力;

(四)代理人或者被代理人死亡;

(五)作为代理人或者被代理人的法人、非法人组织终止。

第一百七十四条 被代理人死亡后,有下列情形之一的,委托代理人实施的代理行为有效:

(一)代理人不知道且不应当知道被代理人死亡;

(二)被代理人的继承人予以承认;

(三)授权中明确代理权在代理事务完成时终止;

(四)被代理人死亡前已经实施,为了被代理人的继承人的利益继续代理。

作为被代理人的法人、非法人组织终止的,参照适用前款规定。

第一百七十五条 有下列情形之一的,法定代理终止:

(一)被代理人取得或者恢复完全民事行为能力;

(二)代理人丧失民事行为能力;

(三)代理人或者被代理人死亡;

(四)法律规定的其他情形。

第八章 民 事 责 任

第一百七十六条 民事主体依照法律规定或者按照当事人约定,履行民事义务,承担民事责任。

第一百七十七条 二人以上依法承担按份责任,能够确定责任大小的,各自承担相应的责任;难以确定责任大小的,平均承担责任。

第一百七十八条 二人以上依法承担连带责任的,权利人有权请求部分或者全部连带责任人承担责任。

连带责任人的责任份额根据各自责任大小确定;难以确定责任大小的,平均承担责任。实际承担责任超过自己责任份额的连带责任人,有权向其他连带责任人追偿。

连带责任,由法律规定或者当事人约定。

第一百七十九条 承担民事责任的方式主要有:

(一)停止侵害;

(二)排除妨碍;

(三)消除危险;

(四)返还财产;

(五)恢复原状;

(六)修理、重作、更换;

(七)继续履行;

(八)赔偿损失;

(九)支付违约金;

(十)消除影响、恢复名誉;

(十一)赔礼道歉。

法律规定惩罚性赔偿的,依照其规定。

本条规定的承担民事责任的方式,可以单独适用,也可以合并适用。

第一百八十条 因不可抗力不能履行民事义务的,不承担民事责任。法律另有规定的,依照其规定。

不可抗力是不能预见、不能避免且不能克服的客观情况。

第九章 诉讼时效

第一百八十八条 向人民法院请求保护民事权利的诉讼时效期间为三年。法律另有规定的,依照其规定。

诉讼时效期间自权利人知道或者应当知道权利受到损害以及义务人之日起计算。法律另有规定的,依照其规定。但是,自权利受到损害之日起超过二十年的,人民法院不予保护,有特殊情况的,人民法院可以根据权利人的申请决定延长。

第一百八十九条 当事人约定同一债务分期履行的,诉讼时效期间自最后一期履行期限届满之日起计算。

第一百九十条 无民事行为能力人或者限制民事行为能力人对其法定代理人的请求权的诉讼时效期间,自该法定代理终止之日起计算。

第一百九十一条 未成年人遭受性侵害的损害赔偿请求权的诉讼时效期间,自受害人年满十八周岁之日起计算。

第一百九十二条 诉讼时效期间届满的,义务人可以提出不履行义务的抗辩。

诉讼时效期间届满后,义务人同意履行的,不得以诉讼时效期间届满为由抗辩;义务人已经自愿履行的,不得请求返还。

第一百九十三条　人民法院不得主动适用诉讼时效的规定。

第一百九十四条　在诉讼时效期间的最后六个月内，因下列障碍，不能行使请求权的，诉讼时效中止：

（一）不可抗力；

（二）无民事行为能力人或者限制民事行为能力人没有法定代理人，或者法定代理人死亡、丧失民事行为能力、丧失代理权；

（三）继承开始后未确定继承人或者遗产管理人；

（四）权利人被义务人或者其他人控制；

（五）其他导致权利人不能行使请求权的障碍。

自中止时效的原因消除之日起满六个月，诉讼时效期间届满。

第一百九十五条　有下列情形之一的，诉讼时效中断，从中断、有关程序终结时起，诉讼时效期间重新计算：

（一）权利人向义务人提出履行请求；

（二）义务人同意履行义务；

（三）权利人提起诉讼或者申请仲裁；

（四）与提起诉讼或者申请仲裁具有同等效力的其他情形。

第一百九十六条　下列请求权不适用诉讼时效的规定：

（一）请求停止侵害、排除妨碍、消除危险；

（二）不动产物权和登记的动产物权的权利人请求返还财产；

（三）请求支付抚养费、赡养费或者扶养费；

（四）依法不适用诉讼时效的其他请求权。

第一百九十七条　诉讼时效的期间、计算方法以及中止、中断的事由由法律规定，当事人约定无效。

当事人对诉讼时效利益的预先放弃无效。

第一百九十八条　法律对仲裁时效有规定的，依照其规定；没有规定的，适用诉讼时效的规定。

第一百九十九条　法律规定或者当事人约定的撤销权、解除权等权利的存续期间，除法律另有规定外，自权利人知道或者应当知道权利产生之日起计算，不适用有关诉讼时效中止、中断和延长的规定。存续期间届满，撤销权、解除权等权利消灭。

第十章　期 间 计 算

第二百条　民法所称的期间按照公历年、月、日、小时计算。

第二百零一条 按照年、月、日计算期间的,开始的当日不计入,自下一日开始计算。

按照小时计算期间的,自法律规定或者当事人约定的时间开始计算。

第二百零二条 按照年、月计算期间的,到期月的对应日为期间的最后一日;没有对应日的,月末日为期间的最后一日。

第二百零三条 期间的最后一日是法定休假日的,以法定休假日结束的次日为期间的最后一日。

期间的最后一日的截止时间为二十四时;有业务时间的,停止业务活动的时间为截止时间。

第二百零四条 期间的计算方法依照本法的规定,但是法律另有规定或者当事人另有约定的除外。

第二编 物 权

第一分编 通 则

第二章 物权的设立、变更、转让和消灭

第一节 不动产登记

第二百零九条 不动产物权的设立、变更、转让和消灭,经依法登记,发生效力;未经登记,不发生效力,但是法律另有规定的除外。

依法属于国家所有的自然资源,所有权可以不登记。

第二百一十条 不动产登记,由不动产所在地的登记机构办理。

国家对不动产实行统一登记制度。统一登记的范围、登记机构和登记办法,由法律、行政法规规定。

第二百一十一条 当事人申请登记,应当根据不同登记事项提供权属证明和不动产界址、面积等必要材料。

第二百一十四条 不动产物权的设立、变更、转让和消灭,依照法律规定应当登记的,自记载于不动产登记簿时发生效力。

第二百一十五条 当事人之间订立有关设立、变更、转让和消灭不动产物权的合同,除法律另有规定或者当事人另有约定外,自合同成立时生效;未办理物权登记的,不影响合同效力。

第二百一十六条 不动产登记簿是物权归属和内容的根据。

不动产登记簿由登记机构管理。

第二百一十七条 不动产权属证书是权利人享有该不动产物权的证明。不动产权属证书记载的事项,应当与不动产登记簿一致;记载不一致的,除有证据证明不动产登记簿确有错误外,以不动产登记簿为准。

第二节 动产交付

第二百二十四条 动产物权的设立和转让,自交付时发生效力,但是法律另有规定的除外。

第二百二十五条 船舶、航空器和机动车等的物权的设立、变更、转让和消灭,未经登记,不得对抗善意第三人。

第二百二十六条 动产物权设立和转让前,权利人已经占有该动产的,物权自民事法律行为生效时发生效力。

第二百二十七条 动产物权设立和转让前,第三人占有该动产的,负有交付义务的人可以通过转让请求第三人返还原物的权利代替交付。

第二百二十八条 动产物权转让时,当事人又约定由出让人继续占有该动产的,物权自该约定生效时发生效力。

第四分编 担保物权

第十六章 一般规定

第三百八十六条 担保物权人在债务人不履行到期债务或者发生当事人约定的实现担保物权的情形,依法享有就担保财产优先受偿的权利,但是法律另有规定的除外。

第三百八十七条 债权人在借贷、买卖等民事活动中,为保障实现其债权,需要担保的,可以依照本法和其他法律的规定设立担保物权。

第三人为债务人向债权人提供担保的,可以要求债务人提供反担保。反担保适用本法和其他法律的规定。

第三百八十八条 设立担保物权,应当依照本法和其他法律的规定订立担保合同。担保合同包括抵押合同、质押合同和其他具有担保功能的合同。担保合同是主债权债务合同的从合同。主债权债务合同无效的,担保合同无效,但是法律另有规定的除外。

担保合同被确认无效后,债务人、担保人、债权人有过错的,应当根据其过错各自承担相应的民事责任。

第三百八十九条 担保物权的担保范围包括主债权及其利息、违约金、损害赔偿金、保管担保财产和实现担保物权的费用。当事人另有约定的,按照其约定。

第三百九十条 担保期间,担保财产毁损、灭失或者被征收等,担保物权人可以就获得的保险金、赔偿金或者补偿金等优先受偿。被担保债权的履行期限未届满的,也可以提存该保险金、赔偿金或者补偿金等。

第三百九十一条 第三人提供担保,未经其书面同意,债权人允许债务人转移全部或者部分债务的,担保人不再承担相应的担保责任。

第三百九十二条 被担保的债权既有物的担保又有人的担保的,债务人不履行到期债务或者发生当事人约定的实现担保物权的情形,债权人应当按照约定实现债权;没有约定或者约定不明确,债务人自己提供物的担保的,债权人应当先就该物的担保实现债权;第三人提供物的担保的,债权人可以就物的担保实现债权,也可以请求保证人承担保证责任。提供担保的第三人承担担保责任后,有权向债务人追偿。

第三百九十三条 有下列情形之一的,担保物权消灭:

(一)主债权消灭;

(二)担保物权实现;

(三)债权人放弃担保物权;

(四)法律规定担保物权消灭的其他情形。

第十七章 抵 押 权

第一节 一般抵押权

第三百九十四条 为担保债务的履行,债务人或者第三人不转移财产的占有,将该财产抵押给债权人的,债务人不履行到期债务或者发生当事人约定的实现抵押权的情形,债权人有权就该财产优先受偿。

前款规定的债务人或者第三人为抵押人,债权人为抵押权人,提供担保的财产为抵押财产。

第三百九十五条 债务人或者第三人有权处分的下列财产可以抵押:

(一)建筑物和其他土地附着物;

(二)建设用地使用权;

(三)海域使用权;

(四)生产设备、原材料、半成品、产品;

(五)正在建造的建筑物、船舶、航空器;

(六)交通运输工具;

（七）法律、行政法规未禁止抵押的其他财产。

抵押人可以将前款所列财产一并抵押。

第三百九十六条 企业、个体工商户、农业生产经营者可以将现有的以及将有的生产设备、原材料、半成品、产品抵押，债务人不履行到期债务或者发生当事人约定的实现抵押权的情形，债权人有权就抵押财产确定时的动产优先受偿。

第三百九十七条 以建筑物抵押的，该建筑物占用范围内的建设用地使用权一并抵押。以建设用地使用权抵押的，该土地上的建筑物一并抵押。

抵押人未依据前款规定一并抵押的，未抵押的财产视为一并抵押。

第三百九十八条 乡镇、村企业的建设用地使用权不得单独抵押。以乡镇、村企业的厂房等建筑物抵押的，其占用范围内的建设用地使用权一并抵押。

第三百九十九条 下列财产不得抵押：

（一）土地所有权；

（二）宅基地、自留地、自留山等集体所有土地的使用权，但是法律规定可以抵押的除外；

（三）学校、幼儿园、医疗机构等为公益目的成立的非营利法人的教育设施、医疗卫生设施和其他公益设施；

（四）所有权、使用权不明或者有争议的财产；

（五）依法被查封、扣押、监管的财产；

（六）法律、行政法规规定不得抵押的其他财产。

第四百条 设立抵押权，当事人应当采用书面形式订立抵押合同。

抵押合同一般包括下列条款：

（一）被担保债权的种类和数额；

（二）债务人履行债务的期限；

（三）抵押财产的名称、数量等情况；

（四）担保的范围。

第四百零一条 抵押权人在债务履行期限届满前，与抵押人约定债务人不履行到期债务时抵押财产归债权人所有的，只能依法就抵押财产优先受偿。

第四百零二条 以本法第三百九十五条第一款第一项至第三项规定的财产或者第五项规定的正在建造的建筑物抵押的，应当办理抵押登记。抵押权自登记时设立。

第四百零三条 以动产抵押的，抵押权自抵押合同生效时设立；未经登记，不得对抗善意第三人。

第四百零四条 以动产抵押的,不得对抗正常经营活动中已经支付合理价款并取得抵押财产的买受人。

第四百零五条 抵押权设立前,抵押财产已经出租并转移占有的,原租赁关系不受该抵押权的影响。

第四百零六条 抵押期间,抵押人可以转让抵押财产。当事人另有约定的,按照其约定。抵押财产转让的,抵押权不受影响。

抵押人转让抵押财产的,应当及时通知抵押权人。抵押权人能够证明抵押财产转让可能损害抵押权的,可以请求抵押人将转让所得的价款向抵押权人提前清偿债务或者提存。转让的价款超过债权数额的部分归抵押人所有,不足部分由债务人清偿。

第四百零七条 抵押权不得与债权分离而单独转让或者作为其他债权的担保。债权转让的,担保该债权的抵押权一并转让,但是法律另有规定或者当事人另有约定的除外。

第四百零八条 抵押人的行为足以使抵押财产价值减少的,抵押权人有权请求抵押人停止其行为;抵押财产价值减少的,抵押权人有权请求恢复抵押财产的价值,或者提供与减少的价值相应的担保。抵押人不恢复抵押财产的价值,也不提供担保的,抵押权人有权请求债务人提前清偿债务。

第四百零九条 抵押权人可以放弃抵押权或者抵押权的顺位。抵押权人与抵押人可以协议变更抵押权顺位以及被担保的债权数额等内容。但是,抵押权的变更未经其他抵押权人书面同意的,不得对其他抵押权人产生不利影响。

债务人以自己的财产设定抵押,抵押权人放弃该抵押权、抵押权顺位或者变更抵押权的,其他担保人在抵押权人丧失优先受偿权益的范围内免除担保责任,但是其他担保人承诺仍然提供担保的除外。

第四百一十条 债务人不履行到期债务或者发生当事人约定的实现抵押权的情形,抵押权人可以与抵押人协议以抵押财产折价或者以拍卖、变卖该抵押财产所得的价款优先受偿。协议损害其他债权人利益的,其他债权人可以请求人民法院撤销该协议。

抵押权人与抵押人未就抵押权实现方式达成协议的,抵押权人可以请求人民法院拍卖、变卖抵押财产。

抵押财产折价或者变卖的,应当参照市场价格。

第四百一十一条 依据本法第三百九十六条规定设定抵押的,抵押财产自下列情形之一发生时确定:

(一)债务履行期限届满,债权未实现;

(二)抵押人被宣告破产或者解散;

(三)当事人约定的实现抵押权的情形;

(四)严重影响债权实现的其他情形。

第四百一十二条 债务人不履行到期债务或者发生当事人约定的实现抵押权的情形,致使抵押财产被人民法院依法扣押的,自扣押之日起,抵押权人有权收取该抵押财产的天然孳息或者法定孳息,但是抵押权人未通知应当清偿法定孳息义务人的除外。

前款规定的孳息应当先充抵收取孳息的费用。

第四百一十三条 抵押财产折价或者拍卖、变卖后,其价款超过债权数额的部分归抵押人所有,不足部分由债务人清偿。

第四百一十四条 同一财产向两个以上债权人抵押的,拍卖、变卖抵押财产所得的价款依照下列规定清偿:

(一)抵押权已经登记的,按照登记的时间先后确定清偿顺序;

(二)抵押权已经登记的先于未登记的受偿;

(三)抵押权未登记的,按照债权比例清偿。

其他可以登记的担保物权,清偿顺序参照适用前款规定。

第四百一十五条 同一财产既设立抵押权又设立质权的,拍卖、变卖该财产所得的价款按照登记、交付的时间先后确定清偿顺序。

第四百一十六条 动产抵押担保的主债权是抵押物的价款,标的物交付后十日内办理抵押登记的,该抵押权人优先于抵押物买受人的其他担保物权人受偿,但是留置权人除外。

第四百一十七条 建设用地使用权抵押后,该土地上新增的建筑物不属于抵押财产。该建设用地使用权实现抵押权时,应当将该土地上新增的建筑物与建设用地使用权一并处分。但是,新增建筑物所得的价款,抵押权人无权优先受偿。

第四百一十八条 以集体所有土地的使用权依法抵押的,实现抵押权后,未经法定程序,不得改变土地所有权的性质和土地用途。

第四百一十九条 抵押权人应当在主债权诉讼时效期间行使抵押权;未行使的,人民法院不予保护。

第二节 最高额抵押权

第四百二十条 为担保债务的履行,债务人或者第三人对一定期间内将要连续发生的债权提供担保财产的,债务人不履行到期债务或者发生当事人约定的实现抵押权的情形,抵押权人有权在最高债权额限度内就该担保财产优先受偿。

最高额抵押权设立前已经存在的债权,经当事人同意,可以转入最高额抵押担保的债权范围。

第四百二十一条 最高额抵押担保的债权确定前,部分债权转让的,最高额抵押权不得转让,但是当事人另有约定的除外。

第四百二十二条 最高额抵押担保的债权确定前,抵押权人与抵押人可以通过协议变更债权确定的期间、债权范围以及最高债权额。但是,变更的内容不得对其他抵押权人产生不利影响。

第四百二十三条 有下列情形之一的,抵押权人的债权确定:

(一)约定的债权确定期间届满;

(二)没有约定债权确定期间或者约定不明确,抵押权人或者抵押人自最高额抵押权设立之日起满二年后请求确定债权;

(三)新的债权不可能发生;

(四)抵押权人知道或者应当知道抵押财产被查封、扣押;

(五)债务人、抵押人被宣告破产或者解散;

(六)法律规定债权确定的其他情形。

第四百二十四条 最高额抵押权除适用本节规定外,适用本章第一节的有关规定。

第十八章 质 权

第一节 动产质权

第四百二十五条 为担保债务的履行,债务人或者第三人将其动产出质给债权人占有的,债务人不履行到期债务或者发生当事人约定的实现质权的情形,债权人有权就该动产优先受偿。

前款规定的债务人或者第三人为出质人,债权人为质权人,交付的动产为质押财产。

第四百二十六条 法律、行政法规禁止转让的动产不得出质。

第四百二十七条 设立质权,当事人应当采用书面形式订立质押合同。

质押合同一般包括下列条款:

(一)被担保债权的种类和数额;

（二）债务人履行债务的期限；

（三）质押财产的名称、数量等情况；

（四）担保的范围；

（五）质押财产交付的时间、方式。

第四百二十八条 质权人在债务履行期限届满前，与出质人约定债务人不履行到期债务时质押财产归债权人所有的，只能依法就质押财产优先受偿。

第四百二十九条 质权自出质人交付质押财产时设立。

第四百三十条 质权人有权收取质押财产的孳息，但是合同另有约定的除外。

前款规定的孳息应当先充抵收取孳息的费用。

第四百三十一条 质权人在质权存续期间，未经出质人同意，擅自使用、处分质押财产，造成出质人损害的，应当承担赔偿责任。

第四百三十二条 质权人负有妥善保管质押财产的义务；因保管不善致使质押财产毁损、灭失的，应当承担赔偿责任。

质权人的行为可能使质押财产毁损、灭失的，出质人可以请求质权人将质押财产提存，或者请求提前清偿债务并返还质押财产。

第四百三十三条 因不可归责于质权人的事由可能使质押财产毁损或者价值明显减少，足以危害质权人权利的，质权人有权请求出质人提供相应的担保；出质人不提供的，质权人可以拍卖、变卖质押财产，并与出质人协议将拍卖、变卖所得的价款提前清偿债务或者提存。

第四百三十四条 质权人在质权存续期间，未经出质人同意转质，造成质押财产毁损、灭失的，应当承担赔偿责任。

第四百三十五条 质权人可以放弃质权。债务人以自己的财产出质，质权人放弃该质权的，其他担保人在质权人丧失优先受偿权益的范围内免除担保责任，但是其他担保人承诺仍然提供担保的除外。

第四百三十六条 债务人履行债务或者出质人提前清偿所担保的债权的，质权人应当返还质押财产。

债务人不履行到期债务或者发生当事人约定的实现质权的情形，质权人可以与出质人协议以质押财产折价，也可以就拍卖、变卖质押财产所得的价款优先受偿。

质押财产折价或者变卖的，应当参照市场价格。

第四百三十七条 出质人可以请求质权人在债务履行期限届满后及时行使

质权;质权人不行使的,出质人可以请求人民法院拍卖、变卖质押财产。

出质人请求质权人及时行使质权,因质权人怠于行使权利造成出质人损害的,由质权人承担赔偿责任。

第四百三十八条 质押财产折价或者拍卖、变卖后,其价款超过债权数额的部分归出质人所有,不足部分由债务人清偿。

第四百三十九条 出质人与质权人可以协议设立最高额质权。

最高额质权除适用本节有关规定外,参照适用本编第十七章第二节的有关规定。

第二节 权利质权

第四百四十条 债务人或者第三人有权处分的下列权利可以出质:

(一)汇票、本票、支票;

(二)债券、存款单;

(三)仓单、提单;

(四)可以转让的基金份额、股权;

(五)可以转让的注册商标专用权、专利权、著作权等知识产权中的财产权;

(六)现有的以及将有的应收账款;

(七)法律、行政法规规定可以出质的其他财产权利。

第四百四十一条 以汇票、本票、支票、债券、存款单、仓单、提单出质的,质权自权利凭证交付质权人时设立;没有权利凭证的,质权自办理出质登记时设立。法律另有规定的,依照其规定。

第四百四十二条 汇票、本票、支票、债券、存款单、仓单、提单的兑现日期或者提货日期先于主债权到期的,质权人可以兑现或者提货,并与出质人协议将兑现的价款或者提取的货物提前清偿债务或者提存。

第四百四十三条 以基金份额、股权出质的,质权自办理出质登记时设立。

基金份额、股权出质后,不得转让,但是出质人与质权人协商同意的除外。出质人转让基金份额、股权所得的价款,应当向质权人提前清偿债务或者提存。

第四百四十四条 以注册商标专用权、专利权、著作权等知识产权中的财产权出质的,质权自办理出质登记时设立。

知识产权中的财产权出质后,出质人不得转让或者许可他人使用,但是出质人与质权人协商同意的除外。出质人转让或者许可他人使用出质的知识产权中的财产权所得的价款,应当向质权人提前清偿债务或者提存。

第四百四十五条 以应收账款出质的,质权自办理出质登记时设立。

应收账款出质后,不得转让,但是出质人与质权人协商同意的除外。出质人转让应收账款所得的价款,应当向质权人提前清偿债务或者提存。

第四百四十六条 权利质权除适用本节规定外,适用本章第一节的有关规定。

第十九章 留 置 权

第四百四十七条 债务人不履行到期债务,债权人可以留置已经合法占有的债务人的动产,并有权就该动产优先受偿。

前款规定的债权人为留置权人,占有的动产为留置财产。

第四百四十八条 债权人留置的动产,应当与债权属于同一法律关系,但是企业之间留置的除外。

第四百四十九条 法律规定或者当事人约定不得留置的动产,不得留置。

第四百五十条 留置财产为可分物的,留置财产的价值应当相当于债务的金额。

第四百五十一条 留置权人负有妥善保管留置财产的义务;因保管不善致使留置财产毁损、灭失的,应当承担赔偿责任。

第四百五十二条 留置权人有权收取留置财产的孳息。

前款规定的孳息应当先充抵收取孳息的费用。

第四百五十三条 留置权人与债务人应当约定留置财产后的债务履行期限;没有约定或者约定不明确的,留置权人应当给债务人六十日以上履行债务的期限,但是鲜活易腐等不易保管的动产除外。债务人逾期未履行的,留置权人可以与债务人协议以留置财产折价,也可以就拍卖、变卖留置财产所得的价款优先受偿。

留置财产折价或者变卖的,应当参照市场价格。

第四百五十四条 债务人可以请求留置权人在债务履行期限届满后行使留置权;留置权人不行使的,债务人可以请求人民法院拍卖、变卖留置财产。

第四百五十五条 留置财产折价或者拍卖、变卖后,其价款超过债权数额的部分归债务人所有,不足部分由债务人清偿。

第四百五十六条 同一动产上已经设立抵押权或者质权,该动产又被留置的,留置权人优先受偿。

第四百五十七条 留置权人对留置财产丧失占有或者留置权人接受债务人另行提供担保的,留置权消灭。

第三编　合　　同

第一分编　通　　则

第一章　一 般 规 定

第四百六十三条　本编调整因合同产生的民事关系。

第四百六十四条　合同是民事主体之间设立、变更、终止民事法律关系的协议。

婚姻、收养、监护等有关身份关系的协议,适用有关该身份关系的法律规定;没有规定的,可以根据其性质参照适用本编规定。

第四百六十五条　依法成立的合同,受法律保护。

依法成立的合同,仅对当事人具有法律约束力,但是法律另有规定的除外。

第四百六十六条　当事人对合同条款的理解有争议的,应当依据本法第一百四十二条第一款的规定,确定争议条款的含义。

合同文本采用两种以上文字订立并约定具有同等效力的,对各文本使用的词句推定具有相同含义。各文本使用的词句不一致的,应当根据合同的相关条款、性质、目的以及诚信原则等予以解释。

第四百六十七条　本法或者其他法律没有明文规定的合同,适用本编通则的规定,并可以参照适用本编或者其他法律最相类似合同的规定。

在中华人民共和国境内履行的中外合资经营企业合同、中外合作经营企业合同、中外合作勘探开发自然资源合同,适用中华人民共和国法律。

第四百六十八条　非因合同产生的债权债务关系,适用有关该债权债务关系的法律规定;没有规定的,适用本编通则的有关规定,但是根据其性质不能适用的除外。

第二章　合同的订立

第四百六十九条　当事人订立合同,可以采用书面形式、口头形式或者其他形式。

书面形式是合同书、信件、电报、电传、传真等可以有形地表现所载内容的形式。

以电子数据交换、电子邮件等方式能够有形地表现所载内容,并可以随时调取查用的数据电文,视为书面形式。

第四百七十条 合同的内容由当事人约定,一般包括下列条款:

(一)当事人的姓名或者名称和住所;

(二)标的;

(三)数量;

(四)质量;

(五)价款或者报酬;

(六)履行期限、地点和方式;

(七)违约责任;

(八)解决争议的方法。

当事人可以参照各类合同的示范文本订立合同。

第四百八十三条 承诺生效时合同成立,但是法律另有规定或者当事人另有约定的除外。

第四百八十四条 以通知方式作出的承诺,生效的时间适用本法第一百三十七条的规定。

承诺不需要通知的,根据交易习惯或者要约的要求作出承诺的行为时生效。

第四百八十五条 承诺可以撤回。承诺的撤回适用本法第一百四十一条的规定。

第四百八十六条 受要约人超过承诺期限发出承诺,或者在承诺期限内发出承诺,按照通常情形不能及时到达要约人的,为新要约;但是,要约人及时通知受要约人该承诺有效的除外。

第四百八十七条 受要约人在承诺期限内发出承诺,按照通常情形能够及时到达要约人,但是因其他原因致使承诺到达要约人时超过承诺期限的,除要约人及时通知受要约人因承诺超过期限不接受该承诺外,该承诺有效。

第四百八十八条 承诺的内容应当与要约的内容一致。受要约人对要约的内容作出实质性变更的,为新要约。有关合同标的、数量、质量、价款或者报酬、履行期限、履行地点和方式、违约责任和解决争议方法等的变更,是对要约内容的实质性变更。

第四百八十九条 承诺对要约的内容作出非实质性变更的,除要约人及时表示反对或者要约表明承诺不得对要约的内容作出任何变更外,该承诺有效,合同的内容以承诺的内容为准。

第四百九十条 当事人采用合同书形式订立合同的,自当事人均签名、盖章或者按指印时合同成立。在签名、盖章或者按指印之前,当事人一方已经履行主要义务,对方接受时,该合同成立。

法律、行政法规规定或者当事人约定合同应当采用书面形式订立,当事人未采用书面形式但是一方已经履行主要义务,对方接受时,该合同成立。

第四百九十一条 当事人采用信件、数据电文等形式订立合同要求签订确认书的,签订确认书时合同成立。

当事人一方通过互联网等信息网络发布的商品或者服务信息符合要约条件的,对方选择该商品或者服务并提交订单成功时合同成立,但是当事人另有约定的除外。

第四百九十二条 承诺生效的地点为合同成立的地点。

采用数据电文形式订立合同的,收件人的主营业地为合同成立的地点;没有主营业地的,其住所地为合同成立的地点。当事人另有约定的,按照其约定。

第四百九十三条 当事人采用合同书形式订立合同的,最后签名、盖章或者按指印的地点为合同成立的地点,但是当事人另有约定的除外。

第四百九十七条 有下列情形之一的,该格式条款无效:

(一)具有本法第一编第六章第三节和本法第五百零六条规定的无效情形;

(二)提供格式条款一方不合理地免除或者减轻其责任、加重对方责任、限制对方主要权利;

(三)提供格式条款一方排除对方主要权利。

第四百九十八条 对格式条款的理解发生争议的,应当按照通常理解予以解释。对格式条款有两种以上解释的,应当作出不利于提供格式条款一方的解释。格式条款和非格式条款不一致的,应当采用非格式条款。

第四百九十九条 悬赏人以公开方式声明对完成特定行为的人支付报酬的,完成该行为的人可以请求其支付。

第五百条 当事人在订立合同过程中有下列情形之一,造成对方损失的,应当承担赔偿责任:

(一)假借订立合同,恶意进行磋商;

(二)故意隐瞒与订立合同有关的重要事实或者提供虚假情况;

(三)有其他违背诚信原则的行为。

第五百零一条 当事人在订立合同过程中知悉的商业秘密或者其他应当保密的信息,无论合同是否成立,不得泄露或者不正当地使用;泄露、不正当地使用该商业秘密或者信息,造成对方损失的,应当承担赔偿责任。

第三章　合同的效力

第五百零二条　依法成立的合同,自成立时生效,但是法律另有规定或者当事人另有约定的除外。

依照法律、行政法规的规定,合同应当办理批准等手续的,依照其规定。未办理批准等手续影响合同生效的,不影响合同中履行报批等义务条款以及相关条款的效力。应当办理申请批准等手续的当事人未履行义务的,对方可以请求其承担违反该义务的责任。

依照法律、行政法规的规定,合同的变更、转让、解除等情形应当办理批准等手续的,适用前款规定。

第五百零三条　无权代理人以被代理人的名义订立合同,被代理人已经开始履行合同义务或者接受相对人履行的,视为对合同的追认。

第五百零四条　法人的法定代表人或者非法人组织的负责人超越权限订立的合同,除相对人知道或者应当知道其超越权限外,该代表行为有效,订立的合同对法人或者非法人组织发生效力。

第五百零五条　当事人超越经营范围订立的合同的效力,应当依照本法第一编第六章第三节和本编的有关规定确定,不得仅以超越经营范围确认合同无效。

第五百零六条　合同中的下列免责条款无效:

(一)造成对方人身损害的;

(二)因故意或者重大过失造成对方财产损失的。

第五百零七条　合同不生效、无效、被撤销或者终止的,不影响合同中有关解决争议方法的条款的效力。

第五百零八条　本编对合同的效力没有规定的,适用本法第一编第六章的有关规定。

第四章　合同的履行

第五百零九条　当事人应当按照约定全面履行自己的义务。

当事人应当遵循诚信原则,根据合同的性质、目的和交易习惯履行通知、协助、保密等义务。

当事人在履行合同过程中,应当避免浪费资源、污染环境和破坏生态。

第五百一十条　合同生效后,当事人就质量、价款或者报酬、履行地点等内容没有约定或者约定不明确的,可以协议补充;不能达成补充协议的,按照合同相关条款或者交易习惯确定。

第五百一十一条 当事人就有关合同内容约定不明确,依据前条规定仍不能确定的,适用下列规定:

(一)质量要求不明确的,按照强制性国家标准履行;没有强制性国家标准的,按照推荐性国家标准履行;没有推荐性国家标准的,按照行业标准履行;没有国家标准、行业标准的,按照通常标准或者符合合同目的的特定标准履行。

(二)价款或者报酬不明确的,按照订立合同时履行地的市场价格履行;依法应当执行政府定价或者政府指导价的,依照规定履行。

(三)履行地点不明确,给付货币的,在接受货币一方所在地履行;交付不动产的,在不动产所在地履行;其他标的,在履行义务一方所在地履行。

(四)履行期限不明确的,债务人可以随时履行,债权人也可以随时请求履行,但是应当给对方必要的准备时间。

(五)履行方式不明确的,按照有利于实现合同目的的方式履行。

(六)履行费用的负担不明确的,由履行义务一方负担;因债权人原因增加的履行费用,由债权人负担。

第五百一十二条 通过互联网等信息网络订立的电子合同的标的为交付商品并采用快递物流方式交付的,收货人的签收时间为交付时间。电子合同的标的为提供服务的,生成的电子凭证或者实物凭证中载明的时间为提供服务时间;前述凭证没有载明时间或者载明时间与实际提供服务时间不一致的,以实际提供服务的时间为准。

电子合同的标的物为采用在线传输方式交付的,合同标的物进入对方当事人指定的特定系统且能够检索识别的时间为交付时间。

电子合同当事人对交付商品或者提供服务的方式、时间另有约定的,按照其约定。

第五百一十三条 执行政府定价或者政府指导价的,在合同约定的交付期限内政府价格调整时,按照交付时的价格计价。逾期交付标的物的,遇价格上涨时,按照原价格执行;价格下降时,按照新价格执行。逾期提取标的物或者逾期付款的,遇价格上涨时,按照新价格执行;价格下降时,按照原价格执行。

第五百一十四条 以支付金钱为内容的债,除法律另有规定或者当事人另有约定外,债权人可以请求债务人以实际履行地的法定货币履行。

第五百一十五条 标的有多项而债务人只需履行其中一项的,债务人享有选择权;但是,法律另有规定、当事人另有约定或者另有交易习惯的除外。

享有选择权的当事人在约定期限内或者履行期限届满未作选择,经催告后在合理期限内仍未选择的,选择权转移至对方。

第五百一十六条 当事人行使选择权应当及时通知对方,通知到达对方时,标的确定。标的确定后不得变更,但是经对方同意的除外。

可选择的标的发生不能履行情形的,享有选择权的当事人不得选择不能履行的标的,但是该不能履行的情形是由对方造成的除外。

第五百一十七条 债权人为二人以上,标的可分,按照份额各自享有债权的,为按份债权;债务人为二人以上,标的可分,按照份额各自负担债务的,为按份债务。

按份债权人或者按份债务人的份额难以确定的,视为份额相同。

第五百一十八条 债权人为二人以上,部分或者全部债权人均可以请求债务人履行债务的,为连带债权;债务人为二人以上,债权人可以请求部分或者全部债务人履行全部债务的,为连带债务。

连带债权或者连带债务,由法律规定或者当事人约定。

第五百一十九条 连带债务人之间的份额难以确定的,视为份额相同。

实际承担债务超过自己份额的连带债务人,有权就超出部分在其他连带债务人未履行的份额范围内向其追偿,并相应地享有债权人的权利,但是不得损害债权人的利益。其他连带债务人对债权人的抗辩,可以向该债务人主张。

被追偿的连带债务人不能履行其应分担份额的,其他连带债务人应当在相应范围内按比例分担。

第五百二十条 部分连带债务人履行、抵销债务或者提存标的物的,其他债务人对债权人的债务在相应范围内消灭;该债务人可以依据前条规定向其他债务人追偿。

部分连带债务人的债务被债权人免除的,在该连带债务人应当承担的份额范围内,其他债务人对债权人的债务消灭。

部分连带债务人的债务与债权人的债权同归于一人的,在扣除该债务人应当承担的份额后,债权人对其他债务人的债权继续存在。

债权人对部分连带债务人的给付受领迟延的,对其他连带债务人发生效力。

第五百二十一条 连带债权人之间的份额难以确定的,视为份额相同。

实际受领债权的连带债权人,应当按比例向其他连带债权人返还。

连带债权参照适用本章连带债务的有关规定。

第五百二十二条 当事人约定由债务人向第三人履行债务,债务人未向第三人履行债务或者履行债务不符合约定的,应当向债权人承担违约责任。

法律规定或者当事人约定第三人可以直接请求债务人向其履行债务,第三人未在合理期限内明确拒绝,债务人未向第三人履行债务或者履行债务不符合约定的,第三人可以请求债务人承担违约责任;债务人对债权人的抗辩,可以向第三人主张。

第五百二十三条 当事人约定由第三人向债权人履行债务,第三人不履行债务或者履行债务不符合约定的,债务人应当向债权人承担违约责任。

第五百二十四条 债务人不履行债务,第三人对履行该债务具有合法利益的,第三人有权向债权人代为履行;但是,根据债务性质、按照当事人约定或者依照法律规定只能由债务人履行的除外。

债权人接受第三人履行后,其对债务人的债权转让给第三人,但是债务人和第三人另有约定的除外。

第五百二十五条 当事人互负债务,没有先后履行顺序的,应当同时履行。一方在对方履行之前有权拒绝其履行请求。一方在对方履行债务不符合约定时,有权拒绝其相应的履行请求。

第五百二十六条 当事人互负债务,有先后履行顺序,应当先履行债务一方未履行的,后履行一方有权拒绝其履行请求。先履行一方履行债务不符合约定的,后履行一方有权拒绝其相应的履行请求。

第五百二十七条 应当先履行债务的当事人,有确切证据证明对方有下列情形之一的,可以中止履行:

(一)经营状况严重恶化;

(二)转移财产、抽逃资金,以逃避债务;

(三)丧失商业信誉;

(四)有丧失或者可能丧失履行债务能力的其他情形。

当事人没有确切证据中止履行的,应当承担违约责任。

第五百二十八条 当事人依据前条规定中止履行的,应当及时通知对方。对方提供适当担保的,应当恢复履行。中止履行后,对方在合理期限内未恢复履行能力且未提供适当担保的,视为以自己的行为表明不履行主要债务,中止履行的一方可以解除合同并可以请求对方承担违约责任。

第五百二十九条 债权人分立、合并或者变更住所没有通知债务人,致使履行债务发生困难的,债务人可以中止履行或者将标的物提存。

第五百三十条 债权人可以拒绝债务人提前履行债务，但是提前履行不损害债权人利益的除外。

债务人提前履行债务给债权人增加的费用，由债务人负担。

第五百三十一条 债权人可以拒绝债务人部分履行债务，但是部分履行不损害债权人利益的除外。

债务人部分履行债务给债权人增加的费用，由债务人负担。

第五百三十二条 合同生效后，当事人不得因姓名、名称的变更或者法定代表人、负责人、承办人的变动而不履行合同义务。

第五百三十三条 合同成立后，合同的基础条件发生了当事人在订立合同时无法预见的、不属于商业风险的重大变化，继续履行合同对于当事人一方明显不公平的，受不利影响的当事人可以与对方重新协商；在合理期限内协商不成的，当事人可以请求人民法院或者仲裁机构变更或者解除合同。

人民法院或者仲裁机构应当结合案件的实际情况，根据公平原则变更或者解除合同。

第五百三十四条 对当事人利用合同实施危害国家利益、社会公共利益行为的，市场监督管理和其他有关行政主管部门依照法律、行政法规的规定负责监督处理。

第五章 合同的保全

第五百三十五条 因债务人怠于行使其债权或者与该债权有关的从权利，影响债权人的到期债权实现的，债权人可以向人民法院请求以自己的名义代位行使债务人对相对人的权利，但是该权利专属于债务人自身的除外。

代位权的行使范围以债权人的到期债权为限。债权人行使代位权的必要费用，由债务人负担。

相对人对债务人的抗辩，可以向债权人主张。

第五百三十六条 债权人的债权到期前，债务人的债权或者与该债权有关的从权利存在诉讼时效期间即将届满或者未及时申报破产债权等情形，影响债权人的债权实现的，债权人可以代位向债务人的相对人请求其向债务人履行、向破产管理人申报或者作出其他必要的行为。

第五百三十七条 人民法院认定代位权成立的，由债务人的相对人向债权人履行义务，债权人接受履行后，债权人与债务人、债务人与相对人之间相应的权利义务终止。债务人对相对人的债权或者与该债权有关的从权利被采取保全、执行措施,或者债务人破产的,依照相关法律的规定处理。

第五百三十八条 债务人以放弃其债权、放弃债权担保、无偿转让财产等方式无偿处分财产权益,或者恶意延长其到期债权的履行期限,影响债权人的债权实现的,债权人可以请求人民法院撤销债务人的行为。

第五百三十九条 债务人以明显不合理的低价转让财产、以明显不合理的高价受让他人财产或者为他人的债务提供担保,影响债权人的债权实现,债务人的相对人知道或者应当知道该情形的,债权人可以请求人民法院撤销债务人的行为。

第五百四十条 撤销权的行使范围以债权人的债权为限。债权人行使撤销权的必要费用,由债务人负担。

第五百四十一条 撤销权自债权人知道或者应当知道撤销事由之日起一年内行使。自债务人的行为发生之日起五年内没有行使撤销权的,该撤销权消灭。

第五百四十二条 债务人影响债权人的债权实现的行为被撤销的,自始没有法律约束力。

第六章 合同的变更和转让

第五百四十三条 当事人协商一致,可以变更合同。

第五百四十四条 当事人对合同变更的内容约定不明确的,推定为未变更。

第五百四十五条 债权人可以将债权的全部或者部分转让给第三人,但是有下列情形之一的除外:

(一)根据债权性质不得转让;

(二)按照当事人约定不得转让;

(三)依照法律规定不得转让。

当事人约定非金钱债权不得转让的,不得对抗善意第三人。当事人约定金钱债权不得转让的,不得对抗第三人。

第五百四十六条 债权人转让债权,未通知债务人的,该转让对债务人不发生效力。

债权转让的通知不得撤销,但是经受让人同意的除外。

第五百四十七条 债权人转让债权的,受让人取得与债权有关的从权利,但是该从权利专属于债权人自身的除外。

受让人取得从权利不因该从权利未办理转移登记手续或者未转移占有而受到影响。

第五百四十八条 债务人接到债权转让通知后,债务人对让与人的抗辩,可以向受让人主张。

第五百四十九条 有下列情形之一的,债务人可以向受让人主张抵销:

(一)债务人接到债权转让通知时,债务人对让与人享有债权,且债务人的债权先于转让的债权到期或者同时到期;

(二)债务人的债权与转让的债权是基于同一合同产生。

第五百五十条 因债权转让增加的履行费用,由让与人负担。

第五百五十一条 债务人将债务的全部或者部分转移给第三人的,应当经债权人同意。

债务人或者第三人可以催告债权人在合理期限内予以同意,债权人未作表示的,视为不同意。

第五百五十二条 第三人与债务人约定加入债务并通知债权人,或者第三人向债权人表示愿意加入债务,债权人未在合理期限内明确拒绝的,债权人可以请求第三人在其愿意承担的债务范围内和债务人承担连带债务。

第五百五十三条 债务人转移债务的,新债务人可以主张原债务人对债权人的抗辩;原债务人对债权人享有债权的,新债务人不得向债权人主张抵销。

第五百五十四条 债务人转移债务的,新债务人应当承担与主债务有关的从债务,但是该从债务专属于原债务人自身的除外。

第五百五十五条 当事人一方经对方同意,可以将自己在合同中的权利和义务一并转让给第三人。

第五百五十六条 合同的权利和义务一并转让的,适用债权转让、债务转移的有关规定。

第七章 合同的权利义务终止

第五百五十七条 有下列情形之一的,债权债务终止:

(一)债务已经履行;

(二)债务相互抵销;

(三)债务人依法将标的物提存;

(四)债权人免除债务;

(五)债权债务同归于一人;

(六)法律规定或者当事人约定终止的其他情形。

合同解除的,该合同的权利义务关系终止。

第五百五十八条 债权债务终止后,当事人应当遵循诚信等原则,根据交易习惯履行通知、协助、保密、旧物回收等义务。

第五百五十九条 债权债务终止时,债权的从权利同时消灭,但是法律另有规定或者当事人另有约定的除外。

第五百六十条 债务人对同一债权人负担的数项债务种类相同,债务人的给付不足以清偿全部债务的,除当事人另有约定外,由债务人在清偿时指定其履行的债务。

债务人未作指定的,应当优先履行已经到期的债务;数项债务均到期的,优先履行对债权人缺乏担保或者担保最少的债务;均无担保或者担保相等的,优先履行债务人负担较重的债务;负担相同的,按照债务到期的先后顺序履行;到期时间相同的,按照债务比例履行。

第五百六十一条 债务人在履行主债务外还应当支付利息和实现债权的有关费用,其给付不足以清偿全部债务的,除当事人另有约定外,应当按照下列顺序履行:

(一)实现债权的有关费用;

(二)利息;

(三)主债务。

第五百六十二条 当事人协商一致,可以解除合同。

当事人可以约定一方解除合同的事由。解除合同的事由发生时,解除权人可以解除合同。

第五百六十三条 有下列情形之一的,当事人可以解除合同:

(一)因不可抗力致使不能实现合同目的;

(二)在履行期限届满前,当事人一方明确表示或者以自己的行为表明不履行主要债务;

(三)当事人一方迟延履行主要债务,经催告后在合理期限内仍未履行;

(四)当事人一方迟延履行债务或者有其他违约行为致使不能实现合同目的;

(五)法律规定的其他情形。

以持续履行的债务为内容的不定期合同,当事人可以随时解除合同,但是应当在合理期限之前通知对方。

第五百六十四条 法律规定或者当事人约定解除权行使期限,期限届满当事人不行使的,该权利消灭。

法律没有规定或者当事人没有约定解除权行使期限,自解除权人知道或者应当知道解除事由之日起一年内不行使,或者经对方催告后在合理期限内不行使的,该权利消灭。

第五百六十五条 当事人一方依法主张解除合同的,应当通知对方。合同自通知到达对方时解除;通知载明债务人在一定期限内不履行债务则合同自动解除,债务人在该期限内未履行债务的,合同自通知载明的期限届满时解除。对方对解除合同有异议的,任何一方当事人均可以请求人民法院或者仲裁机构确认解除行为的效力。

当事人一方未通知对方,直接以提起诉讼或者申请仲裁的方式依法主张解除合同,人民法院或者仲裁机构确认该主张的,合同自起诉状副本或者仲裁申请书副本送达对方时解除。

第五百六十六条 合同解除后,尚未履行的,终止履行;已经履行的,根据履行情况和合同性质,当事人可以请求恢复原状或者采取其他补救措施,并有权请求赔偿损失。

合同因违约解除的,解除权人可以请求违约方承担违约责任,但是当事人另有约定的除外。

主合同解除后,担保人对债务人应当承担的民事责任仍应当承担担保责任,但是担保合同另有约定的除外。

第五百六十七条 合同的权利义务关系终止,不影响合同中结算和清理条款的效力。

第五百六十八条 当事人互负债务,该债务的标的物种类、品质相同的,任何一方可以将自己的债务与对方的到期债务抵销;但是,根据债务性质、按照当事人约定或者依照法律规定不得抵销的除外。

当事人主张抵销的,应当通知对方。通知自到达对方时生效。抵销不得附条件或者附期限。

第五百六十九条 当事人互负债务,标的物种类、品质不相同的,经协商一致,也可以抵销。

第五百七十条 有下列情形之一,难以履行债务的,债务人可以将标的物提存:

(一)债权人无正当理由拒绝受领;

(二)债权人下落不明;

(三)债权人死亡未确定继承人、遗产管理人,或者丧失民事行为能力未确

定监护人;

(四)法律规定的其他情形。

标的物不适于提存或者提存费用过高的,债务人依法可以拍卖或者变卖标的物,提存所得的价款。

第五百七十一条 债务人将标的物或者将标的物依法拍卖、变卖所得价款交付提存部门时,提存成立。

提存成立的,视为债务人在其提存范围内已经交付标的物。

第五百七十二条 标的物提存后,债务人应当及时通知债权人或者债权人的继承人、遗产管理人、监护人、财产代管人。

第五百七十三条 标的物提存后,毁损、灭失的风险由债权人承担。提存期间,标的物的孳息归债权人所有。提存费用由债权人负担。

第五百七十四条 债权人可以随时领取提存物。但是,债权人对债务人负有到期债务的,在债权人未履行债务或者提供担保之前,提存部门根据债务人的要求应当拒绝其领取提存物。

债权人领取提存物的权利,自提存之日起五年内不行使而消灭,提存物扣除提存费用后归国家所有。但是,债权人未履行对债务人的到期债务,或者债权人向提存部门书面表示放弃领取提存物权利的,债务人负担提存费用后有权取回提存物。

第五百七十五条 债权人免除债务人部分或者全部债务的,债权债务部分或者全部终止,但是债务人在合理期限内拒绝的除外。

第五百七十六条 债权和债务同归于一人的,债权债务终止,但是损害第三人利益的除外。

第八章 违约责任

第五百七十七条 当事人一方不履行合同义务或者履行合同义务不符合约定的,应当承担继续履行、采取补救措施或者赔偿损失等违约责任。

第五百七十八条 当事人一方明确表示或者以自己的行为表明不履行合同义务的,对方可以在履行期限届满前请求其承担违约责任。

第五百七十九条 当事人一方未支付价款、报酬、租金、利息,或者不履行其他金钱债务的,对方可以请求其支付。

第五百八十条 当事人一方不履行非金钱债务或者履行非金钱债务不符合约定的,对方可以请求履行,但是有下列情形之一的除外:

(一)法律上或者事实上不能履行;

(二)债务的标的不适于强制履行或者履行费用过高;

(三)债权人在合理期限内未请求履行。

有前款规定的除外情形之一,致使不能实现合同目的的,人民法院或者仲裁机构可以根据当事人的请求终止合同权利义务关系,但是不影响违约责任的承担。

第五百八十一条 当事人一方不履行债务或者履行债务不符合约定,根据债务的性质不得强制履行的,对方可以请求其负担由第三人替代履行的费用。

第五百八十二条 履行不符合约定的,应当按照当事人的约定承担违约责任。对违约责任没有约定或者约定不明确,依据本法第五百一十条的规定仍不能确定的,受损害方根据标的的性质以及损失的大小,可以合理选择请求对方承担修理、重作、更换、退货、减少价款或者报酬等违约责任。

第五百八十三条 当事人一方不履行合同义务或者履行合同义务不符合约定的,在履行义务或者采取补救措施后,对方还有其他损失的,应当赔偿损失。

第五百八十四条 当事人一方不履行合同义务或者履行合同义务不符合约定,造成对方损失的,损失赔偿额应当相当于因违约所造成的损失,包括合同履行后可以获得的利益;但是,不得超过违约一方订立合同时预见到或者应当预见到的因违约可能造成的损失。

第五百八十五条 当事人可以约定一方违约时应当根据违约情况向对方支付一定数额的违约金,也可以约定因违约产生的损失赔偿额的计算方法。

约定的违约金低于造成的损失的,人民法院或者仲裁机构可以根据当事人的请求予以增加;约定的违约金过分高于造成的损失的,人民法院或者仲裁机构可以根据当事人的请求予以适当减少。

当事人就迟延履行约定违约金的,违约方支付违约金后,还应当履行债务。

第五百八十六条 当事人可以约定一方向对方给付定金作为债权的担保。定金合同自实际交付定金时成立。

定金的数额由当事人约定;但是,不得超过主合同标的额的百分之二十,超过部分不产生定金的效力。实际交付的定金数额多于或者少于约定数额的,视为变更约定的定金数额。

第五百八十七条 债务人履行债务的,定金应当抵作价款或者收回。给付定金的一方不履行债务或者履行债务不符合约定,致使不能实现合同目的的,无权请求返还定金;收受定金的一方不履行债务或者履行债务不符合约定,致使不能实现合同目的的，应当双倍返还定金。

第五百八十八条 当事人既约定违约金，又约定定金的，一方违约时，对方可以选择适用违约金或者定金条款。

定金不足以弥补一方违约造成的损失的，对方可以请求赔偿超过定金数额的损失。

第五百八十九条 债务人按照约定履行债务，债权人无正当理由拒绝受领的，债务人可以请求债权人赔偿增加的费用。

在债权人受领迟延期间，债务人无须支付利息。

第五百九十条 当事人一方因不可抗力不能履行合同的，根据不可抗力的影响，部分或者全部免除责任，但是法律另有规定的除外。因不可抗力不能履行合同的，应当及时通知对方，以减轻可能给对方造成的损失，并应当在合理期限内提供证明。

当事人迟延履行后发生不可抗力的，不免除其违约责任。

第五百九十一条 当事人一方违约后，对方应当采取适当措施防止损失的扩大；没有采取适当措施致使损失扩大的，不得就扩大的损失请求赔偿。

当事人因防止损失扩大而支出的合理费用，由违约方负担。

第五百九十二条 当事人都违反合同的，应当各自承担相应的责任。

当事人一方违约造成对方损失，对方对损失的发生有过错的，可以减少相应的损失赔偿额。

第五百九十三条 当事人一方因第三人的原因造成违约的，应当依法向对方承担违约责任。当事人一方和第三人之间的纠纷，依照法律规定或者按照约定处理。

第五百九十四条 因国际货物买卖合同和技术进出口合同争议提起诉讼或者申请仲裁的时效期间为四年。

第二分编 典 型 合 同

第十二章 借 款 合 同

第六百六十七条 借款合同是借款人向贷款人借款，到期返还借款并支付利息的合同。

第六百六十八条 借款合同应当采用书面形式，但是自然人之间借款另有约定的除外。

借款合同的内容一般包括借款种类、币种、用途、数额、利率、期限和还款方式等条款。

第六百六十九条 订立借款合同，借款人应当按照贷款人的要求提供与借款有关的业务活动和财务状况的真实情况。

第六百七十条 借款的利息不得预先在本金中扣除。利息预先在本金中扣除的，应当按照实际借款数额返还借款并计算利息。

第六百七十一条 贷款人未按照约定的日期、数额提供借款，造成借款人损失的，应当赔偿损失。

借款人未按照约定的日期、数额收取借款的，应当按照约定的日期、数额支付利息。

第六百七十二条 贷款人按照约定可以检查、监督借款的使用情况。借款人应当按照约定向贷款人定期提供有关财务会计报表或者其他资料。

第六百七十三条 借款人未按照约定的借款用途使用借款的，贷款人可以停止发放借款、提前收回借款或者解除合同。

第六百七十四条 借款人应当按照约定的期限支付利息。对支付利息的期限没有约定或者约定不明确，依据本法第五百一十条的规定仍不能确定，借款期间不满一年的，应当在返还借款时一并支付；借款期间一年以上的，应当在每届满一年时支付，剩余期间不满一年的，应当在返还借款时一并支付。

第六百七十五条 借款人应当按照约定的期限返还借款。对借款期限没有约定或者约定不明确，依据本法第五百一十条的规定仍不能确定的，借款人可以随时返还；贷款人可以催告借款人在合理期限内返还。

第六百七十六条 借款人未按照约定的期限返还借款的，应当按照约定或者国家有关规定支付逾期利息。

第六百七十七条 借款人提前返还借款的，除当事人另有约定外，应当按照实际借款的期间计算利息。

第六百七十八条 借款人可以在还款期限届满前向贷款人申请展期；贷款人同意的，可以展期。

第六百七十九条 自然人之间的借款合同，自贷款人提供借款时成立。

第六百八十条 禁止高利放贷，借款的利率不得违反国家有关规定。

借款合同对支付利息没有约定的，视为没有利息。

借款合同对支付利息约定不明确,当事人不能达成补充协议的,按照当地或者当事人的交易方式、交易习惯、市场利率等因素确定利息;自然人之间借款的,视为没有利息。

第十三章 保证合同

第一节 一般规定

第六百八十一条 保证合同是为保障债权的实现,保证人和债权人约定,当债务人不履行到期债务或者发生当事人约定的情形时,保证人履行债务或者承担责任的合同。

第六百八十二条 保证合同是主债权债务合同的从合同。主债权债务合同无效的,保证合同无效,但是法律另有规定的除外。

保证合同被确认无效后,债务人、保证人、债权人有过错的,应当根据其过错各自承担相应的民事责任。

第六百八十三条 机关法人不得为保证人,但是经国务院批准为使用外国政府或者国际经济组织贷款进行转贷的除外。

以公益为目的的非营利法人、非法人组织不得为保证人。

第六百八十四条 保证合同的内容一般包括被保证的主债权的种类、数额,债务人履行债务的期限,保证的方式、范围和期间等条款。

第六百八十五条 保证合同可以是单独订立的书面合同,也可以是主债权债务合同中的保证条款。

第三人单方以书面形式向债权人作出保证,债权人接收且未提出异议的,保证合同成立。

第六百八十六条 保证的方式包括一般保证和连带责任保证。

当事人在保证合同中对保证方式没有约定或者约定不明确的,按照一般保证承担保证责任。

第六百八十七条 当事人在保证合同中约定,债务人不能履行债务时,由保证人承担保证责任的,为一般保证。

一般保证的保证人在主合同纠纷未经审判或者仲裁,并就债务人财产依法强制执行仍不能履行债务前,有权拒绝向债权人承担保证责任,但是有下列情形之一的除外:

(一)债务人下落不明,且无财产可供执行;

(二)人民法院已经受理债务人破产案件;

(三)债权人有证据证明债务人的财产不足以履行全部债务或者丧失履行债务能力;

(四)保证人书面表示放弃本款规定的权利。

第六百八十八条 当事人在保证合同中约定保证人和债务人对债务承担连带责任的,为连带责任保证。

连带责任保证的债务人不履行到期债务或者发生当事人约定的情形时,债权人可以请求债务人履行债务,也可以请求保证人在其保证范围内承担保证责任。

第六百八十九条 保证人可以要求债务人提供反担保。

第六百九十条 保证人与债权人可以协商订立最高额保证的合同,约定在最高债权额限度内就一定期间连续发生的债权提供保证。

最高额保证除适用本章规定外,参照适用本法第二编最高额抵押权的有关规定。

第二节 保证责任

第六百九十一条 保证的范围包括主债权及其利息、违约金、损害赔偿金和实现债权的费用。当事人另有约定的,按照其约定。

第六百九十二条 保证期间是确定保证人承担保证责任的期间,不发生中止、中断和延长。

债权人与保证人可以约定保证期间,但是约定的保证期间早于主债务履行期限或者与主债务履行期限同时届满的,视为没有约定;没有约定或者约定不明确的,保证期间为主债务履行期限届满之日起六个月。

债权人与债务人对主债务履行期限没有约定或者约定不明确的,保证期间自债权人请求债务人履行债务的宽限期届满之日起计算。

第六百九十三条 一般保证的债权人未在保证期间对债务人提起诉讼或者申请仲裁的,保证人不再承担保证责任。

连带责任保证的债权人未在保证期间请求保证人承担保证责任的,保证人不再承担保证责任。

第六百九十四条 一般保证的债权人在保证期间届满前对债务人提起诉讼或者申请仲裁的,从保证人拒绝承担保证责任的权利消灭之日起,开始计算保证债务的诉讼时效。

连带责任保证的债权人在保证期间届满前请求保证人承担保证责任的,从债权人请求保证人承担保证责任之日起,开始计算保证债务的诉讼时效。

第六百九十五条 债权人和债务人未经保证人书面同意,协商变更主债权债务合同内容,减轻债务的,保证人仍对变更后的债务承担保证责任;加重债务的,保证人对加重的部分不承担保证责任。

债权人和债务人变更主债权债务合同的履行期限,未经保证人书面同意的,保证期间不受影响。

第六百九十六条 债权人转让全部或者部分债权,未通知保证人的,该转让对保证人不发生效力。

保证人与债权人约定禁止债权转让,债权人未经保证人书面同意转让债权的,保证人对受让人不再承担保证责任。

第六百九十七条 债权人未经保证人书面同意,允许债务人转移全部或者部分债务,保证人对未经其同意转移的债务不再承担保证责任,但是债权人和保证人另有约定的除外。

第三人加入债务的,保证人的保证责任不受影响。

第六百九十八条 一般保证的保证人在主债务履行期限届满后,向债权人提供债务人可供执行财产的真实情况,债权人放弃或者怠于行使权利致使该财产不能被执行的,保证人在其提供可供执行财产的价值范围内不再承担保证责任。

第六百九十九条 同一债务有两个以上保证人的,保证人应当按照保证合同约定的保证份额,承担保证责任;没有约定保证份额的,债权人可以请求任何一个保证人在其保证范围内承担保证责任。

第七百条 保证人承担保证责任后,除当事人另有约定外,有权在其承担保证责任的范围内向债务人追偿,享有债权人对债务人的权利,但是不得损害债权人的利益。

第七百零一条 保证人可以主张债务人对债权人的抗辩。债务人放弃抗辩的,保证人仍有权向债权人主张抗辩。

第七百零二条 债务人对债权人享有抵销权或者撤销权的,保证人可以在相应范围内拒绝承担保证责任。

附　　则

第一千二百五十九条 民法所称的"以上"、"以下"、"以内"、"届满",包括本数;所称的"不满"、"超过"、"以外",不包括本数。

第一千二百六十条 本法自2021年1月1日起施行。《中华人民共和国婚姻法》、《中华人民共和国继承法》、《中华人民共和国民法通则》、《中华人民共和国收养法》、《中华人民共和国担保法》、《中华人民共和国合同法》、《中华人民共和国物权法》、《中华人民共和国侵权责任法》、《中华人民共和国民法总则》同时废止。

中华人民共和国刑法(节录)

(2017 年 11 月 4 日《中华人民共和国刑法修正案(十)》修正)

第一百七十四条 未经国家有关主管部门批准,擅自设立商业银行、证券交易所、期货交易所、证券公司、期货经纪公司、保险公司或者其他金融机构的,处三年以下有期徒刑或者拘役,并处或者单处二万元以上二十万元以下罚金;情节严重的,处三年以上十年以下有期徒刑,并处五万元以上五十万元以下罚金。

伪造、变造、转让商业银行、证券交易所、期货交易所、证券公司、期货经纪公司、保险公司或者其他金融机构的经营许可证或者批准文件的,依照前款的规定处罚。

单位犯前两款罪的,对单位判处罚金,并对其直接负责的主管人员和其他直接责任人员,依照第一款的规定处罚。

第一百七十五条 以转贷牟利为目的,套取金融机构信贷资金高利转贷他人,违法所得数额较大的,处三年以下有期徒刑或者拘役,并处违法所得一倍以上五倍以下罚金;数额巨大的,处三年以上七年以下有期徒刑,并处违法所得一倍以上五倍以下罚金。

单位犯前款罪的,对单位判处罚金,并对其直接负责的主管人员和其他直接责任人员,处三年以下有期徒刑或者拘役。

第一百七十六条 非法吸收公众存款或者变相吸收公众存款,扰乱金融秩序的,处三年以下有期徒刑或者拘役,并处或者单处二万元以上二十万以下罚金;数额巨大或者有其他严重情节的,处三年以上十年以下有期徒刑,并处五万元以上五十万元以下罚金。

单位犯前款罪的,对单位判处罚金,并对其直接负责的主管人员和其他直接责任人员,依照前款的规定处罚。

第一百九十二条 以非法占有为目的,使用诈骗方法非法集资,数额较大的,处三年以上七年以下有期徒刑,并处罚金;数额巨大或者有其他严重情节的,处七年以上有期徒刑或者无期徒刑,并处罚金或者没收财产。

单位犯前款罪的,对单位判处罚金,并对其直接负责的主管人员和其他直接责任人员,依照前款的规定处罚。

第二百条 单位犯本节第一百九十四条、第一百九十五条规定之罪的,对单位判处罚金,并对其直接负责的主管人员和其他直接责任人员,处五年以下有期徒刑或者拘役,可以并处罚金;数额巨大或者有其他严重情节的,处五年以上十年以下有期徒刑,并处罚金;数额特别巨大或者有其他特别严重情节的,处十年以上有期徒刑或者无期徒刑,并处罚金。

第二百二十五条 违反国家规定,有下列非法经营行为之一,扰乱市场秩序,情节严重的,处五年以下有期徒刑或者拘役,并处或者单处违法所得一倍以上五倍以下罚金;情节特别严重的,处五年以上有期徒刑,并处违法所得一倍以上五倍以下罚金或者没收财产:

(一)未经许可经营法律、行政法规规定的专营、专卖物品或者其他限制买卖的物品的;

(二)买卖进出口许可证、进出口原产地证明以及其他法律、行政法规规定的经营许可证或者批准文件的;

(三)未经国家有关主管部门批准非法经营证券、期货、保险业务的,或者非法从事资金支付结算业务的;

(四)其他严重扰乱市场秩序的非法经营行为。

第二百三十一条 单位犯本节第二百二十一条至第二百三十条规定之罪的,对单位判处罚金,并对其直接负责的主管人员和其他直接责任人员,依照本节各该条的规定处罚。

最高人民法院关于审理非法集资刑事案件具体应用法律若干问题的解释

(2010年11月22日最高人民法院审判委员会第1502次会议通过
2010年12月13日最高人民法院公告公布
自2011年1月4日起施行　法释〔2010〕18号)

为依法惩治非法吸收公众存款、集资诈骗等非法集资犯罪活动,根据刑法有关规定,现就审理此类刑事案件具体应用法律的若干问题解释如下:

第一条　违反国家金融管理法律规定,向社会公众(包括单位和个人)吸收资金的行为,同时具备下列四个条件的,除刑法另有规定的以外,应当认定为刑法第一百七十六条规定的"非法吸收公众存款或者变相吸收公众存款":

(一)未经有关部门依法批准或者借用合法经营的形式吸收资金;

(二)通过媒体、推介会、传单、手机短信等途径向社会公开宣传;

(三)承诺在一定期限内以货币、实物、股权等方式还本付息或者给付回报;

(四)向社会公众即社会不特定对象吸收资金。

未向社会公开宣传,在亲友或者单位内部针对特定对象吸收资金的,不属于非法吸收或者变相吸收公众存款。

第二条　实施下列行为之一,符合本解释第一条第一款规定的条件的,应当依照刑法第一百七十六条的规定,以非法吸收公众存款罪定罪处罚:

(一)不具有房产销售的真实内容或者不以房产销售为主要目的,以返本销售、售后包租、约定回购、销售房产份额等方式非法吸收资金的;

(二)以转让林权并代为管护等方式非法吸收资金的;

(三)以代种植(养殖)、租种植(养殖)、联合种植(养殖)等方式非法吸收资金的;

(四)不具有销售商品、提供服务的真实内容或者不以销售商品、提供服务为主要目的,以商品回购、寄存代售等方式非法吸收资金的;

(五)不具有发行股票、债券的真实内容,以虚假转让股权、发售虚构债券等方式非法吸收资金的;

(六)不具有募集基金的真实内容,以假借境外基金、发售虚构基金等方式

非法吸收资金的;

(七)不具有销售保险的真实内容,以假冒保险公司、伪造保险单据等方式非法吸收资金的;

(八)以投资入股的方式非法吸收资金的;

(九)以委托理财的方式非法吸收资金的;

(十)利用民间"会"、"社"等组织非法吸收资金的;

(十一)其他非法吸收资金的行为。

第三条 非法吸收或者变相吸收公众存款,具有下列情形之一的,应当依法追究刑事责任:

(一)个人非法吸收或者变相吸收公众存款,数额在20万元以上的,单位非法吸收或者变相吸收公众存款,数额在100万元以上的;

(二)个人非法吸收或者变相吸收公众存款对象30人以上的,单位非法吸收或者变相吸收公众存款对象150人以上的;

(三)个人非法吸收或者变相吸收公众存款,给存款人造成直接经济损失数额在10万元以上的,单位非法吸收或者变相吸收公众存款,给存款人造成直接经济损失数额在50万元以上的;

(四)造成恶劣社会影响或者其他严重后果的。

具有下列情形之一的,属于刑法第一百七十六条规定的"数额巨大或者有其他严重情节":

(一)个人非法吸收或者变相吸收公众存款,数额在100万元以上的,单位非法吸收或者变相吸收公众存款,数额在500万元以上的;

(二)个人非法吸收或者变相吸收公众存款对象100人以上的,单位非法吸收或者变相吸收公众存款对象500人以上的;

(三)个人非法吸收或者变相吸收公众存款,给存款人造成直接经济损失数额在50万元以上的,单位非法吸收或者变相吸收公众存款,给存款人造成直接经济损失数额在250万元以上的;

(四)造成特别恶劣社会影响或者其他特别严重后果的。

非法吸收或者变相吸收公众存款的数额,以行为人所吸收的资金全额计算。案发前后已归还的数额,可以作为量刑情节酌情考虑。

非法吸收或者变相吸收公众存款,主要用于正常的生产经营活动,能够及时清退所吸收资金,可以免予刑事处罚;情节显著轻微的,不作为犯罪处理。

第四条 以非法占有为目的,使用诈骗方法实施本解释第二条规定所列行为的,应当依照刑法第一百九十二条的规定,以集资诈骗罪定罪处罚。

使用诈骗方法非法集资,具有下列情形之一的,可以认定为“以非法占有为目的”:

(一)集资后不用于生产经营活动或者用于生产经营活动与筹集资金规模明显不成比例,致使集资款不能返还的;

(二)肆意挥霍集资款,致使集资款不能返还的;

(三)携带集资款逃匿的;

(四)将集资款用于违法犯罪活动的;

(五)抽逃、转移资金、隐匿财产,逃避返还资金的;

(六)隐匿、销毁账目,或者搞假破产、假倒闭,逃避返还资金的;

(七)拒不交代资金去向,逃避返还资金的;

(八)其他可以认定非法占有目的的情形。

集资诈骗罪中的非法占有目的,应当区分情形进行具体认定。行为人部分非法集资行为具有非法占有目的的,对该部分非法集资行为所涉集资款以集资诈骗罪定罪处罚;非法集资共同犯罪中部分行为人具有非法占有目的,其他行为人没有非法占有集资款的共同故意和行为的,对具有非法占有目的的行为人以集资诈骗罪定罪处罚。

第五条 个人进行集资诈骗,数额在10万元以上的,应当认定为“数额较大”;数额在30万元以上的,应当认定为“数额巨大”;数额在100万元以上的,应当认定为“数额特别巨大”。

单位进行集资诈骗,数额在50万元以上的,应当认定为“数额较大”;数额在150万元以上的,应当认定为“数额巨大”;数额在500万元以上的,应当认定为“数额特别巨大”。

集资诈骗的数额以行为人实际骗取的数额计算,案发前已归还的数额应予扣除。行为人为实施集资诈骗活动而支付的广告费、中介费、手续费、回扣,或者用于行贿、赠与等费用,不予扣除。行为人为实施集资诈骗活动而支付的利息,除本金未归还可予折抵本金以外,应当计入诈骗数额。

第六条 未经国家有关主管部门批准,向社会不特定对象发行、以转让股权等方式变相发行股票或者公司、企业债券,或者向特定对象发行、变相发行股票或者公司、企业债券累计超过200人的,应当认定为刑法第一百七十九条规定的“擅自发行股票、公司、企业债券”。构成犯罪的,以擅自发行股票、公司、企业债券罪定罪处罚。

第七条 违反国家规定,未经依法核准擅自发行基金份额募集基金,情节严重的,依照刑法第二百二十五条的规定,以非法经营罪定罪处罚。

第八条 广告经营者、广告发布者违反国家规定,利用广告为非法集资活动相关的商品或者服务作虚假宣传,具有下列情形之一的,依照刑法第二百二十二条的规定,以虚假广告罪定罪处罚:

(一)违法所得数额在10万元以上的;

(二)造成严重危害后果或者恶劣社会影响的;

(三)二年内利用广告作虚假宣传,受过行政处罚二次以上的;

(四)其他情节严重的情形。

明知他人从事欺诈发行股票、债券,非法吸收公众存款,擅自发行股票、债券,集资诈骗或者组织、领导传销活动等集资犯罪活动,为其提供广告等宣传的,以相关犯罪的共犯论处。

第九条 此前发布的司法解释与本解释不一致的,以本解释为准。

图书在版编目(CIP)数据

民间借贷法律规范与操作实务 / 江丁库，金永熙，郑小雄著. -- 3 版. -- 北京 ：法律出版社，2021
ISBN 978-7-5197-5533-1

Ⅰ. ①民… Ⅱ. ①江… ②金… ③郑… Ⅲ. ①民间借贷－法规－中国 Ⅳ. ①D923.6

中国版本图书馆 CIP 数据核字(2021)第 067135 号

民间借贷法律规范与操作实务(第三版)
MINJIAN JIEDAI FALÜ GUIFAN YU CAOZUO SHIWU(DI-SAN BAN)

江丁库 金永熙 郑小雄 著

责任编辑 周 洁
装帧设计 汪奇峰

出版发行 法律出版社
编辑统筹 司法实务出版分社
责任校对 晁明慧
责任印制 胡晓雅
经 销 新华书店

开本 710 毫米×1000 毫米 1/16
印张 30.75 字数 480 千
版本 2021 年 8 月第 3 版
印次 2021 年 8 月第 1 次印刷
印刷 永清县金鑫印刷有限公司

地址：北京市丰台区莲花池西里 7 号(100073)
网址：www.lawpress.com.cn
投稿邮箱：info@lawpress.com.cn
举报盗版邮箱：jbwq@lawpress.com.cn

销售电话：010-83938349
客服电话：010-83938350
咨询电话：010-63939796

书号：ISBN 978-7-5197-5533-1
定价：108.00 元